威風凜々
烈士 鐘崎三郎

鐘崎三郎顕彰会編

烈士鐘崎三郎復元胸像。碑面題字は第三代大川市長・中村太次郎氏の揮毫によるもの。昭和45年創建（大川市大川公園内）

金州から移設された
殉節三烈士碑（泉岳寺内）

「神幸式絵巻（嘉永本）」樹光寺円心写（太宰府天満宮宝物殿所蔵）

「神幸式絵巻（元治本）」樹光寺円心写（太宰府天満宮宝物殿所蔵）

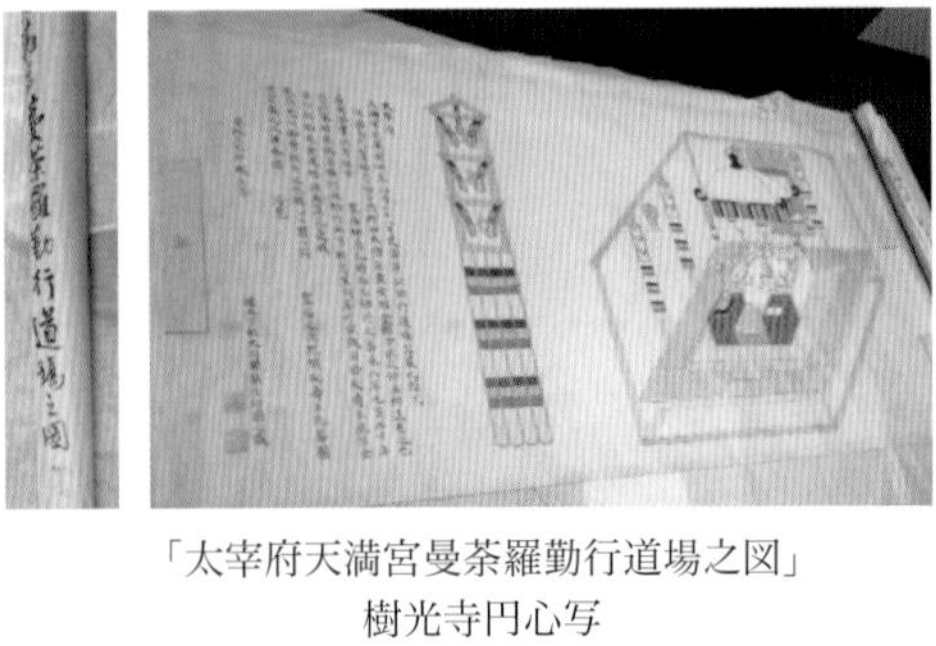

「太宰府天満宮曼荼羅勤行道場之図」
樹光寺円心写
僧名・権大僧都大阿闍梨法印圓心
安政二年（一八五五）作成（松浦史料博物館所蔵）

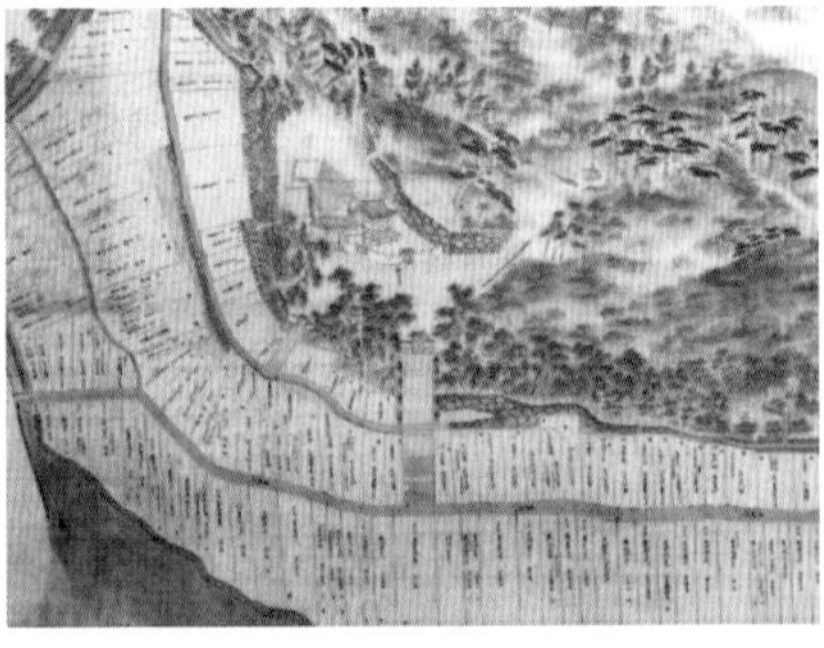

古地図。中央：平戸樹光寺跡
（松浦史料博物館所蔵）

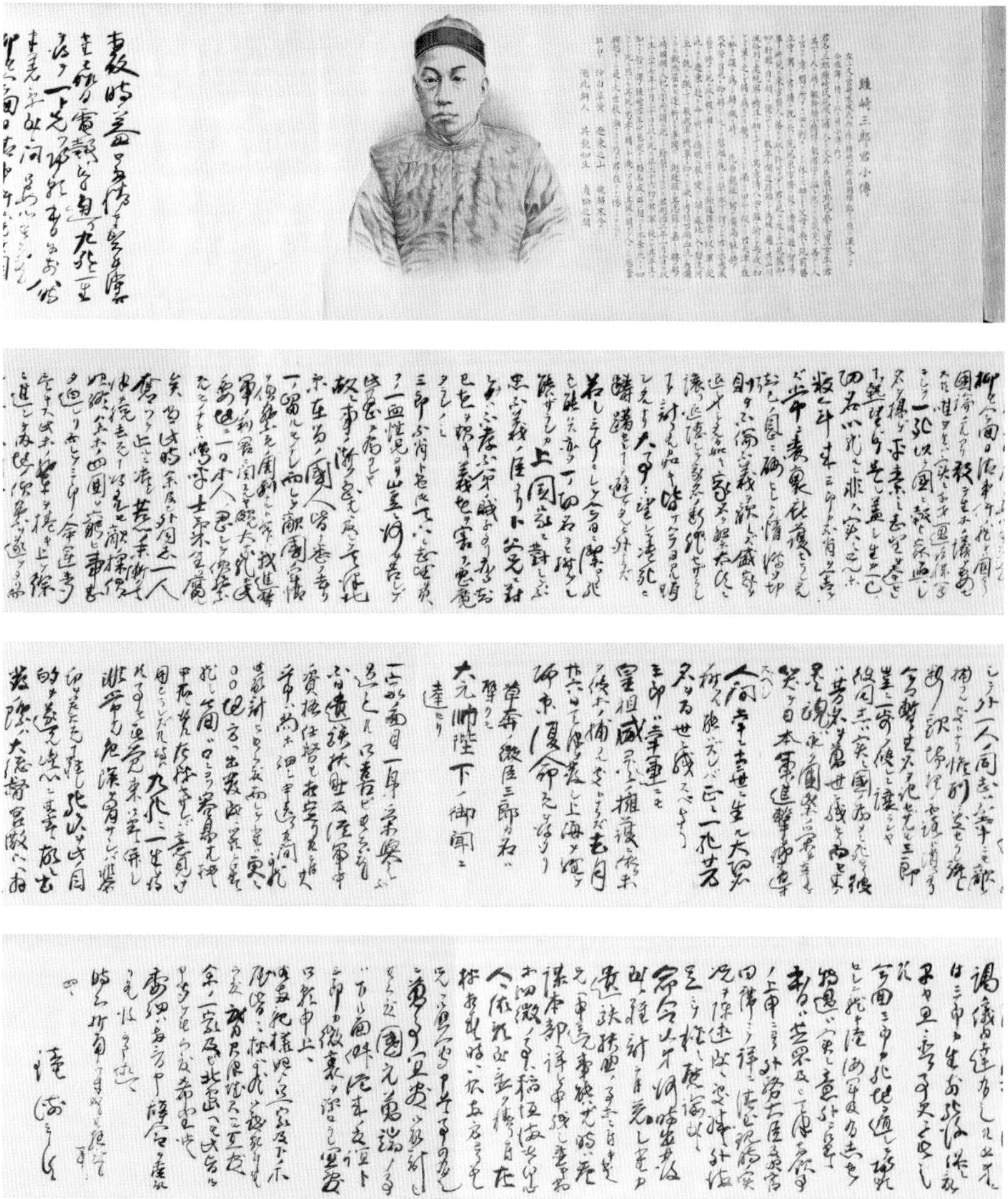

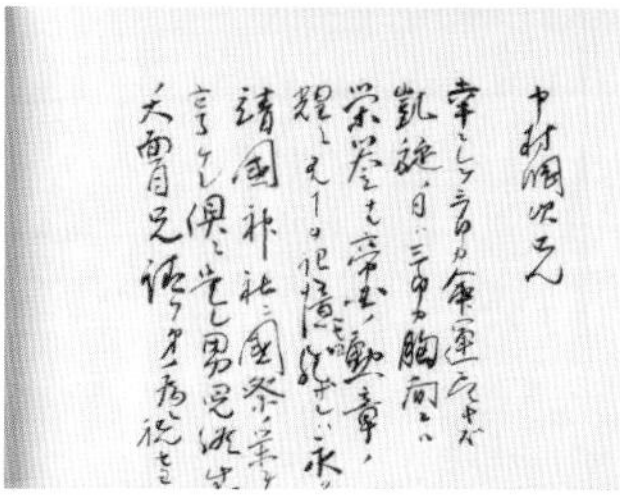

鐘崎三郎の肖像画の右にある「鐘崎三郎君小伝」は，宮崎来城氏の「鐘崎三郎君墓誌銘」の一部（本書第一部冒頭３頁に収録）。肖像画の左の手紙は，三郎が中村綱次に宛てて送った書面（内容は本書第一部「一〇，流芳遺墨」26頁に収録）

弁髪姿の鐘崎三郎（明治27年）
向野堅一記念館（直方市）所蔵

楠本家の家族（年代不明）
左：三郎の長女・楠本貞氏
右隣：貞の夫・楠本周利氏

昭和６年，鐘崎三郎贈従五位による奉告祭，
銅像の場所が風浪宮から大川公園に移設。
左：三郎の長女・楠本（盛）貞氏（41歳）
中：三郎の元妻・谷山（盛）かね氏（62歳）
右：貞の夫・楠本周利氏（45歳）

旧隈本邸（学びの館・八女市黒木）に提供された猪田正吉に関する資料

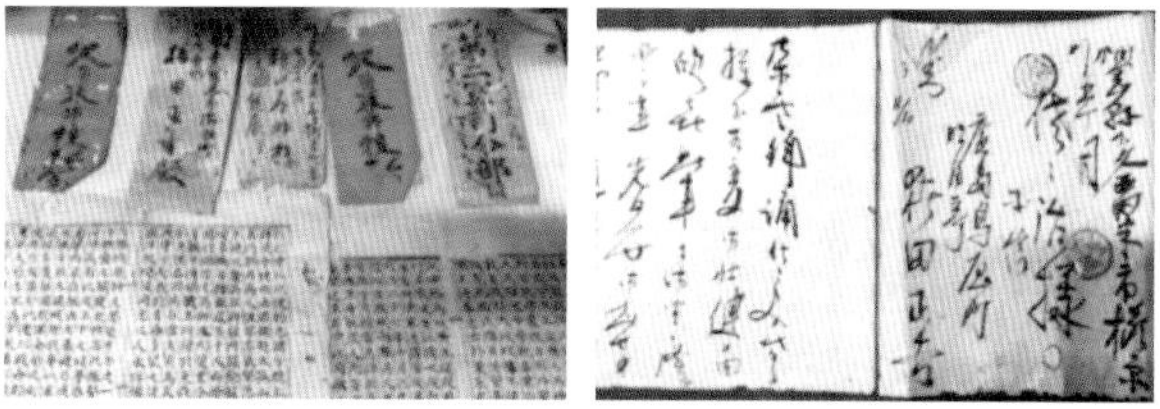

猪田正吉が叔父・佐々治に宛てた清国からの手紙

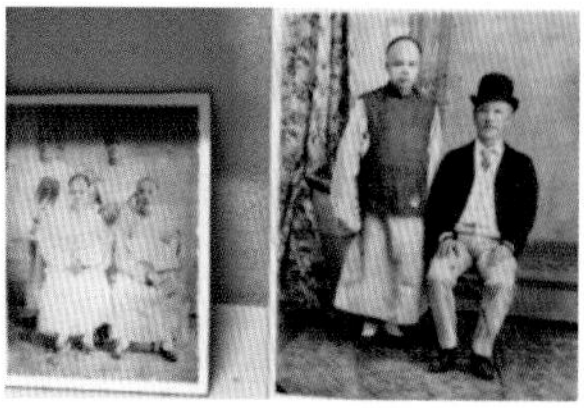

猪田正吉の写真

猪田正吉の葬儀の様子（明治28年12月21日，筑後川放水路）

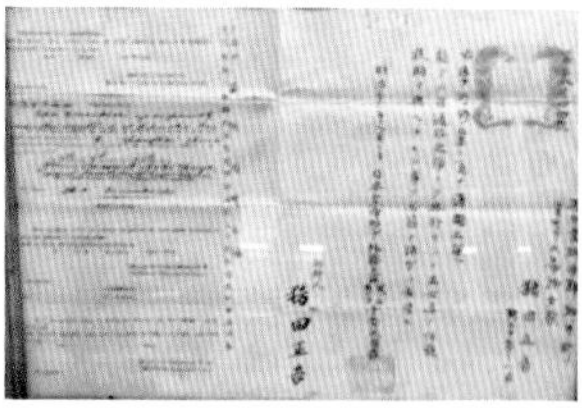

猪田正吉の旅券

殉節三烈士碑（金州三崎山）の絵葉書（提供：愛知大学同窓会有森茂生氏）

三崎山殉節三烈士碑建設紀念絵葉書
（大正２年５月26日）

金州名勝見学紀念絵葉書

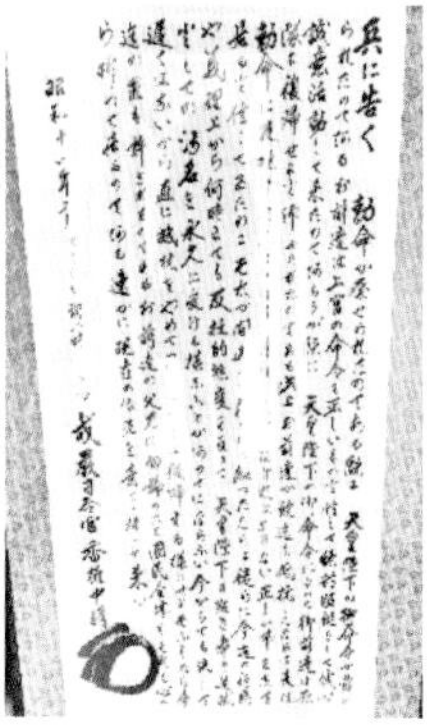

「旧大内邸」にある
「兵に告ぐ」のコピーと
大内暢三の銅像（160頁）

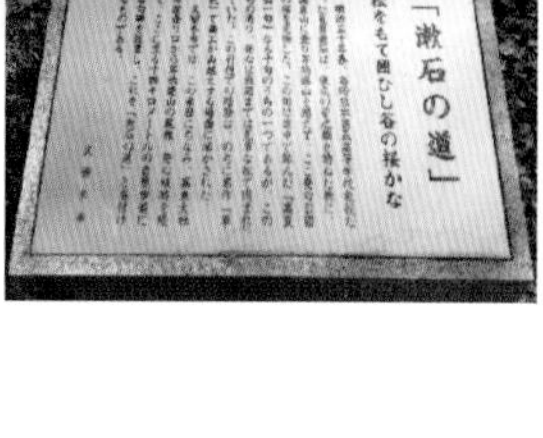

草野発心公園に
ある夏目漱石の
歌碑（166頁）

鐘崎熈の墓（三郎の兄）
（青木天満宮奥津城）

鐘崎三郎墓碑
（青木天満宮奥津城）

宮崎来城による鐘崎三郎墓碑文（青木天満宮奥津城）

武田巖雄先生の碑
（青木天満宮内）

青木天満宮
（久留米市城島町上青木）

鐘崎寛吾顕彰碑
（角隆惠による建立）

征清殉難九烈士の碑
（京都熊野若王子神社境内）

荒尾精東方斎居址の碑
（京都熊野若王子神社の奥）

昭和45年烈士鐘崎三郎胸像復元式

大川市大川公園

右：江上元吉氏
左：楠本省吾氏（鐘崎三郎の孫）

昭和45年烈士鐘崎三郎胸像復元式

式後の角家，楠本家，両家祝賀会

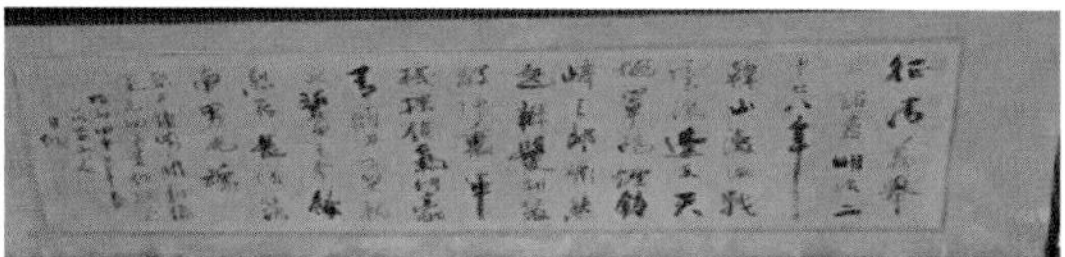

松口月城先生の「烈士鐘崎三郎」の歌

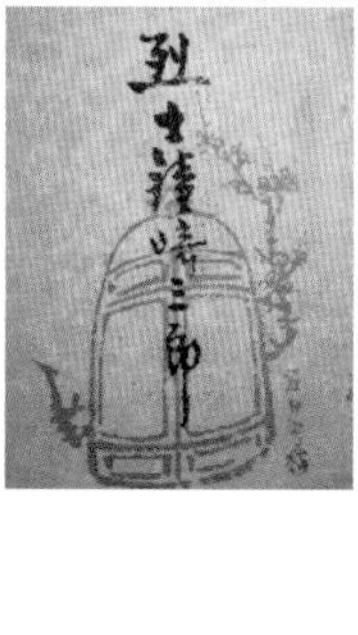

左：『烈士の面影』（著者：納戸鹿之助，発行：大正13年11月20日，発行者：高島英，印刷者：筧林松太郎）
右：『烈士 鐘崎三郎』（著者：納戸鹿之助，発行：昭和12年10月30日，印刷所：九州朝日新聞印刷部）

殉節志士
三崎山遺跡保存趣意書

殉節志士三崎山遺跡依
存趣意書（明治45年）

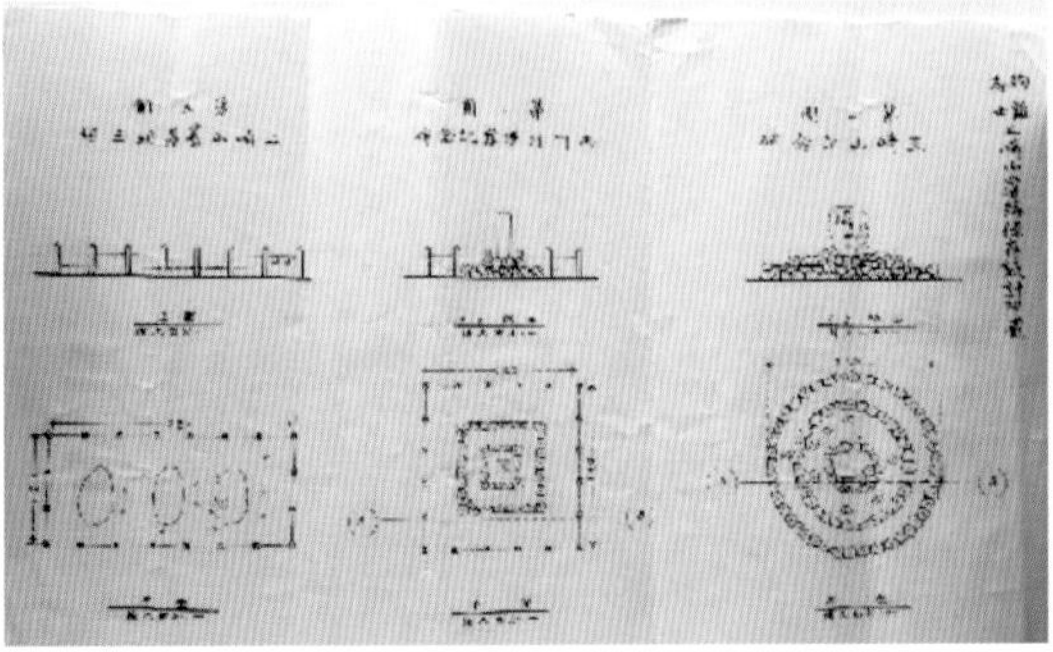

殉難志士三崎山遺跡保存設計付図
右：三崎山と鐫刻した青木喬は日清貿
易研究所員で，久留米市出身であった。

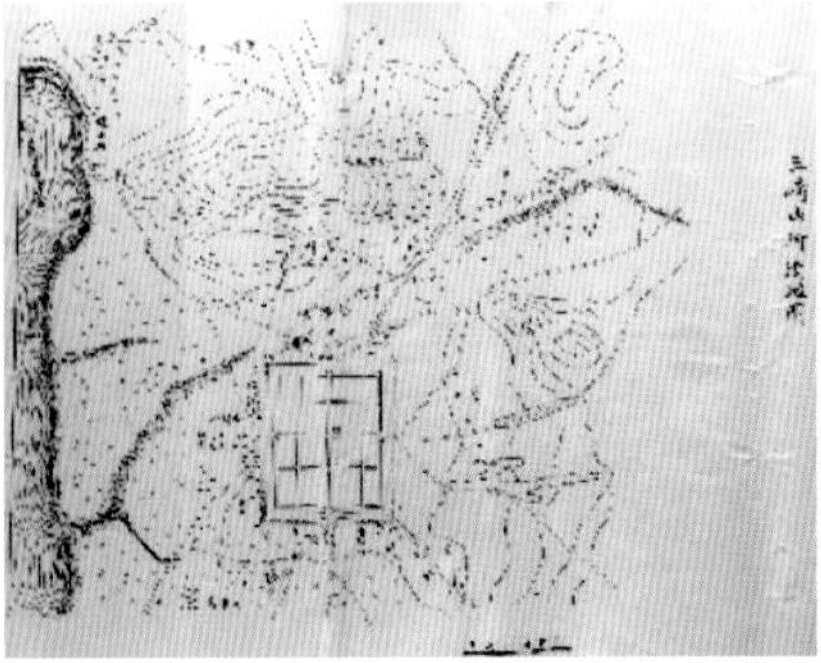

三崎山付近地図

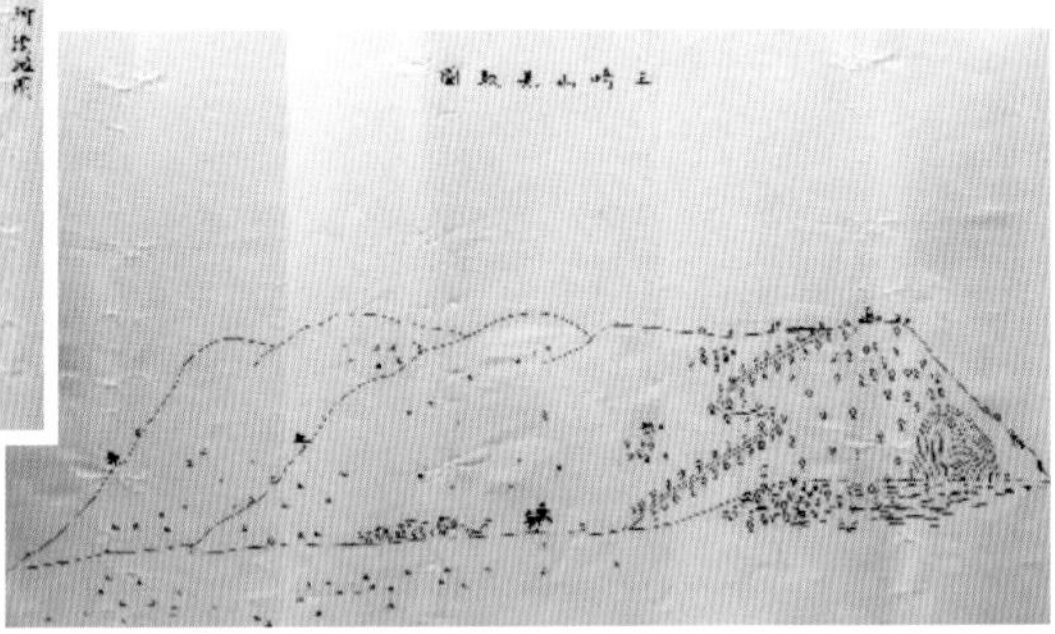

三崎山見取り図

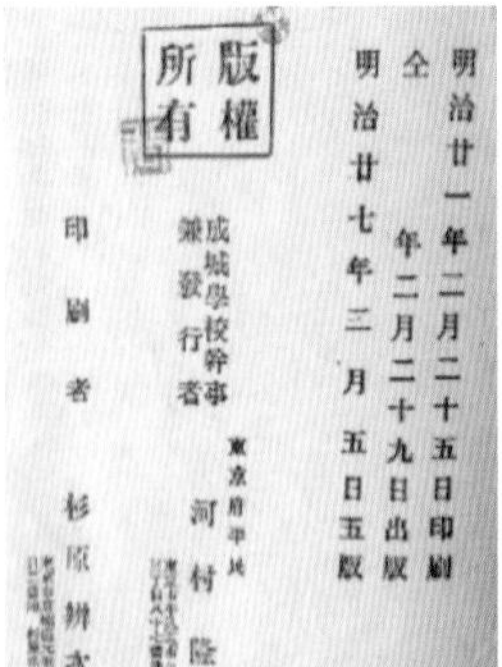
明治廿一年二月二十五日印刷
仝　年二月二十九日出版
明治廿七年三月五日五版

版權所有

東京府平民
成城學校幹事兼發行者　河村隆實

印刷者　杉原辨次郎

三郎の理解者だった河村隆實
が出版した『支那歴史綱要』

郡嶋忠次郎作。明治二十八
年春過三烈士処刑場の歌

烈士 鐘崎三郎を偲び

風浪宮 宮司《ぐうじ》 阿《あ》曇《づみ》史《ふみ》久《ひさ》

先日、当宮社務所の祝詞《しゅくし》保管棚を整理していたところ、昭和六十三年二月十日に行われた鐘崎三郎大人命《うしのみこと》の祭詞が折よく見つかった。この翌日が建国記念日に当たるところから、その前日を選んでのことかと思われる。

当時を思い起こすと、建国記念日には境内《けいだい》において、式典が大川郷友会主催で行われており、その日には国旗掲揚《けいよう》台前に、郷友会の関係者はじめ、地域を代表する方々に混じり、風浪宮《ふうろうぐう》付属白鷺《しらさぎ》幼稚園の引率の先生と園児たちが集合・整列していた。式では、鐘崎三郎顕彰会会長でもあった近藤頼三氏の挨《あい》拶《さつ》と、オルガンに合わせ「君が代」斉唱と園児達の合唱等があったことを記憶している。二月の時節は今と違い寒い日が多く、一度は早朝、雪が薄っすら積もっていたこともあったが、多少の不順な天候にかかわらず行われていたと思う。

話を戻すと、この祭詞は、風浪宮参道《さんどう》沿いの大川公園内の比較的大きな忠魂碑の北東、築山に建てられている鐘崎三郎胸像前での祭典の折、奏上《そうじょう》したもので、この内容は戦争体験がある風浪宮神職で叔父《おじ》の手を借りて作った祭詞文であった。
今回これを追悼《ついとう》の意を込めて掲載《けいさい》させていただきたいと存じます。

鐘崎三郎大人命顕彰祭詞

是礼乃斎庭爾斎都伎奉里鎮里座須掛麻久母畏伎鐘崎乃三郎大人命乃御前爾斎主恐美恐美曰左久　汝命耶明治三年一月二日三潴郡青木村爾生乎享介給比奴長受留爾及耶其乃性剛直爾志氏折加良乃日清戦争爾勇躍敵地深久潜入志
苦志伎爾耐閉乏志伎乎凌岐様々奈留情報乎我軍爾齎良志給比聽氏爾波甚志久母輝加志伎大勝利乎得留糸口登母成里志叙加志　後爾敵方爾捉波礼数々乃拷問乎母頑奈爾凌岐氏口乎割留事無久明久直伎清久正志伎大和魂乃鑑登母称布留倍志　明治二十七年十月三十日阿波礼惜志久母二十六才乃若伎乎以知氏金州城外乃露登消閉給比奴　今日志母鐘崎三郎伊顕彰会会長近藤頼三伊乎始米御縁里深伎諸々賀御食御酒種々乃物乎捧奉里氏大人命乃勲功讃閉奉留御祭仕奉留状乎平介久安介久聞召志給比今与里往先母我賀日之本乃守里乃神登志氏永遠爾鎮里給比　天皇乃大御代乎手長乃御代乃厳志御代登斎伎奉里幸閉奉里給閉登敬氏曰須

昭和六十三年二月十日

以上でありますが、今回の墓前祭《ぼぜんさい》は我々にとって国を愛する心が希薄《きはく》となっている今日、家族を護り故郷を護り国を護ることが、本来一本の糸で繋がっていることを改めて知る機縁であったのではと思い至りました。

公園の一角には今も戦前の忠魂碑と昭和六十二年に大川市傷痍《しょうい》軍人会により建てられた記念碑がありますが、何方にも大きな字で「平和」と刻み込まれております。私は、この文字の大事さを噛《か》みしめつつも国の為に散華《さんげ》された鐘崎三郎大人命を心より偲《しの》びあげるものです。末筆ながら、この度の製本に至るまでの森部様はじめ関係者の皆様のご労苦に対しまして深甚《しんじん》なる感謝を申し上げます。

〔追記〕祭詞の読み下し

これのゆにわにいつきまつりしずまりますかけまくもかしこき、かねざきのさぶろううしのみことのみまえに、いわいぬし、かしこみかしこみもうさく　いましみことや、めいじ三ねんむつき二かみづまぐんあおきむらにせいをうけたまいぬ、ちょうずるにおよぶや、そのさがごうちょくにして、おりからの、にっしんせんそうに、ゆうやく、てきちふかくせんにゅうし、くるしきにたえ、とぼしきをしのぎ、さまざまなるじょうほうを、わがぐんにもたらしたまい、やがてに、はなはだしくも、かがやかしきだいしょうりをうる、いとぐちともなりしぞかし。のちに、てきがたにとらわれ、かずかずのごうもんをも、かたくなにしのぎて、くちをわることなく、あかくなおききよくただしき、やまとたましいのかがみとも、たたうるべし。めいじ二十七ねんかんなづき、みそか、あわれおしくも二十六さいのわかきをもちて、きんしゅうじょうがいの、つゆときえたまいぬ。

きょうしも、かねざきさぶろういけんしょうかいかいちょう、こんどうらいぞういをはじめ、みゆかりふかきもろもろが、みけみきくさぐさのものをささげまつりて、うしみことのいさおしたたえまつるみまつりつかえまつるさまを、たいらけく、やすらけくきこしめしたまい、いまよりゆくさき、あがひのもとのまもりのかみとして、とこしなえにしずまりたまい、すめらみことのおおみよを、たながのみよのいかしみよといわいまつり、さきはへまつりたまえと、いやまいてもうす。

継承される郷土の思い

青木天満宮　宮司　久《ひさ》富《とみ》真《ま》人《さと》

この度、納戸鹿之助《のとしかのすけ》先生の著書『烈士　鐘崎三郎』が増補再刊される由、心からお慶び申し上げます。

納戸鹿之助先生は、青木小学校第八代校長（大正三年十月赴任）・浮島小学校第三代校長（大正十三年九月赴任）と、私たちの地域とも深い繋《つな》がりのある偉大な教育者です。鐘崎三郎の研究にひと財産なげうったと言うほどで、烈士の生き方に心酔《しんすい》した第一人者と言えるでしょう。

郷里、三潴郡青木村上青木における鐘崎三郎の葬儀は、明治二十八年二月九日に行われ、福岡県知事代理山田邦彦参事官をはじめ参列者は約三万人に達しました。妻であった「かね」が愛娘「てい」と会葬し参列者の涙を誘うなど、盛大《せいだい》且つ厳粛《げんしゅく》な葬儀でした。

政府はその後、烈士の志節を称《たた》え賜物を贈り、靖国神社に合祀します。更に、昭和三年十一月の昭和天皇御即位御大典に際しては、従五位の叙勲《じょくん》が贈られるなど、英雄たるに相応《ふさわ》しい哀悼《あいとう》の誠が捧《ささ》げられます。

しかし、墓誌《ぼし》にもあるように、お墓が「いばら」や「とげ」に覆われるような、さみしい時代がやってきます。

このままではいけない。地域が生んだ偉大なる英雄をこれからも顕彰《けんしょう》し、次世代に継承して行かなければならない。そう決心した有志が相諮《あいはか》り、毎年五月三日に執り行われることになったのが墓前祭です。今では、行政・立法・教育・地域代表関係者、そして遺族参列の元、盛大に齋行《さいこう》されています。上青木公民館役員の皆様の、想いと努力が実ったのです。

本書が鐘崎三郎生誕百五十年の墓前祭にあたり再版されたことを最もお慶びなのは、「烈士鐘崎三郎」ご本人であると拝察する次第です。末筆ながら、本書制作のため東奔西走された遺族の森部眞由美様ほか関係者のみな様に心からの敬意と感謝を申し上げ、御挨拶とさせて頂きます。

『威風凜々　烈士 鐘崎三郎』刊行に寄せて

夢野久作《ゆめのきゅうさく》と杉山三代研究会　副会長
杉《すぎ》山《やま》満《みつ》丸《まる》

「明治も遠くなりにけり」と言われたのは、いつの頃だったでしょうか？

大正八年生まれの私の父・杉山龍丸が、脳溢血《のういっけつ》で倒れたのは、昭和六十年七月二十三日、早朝でした。それから、二年二カ月の間意識が戻らず、病院の集中治療室で亡くなりました。

父が倒れた翌年の四月二十九日、私は久しぶりに太宰府市に父が借りていた実家に戻りました。すると、祖母の様子に明らかな変化を感じました。元気がないのです。

私は、「病院に行こう」と祖母を説得しました。すると、「ミツマルちゃんまでがそう言うなら、行こうかね」と重い腰を上げてくれました。

祖母はすでに、長い距離を歩けないほど、体力が衰《おとろ》えていました。私は、祖母をおんぶして歩きました。

祖母は、思っていたよりも、ずっとずっと軽くなっていました。

私は、歩きながら祖母と久しぶりに会話をしました。

「おじいちゃんと結婚して農業をするとは思わんやった。農業は大変やった」と、初めて祖母は私に、祖父との思い出話を語り始めました。

小さいときに、わるそう（悪いこと、いたずら）をした私を、ほうきを持って追いかけてきた元気な祖母の姿は、もうそこにはありませんでした。

病院での診断の結果は、すい臓ガン。すい臓の半分がガンになっていました。また、肝臓にも転移していました。

祖母は、医者の問いに、「半年くらい前からひどくだるかった」と語り、紹介されて入院した病院のベッドで、「（私の父が脳溢血で入院している時に、心配をかけたくないと）痛みやだるさを我慢していた」と私に話しました。

医者は、「相当きつかったはずやけど、やっぱ明治の人は我慢強かですね」と。

その話を聞いた叔父は、自らの気丈な母親に対する尊敬の想いを込めて、「明治生まれはやっぱ強かバイ」と繰り返し、繰り返しつぶやいていました。

「明治」

その時代を生きた人々は、時代の流れに翻弄《ほんろう》されながらも、しっかりとした意志を持ち、私たちの母国・日本を護り、私たちに引き継いでくれました。

明治とは、多くの犠牲《ぎせい》の上に成り立った新しい時代。

現場を知り、実戦経験がある人々がリーダーであった時代。

「植民地を持つ国」か、「植民地になる国」かという恐ろしい時代。

アジアが白人から植民地支配を受けていた時代で、真の独立国は日本とタイだけでした。

私の曽祖父・杉山茂丸は貿易のために訪れた香港で「犬と中国人は入るべからず」という立て札に大きな衝撃《しょうげき》を受け、植民地になるということは、犬と同じに扱われるということという、今では考えられない危機感を持ったと伝えられています。

ところが今は、実戦経験がない、二世、三世のお坊ちゃんがリーダーをする時代。

現場を知らず、利権にまみれて育った人間たちがリーダーをする時代。

昔の大切な物語が忘れ去られ、新しいものへ新しいものへと導かれる時代。

明治も新しい時代であり、新しいものがもてはやされた時代ですが、その時代を生きた人々には、江戸時代から引き継がれた学問や精神がしっかりと受け継がれていました。

当時、日本でも、中国でも、朝鮮でも儒学《じゅがく》が学ばれており、四書五経《ししょごきょう》は、必須の教養書《きょうようしょ》でした。

今は、どの国でも儒学はほとんど学ばれなくなり、中国と朝鮮では漢字も変化してしまいました。そのため、日本人、中国人、朝鮮人の間で可能であった筆談による意思疎通《いしそつう》もできなくなってしまいました。

現代は、共通の教養としての土台がなくなり、共通の文字もなくなり、当時よりも意思の疎通ができない時代となっているのかもしれません。

東京で毎月開催されているある勉強会に参加した時に、挨拶されたアフリカのある国の大使が、

「白人諸国によって勝手に引かれた国境、直線にひかれた国境が、歴史、文化、民族を分断し、今でも多くの人々を苦しめている」

という話をされました。

私が高校時代に訪れたインドで、父の友人であったガンジーのお弟子さんが、私に、「ナショナルソング、プリーズ（国歌を歌ってください）」と言われました。

私が、おそるおそる「君が代」を歌い始めると、その部屋にいたインドの皆さん全員が直立不動の姿勢となられて、私の「国歌」を聞かれ、その後、インド国歌を歌われました。

その話を父にすると、「植民地《しょくみんち》の悲惨《ひさん》さを体験していない日本人のお前にはわからないだろうが、インドは独立するまで約二五〇年の間、全てをイギリスに奪《うば》われてきた。独立して初めて、自分たちが作ったものを自分たちのものにすることができるようになった。だから、日本人よりも国旗と国歌をずっとずっと大切にするんだよ」と教えてくれました。

「国が亡くなることが、いかに恐ろしいことか」

植民地時代を知る明治を生きた人びとの生きざまが、それを私達に教えてくれます。

『威風凜々　烈士 鐘崎三郎』は、明治時代に生きた人びとの気概《きがい》と生き様《いざま》、教養の深さ、意志の強さなどを現代に伝える、私達に遺《のこ》された必読の良書であり財産です。

『威風凜々　烈士 鐘崎三郎』刊行を記念して

みやま市文化協会 事務局長
久保田《くぼた》 毅《たけし》

鐘崎三郎の生誕百五十年記念に、納戸鹿之助氏の『烈士 鐘崎三郎』を翻刻《ほんこく》・増補して五月三日の墓前祭にお供えされるとのことで、心から嬉《うれ》しく思っています。

私は平成二十六年三月八日に、鐘崎三郎氏の姉ハツセの孫の角隆恵《すみたかえ》さんから招待され、八女《やめ》市の自宅へ伺いました。その時に、沢山《たくさん》の史料と写真を見せていただき、心から感動しました。

その後、いただいた史料を編集して角隆恵さん・深江登旨子さん・森部眞由美さん親子に見せて小冊子にする了解を受けました。親の鐘崎寛吾氏と三郎氏を一緒に編集する決定後、寛吾氏の史料調査と三郎氏に関する史料の漢文翻訳などを、親子が担当して調査した結果、青木天満宮の社僧、その後太宰府天満宮の社僧、その後は肥前平戸侯より、礼を正して呼び迎えられ樹光寺《じゅこうじ》で大僧正《だいそうじょう》であったことなど、今まで親の寛吾氏の解らなかったことが明らかとなって、沢山の方に協力と史料提出をしていただいたことに感謝しています。

題を「鐘崎寛吾・三郎の親子を慕いて」決定後、編さん作業にかかり、校正を繰りかえしながら、四十冊の小冊子が完成し、追加印刷を入れ約百冊を発行しました。

その中には松口月城氏の『烈士 鐘崎三郎』の原文と漢字の意味を載せています。

彼は日清戦役が勃発《ぼっぱつ》すると広島大本営で軍通訳官（軍事探偵《ぐんじたんてい》）を拝命《はいめい》し、勇躍《ゆうやく》従軍し、清軍の敵情散策中に不幸にも捕えられ、金州城外の露と消えた烈士鐘崎三郎氏らの偉勲は、生誕百五十年の中に特筆大書きされるべきものがあります。

その後は毎年五月三日の青木天満宮での鐘崎三郎墓前祭に招待を受け、三郎氏と関係のある杉山満丸氏・浦辺登氏・向野康江氏などと知り合いました。

三郎氏の同志の中に向野堅一氏がおり、彼は生き残って戦後は満洲経済界で活躍、直方の向野堅一記念館に史料が展示されています。

数年前、向野堅一記念館館長の向野康江氏の招待で角隆惠さん親子と一緒に向野堅一氏の史料研究発表会に招待されて受講しました。今後は鐘崎三郎氏と向野堅一氏などの同志が活動したことを調査して、関連づけて遺跡や史料を残したいと活動しています。

鐘崎三郎の生誕百五十年記念に『威風凜々　烈士 鐘崎三郎』を刊行してお供えする墓前祭のご縁を得て、日本の永久平和と御瑛霊の御冥福を祈ります。

鐘崎三郎との必然的な関係

歴史作家・書評家　浦《うら》辺《べ》　登《のぼる》

太宰府天満宮（福岡県太宰府市）の参道を上りつめ、右に少し進むと「定遠館《ていえんかん》」が見える。これは、明治二十七年（一八九四）に始まった日清戦争での戦争遺物である。清国北洋艦隊旗艦《きかん》「定遠」の部材でこの館は出来ているが、これを建てたのは小野隆助《おのりゅうすけ》だ。

平成二十一年（二〇〇九）、私はこの「定遠館」を題材に『太宰府天満宮の定遠館』を上梓した。執筆にあたっては苦労した。大東亜戦争後、対外戦争は全て「侵略」戦争であると定義づけられ、戦争に至る背景を知る資料が容易に揃わなかったからだ。それでも、なんとか、出版することができた。その後、不明点を補うかのように、調査取材を続け、二冊目、三冊目と書き上げることができた。

ある時、三冊目の『東京の片隅からみた近代日本』を出してしばらくした頃、出版社経由で読者の方から電話があった。喜々として語られる内容を追っていくと、泉岳寺《せんがくじ》（東京都港区）の檀家墓地《だんかぼち》にある「殉節三烈士《じゅんせつさんれっし》」碑のことだった。「殉節三烈士」とは、日清戦争に通訳官として従軍し、敵兵に捕まり処刑された山崎羔三郎《こうさぶろう》、藤崎秀《ひいづ》、鐘崎三郎の三人の烈士のことをさす。電話をかけてこられたのは、その鐘崎三郎の末裔《まつえい》である角隆恵さんだった。百二十年以上も前の日清戦争に従軍した鐘崎三郎の末裔の方から連絡があるとは、ただただ驚くしかなかった。

今、改めて『太宰府天満宮の定遠館』を読み返してみると、その一四四ページには泉岳寺に遺る「殉節三烈士」の墓碑について書いており、山崎羔三郎、藤崎秀、鐘崎三郎の三人に向野堅一の名前も記していた。「殉節三烈士」の墓碑を求めて、泉岳寺の境内を探してまわったこと。寺男に確認をしたところ、墓碑は檀家しか立ち入れない墓地にあるとのことで、参拝は叶《かな》わなかった。そんな無念の思いを残している。

しかし、その後、「殉節三烈士」の山崎羔三郎が玄洋社員であったこと。さらに、定遠館を建てた小野隆助も玄洋社員であったことから、玄洋社について調べる必要性が生じた。玄洋社とは、福岡を発祥とする自由民権運動団体だが、大東亜戦争敗戦後、連合国軍総司令部（ＧＨＱ）によって解散に追い込まれた。この玄洋社については拙著『霊園から見た近代日本』に述べたが、平成二十三年（二〇一一）六月、「朝日新聞」の全国版に荒俣宏氏の評で紹介された。

そして、その『霊園から見た近代日本』に取り込めなかった事々を記したのが、『東京の片隅からみた近代日本』であり、その中に「殉節三烈士」碑の写真を掲載したのだった。その経緯については、泉岳寺側と喧嘩《けんか》に近い揉《も》め方をしたことを述べている。しかし、偶然にも檀家墓地に入ることができ、哀れな姿の「殉節三烈士」碑に対面したのだった。今考えれば、ここでの偶然は鐘崎三郎らが導いてくれたのではと思える。

一本の電話から、角隆惠さん、その娘さん方との交流が始まった。時間が許す限り、毎年五月三日の久留米・青木天満宮での鐘崎三郎の墓前祭に出席している。その交流の過程において、鐘崎三郎の両親が太宰府天満宮に関係していることを知った。三郎の父・鐘崎寛吾は太宰府天満宮に遺る「御神幸絵巻《ごしんこうえまき》」を描いた絵師であった。母は太宰府天満宮の社家《しやけ》を務める小野家の人だった。小野家の遠祖には、『万葉集』に名を遺す小野老《おののおゆ》がおり、柳に飛びつく蛙を見ている書家の小野道風がいる。冒頭、定遠館を建てた小野隆助（衆議院議員、香川県知事）の名前を出したが、その小野隆助も小野家の人である。ちなみに、小野隆助の叔父は久留米水天宮の宮司を務めた真木和泉守保臣《まきいずみのかみやすおみ》になる。

何のことはない。私が定遠館を調べるにあたり、その系譜にはしっかりと鐘崎三郎が組み込まれていたのだった。三郎に行きつくのは、単に時間の問題だったのだが、世の中は実に面白い。私の父方の一人が、系図づくりにのめり込んだ。結果、そこから判明したのは、私の父方の祖母は小野篁《おののたかむら》を祖とする小野家の末裔だった。私が太宰府天満宮に遺る定遠館を調べて書くということは、遠い、遠い、先祖の系譜を辿ることであり、鐘崎三郎との出会いは偶然ではなく、必然の枠組みにあったのだった。

これまで、目に見えない、遠い先祖たちが仕組んだゲームに私は夢中になっていたのである。これが分かったときには、もう、諦めというか、ただ無条件に笑うしかなかった。

そして、調べて本にするという行為は、自分探しでもあったのだと気づかされた。

尚、令和元年（二〇一九）十一月、上京する機会があったので、泉岳寺に立ち寄った。あの「殉節三烈士」碑が檀家墓地に再建されていると聞いたからだ。横倒しになっていた頭山満《とうやまみつる》手跡の顕彰碑も側に立てられ、綺麗《きれい》になっていた。およそ十年にわたる再建の願いが達成されたことに深い安堵《あんど》を覚えた。

末尾ながら、遺族の方々、関係各位の並々ならぬ尽力に、深く感謝する次第です。

若い読者の皆さんへ

本書の主人公である鐘崎三郎さんは、明治維新後の最初の正月の二日（明治二年、一八六九年）に生まれ、波瀾万丈の苦難の生涯を駆け抜け、わずか二十六歳の若さで没した方です。この本は、三郎さんの生誕百五十年を記念して制作したものです。

書名に掲げた「威風凛々《いふうりんりん》」というのは、あまり聞かない言葉ですが、三郎さんを表すにはぴったりの表現だと思います。「五尺二寸」（約一五八センチメートル）の小柄な体で、元気いっぱい、凛々《りり》しく、たくましく、不遇な生涯に立ち向かい、颯爽《さっそう》と生きた方です。

三郎さんは、子どもの時に父を亡くし、お寺の小僧《こぞう》さんをしながら勉強しました。その途中でお母さんも亡くなります。それでも挫《くじ》けず、一生懸命努力します。上手《うま》くいかないことばかりです。三郎さんは、故郷の青木村から、太宰府・福岡・東京・長崎などを転々とします。そして、中国の上海《シャンハイ》に創《つく》られた日清貿易研究所《にっしんぼうえきけんきゅうしょ》という学校に学びます。

当時の中国は、清《シン》という国で、この学校は、両国の貿易を活発にして、ヨーロッパの圧迫を撥《は》ね除《の》けようという「アジア主義」の考え方に基づく学校でした。三郎さんの努力と苦労は、この学校で花開きます。他の学生よりもいち早く商店を任され、日本に帰って講演すると、関西の有力な商人達の関心を集めます。しかしこれから日清間の貿易に活躍しようという時に、日清戦争が起こります。明治二十七年（一八九四）のことです。

当時中国にいた三郎さんは、清朝側の動向を把握し、九死に一生を得て日本に帰国します。三郎さんのもたらした情報と、その活動は、戦争を遂行する将軍達に評価されただけでなく、当時の明治天皇にまで伝えられ、直接に親しくお目にかかるという、当時としては破格の栄誉を与えられることとなります。

その後、三郎さんは通訳官として遼東《りょうとう》半島の戦場に向かいます。三郎さんは、その中から、軍事探偵という特別な任務を引き受けることとなります。どう考えても、生きて帰れる可能性の少ない任務で、決死の覚悟です。その後、三郎さんの行方は途絶《とだ》えてしまいます。ここで確認しておきたいのは、三郎さんは、本来は日清・日中の共存共栄を図る貿易によって立身を図《はか》ろうとした人だということです。平和を求める方が戦争のために働き死んでいかねばならない。戦争というものは本当に悲劇的なものだと思うのです。

同級生の通訳官達は、必死に行方《ゆくえ》を探します。しばらく経《た》って、次第に行方がわかってきました。残念ながら、三郎さん達三名の通訳官は、清側に捉えられて刑死《けいし》したということでした。その後、その場に立ち会った人から経緯を聞くことができました。三郎さん達三人は、平常心で平然と刑に就《つ》いたのです。その後、この三人の経緯《いきさつ》は日本にも伝えられました。漣《さざなみ》のように、感動が人々を包み込みます。郷里青木村では、三万とも四万とも言われる会葬者を集める葬儀が営《いとな》まれ、遼東《りょうとう》半島金州城郊外の三崎山《さんさきやま》に「三崎碑」（三人の苗字に「崎」の字があるのでこう呼びます）を建立し慰霊しました。なお碑は、その後東京都高輪《たかなわ》の泉岳寺《せんがくじ》（赤穂浪士四十七士の墓所で有名です）に移築されています。

さて三郎さんは孤軍奮闘《こぐんふんとう》したのですが、取り巻く人々も彼を支援しました。家族は勿論《もちろん》、郷里青木村の支援者の方々、先生方や同級生達、様々な方々がいます。ただ多くの場合、三郎さんに振り回されているように見えます。それでも三郎さんを一生懸命に支えたのは、三郎さんの力量と人柄を認めていたからだと思います。三郎さんが亡くなられてからも、三郎さんを慰《い》霊《れい》し、顕彰《けんしょう》しようとする運動が続けられていきます。特に青木村の教育の中心人物として活躍された納戸鹿之助《のとしかのすけ》先生の名を忘れることはできません。納戸先生は、丹念に三郎さんに関する記録を集め、鐘崎三郎の生き様を教育に生かそうと努力された方です。どんな苦難にも負けず、凛々《りり》しく生きてほしい。今日でも五月三日には、青木天満宮での武田・鐘崎墓前祭に併せて、剣道大会が行われています。一五〇年前に生まれた一人の青年の生き様は、今日にも引き継がれていると確信しています。

最後に、本書の読み方です。本書は、今から八十年以上前に、納戸先生が集めた資料とお書きになったものを基本にしています。振り仮名を振り、漢文は書き下しにして、大分読みやすくする工夫をしています。しかし皆さんの学力では読めないと思います。そこで、まず「第一部Ⅲ『烈士　鐘崎三郎』に思いを寄せて」を読んでみてください。これは、昭和四十五年（一九七〇）に風浪宮《ふうろうぐう》で行われた三郎さんの銅像の除幕式で、除幕を担った高校一年生とお母さんとの、三郎さん探索の記録と言うべきものです。後は、本棚に仕舞っておいて、学力がついたら追々読んでいただければと思います。

末尾ながら、辛いときには、鐘崎三郎の苦心を糧《かて》にして、奮闘いただければと存じます。皆さんの人生に幸多かれと祈念いたします。

鐘崎三郎顕彰会編集委員一同

『威風凛々《いふうりんりん》　烈士《れっし》崎三郎《さきさぶろう》』の編集に当たって

本書は、当初、鐘崎三郎の生誕百五十周年を記念して、納戸鹿之助《のとしかのすけ》著『烈士 鐘崎三郎』（納戸鹿之助発行、昭和十二年（一九三七））を翻刻《ほんこく》しようと企図《きと》したものである。

『烈士 鐘崎三郎』は、同著者による『烈士の面影《おもかげ》』（高島英発行、大正十三年（一九二四））を元に、その後の研究や顕彰活動の成果を加え、増補《ぞうほ》或いは一部改訂ならびに削除《さくじょ》を加えた書である。改めて両書を比較すると、『烈士 鐘崎三郎』は、『烈士の面影《おもかげ》』を増補するとともに、一定の削除を加えていることがわかった。

また、鐘崎三郎の研究は、戦後長らく等閑《とうかん》に附されていた。しかし近年、鐘崎三郎の関わった日清貿易研究所や日清戦争、さらに福岡県の結社である玄洋社《げんようしゃ》に注目が集まるようになっており、近年の成果や御遺族の角隆惠氏の口述《こうじゅつ》を反映して、新しい書として編集《へんしゅう》することとした。

1　「鐘崎三郎君墓誌銘」ならびに諸氏序文

冒頭に、鐘崎三郎の顕彰活動に尽力いただいている諸氏より寄せられた序文を掲げる。

2　全体の構成

全体を「第一部　鐘崎三郎の足跡と思い」、「第二部　鐘崎三郎顕彰の足跡」、「第三部　鐘崎三郎関係者伝記」、「第四部　新たな鐘崎三郎像の構築と顕彰に向けて」の四部構成とする。

3　『烈士 鐘崎三郎』の再構成

五序ならびに援助者名などを「資料の部」に配すなど、柔軟に構成を変更した箇所がある。その際に、原書の配列など組み替えた箇所については特段断っていない。

また、『烈士の面影』に掲載《けいさい》され、『烈士 鐘崎三郎』に採録されていない箇所については、「※」を附して『烈士の面影』の掲載箇所を記している。

なお、『烈士 鐘崎三郎』中の「噫《ああ》首藤中尉」「勇敢なる水兵」の二伝は、直接鐘崎三郎に関係するものではなく、ここでは掲載しないこととした。

凡例

一、旧版を翻刻した頁に薄いアミを敷き、新規原稿との区別を図った。
二、仮名遣いは、読みやすさに配慮し、可能な範囲で原著の表記を尊重して、書き下しなどを除いて旧仮名遣いに従う。ただし送り仮名の拗音・促音は小文字に改める。
三、読みやすさを考慮して、冒頭の墓誌銘を除いて旧字体を常用漢字などの新字体とする。ただし、旧字体で通行するものや、人名・地名など固有名詞に配慮を要するものは適宜《てきぎ》判断して旧字とする。
四、「々」を除く準仮名は、仮名に改める。
五、句読点《くとうてん》は、原書を参照しつつ、読みやすさを考えて適宜打ち直している。また必要に応じて、「」『』（）を附すなどして、現代的表記法に改めている。煩瑣《はんさ》であり、特に註記していない。
六、可能な範囲で読み仮名を附すこととする。固有名詞の読み仮名には難しい点があり、慣用に従うようにしている。また中国の地名には、現地音主義を取らず、慣用に従うこととした。
七、原書では、漢文に返り点を附す箇所がある。本書では省いている。代わりに【】中に、書き下しを示すこととする。
八、若干の補注《ほちゅう》を要す箇所には［］で補うこととする。

威風凜々　烈士　鐘崎三郎◉目次

第一部　鐘崎三郎の足跡と思い

追記　筑後の教風と人の縁を追って

【参考資料】

第二部　鐘崎三郎顕彰の足跡

第三部　鐘崎三郎関係者伝記

第四部　新たな鐘崎三郎像の構築と顕彰に向けて　解説並びに考察

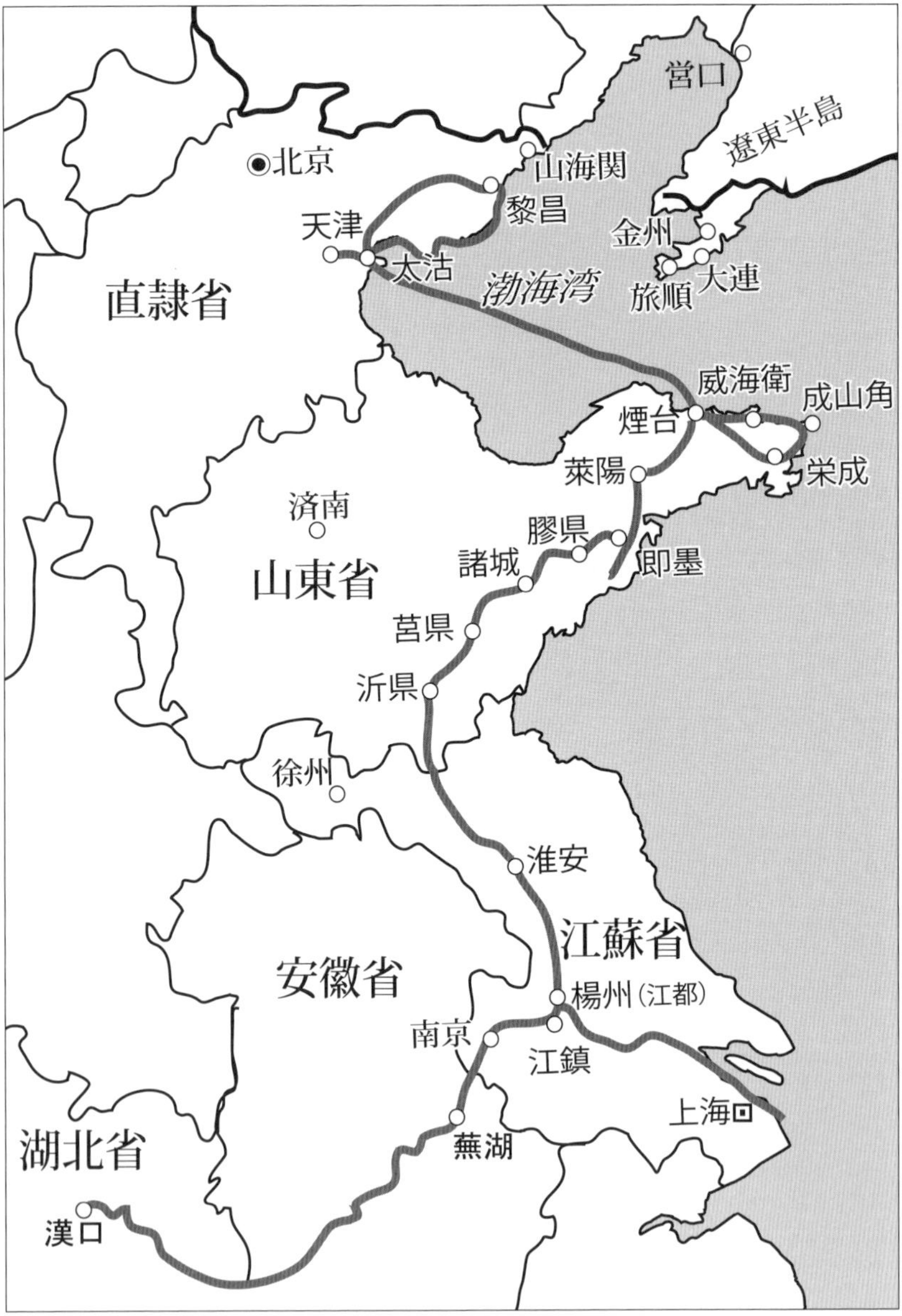

鐘崎三郎関係略図

第四部第二章「三、鐘崎三郎の中国旅行」（pp.332-339）参照

第一部

鐘崎三郎の足跡と思い

I　鐘崎三郎君墓誌銘

明治二十七年、歳在甲午、清國渝盟、吾皇赫怒、興師問罪、其兵約十萬、分道、掃敵於韓遼之野、驅使山嶽助兵威、勢若雷霆、滅迹去塵。眞爲千古快事也。三瀦鐘崎三郎君、于予爲前輩。當是時、以通譯官從軍、知其平生者皆謂、功名當超群、不幸墜於敵手死、可惜也。營葬之日、予在久留米、作文往且弔。事如昨日、而烏兎匆匆、今已二十年矣。比郡中人胥謀、將建碑不朽、來徵予文。予素拙諛墓、然其所關係有如此者、誼不容已。乃按狀而誌曰、君名三郎、鐘崎氏、筑後三瀦人、父良順、有文名、娶筑前女子小野氏、生二男一女、君其一也。爲人軀幹矮小、僅盈五尺而已。然膽氣豪甚、兼有文才、當其與人上下議論也、辯如懸河、殆不可遏止。於是乎、吾黨中夙有奇才子之目矣。幼喪父母、門戸零落、無生可謀、親故爲托諸筑前勝立寺、讀書。檀越一見奇之曰、之子神姿異常、後必當爲善智識。君不悦曰、僧乞丐之徒耳、大丈夫何鬱鬱居于此。明治十九年、年十八、應試入陸軍幼年學校。意已欲以功名振一世也。適遭兄喪、不得果其志、西遊長崎、就御幡雅文、學清語。當是時、荒尾東方齋在清國上海、創設日清貿易研究所、以聚天下士、將大有爲于禹域。君聞之、振臂曰、此予所願從遊也、往訪東方齋。東方齋以蕃於人、少許可。而其於君、一見如舊知、不覺肝膽自傾也。二十四年遂赴上海、從東方齋學、學成。遊蕪湖、居一年、過江而北、浪迹於齊魯、將帆海到遼韓、到處山川都邑、或視其地理、或察其風俗、無不精且密。其意量淸國必渝盟而加兵于我、爲之備而已。亡幾果有二十七八年之役。君在天津、私爲諜、歸報。時、　上親征、駐蹕於廣島、特召見於　大本營、賜物慰勉之。君於是感激不已。退語人曰、今之時以布衣咫尺　天顏。孰有如三郎者乎。斯恩雖萬死不足爲報也、二十七年十月、從軍北航遼東、上陸於花園河口、與其徒二三子、銜命偵覘、變服深入敵地、經辛歷苦、至碧流河、事覺被執、繫於金州獄。敵乃欲知我軍機事、拷掠百端、血肉糜爛。而毫無屈色、敢然抗節而死。後及我軍取金州城、收其骨火化之、分爲二、一葬於梓里、一葬於城北崔家屯。事聞　朝廷、深嘉其志節、賜賻入祀於靖國神社、餘榮亦爲不少也、君以明治二年一月二日生、以二十七年十月三十日死、年二十六。初君在長崎也、娶盛氏生一女、其女今冐盛氏。而兄子繁太郎奉祀云。往予過三瀦、祭君墓。見荊棘滿地、無塊石表其名、凄然淚數行下、曰烈士之墳、不宜若此。乃今郡人建碑之擧、不止厚于死者、抑亦快吾人之意也。

銘曰

貞石玲瓏　輝映松柏　維此佳境　君之所宅　浮生有涯

烈名無斁　死而不朽　光垂史冊　君其往矣　炳如白日

來城　宮崎繁吉　撰文

〔訳〕鐘崎三郎君の墓誌銘

明治二十七年［一八九四］、甲午《きのえうま》の年、清国が誓いにそむいた。吾が国は大いに怒り、兵《いくさ》をおこして罪を問うた。その兵約十万、道なき道を分け入り、韓遼の野に敵を追い掃《はら》った。このとき、使者を山嶽にかけめぐらせて軍兵を助けさせた。その勢は雷の若《ごと》くで、ちりの如く去り滅した。真に千古の快事であった。

三潴《みずま》の鐘崎三郎君は、私にとって先輩にあたる。この時に当り通訳官として従軍した。その平生を知る者は皆、功名をたてることは群を抜いていたが、不幸にも敵手におちて、死んだ。惜むべきである、という。

葬式の日、私は久留米にいたが、文を作り、往《い》って且《か》つ弔《とむら》った。昨日の事のようである。そして月日は過ぎて今すでに二十年もたった。ちかごろ、郡中の人々、あいはかって、不朽《ふきゅう》の碑を建てようとし、［人を］来させて私の文を求めさせた。私はもともと墓辞を作ることはつたなかった。然《しか》しこのような関係あるために、誼《よしみ》［親しみ］により、ことわるわけにもいかず、そこでよくしらべてかくこととした。

誌して曰く。

君の名は三郎、鐘崎氏、筑後三潴の人なり。父は良順、文墨に秀でていた。筑前［八尋《やひろ》村］の小野氏より、妻をめとり二男一女が生れた。君はその次男である。

人となり、身体は小さく僅かに五尺足らずであった。然れども精神はきもだまが備《そな》わって、すぐれ、兼て文才有り。人と議論する時は弁舌さわやかで、急な早瀬の水が流れる如く、殆んど、とどむることが出来なかった。このようであったので、吾が党《とう》［仲間］の中では、はやくから世間に珍しくすぐれた才能を持った人だと目されていた。

幼くして父母をうしない、家は零落《れいらく》し、生計を立てることが出来なかった。この為に親類にあたる福岡市の勝立寺《しょうりゅうじ》に預けられて、読書をほしいままにした。寺の有力な信者の一人は、一目見して、「この子は、普通の子どもとはちがい神童《しんどう》のようですね。必ずや高僧になるでしょう」といった。三郎はそれを悦ばず、「僧は乞食の仲間ではないか。立派な男子ならば、なぜいたずらに鬱々《うつうつ》としてここにおられようか」と述べたという。明治十九年［一八八六］、十八歳の時、受験して、陸軍幼年学校に入学する。三郎は、功名をあげて、一世に振るわさんと欲していたのである。たまたま兄［熙《ひろし》］を亡くしたので、その志を果すことは出来ず［故郷に帰り］、その後長崎へと遊学し、御幡雅文《おばたまさふみ》の書生となって、清語《シナご》を学んだ。この時ちょうど荒尾東方齋《あらおとうほうさい》［精］が清国の上海におられて、日清貿易研究所を創設し、学問道徳をおさめた、尊敬すべき人々をあつめて、大いに漢土《かんど》に飛躍しようとしていた。三郎君は、これを聞くと、臂《ひじ》を振わせて「これこそ、私の従い行くべきところだ」と述べたという。こうして、東方齋を訪ねた。東方齋は、多くの人の中から、少数の者のみを許可していた。しかし三郎君については、一見して昔からの知り合いの様に、心が自然と打ち解けたのである。

二十四年［一八九一］、遂に上海に行き、東方齋に従って学んだ。学成るや、蕪湖に遊歴して一年居り、その後長江を渡って北方に行き、齋魯《せいろ》をへて、海を渡って遼韓《りょうかん》に到った。山や川、都市や村々、到る処の地理や風俗をつぶさに視察した。その気持ちをおしはかるに、清国は必ずや誓いをやぶって我が国に兵を加えるだろう。これがためにに、事前から準備しておこうとしたものであろう。

ほどなく思ったとおり二十七八年［一八九四・九五］の役［日清戦争］がおこった。三郎君は、天津にいて、ひそかに情報を探り、帰国して報告した。時に上［明治天皇］は、親征して、広島に行幸中であり、特に大本営に呼び寄せて、みそなわれ、贈り物を賜わって、三郎をなぐさめはげまされた。君はこれに感激してやまず、退いて後、人に「今この時、無位無官の身にて、極めてお近くで、天皇陛下の天顔を拝することができた。たれか三郎の様な有難き者があろうか。この御恩は、とうてい、生命を投げ出すといえどもむくゆるには足りない」と語っていったという。

二十七年［一八九四］十月、従軍して北へ航海し、遼東半島の花園河口《かえんかこう》に上陸した。二三人の仲間とともに偵察の密命を受け、服を変えて敵地へと深く入り、辛苦を経て碧流河《へきりゅうが》に至るも、発覚して執らえられ、金州の獄《ろうや》につながれた。敵はそこで我が軍事上の秘密を知ろうとして、様々なごうもん［体に苦痛を与えて自白をしいる］を加えた。血肉はただれたが少しも屈せず勇敢に抵抗して忠節を完《まっと》うした。こうして惨殺されたのである。

後に我が軍は、金州城を占領した。其の骨を火葬して二つに分け、一つは郷里に葬《ほうむ》り、一つは城北崔家屯に葬ることとした。

朝廷はこの事を聞き、その志《こころざし》を最期まで守って義を立てたことを深くほめたたえられ、皇室から香典を賜るとともに、靖国神社に入祀《にゅうし》された。死後の光栄も亦少なからざるものがあった。

三郎君は、明治二年［一八六九］一月二日に生れ、二十七年［一八九四］十月三十日に死なれたので、二十六才であった。初め三郎君は、長崎に在り、盛《もり》氏を娶《めと》り一女を生む。女《むすめ》を貞《てい》といい、今の子孫は盛氏である。そして兄［熙《ひろし》］の子繁太郎があとを祭ると云う。かつて私は、三潴を過ぎ君の墓にまいった。ところが、いばらやとげが地に満ちて、塊石《かいせき》の表面にその名は無かった。ものすごく涙が流れた。私は「烈士の墳《はか》は、このようではよろしくない」と述べた。そして今、郡の人々は、碑を建てられており、死者に厚くするにとどまらず、そもそもまた、私のこころよしとするところである。

銘に曰く［墓誌の末尾にしるす称賛のことば］

貞石玲瓏《ていせきれいろう》にして　輝《かがや》き松柏《しょうはく》に映《えい》ず
維《これ》　此《こ》の佳境は　君《きみ》の所宅《しょたく》なり
浮生《ふせい》　有涯《ゆうがい》　烈名《れつめい》　無斁《むえき》なり
死《し》して朽《くち》ず　光《ひかり》　史冊《しさく》に垂《た》る
君《きみ》は其《そ》れ往《ゆ》く矣《かな》　白日《はくじつ》の如《ごと》く炳《あきらか》なり

美しい墓石は、光りかがやき、常緑の松柏は、輝きうつっている。
これこの良き区域は、君の所宅である［鐘崎屋敷跡］
人生は浮き沈みあり、果てがある。誉れ高い名は、永久《とわ》に終わることがない
死しても朽ちない。歴史の本にのって後世に残り光っている。

君は往っても、真昼の太陽の様に、耀いている。

来城　宮崎繁吉　撰文《せんぶん》

元の原稿では、「佳境」の箇所を「佳境」と読み、「小鳥のさえずる区域内」と訳している。墓所を訪れた感慨を踏まえた上での解釈で、墓所の風情を良く伝えている。またこの箇所の「宅」は、通常、陰宅、すなわち墓所を意味するであろう。敢えて「鐘崎屋敷跡」と記すことによって、帰るべきところに帰った鐘崎に対する慰霊の心情を読み込んでいる。

Ⅱ　鐘崎三郎伝

納戸鹿之助

一、緒　言

　そのかみの血潮《ちしお》の色と見るまでに　もみぢ流るる太刀洗川《たちあらいがわ》

乃木将軍の吟詠

　明治四十四年特別大演習が、肥筑《ひちく》の野に於て行はれし時、聖駕《せいが》に扈従《こしょう》したる乃木《のぎ》［希典《まれすけ》］将軍、一日三井郡大保原《みいぐんおおほばる》古戦場を過《す》ぎられたことがある。折しも秋の末つ方、満目《まんもく》の紅葉《こうよう》はいまを盛りと錦《にしき》を飾《かざ》っていた。雄姿颯爽《ゆうしさっそう》たる馬上の将軍は、五百余年の昔、菊池・少弐《しょうに》の二氏が、雌雄《しゆう》を決した当年のことを思ひ浮べて、物せられたのが此の和歌である。

　これによって、崇高《すうこう》なる将軍の人格が偲《しの》ばれるのみならず、当時激戦の光景が歴々《れきれき》として宛《さなが》ら眼前《がんぜん》に見るやうである。

将軍は過ぎし日露の戦ひに、長男勝典《かつすけ》が陣没《じんぼつ》せし戦跡を弔《とむろ》うて、

山川草木転荒涼　【山川《さんせん》草木転《うたた》荒涼】

十里風腥新戦場　【十里風腥《なまぐさ》し新戦場】、

征馬不前人不語　【征馬《せいば》前まず《すす》人語らず《ひとかた》】

金州城外立斜陽　【金州城外《きんしゅうじょうがい》斜陽に立つ】

惟《おも》ふに、幾多の猛将勇卒《もうしょうゆうそつ》が、砲烟弾雨《ほうえんだんう》の間に馳駆《ちく》し、可惜《あたら》皇国の犠牲となりし跡を親《した》しく目撃して、低徊《ていかい》去り難きものがあったことと思ふ。

今昔の感

翻《ひるがえ》って十余年の昔、己《おの》れが部下として征途《せいと》に上《のぼ》った、鐘崎、藤崎、山崎の三名が、金州《きんしゅう》城外の露と消え果てた当時を追想して、感慨《かんがい》更に深きものがあったことと信ずる。天晴《あっぱ》れ一代の志士として、世に知られし鐘崎君も、星移り物換《ものかわ》るに従《したが》ひ、漸《ようや》く其《そ》の名を忘れらるるに至ったのは、洵《まこと》に千秋《せんしゅう》の恨事《こんじ》である。

本書著述の動機

余は純忠至誠の乃木将軍を追慕《ついぼ》すると共に、君が献身的《けんしんてき》精神を讃嘆《さんたん》して止《や》まない一人である。

世と共に語り伝へよ国の為め　いのちをすてし人の勲《いさお》を

こは畏《かしこ》くも　明治大帝の御製《ぎょせい》で、君国の為めに斃《たお》れし人の功績を、永遠《とわ》に世に伝へよとの大御心《おおみこころ》と拝察《はいさつ》し奉《たてまつ》るのである。余不肖敢《ふしょうあえ》て当らずと雖《いえど》も、一片耿々《こうこう》の志抑《おさ》へ難《がた》く、以下君が尽忠報国《じんちゅうほうこく》の物語りに就《つ》いて、聊《いささ》か述べて見たいと思ふ。

二、幼年時代

三郎の家庭

鐘崎三郎《かねざきさぶろう》は、福岡県三潴《みづ(ず)ま》郡《ぐん》の人で、家代々青木村に住《じゅう》し、梅樹院《ばいじゅいん》といって、上青木《かみあおき》天満宮の社僧《しゃそう》であった。父良順《りょうじゅん》は帯雲《たいうん》と号《ごう》し、天性洒落《しゃらく》最も文墨《ぶんぼく》に長じていた。擢《ぬき》んでられて太宰府天満宮《だざいふてんまんぐう》の社祝《しゃしゅく》に転《てん》じ、後《のち》平戸侯《こう》に聘《へい》せられて、其の菩提所《ぼだいしょ》たる樹光寺《じゅこうじ》の住職《じゅうしょく》となり、頗《すこぶ》る藩主の眷遇《けんぐう》を蒙《こうむ》っていたが、在職五年、郷里青木村に帰ったのである。

帰来後間もなく、筑前鞍手《くらて》郡《ぐん》八尋《やひろ》村の小野氏を娶《めと》り、一男一女を挙《あ》ぐ。明治二年一月、一家筑前に移ったが、月の二日、玉の如き男子が生れた。是《これ》ぞ後年芳名《ほうめい》を千載《せんざい》に馳《は》するに至った、三郎君其の人である。

厳父《げんぷ》の死

良順は此処《ここ》で或事業《あるじぎょう》を営《いとな》んだけれども、素《もと》よりなれぬ業《なりわい》なれば、悉《ことごと》く失敗に帰したので、決然《けつぜん》妻子を伴なふて長崎に移住し、鋭意家運《えいいかうん》の挽回《ばんかい》を図《はか》ったが、再び失敗して生計《せいけい》益々窮乏《きゅうぼう》を告げ、打続《うちつづ》く心労《しんろう》の結果、遂《つい》に病《やまい》の床《とこ》に呻吟《しんぎん》するに至った。一家の憂慮《ゆうりょ》譬《たと》ふるに物なく、神仏に祈願を罩《こ》め、只管本復《ひたすらほんぷく》を祈《いの》りし甲斐《かい》もなく、享年《きょうねん》六十一歳を一期《いちご》として、空《むな》しく黄泉《よみ》の客となる。時に三郎、年僅《わず》かに十歳であった。

一家眷属《けんぞく》の愁歎《しゅうたん》は、側《そば》の見る目も気の毒な程であったが、漸《ようや》く四十九日の忌《いみ》も晴れたので、挙家《きょか》故山《こざん》に帰《かえ》ったけれども、女の細腕《ほそうで》一つで、三人の子女《しじょ》を養育《よういく》することは、到底《とうてい》不可能であったから、それぞれ親戚《しんせき》に預《あず》けることとした。

一家の離散《りさん》

三郎は太宰府なる叔母《おば》の家に寄寓《きぐう》し、名高き腕白小僧《わんぱくこぞう》として、悪戯三昧《いたずらざんまい》に日を送っていたが、恰度《ちょうど》十一歳の折、亡父《ぼうふ》の後生を弔ふべく、福岡橋口町勝立寺《しょうりゅうじ》に入り、従兄《いとこ》加藤日龍《にちりゅう》師の弟子となった。

慈母《じぼ》の永眠

入門後名を正学《しょうがく》と改《あらた》め、読経《どきょう》に勤行《ごんぎょう》に些《いささ》かの怠《おこた》りなく、大《おおい》に師の寵愛《ちょうあい》を受けて居《い》たが、十五歳の冬、慈母を喪《うしな》ひ、人知れず悲歎《ひたん》の涙に暮《く》れたのである。

君、資性豪胆《しせいごうたん》、磊落不羈《らいらくふき》、勇敢にして穎敏《えいびん》、殊《こと》に快弁《かいべん》を有し、文才に長じていた。其の軀《く》幹矮小《かんわいしょう》五尺に盈《み》たず、赭顔《しゃがん》にして威風凜々《いふうりんりん》、頗《すこぶ》る愛嬌《あいきょう》に富んで居た。

三、軍人志望

長崎事件《ながさきじけん》

明治十七年、恰《あたか》も正学が十六歳の時である。一時天下の耳目《じもく》を聳動《しょうどう》せしめた、所謂《いわゆる》長崎事件が勃発《ぼっぱつ》した。

此の時、清国《しんこく》軍艦十余隻、威風堂々舳艫相銜《いふうどうどうじくろあいふく》んで、長崎に入港したので、全市忽《たちま》ち殷賑《いんしん》を

一抹《いちまつ》の黒烟《こくえん》

極めたが、偶々《たまたま》我警官、彼《か》の水兵と衝突《しょうとつ》し、事態益々紛糾《ふんきゅう》して、遂に両政府の折衝《せっしょう》となった。其の結果我が警官は免職《めんしょく》せられ、彼の水兵は、相当の所分《しょぶん》を受ける事となったけれども、彼は徒《いたず》らに時日を遷延《せんえん》して、其の実行を示すに至らず、抜錨《ばつびょう》したのである。

三郎の憤慨

此の報、四方に伝はるや、朝野騒然《ちょうやそうぜん》、全国の新聞紙亦《また》筆を極《きわ》めて、政府の軟弱《なんじゃく》を攻撃して憚《はばか》らず。正学は『めざ〔さ〕まし新聞』を見て、其の真相を詳《つまびらか》にし、切歯扼腕《せっしやくわん》、思はず悲憤《ひふん》の涙を絞《しぼ》ったのである。

識見高邁《しきけんこうまい》

彼、熟《つら》ら思ふやう、「嗚呼富国強兵《ああふこくきょうへい》だ、我が国が斯《か》かる侮辱《ぶじょく》を蒙《こうむ》るも、全く兵力の不足に基因《きいん》するのである。宜《よろ》しく軍備《ぐんび》を充実し、速《すみや》かに会稽《かいけい》の恥を雪《すす》がざるべからず。如《し》かず身は国家の干城《かんじょう》となって、此の重任を果さんには」との大願《たいがん》を立てたのである。

或日正学は、己が精神を師に語り、暇《いとま》を乞《こ》ふたのであるが、素《もと》より許されやう筈《はず》はない。其の後再三懇請《こんせい》したけれども、却《かえ》って師の感情を害するのみであった。

養鋭校入学

かくて正学は、途方《とほう》に暮れていたが、ふと福岡材木町に養鋭《ようえい》学校の存在を耳にした彼は、地獄で仏《ほとけ》と打喜《うちよろこ》び、普通学研修の目的の下に、師の許しを受け、辛《かろ》うじて此処《ここ》に入学したのである。

成績抜群

抑々《そもそも》養鋭学校は、予備将校《よびしょうこう》津田信秀《つだのぶひで》氏の経営に係り、陸軍幼年学校志望者に対し、準備教育を施す所で、当時前途有為《ぜんとゆうい》の青年は、多くは此処に来りて、氏の薫陶《くんとう》を受けていたが、天《てん》性怜悧《せいれいり》なる彼は、進境《しんきょう》著《いちじる》しく、日ならず同輩を凌駕《りょうが》するに至った。

四、無断上京

げにや歳月流るるが如く、正学は早十八歳を迎へたのである。此の年四月、東京幼年学校入学試験に応じたが、素より日龍には無断であった。

試験合格

或日正学宛、一通の書面が飛来したけれども、彼生憎《あいにく》不在であったから、師は之を受取り、封筒の裏面を見れば、東京幼年学校試験係と記してあるので、合点行かず遂に開封したが、こはそも如何《いか》に、試験合格の通知なのである。

日龍の驚愕《きょうがく》一方《ひとかた》ならず、正学の帰るを待ち受け、大《おお》いに其の非を詰問《きつもん》に及《およ》んだのである。彼は頭《こうべ》を垂《た》れ、只管《ひたすら》謝罪するのみであった。

警戒厳重

其の後日龍は、彼の出奔《しゅっぽん》を恐れて、警戒《けいかい》つゆ怠《おこた》らなかった。之《これ》に反して正学は、上京の念一日も止む時なく、その準備に腐心《ふしん》していたが、先立つものは金である。兎《と》やせん角《かく》やせんと、思案《しあん》に暮れて居た。

勝立寺脱走

偶々《たまたま》六拾余円の大金が、寺に入ったことを知りたる彼は、これ天の与へと雀躍《こおどり》しつつ、直ちに各一通の遺書と証書とを認め、此の大金を懐《ふところ》にし、孤影飄然《こえいひょうぜん》として勝立寺《しょうりゅうじ》を立ち去ったのである。

やがて彼の姿が見えぬので、一同打驚き、隈《くま》なく捜索《そうさく》したけれども、更に其の甲斐《かい》なく、尋《つ》いで日龍は、かねて簞笥《たんす》の抽斗《ひきだし》に入れ置きたる金子《きんす》の紛失《ふんしつ》せるより、狼狽《ろうばい》措《お》く所《ところ》を知らず、吟味《ぎんみ》愈々《いよいよ》厳重《げんじゅう》を加へやうとした時、ふと普段着《ふだんぎ》の袂《たもと》より一通の手紙を見出した。

三郎の遺書

拝啓　陳者《のぶれば》多年の御教養《ごきょうよう》に背《そむ》き出奔致《しゅっぽんいた》すのみならず、御貯畜《ごちょちく》の金円黙借致候段《もくしゃくいたしそうろうのだん》、何共《なんとも》恐縮《きょうしゅく》の至《いたり》には候《そうら》へ共《ども》、兼《かね》て御願《おねが》ひ申上《もうしあ》げ候通《そうろうとお》り、三郎の素志《そし》は、今更に枉《ま》げ難《がた》く、一日を過ごさば一日を誤るの道理故《ゆえ》、断然上京の途に相就《あいつ》き申候《もうしそうろう》。
他日業《ぎょう》成り、事遂《ことと》ぐるの暁《あかつき》には、黙借の金円御返済《ごへんさい》は勿論《もちろん》、多年の御教養に対しては、必ず相報《あいむく》い申す可《べ》き存念《ぞんねん》に候間《そうろうあいだ》、三郎が今日の罪過《ざいか》は幾重《いくえ》にも御寛恕被下度候《ごかんじょくだされたくそうろう》。　頓首《とんしゅ》

月　日　　鐘崎三郎

日龍尊師　様

日龍師の赫怒《かくど》

読み了《おわ》ったる師は、憤怒《ふんぬ》の情《じょう》、遂《つい》に制《せい》し難《がた》く、即日三郎を告訴《こくそ》したのである。

五、刑余《けいよ》の人

妙運寺訪問

多年住み慣れたる、懐《なつか》しき勝立寺を後にした三郎は、其の夜、浜新地のとある檀家《だんか》に一泊

し、翌日宗像郡福間《むなかたぐんふくま》を経て、鞍手郡木屋瀬町《くらてぐんこやのせまち》なる妙運寺《みょううんじ》を訪《おとず》れたのである。彼は二本の木太《きだ》刀《ち》の外、『日本外史《にほんがいし》』二冊を携帯《けいたい》し、その中に拾円紙幣《じゅうえんしへい》二枚を挟《はさ》み、残余の金子《きんす》は、通帳《つうちょう》として堅く保管《ほかん》して居た。

好個の記念

彼は滞在約一ヶ月、或は薪《まき》を割り、或は炊事《すいじ》に鞅掌《おうしょう》して、住職《じゅうしょく》石田春暹《しゅんせん》師の厚意《こうい》に浴《よく》しつつ、頗《すこぶ》る愉快《ゆかい》に日を送っていたが、いよいよ同寺を辞《じ》するに臨《のぞ》み、八枚の唐紙《とうし》に揮毫《きごう》して師に呈《てい》し、いと名残惜《なごりお》しげに袂《たもと》を別《わか》ったのである。

後年、日龍師が同寺を訪《と》ひ、墨痕淋漓《ぼっこんりんり》たる其の筆跡《ひっせき》に一驚《いっきょう》を喫《きっ》したのは、即《すなわ》ち是《こ》れである。春暹師は好個《こうこ》の記念として、襖《ふすま》に仕立てて居たが、今尚《いまなお》丁重《ていちょう》に保存せられ、当時を偲《しの》ぶ唯一《ゆいいつ》の資料たるは、真《まこと》に奇跡《きせき》と謂《い》うべきである。

かくて三郎は、慣れぬ旅路に唯《ただ》一人、途中の寺々に宿《やど》りを求め、千辛万苦《せんしんばんく》を嘗《な》め尽《つ》し、永《なが》き日子《にっし》を費《ついや》して、漸《よう》く東京に着したのである。然《しか》るに彼は幼年学校入学の時機を失したので、止むなく成城《せいじょう》学校に入り、刻苦勉励《こっくべんれい》、成績亦大《またおおい》に見るべきものがあった。

青天《せいてん》の霹靂《へきれき》

偶々牛込《うしごめ》警察署の召喚《しょうかん》に接したれば、刑事に伴はれて同署に至り厳重なる署長《しょちょう》の訊問《じんもん》を受けたのである。これ福岡裁判所にては、日龍の告訴に基づき、有罪を宣告したから、此の結果に及んだが、署長は三郎の説きいだす一伍一什《いちごいちじゅう》を傾聴《けいちょう》して、痛く感激し、「兎《と》も角《かく》お前は、一応福岡に立ち帰り、故障《こしょう》の申立てをして、更《さら》に裁判を開いて貰《もら》ったがよからう」と勧誘《かんゆう》し、

署長の同情

直《ただ》ちに彼が在京中の行状と、精神とを詳細に認《したた》め、飽《あ》く迄保護《までほご》に力《つと》めたのである。三郎は此

の添書《てんしょ》を押戴《おしいただ》き、厚《あつ》き情《なさけ》に感泣《かんきゅう》して帝都を出発した。

六、無罪放免

河村氏《かわむらし》の奔走《ほんそう》

勝立寺の檀家《だんか》に河村隆実《かわむらたかざね》といふ者あり、かねて三郎の人と為りに望みを囑《しょく》していた。氏は屢々《しばしば》日龍師を訪問し、告訴の取消《とりけ》しを請求《せいきゅう》したけれども、頑《がん》として応ぜぬので、頗《すこぶ》る当惑していたが、俄《にわ》かに三郎の帰福を聞き、満腔《まんこう》の誠意を以て之を迎へ、私費を投じて弁護士《べんごし》に依頼し、大いに斡旋《あっせん》に力《つと》めた結果、審理《しんり》の末三郎の勝利に帰し、漸く青天白日《せいてんはくじつ》の身となったのである。本人の喜びは云ふに及ばず、河村氏の満足も亦一通《ひととお》りではなかった。

日龍師も一時の憤怒《ふんぬ》より、訴訟《そしょう》したのであるから、三郎が再度の上京に際しては、河村氏と二人にて其の旅費を給与《きゅうよ》し、黙借事件も無事解決《ぶじかいけつ》を告げたのである。

さて三郎は、無罪の宣告《せんこく》を受けたけれども、一旦刑余《けいよ》の身となったのだから、偏《ひとえ》に将来を慮《おもんぱか》り、一通の書面を認《したた》め、時の監軍部長山縣《やまがた》［有朋《ありとも》］中将に贈った。

三郎　儀

具《ぐ》申《しん》書《しょ》

家素《も》ト貧窶《ひんる》、且《か》ツ幼時父ヲ喪《うしな》ヒ、稍《やや》長ジテ母兄ノ命《めい》ニ依リ、従弟《いとこ》（従兄？）勝立寺住職加藤日龍ナル者ノ徒弟《とてい》ト相成《あいなり》、仏学修業《ぶつがくしゅぎょう》罷在候《まかりありそうろう》。然《しか》ルニ三郎儀《ぎ》、平素《へいそ》陸軍出身志望ニテ、屢々《しばしば》日龍及ビ親族ノ者へ、右素志《そし》相談《あいだん》ジ候《そうら》へ共《ども》、熟［孰《いず》］レモ仏門ノ身、妄《みだ》リニ他志ヲ抱ク可《べか》ラズトテ、一人賛成スルモノ無之《これなき》ニ依《よ》リ、乃《すなわ》チ仏学ノ傍《かたわ》ラ、普通学研究致度旨《いたしたきむね》ヲ以《もっ》テ、日龍ニ請《こ》ヒ、私立養鋭学校へ通学致シ候。

此ノ校ハ、津田信秀ノ創設セルモノニシテ、士官学校予備科ヲ授《さず》クル所ナリ。依《よっ》テ専《もっぱ》ラ幼年学校入学検査課目修学致シ候。然ルニ、昨十九年二月、幼年学校生徒募集有之候《これありそうろう》ニ付《つき》、該校《がいこう》校長信秀ト謀《はか》リ、密《ひそ》カニ入学願書《がんしょ》差出シ候。同年四月、検査官派出ニ相成リ、福岡ニテ検査有之候ニ付、直《ただち》ニ応試《おうじ》仕候《つかまつりそうろう》。然《しか》ル処《ところ》、日龍間モナク三郎ガ幼年学校志願シタルコトヲ聞知《ぶんち》シ、急ニ養鋭学校ヲ退校セシメ、切《しき》リニ懲戒《ちょうかい》ノ上、将《まさ》ニ遠ク他寺ニ預ケ置カントスル折柄《おりがら》、在京ノ友人ヨリ、幼年学校学科検査ニ合格シタル旨、予報《よほう》致《いたし》呉《く》レ候《そうろう》。依《よっ》テ自ラ思フニ、若《も》シ逡巡《しゅんじゅん》不断《ふだん》、機会ヲ失《しっ》セバ、終身素志ヲ達スルノ期無カル可《べ》シト。遂《つい》ニ意ヲ決シ、日龍所有ノ金六拾弐《ろくじゅうに》円余ヲ黙借《もくしゃく》シ、多年養育ノ恩ヲ受ケナガラ、妄《みだ》リニ命《めい》ニ違《たが》ヒ、家ヲ出ルノ罪ヲ謝スルノ書ト、該金《がいきん》ヲ成業《せいぎょう》ノ日迄借用《しゃくよう》致ストノ証書《しょうしょ》トヲ残シ置キ、直ニ上京致候《いたしそうろう》。着京ノ上、書状ヲ以テ在郷ノ知家《ちか》ヨリ、日龍許《もと》へ謝罪《しゃざい》致《いたし》候《そうろう》。然《しか》ルニ日龍ハ、已《すで》ニ三郎ガ脱走セル即日、裁判所ニ告訴致候。曩《さき》ニ残シ置キタル書類ヲ以テ証憑《しょうひょう》ト致候由。然ルニ三郎事、未ダ此ノ事ヲ知ラズ。再審検査モ、猶《なお》日数有之候故《これありそうろうゆえ》、宿所等、幼年学校検査係ニ届ケ置キ、牛込《うしごめ》区成城学校へ入学致シ居候処、同警察署《けいさつしょ》ヨリ、拘引《こういん》ニ相成《あいな》リ、国許《くにもと》警察署へ、伝逓護送《でんていごそう》ニ相成《あいな》リ、福岡監獄未決監《かんごくみけつかん》ニ於《おい》テ、欠席ノ儘《まま》、裁判言渡《いいわたし》相成リ候ニ依リ、故障申立候処《こしょうもうしたてそうろうところ》、直《ただ》チニ御採用ノ上、前裁判ヲ取消シ、更ニ別紙ノ通リ宣告《せんこく》相成リ候。依テ右ニ関スル事件ハ、双方ニ於テ和談相調《わだんあいととの》ヒ、全《まった》ク結了仕《けつりょうつかまつり》候《そうろう》。右保証人相立、事実及具申候也

明治二十年　月　日

本人　鐘崎三郎

保証人　河村隆実

監軍《かんぐん》部長　山縣有朋《やまがたありとも》　殿

再度の上京

かくて三郎は、日龍師及び河村氏等に暇《いとま》を告げ、途中木屋瀬町《こやのせまち》妙運寺に立寄って久闊《きゅうかつ》を叙《じょ》し、足も軽げに再び上京の途に就いたのである。

三郎は、着京後直ちに山縣中将を訪《と》へば、将軍は快く面接して、大に其の素志《そし》に感じ、彼を引き受け、且《かつ》いへるやう。

中将の訓戒

「誰しも故郷を出る時は、確固たる決心を有しているが、一度都会の土を踏めば、知らず知らず軽佻浮華《けいちょうふか》の風習に染《そ》んで、あたら青年の前途を誤るものが多い。君が上京の動機は、美《うる》はしき愛国心の発露《はつろ》だから、万々《ばんばん》間違ひはなからうと思ふけれども、充分自重《じちょう》して貰《もら》ひたい」

三郎は意外の厚遇《こうぐう》に、只管《ひたすら》感激して、唯《ただ》有難く涙に咽《むせ》ぶのであった。

程《ほど》なく彼は、幼年学校の入学も許可されたので、中将の訓戒《くんかい》を肝に銘し、猛然《もうぜん》として学《まなび》の道にいそしんだのである。

七、長崎遊学

家兄の訃

「好事魔多《こうじまおお》し」とはよくいったものである。三郎は一日電報に接したので、直ちに披見《ひけん》すれば、家兄危篤《かけいきとく》の知らせであった。彼は遺憾遣《いかんや》る瀬《せ》なけれど、今更《いまさら》致し方がない。行李匆々《こうりそうそう》中将に暇《いとま》を告げ、帰郷の途に上ったのである。山河三百里、道中恙《つつが》なく故郷に着すれば、杖とも柱とも頼みし一人の兄は、既に此の世の人ではなかった。

三郎の苦衷

彼は哀愁《あいしゅう》の涙、少時は止《とど》め敢《あえ》ず、失望の淵《ふち》に沈んで居た。しかも甥繁太郎《おいしげたろう》は、生後間もなく慈母を失ひ、今又慈父の喪《も》に逢《あ》ふ。青雲の志燃ゆるが如き三郎も、此の可憐《かれん》なる幼児を見捨てて、上京する勇気は到底出なかったのである。

盛家《もりけ》に養《やしな》はる

かくて空《むな》しく時日を経過する程に、最早中将にいひ送る言の葉も尽き果てたので、断然意を決して三潴郡役所の雇《やとい》と為り、僅少《きんしょう》なる俸給《ほうきゅう》を得て、暫時糊口《ざんじここう》を凌《しの》いだのである。而して彼は、在職六ヶ月の後長崎に遊び、元士官学校教官御幡雅文《おばたまさふみ》氏の門に入り、専心支那《しな》語の研究に没頭《ぼっとう》せしが、大に先生夫妻の眷遇《けんぐう》を蒙り、其の媒酌《ばいしゃく》にて盛家の養子《ようし》となった。

抑々《そもそも》盛家は雑貨商を業とし、相当の資産を有していたが、三郎の入籍後、養父《ようふ》は不帰《ふき》の客となったので、渡清の口約を履行《りこう》し難《がた》き破目《はめ》となった。

荒尾氏訪問

三郎は軍人の志望が全く水泡《すいほう》に帰したので、返す返すも千秋《せんしゅう》の恨事《こんじ》と思って居た。偶々《たまたま》尾州《びしゅう》の人荒尾精《あらおせい》氏、日清貿易《にっしんぼうえき》研究所創設の企《くわだ》てあるを聞き、竊《ひそ》かに養家《ようか》を抜け出でて上京し、親しく氏に面接して、意中を披瀝《ひれき》したから、氏は大に其の志に感じたけれども、「義理《ぎり》ある養家を顧《かえり》みざるは、悖徳《はいとく》の行為であるから、宜《よろ》しく帰郷の上家業を勉強せよ」と体《てい》よく謝絶《しゃぜつ》したのである。

破鐘《われかね》[破鏡《はきょう》]の歎

宿志を遂ぐ

是に於て三郎は、万斛《ばんこく》の涙を呑んで京を辞し、一旦長崎に帰り来ったのである。其の後彼は商業に従事して、真面目に立ち働いていたけれども、遂《つい》に熟談《じゅくだん》の上盛家を出で、鎮西日報《ちんぜいにっぽう》の社員となった。彼は在社約一ヶ年、機敏《きびん》を以て頗《すこぶ》る同僚間に聞《きこ》えていたが、ある日荒尾氏の来崎を探知して其の旅館を訪《と》ひ、百方手を尽して氏の快諾《かいだく》を得、明治二十四年三月、相携《あいたずさ》へて渡清の途《と》に就《つ》いたのである。

八、蕪湖《ぶこ》の客

上海《シャンハイ》に渡航したる三郎は、直ちに日清貿易研究所に入り、六ヶ月にして業を了《お》へ、同地青年会へ入会す。居ること二三ヶ月余、当時《とうじ》安徽省《あんきしょう》蕪湖《ぶこ》に、清人経営の日本雑貨店あり。店主荒尾氏に托して、日本人の店員を求むること切であった。然《しか》るに同地は、排日熱《はいにちねつ》の最も盛《さかん》なる所であるから、誰しも応《おう》ずる者がなかった。

支那内地の商店に入る

三郎は荒尾氏の懇請《こんせい》に従《したが》ひ、これを許諾《きょだく》し、忽《たちま》ち支那人の服装に改め、自ら名を李鐘三《りしょうぞう》と命じたのである。

侠名《きょうめい》四隣《しりん》に聞《きこ》ゆ

当時の蕪湖は、人口十万余を有する繁華の土地で、商業も亦活気を帯びていた。商店は順《じゅん》安号《あんごう》といって、顧客も頗《すこぶ》る多かったが、此の附近は無頼漢《ぶらいかん》の巣窟《そうくつ》で、時々店舗《てんぽ》を荒し、または無辜《むこ》の民を苦しめて居た。彼は予《かね》て之《これ》を憤慨《ふんがい》していたので、或日《あるひ》店頭に来りて、金品を強《ごう》請《せい》せし暴漢をしたたか懲《こ》らしめたから、一時容易ならぬ事態を惹起《じゃっき》したけれども、店主の所《しょ》置《ち》寔《まこと》に宜《よろ》しきを得て、無事解決を告げ、李鐘三の名は頓《とみ》に遠近に聞え、順安号は門前忽《たちま》ち市をなすの光景を呈するに至った。

気息奄々《きそくえんえん》

彼は居ること一ヶ年、具《つぶ》さに民情風俗《みんじょうふうぞく》を視察し、上海《シャンハイ》に帰った。会々《たまたま》貿易研究所の窮状《きゅうじょう》は、殆《ほとん》ど其の極《きわみ》に達していたので、所主の依嘱《いしょく》を受け、資金調達の使命を帯《お》びて帰朝した。

二十六年六月、郷里青木村に帰着、鐘ヶ江なる中村綱次《なかむらつなじ》氏の家に起臥《きが》すること、三ヶ月余にして、海路大阪に航し、南京地方より携ふる所の繻子《しゅす》等の試売《しばい》をなし、傍《かたわ》ら大阪・堺等の商業会議所に於て、対支貿易並びに貿易研究所設立の趣旨《しゅし》に就《つい》て懸河《けんが》の弁《べん》を揮《ふる》ひ、到る処江《こう》湖《こ》の喝采《かっさい》を博《はく》し、莫大《ばくだい》の資金を得たのである。

邦家《ほうか》の慶事《けいじ》

彼は尚、横浜・東京等に於ても、得意の講演を試《こころ》みる筈《はず》であったが、会々《たまたま》恩師の急電に接し、二十七年三月、倉皇《そうこう》として再び上海に渡航し、携《たずさ》ふる所の資金を提供したので、恩師の喜びは実に非常なものであった。三郎の此の働きに依《よ》り、研究所も辛うじて維持《いじ》せらるるに至ったのは、洵《まこと》に邦家の慶事といはねばならぬ。

九、神出鬼没

鎮江の一夜

鎮江府《ちんこうふ》といふ港は、清国海軍の根拠地で、揚子江《ようすこう》の沿岸に位して居る。三郎は軍艦赤城《あかぎ》に搭乗して、此の地に上陸し、売薬商《ばいやくしょう》に変装《へんそう》して、名を鐘左武《しょうさぶ》と改《あらた》め、同地を偵察《ていさつ》すべく、或旅館に宿りたるが、不図《はからずも》支那巡警《じゅんけい》来りて彼を捕《とら》へ、遂に獄《ごく》に投《とう》ず。之れ前夜対岸の楊州《ようしゅう》に、強盗殺人犯《ごうとうさつじんはん》ありたるが、其の人相《にんそう》の彼に酷似《こくじ》したるより、意外にも奇禍《きか》に遭遇《そうぐう》したのである。

危機一髪

其の夜偶々《たまたま》火災起り、監獄《かんごく》に延焼《えんしょう》したので、囚徒《しゅうと》を出すこととなり、彼は幸ひに虎口《ここう》を免《まぬが》れたのである。かくて、一旦上海に恩師を訪れ、辞して芝罘《チーフー》に行き、兵営付きのパン売を志願し、日々此処に出入して、詳《つまびらか》に砲台《ほうだい》の見取図《みとりず》を描《えが》きたるが、一日《いちじつ》此の虎《とら》の巻《まき》を紛失《ふんしつ》して、終《つい》に官憲《かんけん》の手に落ち、犯人《はんにん》として逮捕《たいほ》せられ、獄に繋《つな》がれて、あらゆる責苦《せめく》に逢《お》ふたけれども白状《はくじょう》しないから、近々毒殺《きんきんどくさつ》に処《しょ》せらるる由《よし》、獄卒《ごくそつ》より聞いたので、一刻も猶予《ゆうよ》すべきにあらずと、忽《たちま》ち一策を案《あん》じ、首尾《しゅび》よく此処《ここ》を脱走《だっそう》したのである。

東学党《とうがくとう》の乱

彼は踵《きびす》を回《めぐ》らして、威海衛《いかいえい》を偵察《ていさつ》せんとしたが、此の頃は朝鮮に東学党《とうがくとう》の乱《らん》起り、東亜の空は既に戦雲漠々《せんうんばくばく》として、殆《ほとん》ど逆睹《ぎゃくと》すべからざる状況であったから、此の地の警戒は、頗《すこぶ》る厳重《げんじゅう》を極めて居た。

人事不省《じんじふせい》

三郎は海岸に出で、一艘《いっそう》の小舟に打乗り、沖合に漕ぎ行きしが、其の夜暴風雨俄《にわか》に起り、舟は波浪《はろう》に翻弄《ほんろう》せられ、今にも顚覆《てんぷく》しやうとするので、彼は絶体絶命《ぜったいぜつめい》、只《ただ》運を天に任せて綱を解き、体を舟に縛《しば》り付けて置いたが、間もなく人事不省《じんじふせい》に陥《おち》った。

噫《ああ》坂元艦長

翌朝赤城艦も、前夜の暴風雨に悩まされて航行していると、舟らしきものが見えるので、一将校は坂元［八郎太］艦長の命を受け、数名の水兵を随《したが》へて現場に至《いた》れば、果《はた》して一名の支那人が絶息《ぜっそく》して居るので、厚く介抱《かいほう》して蘇生《そせい》せしめたが、豈図《あにはか》らんや鐘崎三郎であったから、懇《ねんご》ろに労《いた》はりて、上海に送り届けたのであるが、坂元艦長は、九月十七日、黄海の海戦に於て、名誉の戦死を遂げたのは、又奇縁《きえん》といはねばならぬ。

友情掬《きく》すべし

三郎は暫時《ざんじ》静養の後天津《てんしん》に至り、同志石川伍一《いしかわごいち》と共に城内を偵察せしが、同志の行方不明《ゆくえふめい》の為、幾度《いくど》となく捜索《そうさく》したけれども、遂に其の意を果《はた》さず、空《むな》しく引き揚げしが、後日同志の惨刑《さんけい》に処《しょ》せられたる由《よし》を聴き、彼は悲憤《ひふん》の涙を禁じ得なかったのである。

一〇、流芳《りゅうほう》遺墨《いぼく》

大詔煥発《たいしょうかんぱつ》

三郎は不幸にして日清干戈《かんか》を見るに至らば、必ず北京城下の盟《ちかい》あるを期し、清帝の遁路《とんろ》を偵察する決心であったが、二十七年七月二十五日、端《はし》なくも豊島沖《ほうとうおき》の海戦《かいせん》となり、陸には成《せい》歓牙山《かんがさん》の役《えき》あり、遂に八月一日を以て、宣戦《せんせん》の詔勅《しょうちょく》が渙発《かんぱつ》せられたので、永居《ながい》は無用《むよう》と帰朝《きちょう》することとなった。

彼は九月二日神戸に上陸して、

飛電

イマブジカエルスグジヨキヨス

と中村綱次氏宛打電《あてだでん》し、着京後同氏宛左の書面を差出した。

千載の一遇

［書簡一］

拝啓　時下益々御多勝奉賀候。降而《くだって》小生も昨日電報致候通り、九死に一生を得て、一ト《ひ》先《ま》づ帰朝、本日午前八時半着京致候間、御安心被下度《ごあんしんくだされたく》候。抑《そもそ》も今回日清事件に就《つい》ては、固《もと》より国論のあるあり。敢《あえ》て生等《せいら》の議を要せず候。唯《た》だ生《せい》は、実に千載一遇《せんざいいちぐう》の好機会にして、一死以て国に酬《むく》ひ、家を興《おこ》し、名を揚《あ》げ、平素の志望を達せんことを熱望致《いたし》候。是《こ》れ蓋《けだ》し生が一己《いっこ》の功名心《こうみょうしん》然るに非《あら》ず。実に兄等数年来三郎が不肖《ふしょう》を舎《す》てず、常に表裏庇護《ひょうりひご》せられたる知己《ちき》の恩に報ひんとの情転《うた》た切《せつ》なり。

牢乎《ろうこ》たる決心

則ち不倫不義《ふりんふぎ》を顧《かえり》みず、盛家《もりけ》を退身《たいしん》したるが如き、家名を繁太郎《しげたろう》に譲《ゆず》り、退隠《たいいん》して家名の断絶《だんぜつ》せざらんことを計りたるが如き、皆な今日あるを期したるなり。大事に臨んで、決死に躊躇《ちゅうちょ》せんことを避けたるに外《ほか》ならず。

若《も》し三郎にして、今日に潔《いさぎよ》く死する能《あた》はず、亦た一の功名をも樹《た》つる能《あた》はざらんか。上、国家に対しては不忠不義《ふちゅうふぎ》の臣《しん》たり。下、父兄に対しては不孝不弟《ふこうふてい》の賊子《ぞくし》たり。亦た知己者《ちきしゃ》を欺《あざむ》き、義者を害《そこな》ふの悪魔たらんのみ。

三郎不肖と雖《いえど》も、天下に志望を負ふの一血性児たり。豈《あ》に何を苦んで此《こ》の愚《ぐ》を為《な》さんや。

慷慨激越《こうがいげきえつ》

故に事の漸《ようや》く急なるに及んで、天津《てんしん》・北京《ペキン》在留の国人、皆な悉《ことごと》く去り、一の留《とどま》るものなし。而して敵国の軍情《ぐんじょう》を偵察するの周到《しゅうとう》なると否《いな》とは、我進撃軍の利害に関するや頗《すこぶ》る大なり。然《しか》も此の要地に一日本人の忍んで偵察するものなきは、嗚呼《ああ》、士気全《まった》く腐《くさ》る矣《のみ》。当此の時、余及び外同志一人、奮《ふる》って止まるに決し、苦心の末、漸く天津を脱去《だっきょ》することを得たるも、敵の偵察は始終余等の四囲を窺《うかが》ひ、事甚《はなは》だ迫《せま》れり。而《しこう》して三郎の命運未《いま》だ尽きず。此等の輩《やから》を捲き上げ、徐《おもむろ》に進んで内地の偵察を遂げたり。而して外一人の同志は、不幸にも敵の捕ふる所となり、惨刑《さんけい》に処せられ、終《つい》に断頭場裡《だんとうじょうり》の露《つゆ》と消へたり。今暫《しばら》く其の名を記せざるも、三郎豈《あ》に一歩を彼れに譲《ゆず》らんや。

万丈《ばんじょう》の気焔《きえん》

彼同志は、実《まこと》に国の為めに死せり。彼は芳名を万世に残せり。而《しか》も其の英魂《えいこん》は、永く国祭《こくさい》の栄《えい》を享《う》け、笑て日本軍の進撃を嚮導《きょうどう》すべし。

人間幸に当世に生る。大功名を樹《た》つる能《あた》はずんば、正に一死芳名を百世に残すべきなり。

神明の加護

三郎は幸運にも、

皇祖威烈《こうそいれつ》の擁護《ようご》に依《よ》り、未《いま》だ彼等の捕ふる処とならず。去月二十六日、天津を発し、上海を経て、帰京復命するを得たり。

草莽《そうもう》の微臣《びしん》三郎が名は
辱《かたじけな》くも
大元帥陛下《だいげんすいへいか》の御聞《ごぶん》に達せり。

家門の誉《ほまれ》

一家の面目、一身の栄誉《えいよ》、不過之《これにすぎず》候。御喜び被下度《くだされたく》候。不日《ふじつ》遺族扶助及《および》従軍中の資格任務も相定り候に付、其の節は尚《な》ほ細々申送り候間、可然《しかるべき》御取計ひ被下度《くだされたく》、而して小生は更に、○○地方へ出発致す筈《はず》に御座候《ござそうろう》。然《しか》し今回は口にこそ容易なる様に申居候得共《もうしおりそうらえども》、左様せざれば意見をも用ひられず候得ば、九死に一生を得候事も無覚束《おぼつかなく》御座候。併《しか》し非常なる危険を冒さざれば、非常の功を奏すること難し。死を以て此の目的を遂ぐる決心に御座候。故に出発の際は、大総督宮殿下《だいそうとくのみやでんか》へ拝謁《はいえつ》の儀《ぎ》、内達有之《ないたつこれあり》候次第《しだい》に付《つき》、三郎が生前死後、倶《とも》に最早《もはや》思置《おぼしお》く事、更《さら》に無之《これなく》候。

当局の歓待

今回三郎が死地を遁《のが》れて帰朝せしに就き、陸海軍及《および》有志者の待遇は、実に意外に御座候。本日は芝罘《チーフー》及び天津《てんしん》両領事の上申《じょうしん》により、外務大臣及次官同席にて、詳《つまびらか》に清国《しんこく》現時の実況を陳述《ちんじゅつ》致候処《ところ》、殊《こと》の外《ほか》満足にて種々慰諭《いゆ》致候。

面目躍如

命令次第、何時出発致候やも難計《はかりがたき》に付、若《も》し小生が遺族扶助の事等に付き、貴兄へ申送る事能《あた》はざる時は、参謀本部へ詳しく申残し置き、尚ほ細微の事は、稲垣満次郎《いながきまんじろう》なる人へ依頼致置く積りに付、左様相成《さようあいなり》候時《とき》は、右両方より貴兄へ御照会申上候事可有之《これあるべし》。万事《ばんじ》宜敷《よろしく》御取計《おとりはから》ひ被下度《くだされたく》、国元万端《くにもとばんたん》の事は、乍御面倒《ごめんどうながら》、従来の交誼《こうぎ》と三郎が微衷《びちゅう》を諒《りょう》せられ、宜敷《よろしく》御願申上《おねがいもうしあげ》候。

御両親様始め御一家及下の木屋［中村綱次の長女の義父・中村和三郎のこと］皆々様へ可然《しかるべく》御致《ごち》声《せい》被下度《くだされたく》、武内君・津城君へも宜敷《よろしく》、余の一家及び北島へも此《こ》の旨《むね》御申聞《おもうしき》け被下度《くだされたく》希望《きぼう》仕《つかまつり》候《そうろう》。

委細《いさい》は両三日中、辞令《じれい》を受取りたる後可申述《あともうしのべるべく》候。

時下《じか》折角《せっかく》御自愛《ごじあい》被遊度《あそばされたく》候。　早々

［二十七年九月］四日　鐘崎三郎

中村綱次兄

好個の快男児

幸にして、三郎が命運尽きず。凱旋《がいせん》の日は、三郎が胸間には、栄誉なる帝国の勲章《くんしょう》の煌々《こうこう》たることを記憶せよ。然らざれば、永く靖国神社に国祭の栄を享《う》けん。倶に是れ、男子終生の大面目、兄請ふ弟《てい》の為に祝せよ。

吾人一度《ひとたび》此の書簡を熟読翫味《じゅくどくがんみ》したら、其の牢乎たる精神が充分に理解せられ、其の抱負《ほうふ》の卓越《たくえつ》せるに驚かさるるであらう。今や此の遺墨《いぼく》は中村家の重宝《ちょうほう》として、いと丁重《ていちょう》に保管せられて居る。

二、破格進謁《はかくしんえつ》

三郎広島に着するや、又左の書面を送った。

大本営着
[書簡二]

数日前、当地に到着、不日出陣《ふじつしゅつじん》致候事と相成候。再会難期《きしがたくも》、御安神被下度《ごあんしんくだされたく》候。

[明治二十七年] 九月廿九日

大本営　鐘崎三郎

中村綱次兄

而して程なく彼は、左の御沙汰《ごさた》に接した。

畏き御沙汰

明四日午前九時、貴下の支那服装にて軍事探偵を為せし事を奏聞《そうもん》する事と相成候に付、当時所用の物品一切携帯、当本営に於て着装可致旨被達候条《ちゃくそういたすべきむねたっせられそうろうじょう》、此段及通知候也《このだんつうちおよびそうろうなり》。

明治二十七年十月三日

大本営　陸軍副官部

鐘崎三郎　殿

侍従《じじゅう》職に於て御用有之《ごようこれあり》候条、袴羽織《はかまはおり》にて至急当営に出頭可有之《これあるべく》候也。

明治二十七年十月四日

大本営　陸軍副官部

鐘崎三郎　殿

破格の光栄

かくて三郎は、十月四日、破格《はかく》を以て、畏《かしこ》くも天顔《てんがん》に咫尺《しせき》するの光栄《こうえい》に浴《よく》し、優渥《ゆうあく》なる御諚《ごじょう》を賜《たまわ》って、只管感涙《ひたすらかんるい》に咽《むせ》んだのである。而して彼は、砕身粉骨《さいしんふんこつ》、誓って聖恩《せいおん》に対《こた》へ奉《たてまつ》らんとの決心を固めた。

郷里へ伝言

当時、故代議士武内美代吉氏は広島の客舎《きゃくしゃ》にあり。三郎其の帰郷に際し、天賜《てんし》の酒肴料《しゅこうりょう》及び衣類等を、郷里の江口宇吉《えぐちうきち》氏（姉婿《あねむこ》）に送附を托して、

「一は天賜《てんし》の品なり、一は余が常衣《じょうい》なり。是或は余が今世《こんせい》別離の形見ならん、宜しく我家に保存せよ」

又嗣子《しし》繁太郎に謂《い》はしめて曰《いわ》く、「余必ず家名を恥かしめず、汝《なんじ》成長の後は、又必ず有為《ゆうい》の人となり、国家の為めに努力せよ」と。

三郎は十月七日附を以て、愈々《いよいよ》通訳官を拝命《はいめい》し、征清第二軍大山《おおやま》［巖《いわお》］大将に従ひ、渡清することとなった。師団長山地《やまじ》［元治《もとはる》］中将は、鐘崎外二人を招きていへるやう、

広島の招宴《しょうえん》

「君等は、名義は通訳官であるが、其の実軍事探偵だ。随《したが》って其の一挙一動《いっきょいちどう》は、全軍策戦計画の上に、影響する所が頗《すこぶ》る大である。万一不幸にして敵に捕へらるるやうなことがあっても、決して軍事の秘密を漏《も》らして呉《く》れるな、しっかり頼むぞ」

と。

三名は異口同音《いくどうおん》に、「委細承知致《いさいしょうちいた》しました。私等も日本男子です、決して卑怯未練《ひきょうみれん》なことは致しません。どうか御安心下さいませ」と。

衝天の意気

将軍は健気《けなげ》なる此の返答に、思はず会心《かいしん》の笑《え》みを湛《たた》へつつ大盃を挙げ、いと名残惜《なごりお》しげに、最後の酒宴を張ったのである。

三郎はいよいよ征途《せいと》に上《のぼ》るに及び、一書を郷里に寄せて曰く、

最後の音信

[書簡三]

本日、目出度《めでたく》出陣 仕候《つかまつりそうろう》。必ず家名《かめい》を恥《は》ずかしめず、御安心被下度候《ごあんしんくだされたく》。繁太郎教育の事は、宜敷《よろしく》御願申上候。　頓首

[明治二十七年] 十月十五日

大本宮　鐘崎三郎

江口宇吉　殿

二二、壮烈《そうれつ》の最期《さいご》

敵手《てきしゅ》に墜つ

十月中旬、第二軍は、衆人万歳声裡《ばんざいせいり》におくられて、宇品《うじな》の港を出帆《しゅっぱん》し、二十三日、遼東《りょうとう》半島の一角、花園《かえん》河口に上陸、三名は各々《おのおの》道を異にして、偵察の任務に就いたが、悉《ことごと》く清軍の為に捕へられ、金州の獄に投ぜられた。

其の後、日々残酷なる処置の下に取調べを受けたが、単に姓名を告げたるのみにて、片言《へんげん》隻語《せきご》も我軍の秘密に及ばぬので、遂に死刑の宣告をなしたのである。

壮烈鬼神を泣かしむ

時は十月三十日、日も早や西に入相《いりあい》の鐘諸共に、東向再拝《とうこうさいはい》、聖寿《せいじゅ》の万歳を三唱して、断頭《だんとう》場裡《じょうり》の露と消え果てたのは、雄々《おお》しくも亦痛恨《つうこん》の極《きわみ》といはねばならぬ。

時に鐘崎氏は二十六、山崎［羔三郎］氏は三十一、藤崎［秀］氏は享年《きょうねん》僅《わず》かに二十四歳であった。

死骸発掘

然るに三氏の出発後、其の消息杳《よう》として不明であったが、十一月六日、我軍金州城を占領するに当たり、始めて三氏の国に殉《じゅん》したるを知り、種々調査の末、大要、遭難《そうなん》の顚末《てんまつ》を明らかにしたれど、死骸の所在分明ならず、二十八年二月七日、辛うじて之を発掘するを得たのである。

三崎山の由来

是に於て厚く三氏の霊を祭り、遭難の地を三崎山と名づけ、永く其の遺跡《いせき》を後昆《こうこん》に伝へん為、三個の碑を建て、各捨生取義《しゃせいしゅぎ》之碑と記したのである。後三国の干渉に依り、遼東還付の事あるに及び、志士の屍《しかばね》を異域に埋むるに忍《しの》びずとて、芝高輪泉岳寺《せんがくじ》四十七士の墓側に葬《ほうむ》る。三氏の霊宜しく瞑《めい》すべきである。

空前の盛儀

さて三潴郡にては同志相謀《あいはか》り、二月九日、鐘崎氏の葬儀を営むこととなり、前日来諸般の準備に着手したが、今其の梗概《こうがい》を記《しる》さんに、当日は午前十時、一発の烟花《えんか》を合図に出棺《しゅっかん》を報じ、式は神仏合祭《しんぶつごうさい》にて行はれ、神官は四十余名、乗馬又は人力車、僧侶は百数十名、悉《ことごと》く人力車にて霊柩《れいきゅう》に従ひ、君の未亡人・遺子・親族等亦之に随《したが》ふ。

かくて各地よりの会葬者、無慮《むりょ》一万余に達し、寄贈の造花数十基、弔旗《ちょうき》一百余旒《りゅう》、高張提《たかはりちょう》灯《ちん》数十竿《さお》、其の盛儀《せいぎ》は、真《まこと》に地方空前の盛況《せいきょう》を呈《てい》し、三又《みつまた》・青木両村の如き、全村休業して毎戸弔旗を掲げ、近郡各村より来観するもの、三万余人と註《ちゅう》せらる。

葬場は上青木の田圃一町歩余にて、壮大なる正門を設け其の上に国旗を交叉し、祭主弔詞《さいしゅちょうし》を朗読したる後、親族の礼拝ありし時などは、満場水を打たる如く、各々《おのおの》暗涙《あんるい》を催《もよお》し、感慨《かんがい》交々至《こもごもいた》りて、復《ま》た一言を発するものがなかった。而して数十の弔辞は、皆氏の忠魂義魄《ちゅうこんぎはく》を弔《とむら》ひ、且《かつ》氏の忠勇を賞讃《しょうさん》するもののみで、聞く者をして、坐《そぞ》ろに感慨《かんがい》に堪《た》へざらしむるものがあった。当日は、始終烟花を打上げ、其の盛況を助けたのである。

感慨無量

葬儀の詳細は、当時の新聞紙上に掲載《けいさい》せられ、啻《ただ》に君が壮烈の最期を、江湖《こうこ》に紹介したるのみならず、世道人心《せどうじんしん》に与へたる影響も亦蓋《またけだ》し偉大なるものがあったことと信ずる。

知事の祭文

当日福岡県知事の「祭文」は、

維《こ》れ時明治二十八年二月九日、福岡県知事代理参事官山田邦彦、謹《つつし》んで故鐘崎三郎君の霊を祭る。明治二十七年十月七日、君通訳官と為り、征清第二軍に従ひて遼東半島に至り、深く敵境《てききょう》に侵入し、頗《すこぶ》る得る所あり。我軍を利する尠《すくな》からず。然るに一朝敵の獲る所となり、遂に空しく毒刃《どくじん》に斃《たお》る。嗟夫悲哉《ああかなしいかな》。蓋《けだ》し君の材と学を以て、天之に年を仮《か》さば、其の行為尚ほ大に見るべきものありし、而して今此の如し。天道《てんどう》の是非果して知るべからざるか。然りと雖《いえど》も死は鴻毛《こうもう》より軽きことあり、泰山《たいざん》より重きことあり。今や王師《おうし》海を渡り、彼頑兇《がんきょう》を膺懲《ようちょう》するに当り、君大纛《だいとう》の下《もと》に於《お》いて従軍の命《めい》を被《こうむ》り、奮然《ふんぜん》国に殉《じゅん》し、功名永く汗青《かんせい》に垂《た》る。死して其の所を得たり、亦何ぞ嗟《なげか》せん、君宜《よろ》しく瞑《めい》すべし。

明治二十八年二月九日

福岡県知事代理参事官　従七位　山田邦彦

弔　詞

君機警敏捷《きけいびんしょう》ノ資ヲ以テ、夙《つと》ニ雄志ヲ懐《いだ》キ、胆大ニ気壮《きそう》ナリ。乃チ逆《すなわあらかじ》メ東洋ノ気運ヲ察シ、数年清国ニ遊ビ、以テ有事ノ日ヲ待テリ。客歳《かくさい》、日清風雲ノ機漸《ようや》ク動クヤ、君身ヲ挺《てい》シテ深ク重地《じゅうち》ニ入リ、千危万難《せんきばんなん》ヲ冒《おか》シ、屢《しばしば》生死ノ間ニ出入シ、彼ノ軍機ヲ探リ、彼ノ地理ヲ明《あきらか》ニシ、備《つぶ》サニ其ノ精微《せいび》ヲ極《きわ》ム。是ヲ以テ帰来、直《すぐ》ニ大本営ニ召サレ、独リ其ノ偉功《いこう》ヲ賞セラルルノミナラズ、事 辱《かたじけな》クモ 天閫《てんこん》ニ達シ、草莽《そうもう》一介ノ軀《からだ》ヲ以テ、天顔《てんがん》ニ咫尺《しせき》シ奉《たてまつ》ルノ恩命《おんめい》ニ浴セリ。而《しか》シテ君、此ノ大栄ヲ担《にな》フヤ、居常《きょじょう》天恩ノ優渥《ゆうあく》ナルニ感泣《かんきゅう》シ、更ニ身命ヲ抛《なげう》ッテ、報効《ほうこう》ヲ図《はか》ランコトヲ期セリ。客年《かくねん》、我第二軍ノ広島ヲ発スル、実ニ十月十六日ニ在リ。君当時、命ヲ通訳官ニ奉《ほう》ジ、特別任務ヲ帯ビテ其ノ軍ニ従ヒ、再ビ征清ノ途ニ上《のぼ》ル。其ノ発スルニ臨《のぞ》ンデ人ニ語《かたっ》テ曰《いわ》ク「余今既ニ無上ノ恩栄ヲ辱《かたじけの》ウス。此ノ行、若《も》シ非常ノ功ヲ奏スルニアラズンバ、再ビ生還ヲ期セズ」ト。軍ノ花園口《かえんこう》ニ上陸スルニ当リ、乃《すなわ》チ衆《おおい》ニ先《さきだ》ッテ、深ク敵地ニ入ル。未ダ幾《いく》バクナラズ悲報アリ、忽《たちま》チニ伝フルアリ。「君不幸ニシテ敵手《てきしゅ》ニ陥《おちい》リ、十月二十九日ヲ以テ金州城中ニ刑セラル」ト。果シテ其ノ言ノ如シ。嗚呼《ああ》哀哉《かなしきかな》。回顧スレバ君ガ再ビ征清ノ途ニ上ラントスルヤ、余亦偶々《たまたま》広島ニ在《あ》リ。君即チ余ニ托スルニ其ノ遺物ヲ以テシ、余ニ嘱《しょく》スルニ、其ノ継嗣《けいし》ヲ誡《いまし》ムルノ語ヲ以テス。其ノ言、容恍《ようこう》トシテ今尚耳目ニ在リ。而シテ一別杳然《ようぜん》、去テ帰ラズ、今ヤ幽明其ノ処ヲ異ニス。余復君ノ言容《げんよう》ニ接セント欲スルモ得ベカラザルナリ、嗚呼哀哉《ああかなしきかな》。

武内美代吉　再拝

明治二十八年二月九日

弔詞

王師連捷《おうしれんしょう》、虜兵《りょへい》ヲ満洲ノ野ニ駆ルヤ、通訳官鐘崎三郎君、奮然国命ヲ奉ジ、金州ニ赴キ国ニ殉ス、嗚呼哀哉。語《ご》ニ曰《いわ》ク「志士仁人《ししじんじん》ハ、生ヲ求メテ以テ仁ヲ害スルコトナク、身ヲ殺シテ仁ヲナスコトアリ」ト。君資性快濶《かいかつ》、其ノ節操《せっそう》ノ堅《かた》キコト、雪中ノ松柏《せっちゅうしょうはく》ノ如《ごと》シ。而シテ其ノ奇禍《きか》ニ罹《かか》ルモノハ、所謂《いわゆる》身ヲ殺シテ以テ仁ヲ成ス者ニアラズ乎。回顧スレバ、往年《おうねん》君ハ瓊浦《けいほ》［長崎］ニアリ。談笑共ニ手ヲ取テ、釣《つり》ヲ瓊浦ノ湾ニ垂レ、或ハ明月ヲ風頭山峰《かざがしらやまみね》ニ賞シ、或ハ奇険ヲ稲佐山頂《いなさやまいただき》ニ探リ、相逢ヘバ即チ肝胆ヲ吐露シ、案ヲ打チ、国事ヲ談ジ、共ニ国家ニ対スルノ義務ヲ尽サンコトヲ約ス。語猶《なお》耳ニアリ。然レドモ、今ヤ已《すで》ニ幽顕《ゆうけん》其《し》界《かい》ヲ異ニス、再会ヲ期ス可ラズ、嗚呼哀哉。

君常ニ細行《さいこう》ヲ顧ミズト雖《いえども》モ、高潔《こうけつ》自ラ持シ、其ノ綱常《こうじょう》ヲ維持スルニ至リテハ、凜乎《りんこ》トシテ侵スベカラズ。真ニ精金《せいきん》粋〔ママ〕玉ノ如シ。聞ク天善人ヲ護スト、而シテ早ク此ノ志士ヲ奪フ、天何ゾ無情ナル、嗚呼哀哉。余、君ト親交莫逆《ばくげき》陳〔ママ〕雷モ啻《ただ》ナラズ。今ヤ此ノ柩《ひつぎ》前ニ向カヘバ、万感交々《ばんかんこもごも》集リ、音容恍惚《おんようこうこつ》トシテ眼前ニ望ムガ如シ。悚然痛悼《しょうぜんつうとう》、豈ニ一働セザルヲ得ンヤ、嗚呼哀哉。君享年二十有六、志業未《いま》ダ半《なかば》ナラズ異境恨涙《こんるい》ヲ呑ンデ斃《たお》ル。然レドモ君ガ報国ノ丹心ト其ノ勲功ハ、赫々《かっかく》トシテ長ク青史ヲ照ス。又其ノ嘉言善行《かげんぜんこう》ハ、余敢《あえ》テ編纂《へんさん》シ、之ヲ江湖《こうこ》ニ表白ス。是ニ於テ忽《すなわ》チ天下ニ伝誦《でんしょう》シ、震蕩磅礴《しんとうほうはく》、万世ニ亙リ、愈《いよいよ》久ウシテ而シテ彌熾《びし》ナラントス。君乞フ、幸ニ地下ニ瞑目《めいもく》セヨ。本日県知事以下、有志親戚知友数千人相会シテ、君ガ昌魂ヲ祭ルニ当リ、友情哀迷《あいめい》、懐旧《かいきゅう》ノ涙、胸間ニ塞《ふさが》リ、言ハント欲シテ言フ所ヲ知ラズ、嗚呼哀哉、尚《こいねがわ》クバ饗《う》ケヨ。

明治二十有八年二月九日

友人総代　中村綱次　再拝

弔　詞

福岡県豊前国日蓮宗実成寺住職加藤日龍、捻香合掌、謹デ国難殉死者故鐘崎三郎君ノ忠魂ヲ弔《とむら》フ。

夫レ忠君愛国ノ美徳タル、誰ノ人カ口ニセザラン。然リト雖モ、奮然巨難ニ膺《あた》リ、単身犠牲ニ供シ、一死以テ国光ヲ宇内《うだい》ニ耀シ、千歳以テ功名ヲ青史ニ照ス者、殆ンド幾許カアル。茲ニ忠臣鐘崎三郎君ハ、本県鞍手郡《くらてぐん》八尋村《やひろむら》ノ産ニシテ、父ヲ良順円心ト称シ、天資穎敏《えいびん》、最モ文墨ニ長ジ、幼ニシテ父母ヲ亡ヒ、年始メテ十一歳ニシテ、宿縁ノ遭フ所カ、不肖ニ投ジテ師弟ノ約ヲ締《むす》ブ。不肖、時ニ福岡市勝立寺ニ在職タリ。一見其ノ機敏ヲ愛シ、俗名ヲ改メテ正学日進ト呼ブ。爾来《じらい》九ヶ年、一日ノ如ク宗乗《しゅうじょう》ヲ学ビ、本化ノ大法タル立正安国《りっしょうあんこく》ノ宗致ヲ探リ、或日不肖ニ謂テ云ク「日蓮大士ハ、立正安国ヲ以テ開宗ノ基礎トシ、一身以テ国家ノ安危ヲ負フ。文永弘安《ぶんえいこうあん》ノ役《えき》以テ徴スルニ足レリ。予幸ニシテ此ノ法流ニ厠《まじ》レリ。豈碌々《ろくろく》トシテ徒死センヤ。将ニ大ニ国家ニ尽ス所アラントス。然ルニ今ヤ時勢、已ニ昔日ニ異ナリ、円頂方袍《えんちょうほうほう》ハ東奔西走《とうほんせいそう》ニ便ナラズ。予再ビ俗服《ぞくふく》ヲ着セン。然《しか》リト雖《いえど》モ、豈ニ日蓮大士ノ教訓ヲ忘レンヤ。請フ是ヨリ机下《きか》ヲ辞《じ》セン」ト。爾来《じらい》同地ノ養鋭学校ニ、或ハ東都成城学校《せいじょうがっこう》ニ、蛍雪《けいせつ》ノ功ヲ積ミ、蹶然《けつぜん》感ズル所アリテ、専《もっぱ》ラ支那《しな》語学ヲ研究シ、遂ニ明治二十四年ヲ以テ、清国上海ニ渡航シ、予《あらかじ》メ今日ノ事変アルヲ察シ、大ニ清国ノ挙動《きょどう》ニ注目シ、密ニ内地ノ情況ヲ探偵ス。果セル哉《かな》、日清ノ和誼《わぎ》破壊《はかい》シテ、両国干戈《かんか》、相見ノ不幸ニ遭遇シ、君奮然《ふんぜん》トシテ謂《いわ》ク「多年ノ懐抱《かいほう》、今日ノ為《た》メナリ。一死以テ国家ニ報《むく》ユルノ時来レリ」ト。単身敵国ニ潜伏《せんぷく》シ、軍略ノ機密ヲ偵察《ていさつ》シ、千辛万苦《せんしんばんく》以テ吾軍ノ補益《ほえき》ヲ謀《はか》リ、昨年八月ヲ以テ帰朝シ、詳《つまびらか》ニ敵国ノ実況ヲ奏《そう》ス。忝《かたじけな》クモ吾ガ
大元帥陛下ハ、其ノ忠勇ヲ嘉賞《かしょう》シ在シ、破格ヲ以テ拝謁ノ光栄ヲ贈リ、再ビ第二軍ニ従テ渡清シ、花園口ニ上陸シ、昼夜探偵ニ従事セシニ、不幸ニシテ金州城ニ於テ敵ノ知ル所トナリ、終《つい》ニ残酷ナル極刑《きょっけい》ニ処セラル、是《こ》レ実ニ明治二十七年十月三十日ナリ、嗚呼哀哉。然ルニ此ノ事タルヤ、君ガ発程《はってい》ノ当日、業ニ既ニ予期セラルル所ナリ。況《いわ》ンヤ生前陛下ノ恩遇《おんぐう》ニ浴シ、死後永ク芳名ヲ青史ニ耀《かがや》ス。是レ即チ死セルノ日ト雖モ、猶《なお》生ルル日ノ如シ。不肖日龍、嘗《かつ》テ君ト師弟ノ約ヲ為スト雖モ、君ハ今日却《かえっ》テ、不肖等臣民ノ先覚者タリ。豈ニ一言ノ弔詞以テ、君ガ生前ノ功労ニ酬《むくい》ザルヲ得ンヤ。若シ夫レ、君ガ経歴ノ功績ハ、具《つぶさ》ニ新聞雑誌ニ皎々《きょうきょう》タリ。誰カ不肖ノ称揚《しょうよう》ヲ以テ同好ニ阿《おもね》ル者ト云ハンヤ。

今ヤ郡下ノ有志諸彦《しょげん》、敢テ葬儀ヲ営ミ、以テ君ガ忠魂ヲ弔フ。希《こいねがわ》クバ霊魂報土ニ於テ法《ほう》楽《らく》ヲ受ケ、遙《はるか》ニ吾軍ノ勝利凱旋《がいせん》ヲ待テヨ。靖国神社ノ栄光ハ赫々《かっかく》トシテ日月ニ比シ、殉難

愛国ノ功績ハ、峨々トシテ芙蓉ヨリ高シ。君ガ祖先、君ガ子孫、併セテ景福ヲ蒙ラン。終リニ臨ンデ、嗚咽《おえつ》、謂フ能ハズ、嗚呼《ああ》哀哉《かなしきかな》、尚饗。

明治二十八年二月九日

加藤日龍　合瓜

故　鐘崎三郎君の忠魂を弔ふ

四方に香を残して散るや闇の梅

渡邊道弘

忠臣故鐘崎氏を弔ふ

国のため尽したる名は今の世も　千代にもきこゆ鐘崎の君

原　雄助

※『烈士の面影』九九～一〇三頁より

一三、逸事逸話

鐘崎三郎君の性行《せいこう》に関する珍聞奇談《ちんぶんきだん》は頗る夥《おびただ》しく、一々枚挙《まいきょ》に遑《いとま》なき程であるが、今其の二三を摘録《てきろく》すれば、彼がまだ福岡勝立寺に居た時の事である。日龍師の不在を窺《うかが》ひ、常に日《にち》蓮上人《れんしょうにん》の龍口《たつのくち》を演じていた。彼は他の小僧を日蓮に擬《ぎ》し、己《おのれ》は中断して紙片を貼り付けた

天真爛漫《てんしんらんまん》

る太刀を真向に振り翳《かざ》し、乱暴狼藉《ろうぜき》至らざる所がなかった。為めに同寺秘蔵の多くの太刀は、一として完全なるものなく、一日之を師に覚《さと》られ、大目玉を頂戴《ちょうだい》した事があったのである。

大言壮語《たいげんそうご》

彼は無断上京の途次《とじ》、妙運寺に立寄り、住職春暹師《しゅんせんし》に向っていふやう、「私は僧侶になるのはもう止《よ》しました。如何に立身しても、多寡《たか》が知れた一宗の管長ではありませんか。幸に管長になった所で、天下の政治を我が意志通り、調理することは出来ません。故に奮励一番して学業を修め、他日、宰相《さいしょう》たる事が出来なければ、せめて陸軍大臣となって、思ふ存分に私の理想を実行したいと思ひます」といひ終って、意気軒昂《けんこう》たるものがあった。

余裕綽々《よゆうしゃくしゃく》

三郎君は、己が志を継ぎ、国家の為め尽すべき者二人を養成せんと、俸給全額を抛《なげう》ちて之に充《あ》て、其の人選方、一切を稲垣満次郎《いながきまんじろう》氏に依托《いたく》せしが、後《のち》金州半島の戦局を結ぶ迄《まで》一人とし、追《おっ》て一人を増し呉《く》れよ、との希望あり。同氏は、即ち中学卒業生山口慶太郎なる者を推《すい》薦《せん》し、専ら士官学校入学の準備をさせたのである。

稚気掬《ちききく》すべし

鐘崎君は、牡丹餅《ぼたもち》が大好きであった。君が支那《しな》に於て赤城《あかぎ》艦乗込《のりこみ》中、此の事、評判最も高く、山東角に日本汽船坐礁せし時、救済のため急行せしが、赤城艦、亦彼地に至れりと聞き、牡丹餅を食するを得るかと、踴躍《ようやく》して赴いたのである。

鶏口《けいこう》と為るとも牛後《ぎゅうご》と為る勿《なか》れ

鶏の鋤焼《すきやき》も亦、君の大好物であった。君が広島に向ひ、帝都出発の際、稲垣氏等と離杯《りはい》を挙ぐるに当り、氏は「兄が一番御好みの馳走を御所望あれ」と云ひしに、君は、「鶏の鋤焼」

と答へたので、これにて離杯せしが、三郎君曰く「凡《およ》そ天下の美味之に如《し》くものなし、且つ拙者《せっしゃ》此の行金鵄《きんし》勲章《くんしょう》を胸に掛けずんば、必ず屍《かばね》を野に曝《さら》さん」と豪語した。

大胆不敵

日清の平和破裂するや、公使領事引揚の際、天津に残りし者は、鐘崎君と石川〔伍一〕氏二人であった。其の夜石川氏は支那人の旅館に投じたるが、鐘崎君は大胆にも、今迄住んで居た家に一夜を明したのである。然るに石川氏は、直に捕へられしが、三郎君は元の空家に居た為め、却《かえっ》て難を免れた。君は常に人に語って曰く「余は日本人として、支那人に見付けらるる恐れなし」と自負していた位であった。

友情察すべし

君は石川氏の忠死を痛ましく思ひ、「若《も》し幸にして、凱旋《がいせん》の日は、氏の位牌を負ひ凱旋門をくぐるは、此れ拙者《せっしゃ》友誼《ゆうぎ》上の義務である」と宜《むべ》なる哉《かな》、氏が行方不明となるや、天津城内を六七回も歩き廻ったけれども、終に其の志を得なかったのである。

一四、鐘崎三郎年譜

明治　二年　一月二日　鞍手郡《くらてぐん》八尋村《やひろむら》に生る

一一年一一月二日　父良順、長崎にて逝去（享年六十一）　十歳

一二年　二月　福岡勝立寺に入る　十一歳

一六年一一月二三日　母堂死去（享年四十四）　十五歳

一七年		軍人の志望を抱く	十六歳
一九年	八月	上京し成城学校《せいじょうがっこう》に入る	十九歳
二〇年		東京幼年学校《ようねんがっこう》人学	十九歳
二〇年	九月　四日	兄熙《ひろし》永眠　（享年二十三）	十九歳
二一年	二月	三潴郡役所雇《みづまぐんやくしょやとい》	二十歳
二一年	八月	長崎遊学	二十歳
二二年		盛家《もりけ》に養はる	二十一歳
二三年		盛家と離縁《りえん》す	二十二歳
二四年	五月	貿易研究所《ぼうえきけんきゅうしょ》入学	二十三歳
二五年		清国蕪湖《ぶこ》の一商店に入る	二十四歳
二六年	六月	一旦帰朝	二十五歳
二七年	四月	清国漫遊《しんこくまんゆう》	二十六歳
	九月　二日	帰朝	
	九月一二日	大本営《だいほんえい》付命ぜらる	
	一〇月　四日	破格拝謁《はかくはいえつ》を賜《たま》ふ	
	一〇月　七日	通訳官拝命《つうやくかんはいめい》	
	一〇月一六日	宇品《うじな》出発	

一〇月二三日　花園河口《かえんかこう》上陸
一〇月二四日　敵手《てきしゅ》に墜《お》つ
一〇月三〇日　死刑《しけい》に処《しょ》せらる
二八年　二月　七日　死骸発見《しがいはっけん》

Ⅲ　『烈士 鐘崎三郎』に思いを寄せて　母の聞き語りより

遺族代表　森部眞由美

一、昭和四十五年銅像復元除幕式のこと

気が付くと、あれからもう五十年も経っていた。「鐘崎三郎銅像復元除幕式」は昭和四十五年（一九七〇）二月十一日に執り行われ、私は姉の代理で参列した。その日は、体の芯まで凍てつくように寒かったのを、今でも覚えている。母から桃色の総絞りの和服を用意され、長い髪は和服に似合うように結ってもらった。この着物は姉が成人式で着たものだった。

母は鐘崎三郎の姉ハツセの孫で、名前を隆恵《たかえ》という。生まれる前から三代目鐘崎三郎として生きることを決められ、隆々たる繁栄を祈る思いでその名は付けられた。紛れもなく親戚の期待を一心に受けたものだった。

「おふろうさん」の名で親しまれている風浪宮は、最初、銅像が建立された大正四年（一九一五）は三潴郡大川町だった。昭和二十七年（一九五二）に大川市大字酒見となった。私は、その由緒ある風浪宮（大川公園）の式場で除幕の練習をしていた。背後からカメラの音が鳴り、まるで準主役のような気分になって

銅像の幕をはずす筆者

▶昭和45年２月，鐘崎三郎銅像復元除幕式にて，復元期成会の皆さん

いた。寒さは、もうどこかに吹っ飛んでいた。そんな私の心情とは裏腹に、両親は主役である「鐘崎三郎」については口を堅く閉ざし、何も語らなかった。それが、私と「鐘崎三郎」との最初の出会いだった。

翌日、母は私に向かって、

「昨日の除幕式の記事が新聞に載ってたよ。ほら、眞由美ちゃんが写っている写真もあるよ。でも、あなたには迷惑かけていないからね」

と新聞を広げて見せた。新聞には私の名前はなく、姉である長女の名前が載っていた。このまま学校に行っても誰にも知られない。つまり、そういうことだった。

この意味を知るのに、私は余りにも幼く、ようやく高校一年を終わろうとする十六歳だった。ただ、昨日の準主役の自尊心は打ち砕かれ、一瞬のうちに羞恥心へと血が逆流していく自分が分かった。母は「鐘崎三郎」という人が、どういう人で何をした人なのか一切、私には教えてくれなかった。

数日経ってからのことだった。母は重い口調でこう

◀胸像復元寄付者芳名

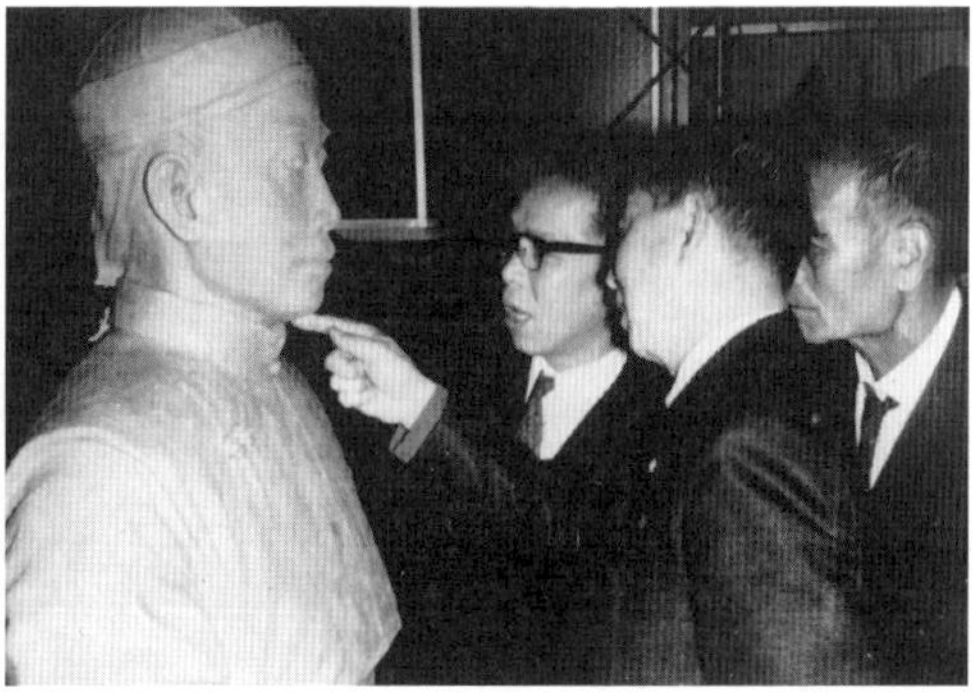

胸像製作依頼折衝：阿津坂栄吉氏（大川市大保）
胸像製作者：般若純一郎氏（富山県高岡市日展所属，富士銅器造形美術研究所）
製作所：同市美術銅器製作，折橋繁氏

言った。

「『鐘崎三郎』の名前は、くれぐれも他言しないように」

母は鋭い目で念を押した。「大人の世界には色々と不都合があるもんだ」と、私は聞き分けの良い娘を装って何も問い質《ただ》さなかった。

思い起こせば、昭和四十五年の除幕式の二月は本当に寒かった。そして、その寒さは翌月まで続いたと思う。

三月三十一日、朝の七時過ぎだった。富士山南側上空で日本初のハイジャック事件が起きた。日本中に衝撃が走った。その飛行機は羽田発福岡行き日航機三五一便（よど号）で、福岡の名が瞬く間に全国に広がった。過激派（赤軍派）学生九名による犯行で、犯人たちは北朝鮮に渡った。当時の金日成体制の中で日本人拉致にも関与していたとも、現在いわれている。

そして二年後の二月には、連合赤軍による浅間山荘事件が起きた。機動隊突入はテレビ中継され、ＮＨＫや民放テレビに、日本中の人々は釘付けの状態だった。寒い冬山での出来事は日本中を震撼させた。浅間山荘事件といえば活躍したの

昭和６年，鐘崎三郎贈従五位による奉告祭。このとき三郎の最初の銅像は風浪宮から大川公園に移設。左端が三郎の長女・貞。

は佐々《さっさ》淳行《あつゆき》幕僚長である。彼は、その頃盛んになった多くの学生運動や新左翼のテロに対する警備実施を指揮した人で一躍有名になった。

「この佐々淳行さんは、三郎（鐘崎三郎、以下三郎）にお手紙をくれた佐々《さっさ》友房《ともふさ》さんのお孫さんですよ」

母はそう言うと、すっと席を立って台所に向かい、それっきり黙ってしまった。

佐々友房とは、明治十五年に熊本済々黌《せいせいこう》を設立し、福岡の玄洋社《げんようしゃ》とも友好関係にあった人物だ。

当時の私には勿論、三郎との関係を到底想像もできなかった。孫である佐々淳行は、新型科学犯罪の対処に今から二十年前に、サイバーテロやバイオテロ、さらに原子力事故や自然災害などの危機管理を訴えた人物でもあった。

一九七〇年といえばベトナム反戦運動が高まり、まさにアメリカは泥沼化していた。日本でも全共闘運動・大学闘争、七〇年安保闘争と続き学生運動が高揚した時代だった。そんな混沌とした中で「鐘崎三郎銅像復元式」は挙行されていた。今更ながらに関係者のご苦労に心から敬意を表したい。それでも、その後は高度経済成長など、この頃の時代は、まさに興奮と混乱の熱気に包まれ日本は一体どこに向かおうとしているのか分からなかった。私は、いわゆる「現代っ子」であり、「戦争を知らない子どもたち」の一人でもあった。

最近知ったことだが、両親は、その式で使った「鐘崎三郎君墓誌銘」を読み下し文にして冊子にしていた。父は、それを丁寧にも熟語の解釈とふりがなまで付けて原稿用紙に残していた。そしてそれは本書を作成するのにとても役立った。父の、三郎に対する尊敬の念と、母に対する最高の愛情の賜物だと、今にして思う。しかし、その日に謝辞を述べた父も十年前に、亡くなってしまった。

二、曽祖父・鐘崎寛吾のこと

時が経っても母は、三郎と日清戦争の話は私にしなかった。しかし、三郎の父の鐘崎寛吾《かねざきかんご》（良順《りょうじゅん》・文化十四年~明治十一年）の話はよくしてくれた。

「三郎のお父さん、寛吾じいちゃまは、『良順さん』と呼ばれてねえ、和歌の上手い、そりゃあ紫の奇麗な衣装を着た偉いお坊さんだったってね、ハツセばあちゃま（三郎の姉・隆惠の祖母）が、いつも話をしてくれましたよ。『梅樹院《ばいじゅいん》』といって、安楽寺《あんらくじ》の連歌にも通って奉納もしていたそうですよ」

安楽寺とは現在の太宰府天満宮の敷地にあった天台宗の寺のことであるが、元々天智天皇により創建されたものだった。菅原道真《すがわらのみちざね》は、昌泰《しょうたい》の変（九〇一年・昌泰四年）で大宰権帥《だざいのごんのそち》に左遷され、失意の中、大宰府にやってきたが、二年もすると九〇三年（延喜三年）には亡くなってしまう。門弟の味酒安行《うまさけやすゆき》は御廟を延喜年中に建立し、安楽寺を菅原道真菩提寺として再興したのだった。昌泰の変で処罰された人物は、菅原道真（菅原氏）、源　善《みなもとのよし》（嵯峨源氏）、藤原菅根《ふじわらのすがね》（藤原南家）などがいた。嵯峨源氏といえば、嵯峨天皇の皇子や皇女が臣籍降下して源氏を称した氏である。中でも嵯峨天皇の皇子である源　融《みなもとのとおる》は光源氏のモデルとして有名だ。源善は彼の曽孫になる。その一族は各地方に土着し武家として活躍したという。特に渡辺氏、松浦《まつら》氏、筑後の蒲池氏などが知られている。渡辺氏については『大日本百科事典 ジャポニカ』によると、「摂津国の渡辺津（現大阪市）を拠点とした武士団となり、（略）、南北朝の争乱では後醍醐方や足利方に分かれた。足利方についた系譜は四国・九州や中国地方を転戦し、現地で領主化する場合もあった。渡辺氏の主流は天皇方として楠木氏に従い惣官に補されたが、渡辺での勢力は失われていった」とある。平戸の松浦静山《まつらせいざん》や松浦熙《ひろむ》が天神信仰が厚かったのも容易に想像できる。昌泰の変のあと、道真の疑いは晴れて名誉回復が行われ、藤原純友の乱を鎮圧した小野好古《おののよしふる》より曲水の宴が開催されるまでとなった。京都から赴任してきた大宰府官人の貴族たちが次々と堂宇《どうう》を寄進建立していくと、寺院としての格が上がっていったという。荘園を四十以上持ち、平安時代の十一世紀から十二世紀にかけての頃が最盛期だったといわれている。

つまり、安楽寺と天満宮は神仏習合により共存共栄していたのだった。母は、鐘崎家は菅原道真に付随して京都から連れてこられた官人の一人だと聞かされたというが、そういった史料は残されていない。ただ、母の言う『梅樹院』という名は確かに「太宰府天満宮連歌史 資料と研究Ⅱ』㈶太宰府顕彰会、昭和五十六年）の三九〇頁と四〇五頁の中に見える。寛吾（鐘崎寛吾、以下寛吾）は、城島町上青木村の老松宮にあった苔梅寺《ていばいじ》という神宮寺で代々社僧をしていた家に生まれた。安楽寺と同じく苔梅寺も天台宗で、神仏習合時代には上青木の今の青木天満宮敷地内にあったという。鐘崎家は代々そこで役所のような役割を果たしていたそうである。幕末になると、寛吾は、苔梅寺から安楽寺天満宮（今の太宰府天満宮）の社僧を務めることになり、太宰府に移ったという。青木村は元々安楽寺の荘園で、青木荘の中に入る。安楽寺天満宮では「円心《えんしん》」と名乗っており、その後、平戸に移った。三郎の兄・熈《ひろし》（元治元年〜明治二十年）と姉・ハツセ（慶応三年〜昭和三年）は平戸で生まれたと母は聞いたという。

「寛吾じいちゃまは、平戸の松浦熈《ひろむ》公（寛政三年〜慶応三年）によって樹光寺《じゅこうじ》という徳川家菩提寺の住職として招かれたんですよ」

三郎の話をする時は暗い顔になり口を噤《つぐ》んでしまうが、寛吾の話をする時は少し得意顔になるので、そんな母の顔を見るのは、私たち姉妹は好きだった。

「松浦熈公はね、当時の平戸藩主で、松浦清《きよし》公の息子さんです。清公は静山公ともいわれて、有名な『甲《かっ》子夜話《しやわ》』という随筆をお書きになった偉いお殿様ですよ」

外様大名である松浦家は捕鯨で有名だったが、一説では幕府から密貿易を疑われていたといわれている。それでも静山は幕府のいい役に就きたいため、莫大なお金を注ぎ込んだのだが、それにも拘わらず、何の役にも就けなかったという。

「そんなに勉強したのなら本でも書いたらどうか」と江戸の儒学者・林述斎《はやしじゅっさい》に勧められて著したのが『甲子夜話』だった。林述斎は、美濃国岩村藩主・松平乗蘊《のりもり》（大給《おぎゅう》松平家四代）の三男で、林家に養子に入った人物である。それは、老中・松平定信の命によるものだった。静山の息子である松浦熈《まつらひろむ》は、その老中・松平定信の娘を正室に迎えている。静山と林述斎は親友の仲だったという。門弟に佐藤一斎がおり、寛政十二年（一八〇〇）、平戸藩校である維新館《いしんかん》で講義をしている。

私たちは母の話を聞きながら興奮を隠せなかった。そんな環境に私たちの高祖父が身を置いていたと聞くと、母でなくても熱くなると思う。その維新館は静山が安永《あんえい》八年（一七七九）に開校したもので、明治十三年（一八八〇）には私塾「猶興書院」と改称している。この学校は三郎が、のちに晴れて陸軍付き通訳官となった暁に、自身の給料を奨学金として支援した学校でもあった。

三、廃仏毀釈のこと

でも母は、ハツセから哀しい出来事も聞いた。そしてそれは母の心に深い傷を残したのも事実だった。

「明治の神仏分離令《しんぶつぶんりれい》で廃仏毀釈《はいぶつきしゃく》になり、平戸から郷里に戻ってきた寛吾じいちゃまは還俗《げんぞく》しました。戻ってきたら寺は焼かれ、代々の過去帳も仏像も全て焼き払われてしまっていたそうですよ」

この話をする時の母はいつも涙をこらえるように話す。明治二年に神仏分離令が発令されて廃仏毀釈運動がこの上青木でも逃れられず、苔梅寺は奇襲を受けて激しく燃えたとハツセから聞いたのだった。この事件は祖母ハツセの心に相当な深い傷を与えたようで、母に何度もこの忌まわしい出来事を話したという。当時はまだ幼児であったハツセに話して聞かせたのは、紛れもなくハツセの両親、寛吾と貞だっただろう。

『城島町誌』では苔梅寺について、「上青木の天満宮にあった。上青木老松宮司累代の墓所があり、経石など多数埋まっていたといわれる。宝篋印塔片《ほうきょういんとうへん》・経石・梵字板碑などが多数出土した。宮　開《みやのひらき》宝篋印塔《ほうきょういんとう》は平安中期に中国から伝わった呉越国王の金塗塔の形に源流をひく。『寛延記（続編）』によれば、『老松宮へ天正年中神領附居候節之坊中・長命寺・宝徳寺・威光寺・珍宝寺・光福寺・苔梅寺・右之寺院中頃より退転仕候。寺跡は于今御座候』とあることから往時の盛況が推察できる」と記されている。また、『久留米史料叢書［三］　寛延記』の四九頁に「三潴郡上青木村　一老松宮　老松宮宮司　梅樹院《ばいじゅいん》」とある。

苔梅寺についての母の記憶はあいまいではっきりとはしないが、とにかく大きな寺院だったようである。

「鐘崎家について知りたいことが山ほどあるんです。でも全ては燃えてしまったので真実は闇の中。この日本の各地で起こった廃仏毀釈運動により貴重な文化財が多数失われてしまったことについても、残念でたまりませんよ。とにかくこのあたり城島町の廃仏毀釈運動にはリーダーがいたらしく、特にひどかったと聞きました。あたり一面の寺は火の海のように焼き払われてしまったそうです。被害を受けたのは殆ど天台宗の寺だったそうです。ところで苔梅寺は日本語では『タイバイジ』と読みますが、地元じゃ『テイベイジ』と朝鮮式に呼んでいました。これも謎ですね」

安楽寺も天台宗で、明治には神仏分離令を受け廃寺となった。明治四年（一八七一）には「太宰府神社」として残ったのだそうだ。

一方、寛吾が平戸に移って住職をしていた樹光寺も天台宗で、明治二年正月三日に領主役所に呼び出され廃絶を申し渡されている。三郎が鞍手で生まれたのは明治二年の初めなので、寛吾は既に還俗していたのではないかと思われる。

「もしかしたら、避難を強いられていたのかもしれないねぇ。平戸には『明石屋』という廻船問屋があって、勤王の志士さんたちが集まって密談を繰り返したという話もあるし、寛吾じいちゃまは薄々、時代の変化に気付いていたのかもしれません。その頃の久留米藩でも色んな事件がありました。そりゃあ荒れて大変だったと思いますよ。故郷にもどった鐘崎家も途方に暮れたと思います。そんな逆境の中でも寛吾じいちゃまは、子どもたちに和歌や四書五経を教えていたそうですよ。全く偉いじいちゃまだと思いますよ。三郎は優秀だったけど、ハツセばあちゃまは勉強するより裁縫の方が得意だったと言っていました」

幕末から戊辰戦争を経て明治に至ったあとも、新政府に不満を持つ士族たちの乱はところどころで起こっていた。筑後川をはさんで青木村の向かい側に浮島という村がある。今では青木中津大橋という立派な橋が架かっているが、明治時代は筑後川の左岸の青木島から右岸の浮島まで「浮島渡し」という渡船場があった。その運行は天和二年（一六八二）から昭和五十七年（一九八二）まで、三百年にわたり人々から長く利用されていた。江戸時代、幕府は河川に橋を架けるのを禁止した。川は藩境と扱われ軍事的理由もあったからだ。

「また明治七年の佐賀の乱では、寒水川《しょうず》（佐賀県三養基郡みやき町江口）あたりから旧長崎街道を西へ行った今の吉野ヶ里遺跡付近の田手川《たて》での激戦が有名で、ここ城島町でも政府軍と佐賀軍が筑後川をはさんで二日間の銃撃戦を展開したそうです。江藤新平さんたちの反乱軍から追われた岩村高俊佐賀県令が、命からがら逃げたという逸話に残るのが、この浮島渡しですよ」

四、鐘崎家のこと

それでは一体、鐘崎家は郷里の上青木にいつ頃戻ってきたのだろうか。

すると今から八年程前、ある情報が入った。寛吾が描いた家相の見取り図を持つ家があるというのだ。私たち家族は、みやま市の郷土史家である久保田毅氏と共に大川市酒見へと向かった。その家は、風浪宮の裏にあった。早速見せて戴くと、その喜多邸にある家相図には、勢いのある筆で「鐘崎寛吾」の名が確かに記されていた。ここに久保田氏が書写されたものを披露する。

明治三年三月吉辰《きっしん》　　上青木村　鐘嵜勧謹撰之

地理家相観撰之図解　酒見村　喜《き》多《た》辰《たつ》次《じ》郎《ろう》舎《しゃ》地《ち》
弘化四年丁未《ひのとひつじ》歳誕生之男九紫《きゅうし》離命《りめい》
朱字黒字一代■■代的殺暗剣殺《あんけんさつ》辰午之方也

額装された家相図は、床の間に大事に飾られていた。所有者の喜多氏から「鐘崎さんとこは、とにかくご家族揃って優秀で、語学がとても良くお出来になったと祖父から聞かされていました」と賞賛の言葉をかけてもらうと、母は嬉しそうに何度も手を合わせながら礼を言った。

鐘崎一家は青木村に戻った後、生計を立てるために長崎へ出たが、寛吾がこれを書いたのが明治三年ということは、これ以降に長崎へ渡ったことになる。寛吾は安楽寺時代には、祈禱に来る長崎商人の話から外国貿易で栄える長崎の話を知っていたに違いない。樹光寺時代には、かつてはオランダ商館で賑わった平戸の魅力に触れている。大川と長崎の間も交易で盛んだった。まさに長崎は、その当時の人たちにとって最も憧れの町だったのだ。異国情緒溢れる美しい長崎の町は、幼い三郎の眼には、どう映っただろうか。

ところが、慣れない商売のせいで、寛吾は明治十一年、長崎で病死してしまった。三郎は太宰府の叔母の家に預かってもらうことになる。しかも病死した寛吾のあとを追うように、妻の貞《てい》もまもなく青木村で、この世を去る。このあと鐘崎家は没落の一途を辿ることになるのだった。

五、曽祖母・ハツセのこと

その後、ハツセは上青木村の四十町歩《ちょうぶ》（ヘクタール）もある大地主・江《え》口《ぐち》宇《う》吉《きち》と結婚する。ハツセが十七歳の時だった。そして直《すなお》が生まれ、直は江口キサノと結婚し、元《はじめ》と隆惠が生まれた。その隆惠が私の母だ。「常盤《ときわ》」という名で造り酒屋も営む大地主の宇吉は、士族権を鐘崎家から買いとったという。「常盤」という名は江口家が住居としていた辺りの地名でもあった。

「鐘崎家は没落していても誇り高い祖母は、とても威厳のある人でした。言葉使いも、お武家様のような物言いで、周囲の人たちも一目置いたような感じでした。自分の着物さえ片付ける姿を見たことがありませんでした。はらりと脱いだ着物を母が直ぐに拾っては、衣文掛けにかけていました。母は忙しく働いているのに比べ祖母は、お座敷の長火鉢の前に座って、粗目《ざらめ》を溶かして作ったカルメラを私に食べさせてくれていました。そういえば大正琴《たいしょうごと》が上手で、私に教えてくれましたよ」

ハツセは、孫娘である母のことが、可愛くてたまらなかったに違いない。

「うちには三棟の家がありました。一棟目の『母屋』に父が住んでいました。でも父は結核を発病していたので、父の死後、すぐに壊されました。あの頃の結核は感染症として恐れられていましたからね。父は若い頃、頭山満《とうやまみつる》さんの書生をしたこともありましたよ。出版会社設立のため東京に行きましたが、頓挫して戻ってきました。母屋のほかに『かまや』といって使用人が住んでいる二階建ての家がありました。そして『梅樹院《ばいじゅいん》』という鐘崎家の家を江口家に移築して『隠居部屋』として使っていました。『梅樹院』のあったところは今、上青木集落センターとして活用されています。移築した『梅樹院』は『鐘崎御殿』ともいわれていました。玄関には緑色の眼をした木彫りの大きな竜が天井に飾られていて、幼い頃は竜から睨まれているようで、怖くてたまりませんでした。竜神《りゅうじん》というものでしょうか。そのお屋敷の奥に白壁造りの二階建ての蔵が二棟あり、中でよく遊んだものでした。父は、いつも母屋で籐椅子に寝て本を読んでいました。私と兄は祖母の『梅樹院《ばいじゅいん》』という隠居部屋で暮らし、時々、母屋にいる父に会いにヨチヨチ歩いて行っていました。二歳とちょっとでしたから、よく覚えていないけれど、タアちゃん、タアちゃんと可愛がってくれたそうです。

その頃は、青木天満宮の鳥居の前まで、ずっと御影石《みかげいし》が敷かれていました。祖母は庭に行く時、『隠居部屋のおろうじへ行く』と言っていました。『おろうじ』とは露地の意味で、『草庵式の茶室の庭園』のことだと思います。ひいばあちゃまの貞子さんの趣味だったと聞きました。

前庭は盆栽風で八重桜、八重椿、霧島ツツジ、木蓮、小手鞠《こでまり》、北側の庭には大きな広い敷石、檜《ひのき》が何本も植えてありました。少し離れて母屋の向こうに松や泰山木《たいざんぼく》、紫陽花《あじさい》があり、榎《えのき》の下には木耳《きくらげ》が生えていたのを覚えています。うちの引き出しには達磨《だるま》の画や水墨画が沢山ありました。寛吾じいちゃまが描いたのだと思います。それらも何処に消えてしまったやら……」

母は、自宅の家の話になると不思議と、よく覚えている。

「それに、祖母は鮑《あわび》が大好物でねえ」

自宅の庭の隅に、ハツセが食べた鮑の貝殻が山のように積まれていたのをよく見かけたという。

明治時代でも高級な食べ物といわれた鮑を食べていたというハツセは、なんとも羨ましいかぎりだが、素封家《そほうか》の江口宇吉と結婚したのだから鮑を買うくらいのお金もあっただろう。

「筑後川で捕れない海の幸は、向島《むかいじま》の港にやってきましたよ」と母は応えた。

六、若津港のこと

城島といえば、醸造酒で有名だ。特に、西南戦争や日清、日露戦争では特需景気で城島の酒は大いに繁盛した。本書第二部の「一一、刊行賛助者一覧」にあるように、『烈士 鐘崎三郎』の刊行にあたって寄付金を頂いた地元の方々の名前の欄に、城島造り酒屋の名前がずらりと連なっている。その中に「醤油武駒《たけこま》熊井司《つかさ》氏」がある。「産経新聞」で面白い記事を見つけた。

「熊井家は元々廻船《かいせん》問屋と醤油醸造を営んでいた大店だった。店は『武屋』『武駒本店《たけこま》』と呼ばれた。明治期の当主は熊井駒次郎であり、武屋駒次郎すなわち『武駒』である」(「産経新聞」二〇一七年七月二十一日、本間雄治氏)

とある。駒次郎氏は熊井司《つかさ》氏の父だったのだろうか。

記事は「そこに新しい若津港を造ったのは久留米藩であり、宝暦元年(一七五一)のことだった。久留米藩は戊辰戦争では明治政府方で参戦している。また明治元年(一八六八)、「雄飛丸《ゆうひまる》」などの洋式船を買い入れ、明治維新後の日本海軍にとって史上初の艦隊行動を行い、有数の海軍を創設していた」と続いている。

そのためだろうか。「若津」といえば、明治五年(一八七二)には僅か二カ月だったが、旧三潴県の県庁にもなっている。そして、明治十三年(一八八〇)、大蔵省常平局若津蔵所がこの若津港に設置され、大阪商船が「大阪~若津」の運航を始め、西洋型蒸気船の出現により益々発展したのだった。三郎と仲の良かった中村綱次の実家(今村家より養子に入る)も、元々廻船業であったという。名前に「綱」の字を入れたのも、その表れだろう。

ハッセの鮑は、その向島にある若津港からやってきたのだ。

七、鐘崎家が住んだ青木荘のこと

時代は遡るが、『筑後国三潴荘史料　九州荘園史料叢書　第十四』（瀬野精一郎編、発行者：竹内理三、昭和四十一年）によると、筑後川下流一帯の米どころ三潴荘は、「いわゆる筑後平野に位置し、その荘域は旧三潴郡全域に及んでおり」とあり「平治元年東寺宝荘厳院を本所とし、四条隆季《たかすえ》を領家と仰いだのが三潴荘の初見である」としている。「院政期に鳥羽院《とばいん》や平氏政権と密接な関係を持っていたようだ。律令制度が崩壊し荘園制が始まると、一帯は「三潴荘」と「青木荘《あおきのしょう》」に含まれる。『城島町誌』（城島町誌編纂委員会、平成十年）によると『安楽寺領注進状写』に安楽寺領として青木荘の名が見える。上青木の天満宮を中心に弥生中期から後期の遺跡が連なり、貝塚や土器・石器類が数多く出土している。地域内に『一ノ坪』『八ノ坪』という地名があり条里の遺構とも考えられる。『和名抄《わみょうしょう》』に見える古代青木郷や中世の青木荘である」とある。また安楽寺は海外貿易を行っていて、青木荘も筑後川下流域の港（船津）に着岸する宋船と私的に貿易を重ねていたのではないかという。後伏見天皇の正安二年（一三〇〇）、京都の土師連堀右京進《はじのむらじほりうきょうのしん》が、青木荘の三百町歩を管理するため、この地へ来て、外崎という海岸の老松の繁る場所に下妻郡水田荘から天満宮を勧請し、社号を老松宮とつけたという。『社伝日記』によると老松宮は上青木村・田代村・下青木村・青木島村・下林《げばやし》村の五カ村寺の産神で仏像を以て神体と祀っている」と書かれている。「青木天満宮古文書（柳川古文書館所有）」には、老松宮の社家である神主・久富氏、宮司・梅樹院《ばいじゅいん》、惣ノ市《そうのいち》・伊勢の三人の間で相談して営まれた祭礼や普請《ふしん》等の神社経営に関する文書が残っている。

秀吉の太閤検地で、古代中世の荘園制は消滅した。江戸時代は神仏習合で寺社を経営し、明治になって「青木天満宮」といわれるようになった。少々飛ばし過ぎだが、こういうことではないだろうか。幕末から明治へと移る激動の中を生きた僧侶であった父・寛吾から、三郎は大宰府や青木荘が宋をはじめとする海外貿易を行った話を、きっと興味深く聞いたに違いない。

八、母の秘密——曽祖母・貞のこと

平成二十二年（二〇一〇）の十二月、父（母の夫・角正夫）の葬式を終えたあと、まもなく母から一本の電話が入った。父に先立たれ、八女市《やめ》で一人暮らしも少し慣れた頃だったと思う。自宅の庭を眺めながら、空を仰いだら真っ青な青空が広がったというのだ。いつになく清々しい気持ちになると急に、自分の人生で封印してきた何かが体の奥から音を立ててきたという。母は丁度、米寿を迎えようとしていた。

「あぁ、長かった。もう話してしまおう」

その胸の内にある塊は急に怒濤のように溢れてきて、母はもうそれを抑えきれなくなっていた。

「あなたたちに隠していたことがあります」

母はそう言って私たち姉妹を自宅に呼んだ。

「寛吾じいちゃまが、松浦熙公に招かれて平戸のお寺の住職になった話はしましたね？」

母は、いつになく深刻な趣で話し始めた。

「寛吾じいちゃまのお嫁さんの話だけどね。私の、ひいばあちゃまのことです。

実は私は、このことはとても恥ずかしいことだと思って、お父さん（母の夫のこと）にも隠していました。

ひいばあちゃまの名前は『小野貞《てい》』（天保十年～明治十六年）といって、いつも御垂髪《おすべらかし》で、髪は垂らしてあったと聞いています。祖母や私と叔母は『貞子さん』と呼んでいました。祖母から何度も聞かされたのでよく覚えていますよ。昔は、仕事をする女性は髪が邪魔にならないように纏めるのが常だったけど、仕事をしない女性は長い髪をそのまま垂らしていたのだそうです。

貞子さんのものかどうか分かりませんが、鐘崎家に『菊水の紋』のお守り刀がありましたよ。祖母から見せてもらったので憶えています。黒漆に『菊水の紋』が付いていて、兄がいつも持ち歩いて葦などを切りはらって遊んでいました。

それから貞子さんは若い頃、太宰府の叔母さんの所に、いつも遊びに行っていたそうです。

天神信仰の厚い熙公は安楽寺に、よく参拝にみえたそうですよ。そんな時、貞子さんは熙公にお茶を呈《てい》し、それがきっかけとなって平戸に招かれたのだと聞きました。

平戸に行った貞子さんは、松浦熙公の『お側室《そくしつ》』になり、歳は十六歳だったと聞いています」

私は自分の耳を疑ってしまった。なんと母が永い間、父にも隠していた秘密とは、これだったのだ。現代では、もはや聞かれることもない「側室」という言葉を、まさか、この現代で母の言葉から聞かされるとは、私たちは一瞬、時が止まったようだった。

「お母さんはねぇ、『側室』だというのが恥ずかしくて誰にも言えなかったんですよ。ただ、祖母や母は勿論のこと、従姉の真理恵おばさんたちも承知で常日頃、聞かされていました。祖母の漆の箪笥には、三枚（朱・萌・白）の裲襠《うちかけ》があり、それぞれに松、竹、梅の刺繍がありました。叔母と、こっそり覗いては叱られていました。その裲襠は貞子さんが平戸で着用していたものだと聞きました」

雲の上のような話を聞かされた私たちは正直、戸惑ってしまい、言葉を失ってしまった。沈み込む母の顔を見ると、なんともかわいそうで疑う術もなく、静かにそのまま最後まで聞くことにした。

「寛吾じいちゃまと貞子さんが平戸に招かれた時期は同じ頃だと聞いています」

母は堰を切ったように話し始めた。

つまり、今まで封印していた自分の過去は、本当は子どもたちに知らせるべき重要なことではないかと思い始めたというのである。それでは何故、貞は寛吾の妻になったのだろうか。

「側室というのはね、二十五歳になっても子が産まれなかったら、お払い箱になるんですよ」

母の話では、高齢で病弱にもなった松浦熙より、貞が二十五歳となるのを見計らって郷里も近い円心（寛吾）が拝領したというのだ。母は「側室」を「妾《めかけ》」と同じ意味に解釈して、何か惨めな響きにずっと悩まされていたという。しかし、このまま真実を打ち明けずに死んでいいものか、母は考え始めたのだった。

「もしかしたら、お殿さまより側室を拝領されるのは、不名誉なことではないのかもしれない」、そう考えるようになったという。

母は、寛吾のことをもっと知りたいと、数日経って思い詰めた様子で、太宰府市公文書館に電話をした。

勿論、貞が松浦熙の側室だったという史料は残っていない。

九、太宰府市公文書館の史料

「死ぬ前に曽祖父のことを知りたい」という母の強い願いが叶って、驚くべき事態へと展開していく。

母の話を電話で聞いた太宰府市公文書館学芸員の数名が、八女の自宅を訪問するという連絡が入った。

私たち姉妹も、その現場に立ち会うことになり、その時初めて「鐘崎三郎」のお位牌を目にした。それは黄金に輝く立派なものだった。今日まで私は見せてもらえなかったものだ。彼らは、お位牌の中にある過去帳を手に取り、次々と写真に収めると、急にざわざわとした空気が流れた。

学芸員の方々が去ったあと、力を出し切ったのか母は、ふうっと、ため息をついてソファーに横たわってしまった。

平成二十三年（二〇一一）九月、同公文書館の古賀康士さん（現九州産業大学経済学部講師）から二通の手紙が届き、いくつかの史料も同封してあった。調査後、次の事柄が判明した。

一、鐘崎三郎の父「鐘崎寛吾」は、筑前安楽寺天満宮では「円心」と名乗り、松浦熙公より眷遇《けんぐう》を受け平戸樹光寺の住職となる。平戸樹光寺時代は「帯雲《たいうん》・灌圃《かんぽ》」という号を持っていた。

僧・帯雲は、『平戸郷土誌』の「平戸ノ偉人名士」（二六九頁）に、左記のとおり説明がなされている。

画僧ナリ。灌圃《かんぽ》ト号ス元ト筑前太宰府ノ社僧某《なにがし》ノ子ナリ。壮歳ニシテ平戸天台宗樹光寺ノ住職トナル。頗《すこぶ》ル宋学《そうがく》ニ精シ宗務《しゅうむ》ノ余暇詩歌書画を弄《もてあそ》ビ、最モ南宗派ノ画技ニ長ズ。藩中ノ子弟従ヒ学ブ者頗ル多ク、又月々連歌ノ会ヲ開キ後進誘掖《ゆうえき》ノ功少《すくな》カラズ。住職タル凡ソ十年還俗シテ郷里ニ帰リ俄然病歿ス。弘化嘉永年間ノ人ナリ。

二、平戸時代に、平戸樹光寺円心として次の作品を残している。

①「神幸式絵巻《しんこうしきえまき》（嘉永本）」樹光寺円心写（縦三八・五㎝ 横一四七五㎝）一巻

嘉永六年（一八五三）に平戸樹光寺円心が藩主《はんしゅ》松浦肥前守熙《まつらひぜんのかみひろむ》の命で書写したもの

（太宰府天満宮宝物殿所蔵）

②「神幸式絵巻（元治本）」樹光寺円心写（縦三八・九㎝ 横二九七四㎝）一巻

元治元年間（一八六四～六五）作成

（太宰府天満宮宝物殿所蔵）

③「太宰府天満宮曼荼羅《まんだら》勤行《ごんぎょう》道場之図」樹光寺円心写　僧名　円心　権大僧都大阿闍梨法印円心《ごんのだいそうずだいあじゃりほういんえんしん》

安政二年（一八五五）作成

（松浦史料博物館所蔵）

※①と②の解説

（太宰府天満宮文化研究所『天神絵巻――太宰府天満宮の至宝』一一四～一一五頁〔一九九一年〕より）

奥書《おくがき》の年期から天満宮に、従来より蔵していた一巻を元治本、昭和五〇年に新しく購入された別の一巻を嘉永本と呼ぶ事にする。いずれも天満宮の主要な祭の一つである秋の神幸式を描いたものであり、元治本より一〇年も古い嘉永本が発見された事は大きな意味がある。というのは現行の神幸式の形は安政年間に別当大鳥居信全によって改められ、それが元治本の奥書で確かめられていたのだが、嘉永本の出現で何らかの検討が迫られよう。嘉永本は貼外題《はりげだい》に「御祭列之圖」とあり、冒頭に神幸式の起源を記し嘉永壬子《みずのえね》五歳（一八五二）八月の年記をもつ。この後に絵が始まるが、その最初に「西都安楽寺天満宮例祭神幸之圖」と記す。奥書に「乾斎公命《かんさいこうめい》ヲ蒙リ西都安楽寺神祭之圖ニヨリテ圓心《えんしん》謹写」「此一巻者便于樹光寺圓心《えんしん》和尚而令出来訖、嘉永六年 癸丑《みずのとうし》二月二五日六十三翁乾斎」とある。以上のことから、嘉永本神幸式絵巻は元々、天満宮に蔵していた絵巻を平戸樹光寺円心が模写したものであり、それは平戸藩主松浦肥前守熙の命によったものであることが明らかになる。

嘉永五年は神忌九五〇年祭の年であり、翌六年には肥前守の天満宮参拝があるが、本絵巻の製作はこのことと関連があるのではないか。さらに同年に信全は国情騒然たる時勢にあたって神幸式の社式を厳重にすることを申し渡している。一方の元治本は貼外題に「神幸式絵巻」とあり、詞書《ことばがき》はなく、「元治のはじめの年（元年・一八六四）きさらぎ」の年記のある信全筆の奥書がある。その奥書によれば、古くから行われて来た祭ではあるが、行列の服装など似つかわしくなくなっているので、安政五年に正別当職に任じられたのを機に改め直した。それを平戸樹光寺の円心に図示せしめた、という。図様としては嘉永本が群青・藍・緑青・胡粉・朱・丹などの絵具をもちいているのに対し、元治本は淡い筆彩である。また嘉永本の群集描写は手本の存在を抜きにしても立派な出来映えで、元治本の平面的で奥行のない表現に比べて優れている。

十、神幸式絵巻と大鳥居信全のこと

右の説明による「国情騒然たる時勢」とは、まさにペリー来航のことだろう。大鳥居信全（文政五年～明治四年）はその嘉永六年（一八五三）九月「異国渡来ニ付国土安寧之寸志祈禱」の勤行をやり、水田天満宮では「異船退治御祈禱連歌二百韻」が催され国家安寧《あんねい》のための祈願を行っている。寛吾は刻々と変化する国の情勢をとっくに知っていたのだ。しかも一年前の嘉永五年といえば、真木和泉が久留米藩へ藩政改革の意見書を出し、水田天満宮の大鳥居理兵衛（真木和泉の弟）のもとに蟄居《ちっきょ》を命じられた年でもある。

嘉永六年にペリーが率いる黒船が日本にやってきた翌年（一八五四）に「日米和親条約」が締結され、いわゆる「不平等条約」といわれる「日米修好通商条約」が結ばれたのは、その僅か四年後の安政五年（一八五八）だった。信全が、いとこの三条実万《さねつむ》に真木和泉の意見書を紹介したのも、安政五年である。実万は信全の父である梅小路定肖《うめがこうじさだたか》と縁戚である。しかし実万は真木和泉の討幕と王政復古に関する意見書に感心したものの、安政の大獄で落飾《らくしょく》と処罰を受けていたため、真木和泉の意見書を燃やしたという。三条実万の異母妹の泰《やすし》は姉小路公遂《あねがこうじきんすい》の継室となっている。正室は松浦静山の娘の節子だった。そして公前《きんさき》が生まれ、公前の長男に朔平門外《さくへいもんがい》の変（文久三年・一八六三）で暗殺された姉小路公知《きんとも》がいた。姉小路公知は過激尊王攘夷派論者と知られていた。この暗殺は、公知が勝海舟と会談した時、開国の必要性を説かれて変節した恨みだといわれている。これが「八月十八日の政変」に繋がっていったという。病弱であった信全は既に、その二年前には京都から迎え入れた後継者の大鳥居信厳《しんげん》に別当《べっとう》職を譲っていた。信全にも相当の覚悟があったのだと思う。真木和泉が自刃したのは翌年、元治元年（一八六四）の「禁門の変」だった。追放された七卿（のちに五卿）が太宰府に行き延寿王院に着いたのは、さらに一年後、慶応元年（一八六五）の二月だった。

その美しい神幸式絵巻の裏で繰り広げられていたのは皮肉にも、正に騒然たる幕末の衝撃的な歴史そのものだったのだ。さらに、寛吾の姉妹の内一人は水田天満宮の宮原家に嫁いでいた（水田天満宮・宮原恭盛《たかもり》宮司の話より）。この頃の寛吾と信全、二人の心中は想像を絶するものがある。元々病弱だった信全は慶応元年四月五日に水田天満宮に隠居する。その後も信全は五卿の世話をするため、安楽寺天満宮と水田天満宮を何度も行き来したという。

そして慶応三年（一八六七）十月十四日、徳川慶喜は大政奉還を上申し、十二月九日には王政復古の大号令が発せられた。その前夜、都落ちした五卿は朝廷の評議において赦免となり、官位や諱《いみな》が復され、十二月二十七日に京に戻ると、それぞれ明治新政府の要職に就いたのだった。

一方、水田天満宮で余生を過ごした信全は寛吾（円心）に描かせた「神幸式絵巻元治本」を懐かしみ、誰かにもう一巻を書写させて自分の手元に置いたという。それを書写したのが誰なのかは未だ明らかにされていない。しかし、寛吾は明治三年十一月に上青木天満宮由来を「申上覚」として書き残している。しかも大川市酒見にある喜多邸の家相図を描いたのも明治三年であった。その頃には信全は既に水田天満宮に隠居している。とすれば、信全が直接、寛吾本人に頼んで「神幸式絵巻元治本」を書写させたという説も浮かび上がってくる。書写されたもう一巻の「神幸式絵巻元治本」を昨年、水田天満宮を訪れた際、宮原恭盛《たかもり》宮司より見せて戴いた。信全は、御一新を待って明治四年（一八七一）に、この世を去った。この動乱の中、寛吾は精神的支柱を失い悄然として、家族を支えるために長崎に渡ったとも考えられる。

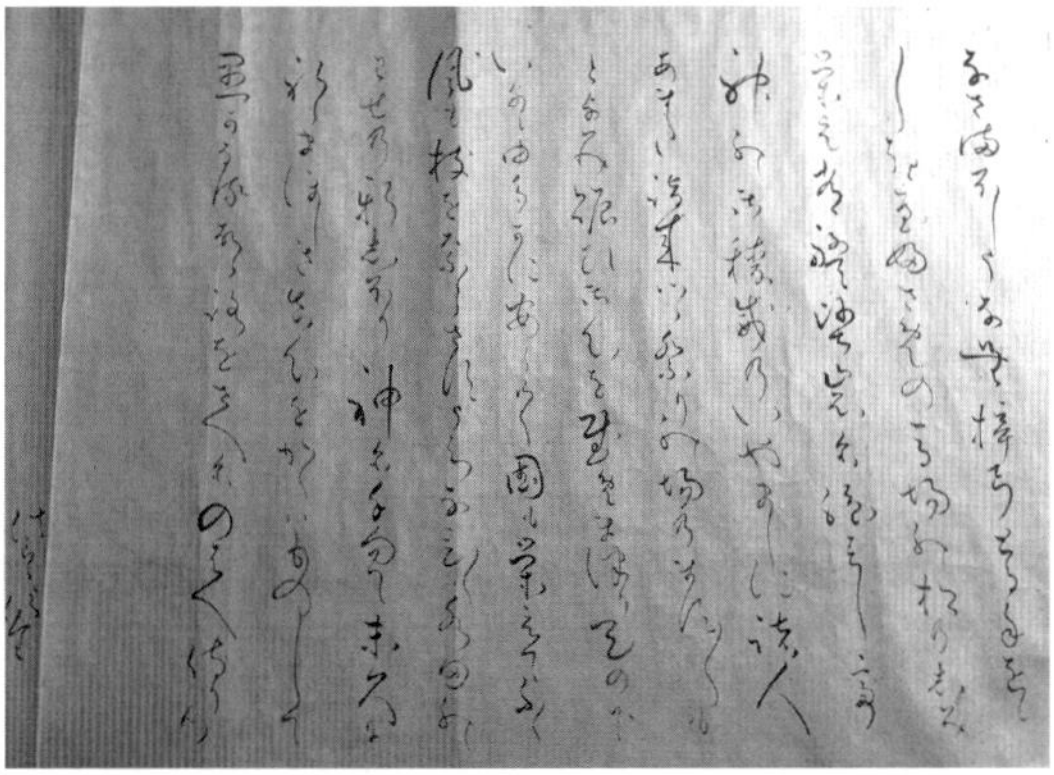
水田天満宮にある神幸式の書写奥書

四年前には松浦煕を失ったばかりの寛吾だった。故郷で信全と余

◀鐘崎寛吾の顕彰碑

青木天満宮

生を暮らせると思ったのも束の間、寛吾はパトロンでもあったと思われる最も信頼する二人を失ったことになる。幕末維新に偉大な功績を遺しつつ信全は、神仏混交時代に水田天満宮敷地内にあった来迎寺《らいこうじ》の墓に、ひっそりと眠っている。もうその墓には、信全は「大鳥居」ではなく「西高辻」の姓を付けていた。

十一、鐘崎寛吾の顕彰碑

平成二十四年（二〇一二）九月、母は寛吾の描いた「神幸式絵巻嘉永本」を写した顕彰碑を、青木天満宮内にある鐘崎家の奥《おく》津城《つき》、三郎の墓碑の西側に建てた。母の先祖に対する敬愛の情は急激に高まり、その勢いは、まさに立ち昇る龍のようだった。

その年の三月二十五日には、明治天皇の玄孫、竹田恒泰氏が青木天満宮を訪問されていた。その際に鐘崎三郎の墓碑にも参拝を賜ったそうだ。久富真人宮司より送られてきた写真には、寛吾の顕彰碑と三郎の墓碑の周囲に彼岸花が美しく咲いていた。母はその写真を、いつまでも嬉しそうに眺めていた。竹田氏は明治天皇に縁のあった明善高等学校も見学されていたのが後で分かった。

この頃、九十歳になった母は帯状疱疹で入院してしまった。ありったけの知恵と力を振り絞った仕事は高齢の母にとって負担も大きかったのだろうと、今更ながらに頭が下がる。

その入院中に、偶然にも私は浦辺登氏の著書『太宰府天満宮の定遠館――遠の朝廷から日清戦争まで』(弦書房、二〇〇九年)、『東京の片隅からみた近代日本』(同、二〇一二年)に出会い、その中に鐘崎三郎の記述があるのを知り、母に伝えた。病状が落ち着いたのか母は、入院中にも拘わらず、出版社にすぐに連絡をし始めた。鐘崎三郎をあまり語りたがらない母だったが、浦辺氏は数少ない理解者として母の心に映ったのだろう。

その後、母は浦辺氏と直接電話で話すことが可能となり、杉山茂丸の曽孫である杉山満丸氏や、日清貿易研究所で三郎の友達だった向野堅一の末裔、向野康江氏まで紹介してもらえたのだった。

十二、執行坊信隆《しぎょうぼうしんりゅう》の歌

平成二十五年(二〇一三)頃だったと思う。寛吾について詳細に調べて母に報告してくれた太宰府公文書館の古賀康士学芸員より、再び一通のお手紙を頂いた。

封筒の中には、太宰府市が毎月一回発行している広報誌『だざいふ』に連載される「太宰府の文華――資料室だより 八四」が同封されていた。「御神幸式絵巻と平戸の画僧」という題で、寛吾について古賀学芸員が執筆されたものだった。そこには、寛吾が紛れもなく「円心」という人物であるという確信と、太宰府天満宮神幸式絵巻の著作者であることがはっきりと著してあった。

また、執行坊信隆が当時の平戸藩主・松浦熙の招聘《しょうへい》によって樹光寺の住職となる円心に対して、餞別として添えた歌が、『桂舎集《かつらのやしゅう》』の下巻（嘉永四年）に収録されていたのを発見したと述べてあった。

円心法師　平戸の君の御めしによりて　樹光寺にうつりすみけるを　祝きて

円かなる　心の月も　まつら山
　しけき御蔭に　てり増るらん

そのはなむけの歌を詠むと、設けてもらったと思われる宴で別れを惜しみながら和歌を詠みあう信隆と円心の姿をつい想像してしまう。残念ながら円心が歌を詠み返したという史料はない。執行坊信隆については、『都府楼』二十九号（古都大宰府保存協会、二〇〇〇年）に寄稿された広島大学文学部助教授・久保田啓一氏の「幕末太宰府歌壇と執行坊信隆」と題したものを参考にしたい。

「執行坊は天満宮安楽寺の五別当の一つで、天満宮の実務別当という立場にあり維新後、還俗して松大路を称するようになる」

五別当とは、大鳥居（延寿王院と号す）、小鳥居、御供屋《ごくや》、執行坊《しぎょうぼう》、浦之坊《うらのぼう》のことで、中でも大鳥居家と小鳥居家と松大路家の御三家が、今日まで菅原道真の血脈を代々継承しているといわれている。

この歌を詠むと、寛吾は信隆とも親しくしていたことが伺われる。

しかし松浦熙が何故、寛吾を選んで安楽寺天満宮から招聘したのか……その謎は依然として解明できない。ただ想像されるのは、連歌を江戸の阪昌成《しょうせい》に学び、父・静山の影響を受けて育った熙である。武将の必須教養とされていた連歌や和歌、お茶など風流文雅を嗜む松浦熙にとっては、太宰府から僧を呼ぶのは一つのステイタスのようなものであったのかもしれない。または寛吾は菅原道真の縁戚でもあったのか、または一緒についてきた文人の一人の末裔だったのか、はたまた松浦家と縁戚だったのか、謎は深まるばかりだ。

十三、平戸・松浦史料博物館にて

平成二十六年（二〇一四）五月、母の体調も良かったので、いよいよ私たち家族は、平戸の松浦史料博物館へと向かった。古賀康士学芸員の御膳立てのお陰で話はスムーズに進み、私たちは久家《くが》孝史学芸員より、寛吾が描いたという「太宰府天満宮曼荼羅勤行道場之図」を見せてもらうことができた。

太宰府（平出）
天満宮於廣前例年二月二十八日曼荼羅勤行道場荘厳之図式
　但図面花鬘幡等四方同断如大壇荘厳者因金胎合供之修法相速有之也
右曼荼羅供者往古（欠字）聖廟神忌之時而已勤行之嘉永五年九百五十年
忌以来結衆依志願例歳勤行無有懈怠至同年七寅歳司務延寿王院信全
法印依勧進新道場幡天蓋花蔓我（平出）
乾斉老公御寄付有之也因（拙衲）圓心謁
其荘厳之状謹奉備（欠字）　　　聖廟之次就問延寿王院略図
清覧

安政二乙卯歳正月　　権大僧都大阿闍梨法印圓心識

「嘉永五年は、祭神菅原道真公の九五〇年遠忌にあたるので、信全は、曼荼羅道場を新しく奇麗に飾りたいと思っている。そこで、信全は親しい円心に頼んで、松浦熙公に出資してもらい、おかげで美しい曼荼羅道場が出来上がった。そこで松浦熙公に太宰府に来訪して頂き、これをご覧いただきたいと思っている。しかし松浦熙公は高齢で病もあるので太宰府に行くのは無理のようである。そこで円心がこの美しくなった曼荼羅道場の図を描いて松浦熙公にお見せします」

要約すると、そういうことだと思う。

では何故、信全は「曼荼羅道場」を新しく奇麗に飾って、それを円心（寛吾）に描かせて記録に遺したかったのだろうか。それは、いずれはやってくるであろう新しい国に、安楽寺天満宮には神仏習合の地であったことを象徴する「曼荼羅道場」というものが存在したことを伝えたかったのではないだろうか。神仏分離令の波を既に予知していたのは、信全だけではなく寛吾も同様であった。信全は御撫物《おなでもの》の送迎や連歌の会で上洛しては三条実美や三条西季知《さんじょうにしすえとも》にも逢っている。極めつけのペリー来航で、いよいよ新しい世の中に変貌するのは目の前だと知った信全は、自分が関わった仕事を記録に残しておきたかったのではないか。維新の走りは太宰府にあったというのは本当だった。松浦熙も、それを熟知して寛吾に貞を禅譲したのかもしれない。あるいは徳川家の菩提寺である樹光寺が廃寺になるのは時間の問題だと知った円心は、明治になるのを待たずに寺を辞したのだろうか。いや、故郷に戻るのを勧めたのは信全自身だったとも考えられる。

変化の波が怒濤のように押し寄せるこの期に、安楽寺天満宮の曼荼羅道場の図面が残っているのは、きっと奇跡に近いのだと思う。久家学芸員より、無事に残存できた理由は、この図面が見つかった場所が平戸城だということで「きっとこれは殿様の大事な物だろう」と推測され、運よく保存されたからだと教えて戴いた。もしもこれが太宰府天満宮で発見されていたら、廃仏毀釈で燃やされてしまったかもしれない。

現在、松浦史料博物館の隣には、第四代藩主・松浦重信《まつらしげのぶ》（鎮信）の鎮信流《ちんしんりゅう》の抹茶を楽しめる茶室「閑雲亭」がある。第十二代藩主・詮《あきら》が建築したものだ。それは驚くほど質素で簡素な草庵茶室だった。そういえば母の上青木の実家にあった庭も草庵式だった。母と私たちは茶室「閑雲亭」から見える優美な平戸城を眺めながら、松浦熙と寛吾が共に茶を嗜む情景を想い浮かべ、少しの間、余韻に浸った。

十四、梅ケ谷津偕楽園

松浦史料博物館から南へ海岸沿いに車を十分ほど走らせると、「梅ケ谷津偕楽園《うめがやつかいらくえん》」という松浦熙が文化十三年（一八一六）に建てた別邸がある。かつては松浦棟《まつらたかし》（松浦鎮信の長男）の茶室が設けられていたという。久家学芸員より勧められて訪れたのだが、この屋敷は当時のままの姿を見ることができるのに驚かせられた。殿さまのご愛用の蹴鞠や、茶の湯に使用されたとみえる茶道具もそのままあった。三川内《みかわち》焼の白磁や手書きの浮世絵、「百人一首」など、様々な宝物が無造作に所狭しと並べられている。屋敷は平戸瀬戸を望む高台に位置していて、今では歴史資料館として利用されている。二階建てだと思って中に入ると奥に階段があり、下ると山の高低差を利用して南向きに三階建てとなっていた。かつては月見櫓なども設けられていたという。この資料館の主は当時、留守番を依頼された家臣の子孫だそうだ。寛吾もきっとここを訪れたのだろうと思わせてくれる。

水戸藩第九代藩主・徳川斉昭が天保四年（一八三三）に建てたという水戸の偕楽園の名は、ここ平戸の偕楽園からとられたと説明を受けた。徳川斉昭は松浦静山や松浦熙とは親しくしていたらしい。ここで疑問が少々残る。徳川斉昭といえば大政奉還の徳川慶喜の実父でもあるが、水戸光圀の子孫でもある。そして光圀の修史事業に伴い形成された水戸学は、ハツセを生涯苦しめた神仏分離令という廃仏毀釈運動に影響を及ぼした根源ともいわれている。水戸学学者の藤田東湖《とうこ》や会沢正志斎《あいざわせいしさい》で厳しい仏教弾圧を加えている。大砲を作り出すために寺院から梵鐘・仏具を供出させたともいわれる。そのような後期水戸学の影響を受けたはずの平戸藩ではあるが、松浦熙は陽明学も受け入れているのをみると、仏教軽視をそれほどまでしなかったのではないだろうか。その証拠に松浦熙は「太宰府天満宮曼荼羅道場」に資金を与えている。それを踏まえると、寛吾が描いた太宰府曼荼羅道場の図はかなり貴重な史料なのではないだろうか。

寛吾にしてみれば安楽寺天満宮から平戸の樹光寺に移ることは、自身にとっても些か不安なお招きだったのかもしれない。しかし執行坊信隆は寛吾を祝して餞別の歌を送っているのをみると、そのあたりはかなり複雑である。

十五、樹光寺の史料

後日、母のもとに松浦史料博物館より、樹光寺が描かれている古地図と、松浦鎮信が樹光寺を開山した時の古文書の写しが送られてきた。

平戸天台宗岩淵山樹光寺（百石）について

粟田口《あわたくち》青蓮院派《しょうれんいんは》　本尊薬師開山

一円僧都慶安　年中東照宮鎮座

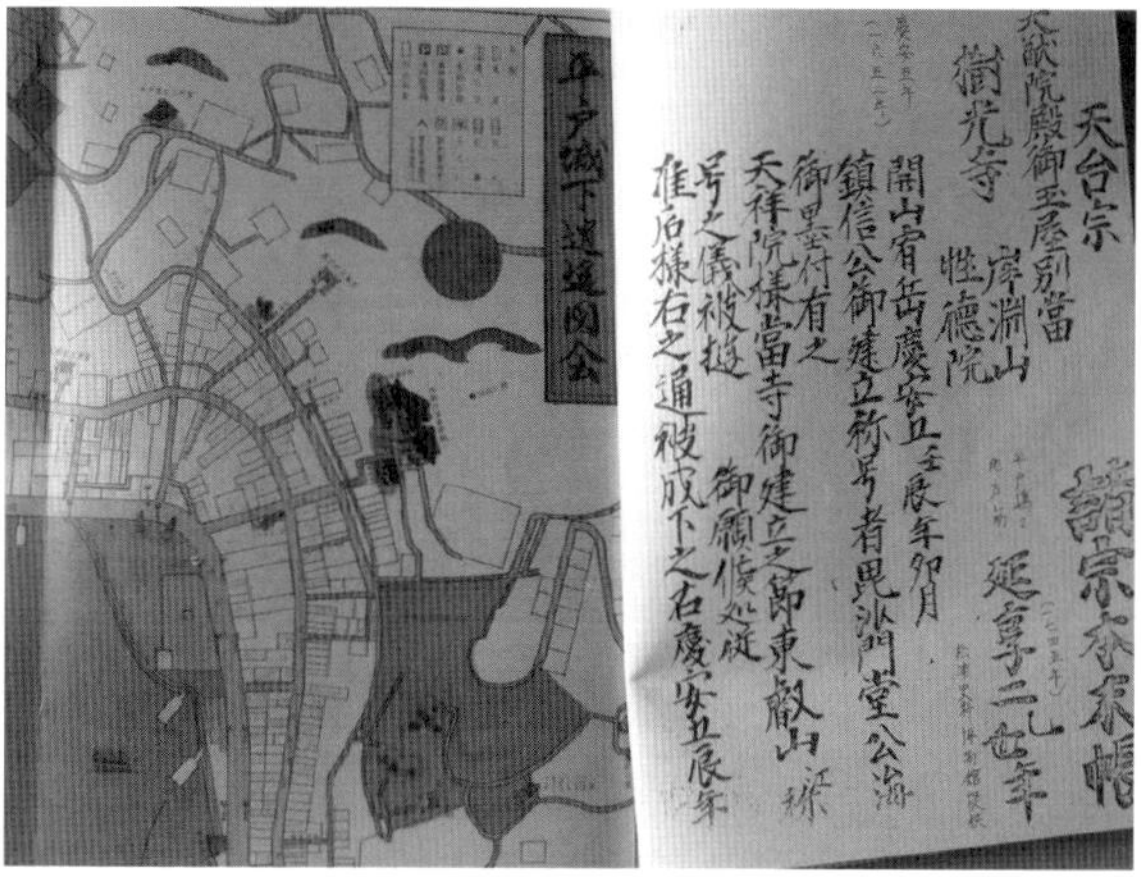

樹光寺開山に関わる古文書（松浦史料博物館蔵）

樹光寺は、第四代藩主である松浦重信（鎮信）が承応《じょうおう》元年（一六五二）に徳川家に対する忠節を表すために草創した。平戸藩侯建立の趣旨は、藩内の鎮護・安泰の祈願寺とあわせて、徳川秀忠公の霊を弔う、香華所《こうげしょ》という記録もある。恭順の意を示すため、初代藩主・松浦鎮信は平戸城まで自ら火をつけて燃やしたという。また、儒学者・山鹿素行《やまがそこう》とは交友が深く、平戸藩は山鹿流兵学を藩学としている。『平戸郷土誌』によると、吉田松陰も嘉永三年（一八五〇）に鎮西旅行で九月には葉山佐内《さない》に儒学の教えを請い、その後、山鹿高紹に就いて兵学を学んだという。葉山佐内は佐藤一斎に就いて陽明学を究め、松浦熙に重用されて藩学を申しつけられた人物でもある。

また同郷土誌によれば、寛吾は「帯雲《たいうん》」と名乗り、平戸藩士・早田恒斎《そうだこうさい》（文政九年～明治七年）に詩歌、書画を教えている。早田恒斎は広島の吉村秋陽《しゅうよう》に陽明学を学び、帰藩して勘定奉行となり、藩政改革を行った人物でもある。さらに、平戸藩士を父に持つ稲垣満次郎という人物も『平戸郷土誌』に出てきている。この人物は、後の三郎の人生に大きく関わってくる。

角家《すみ》に残る過去帳を記す。

・鐘崎寛吾　文化十四年〜明治十一年（一八一七〜七八）十一月二日、長崎にて没す。享年六十一歳（圓心院是實日寛居士）

・貞（小野氏）　天保十年〜明治十六年（一八三九〜八三）十一月二十三日、青木村にて没す。享年四十四歳（雲熙院實山妙貞大姉）

初めて目にした貞の戒名に松浦熙の「熙」がついているのを見て、私たち姉妹は驚愕した。

十六、三郎の話を語り始める母

平戸から戻った母は、少しずつ三郎の話もするようになった。かつて母は祖母ハツセから三郎のことはいつも聞かされていたので、しっかりと憶えていた。いつかは話したいと思っていたのだろう。

さて、父・寛吾を長崎で亡くした三郎は、兄・熙《ひろし》と姉ハツセと離れて、太宰府の叔母にひとり預けられたという。そして十一歳になると、従兄である加藤日龍のいる福岡橋口町の勝立寺に徒弟として預けられた。三郎はいずれ立派な僧侶になるだろうと、誰もがそう思って疑わなかった。お経は直ぐに覚えるし、竹刀の腕前も上がるしと、優秀な三郎は「正学《しょうがく》」という名前も貰え、日龍も満足な日々を過ごしていたという。そんな三郎にとって、その頃刊行されていた「めさまし新聞」を読むのが何よりの楽しみだったそうである。

本書第一部「Ⅱ　鐘崎三郎伝」の「三、軍人志望」にあるように、三郎は明治十七年、十六歳の時、「めさまし新聞」で「長崎事件」が勃発したのを知った。世に知られる、いわゆる「長崎清国水兵事件」は明治十九年であるが、慶応四年や明治十六年にもアヘン吸引をめぐり支那（清国）人と現地の巡査の間で殺傷事件が起きている。それは清国政府と条約上の国際問題にもなっている（本書・第四部第一章参照）。

これ以前の天保年間には居留支那人（当時の呼称に従う。以下同）が徒党を組んで犯罪を繰り返す事態が起き、黒田氏に働きかけ、ついに江戸幕府が動き支那（清国）人一八〇人を捕縛し、七十五人を禁固刑に処し、清国に強制送還するという事件も起きていた（井口《いのくち》丑二《うしじ》著『長崎小史』鶴野書店、明治二十六年）。このように長崎では支那人による事件が相次いでおり、新聞には報道が度々載っていたに違いない。

日本が富国強兵を推進したのは、アヘン戦争（天保十一年・一八四〇）によって清国が西洋列強に敗戦したのを目の当たりにしたからだという説が一般的である。現在騒がれている特別行政区の香港は、清国と英国で結ばれたアヘン戦争後の「南京条約」（天保十三年・一八四二）によって割譲されたものだった。また、その頃ロシアは不凍港を求め南下政策を取り、一八五〇年からシベリア鉄道の建設を計画していたという。

次の標的になるのは日本ではないかと、幕府は恐れていたのは間違いない。日本はアジアの独立と平和のために清国や朝鮮にも近代化を訴え続けたというのは真実だろう。アヘン戦争で疲弊していたにもかかわらず清国は中華思想に留まり、朝鮮を冊封国として属国扱いしていたという。一八〇年後の今でも、こうした意識の有り様はあまり変化がないように見える。その後、明治十七年（一八八四）には朝鮮で甲申政変《こうしんせいへん》が発生したが、これは、明治十五年（一八八二）に起きた壬午事変《じんごじへん》のあと、清国と親しくなった朝鮮政府に対する朝鮮独立派のクーデターだった。朝鮮の中には日本のように近代国家を目指し独立を訴える思想を持つ人物がいた。それが金玉均《きんぎょくきん》という人物で独立党の党首となっている。しかし、どうやら清国からの干渉により三日で鎮圧され失敗に終わり、ついには日本に亡命している。日本国内では公使や日本軍が朝鮮のクーデターに関与した事実は伏せられていたようである。

鐘崎三郎（右）と内田勤三氏（左）

十七、軍人志望

そのような背景の中、三郎は日本の行く末を案じ軍人志望となり、陸軍士官学校を目指すことになる。将来は僧侶として安定した人生を歩むはずだった三郎だが、何が三郎の心を軍人志望に変化させていったのだろうか。幼児期に住んでいた美しい長崎を思ってのことだろうか。

丁度その頃、三郎は福岡材木町に津田信秀《つだのぶひで》が経営する私立養鋭《ようえい》学校が設立されたことを聞く。そこで、日龍には「普通学を学ぶ」と偽って入学を懇願したのである。明治十七年（一八八四）の春、三郎は養鋭学校への入学を許され、通学することになった。材木町とは、現在では天神三丁目あたりをいい、渡辺北通りから親不孝通りで、今は材木町通りと呼ばれている。勝立寺から近いこともあり、三郎は歩いて通ったのだろう。

甲申政変の一年後、明治十八年（一八八五）四月には日本と清国との間に天津条約《てんしんじょうやく》が締結された。だからこそ翌年の清国水兵による長崎事件は、日清両国間において緊張感が一層高まったといわれている。

十八、朋友、郡嶋忠次郎と石橋禹三郎との出会い

養鋭学校とは幼年《ようねん》学校（陸軍士官予備学校）の準備学校である。そこで知り合ったのが、篠栗村の郡嶋忠次郎と平戸出身の石橋禹三郎《うさぶろう》だった。

郡嶋忠次郎が、三郎との養鋭学校時代の想い出を『現代』（「殉国三烈士を憶ふ」大日本雄辯會講談社、昭和九年）に、次のように寄稿している。

「二人、日向ぼっこをしながら、襖《ふすま》に和歌や発句《ほっく》の張り混ぜが書かれてあるのを見て、私が『俺は、ああいう崩し字は読めんが、貴様読んでみろ』というと、鐘崎はすらすらと読んで、これは好《い》いとか悪いとか縦横に批評する。こいつは、成程ちがった男じゃと私は思って居った。その内、私が敬意を表するようになったのは先生に対する質問やら何やらが、兎に角、恐ろしく意表に出る。顔は猿の様だが頭は鋭く、胆も座っていた」

これを母に読んで聞かせると、「顔は猿のようだが」は余計なことだと、少しばかり不満をもらした。それでも三郎の天真爛漫さや利発な様子を思い浮かべて、嬉しさが込み上げたのだろうか、目に涙を浮かべて「うん、うん」と、何度も頷いては喜んだ。やはり三郎は寛吾から和歌を習っていたのだ。連歌の話も

聞いただろうか？　信全の話も聞いただろうか？　五卿の話も聞いただろうか？　母の頭には、困惑と疑問が次々に浮かんできたようだった。

郡嶋忠次郎は養鋭学校で一年学んだ後、藩校・修猷館の教官であった正木昌陽《まさきしょうよう》の塾に通った。金子堅太郎や明石元二郎、福本日南《にちなん》などを輩出した名門塾である。

一方の石橋禹三郎は、福岡の養鋭学校のあと、すぐに平戸藩儒・玉置譲斎《たまきじょうさい》の門人であった同郷の南部重遠《なんぶしげとお》の紹介で高場乱《たかばおさむ》の興志塾《こうしじゅく》（通称「人参畑塾」）で学んだ。高場乱の弟子には玄洋社を代表する人物が多く、主要な人物に頭山満、平岡浩太郎、進藤喜平太、箱田六輔などがいる。また平戸の玉置譲斎の門人には、このほか稲垣満次郎、菅沼貞風《すがぬまただかぜ》もいた。この二人と石橋の三人は、のちに「平戸派南進論者」の三傑といわれるようになる。

興志塾で学んだ石橋禹三郎は、英語専修修猷館（現修猷館）に進んだ。一時断絶していた藩校・修猷館が丁度明治十八年（一八八五）に再興した年でもあった。再興したばかりの修猷館の初代館長には金子堅太郎が隈本有尚《くまもとありたか》（久留米出身）を推挙している。石橋禹三郎は、この館長・隈本有尚が東京で勤めていた成立学舎で英語を学ぶことになる。また、この隈本有尚は西郷隆盛にかなり心酔していたことで有名だった。禹三郎は卒業後、成立学舎の米教師の紹介で渡米している。アメリカ留学が幼い時からの夢だったという。それからは様々な事業を興したが失敗し、郡嶋忠次郎から資金を得て助けられたこともあったという。

十九、勝立寺のこと

「勝立寺は、私たちは『カッタツジ』と呼んでいました。今は『ショウリュウジ』が正しいそうですね。

西郷隆盛が率いる西南戦争（明治十年・一八七七）の時に、仮本営が置かれた寺として知られています。表に『征討総督有栖川宮熾仁《ありすがわのみやたるひと》仮本営阯』の石碑が現在立っていますよ。最後（明治二年まで）の大宰帥《だざいのそち》だった有栖川宮熾仁親王は明治四年（一八七二）の廃藩置県で初代福岡県知事に就かれることになってね、西南戦争の功により陸軍大将に任命、大勲位菊花大綬章を受章された偉い宮さまですよ」

母から説明を受けて勝立寺を訪問すると、確かに有栖川宮熾仁親王の書が数枚、残っていた。前住職より、その貴重な書を見せて戴いた。熾仁親王は、いつか寺を去る時のために、お礼と記念にと書き留めて置かれたそうだ。その書は大事に寺宝として保管されている。その字を眺めながら、私は時代は過ぎていても熾仁親王の精神の崇高さを感じ、暫し感慨に浸ってしまった。

ちはやふる　香椎の宮の　綾杉は　神の禊《みそぎ》に　たてる也けり

書かれていたのは『新古今和歌集』（巻第十九）の神祇歌だった。

しかし、残念ながら、勝立寺での三郎と日龍の史料は得ることはできなかった。

「西南戦争は、そりゃあ、かわいそうだったたって祖母からも聞きましたよ。佐賀の佐野常民《さのつねたみ》さんは、大給恒《おぎゅうゆずる》子爵と一緒に国内で戦った人たちは、勝った人も負けた人も自国のことを思ってやったことだから両方とも手当てをしてあげなくてはと、『博愛社』（日本赤十字社の前身）設立をこの熾仁親王に申し出たんですよ。熾仁親王はこれを認めてくださった。戊辰《ぼしん》戦争では明治天皇から錦の御旗と標《しるし》の太刀《たち》を授けられて東征大総督となって、西郷隆盛と一緒に戦ったのですからね。ほんとに皮肉なもんですよ」

さらに熾仁親王は日清戦争時には参謀総長となり、三郎も拝謁をしている。三郎の葬式の時には下賜を賜わっているが、残念にも日清戦争の終戦を待たずに腸チフスで崩御されている。国葬だった。
また、明治六年（一八七三）に起こった筑前竹槍一揆の鎮撫《ちんぶ》本部も、この勝立寺だった。その鎮撫側で奔走した人物の中に小野隆助（天保十年〜大正十二年。伯父に真木和泉がいる）と香月恕経《かつきゆきつね》もいた。

二十、養鋭学校のこと

「三郎は僧侶には、なりたくなかったんですよ。寛吾じいちゃまのことは尊敬していたでしょうけど、廃仏毀釈やらなんやらで鐘崎家は没落したのだからね。かわいそうですよ、三郎は。日本は開国して近代化を目指していたものの、まだ西洋諸国には経済的にも軍備にも劣っていました。だから、貿易にしても対等の扱いを受けていなかったですよ。日本とアメリカの間で結ばれた『不平等条約』（日米修好通商条約《にちべいしゅうこうつうしょうじょうやく》、安政五年）が、その最たるものですよ」

養鋭学校の津田信秀に三郎は東京幼年学校への入学を相談していた。また、三郎には、薫陶《くんとう》を受けた師がもう一人いる。前述の香月恕経（天保十三年〜明治二十七年）である。元は医師の出だが、のちには自由民権運動に加わり、玄洋社で教鞭を執った。明治二十三年（一八九〇）の第一回衆議院議員総選挙に福岡県第二区から出馬して当選している。その年、息子の香月梅外《ばいがい》は荒尾精が設立した日清貿易研究所に十六歳の最年少で入所したという。恕経は衆議院議員を二期務めた。

現在、朝倉市にある香月病院の香月玄洋《げんよう》医師は、恕経の弟である玄淋《げんりん》氏の末裔である。過日、電話で挨拶を交わすと、香月恕経の資料は全て直系の方と朝倉市の歴史資料館に渡され手元には残っていないとのことで、残念なご様子だった。年々、恕経を偲ぶ人も少なくなっていると悲しむ地元の住民が、病院の施設内に石碑を建立した。隣接する「恕経庵《じょけいあん》」という高齢者施設の名の由来は、やはりこの香月恕経からとったという。

さて、三郎は養鋭学校に通学して十八歳になると、幼年学校の入学試験を受け、無事合格となる。しかし、このことは日龍には無断だった。

二十一、木屋瀬《こやのせ》・妙運寺《みょううんじ》のこと

三郎は日龍に幼年学校に入学させてくれるように懇願するのだが、日龍は一向に許してくれない。ついに三郎は意を決して、日龍から六十余円を黙借し、幼年学校のある東京を目指すのだった。持参したものは、江戸時代後期に頼山陽《らいさんよう》が著した『日本外史』二冊と木刀であった。この書物も津田信秀や香月恕経から受けた薫陶の一つに違いない。

東京へと急ぐ三郎だが、途中に色んな場所に立寄っている。その一つが鞍手郡木屋瀬町の妙運寺である。ここは宿場町、木屋瀬宿《こやのせじゅく》にある。その寺は日蓮宗勝立寺の末寺だった。近くに遠賀川が流れ、水運で栄えたという。自然の豊かさに触れながら、三郎はしばし自由の身をさぞかし楽しんだに違いない。

一カ月にも及ぶ滞在を快く引き受けた住職・石田春暹師《しゅんせんし》に、三郎はお礼に八枚の唐紙に揮毫《きごう》して渡した。その後、その唐紙は襖《ふすま》に仕立てられたとのことだが、なにせ明治の話だ。先日、私は妙運寺のご住職に、その襖について尋ねてみた。やはり明治時代の妙運寺は老朽化して再建されていた。残念ながら揮毫された唐紙の襖は、その時に紛失してしまったらしい。三郎の「『墨痕淋漓《ぼっこんりんり》』たる筆跡」を見ることが叶わないのを知ると無性に悔やまれる。

ところで、妙運寺に一カ月も滞在した理由は何だったのだろう。

「実は、日龍さんは、三郎が自分に内緒で、津田信秀さんへ相談して東京幼年学校への進学準備を進めていたことに相当腹を立てていて、三郎を福岡からずっと遠いお寺に移そうと計画していたそうです。もしかしたら、この妙運寺がその寺だったのかもしれませんね」

どうしても日龍には三郎に軍人になって欲しくない理由があったのだろうと、母は付け加えた。

二十二、上京

その後、三郎は東京へ渡ったが、幼年学校の入学式に間に合わなかった。というのも福岡裁判所で告訴されているのを知らされたからだった。福岡を出る時に、三郎は日龍から上京の費用として六十余円を黙借していた。いずれは自分の後継者となって、立派な僧侶に成長してもらいたいと願っていた日龍は、腹立たしさのあまり三郎を告訴したのだった。

ところが三郎は、自分が告訴されているのを知ると即座に、当時、内務大臣で監軍部長だった山縣有朋《やまがたありとも》へ自分の状況を話しに、自宅まで上がり込んだという。無罪を直談判したのだ。この時の様子を、郡嶋忠次郎が先の『現代』にこう書いている。

「驚くべき事には、この一寸の上京の間に、白面の一書生の分際で、どういう手段を講じたものか、山縣有朋将軍や奥保鞏《おくやすかた》将軍あたりに面会して支那問題の重大さを説かれ、帰来大いに発奮して支那語の研究に、長崎に行って御幡先生に書生として入門を乞うた」

三郎は、東京で山縣有朋と面会した時、既に日本の行方や清との問題を指摘していたのだった。

二十三、河村隆実

「勝立寺の檀家に河村隆実《かわむらたかざね》といふ者あり」と第一部「II　鐘崎三郎伝」にある。今回の日龍が起こした三郎への告訴を取り下げるために、三郎の身元保証人として名乗りを上げた人物である。この人物は成城《せいじょう》学校の創立者の一人でもあり、山縣有朋と同じ元長州藩士だった。河村は、ともかく三郎を福岡裁判所のある地元へ連れて戻った。勝立寺に戻った三郎は日龍に何度も許しを請うた。河村は、利発で将来性のある青年に罪を負わせ一生を誤らせてはいけないと、日龍を説得したという。日龍も、一度の腹いせでやったことであるし、檀家の中でも評判のいい三郎を、ここで咎めたりしたら他の檀家も大勢押し寄せて三郎の味方に付くだろうと考え、三郎の罪を許すことにした。実はこの話は福岡の地元では評判になっていて、周囲の人々は孤児で優秀な三郎の罪を許せとうるさかったらしい。晴れて無罪となった三郎は、成城学校へ戻るための旅費までも河村に頼むのだが、河村は喜んで三郎の面倒を見たという。

また河村は明治二十一年に、成城学校幹事として『支那歴史綱要』七巻を発行している。著者は若松節、池田尚とあり、内容は太古から清朝に至るまでの詳細な歴史本であった。三条実美の署名付きである。きっと成城学校で読まれた教材の一つなのだろう。

二十四、成城学校

明治十八年（一八八五）に創立された「文武講習館」は、翌年の八月に皇室の恩恵を受けて「成城学校」と改称された。「学校法人成城学校」と改称し、現在でも中高一貫の男子校として新宿区に存在している。

創立当初は陸軍士官学校の全寮制予備校だった。また三郎が入学した明治十九年は文部大臣の森有礼《もりありのり》が学校令を出した年でもあった。

当時の三代目校長・原田一道《はらだいちどう》（敬策《けいさく》・吾一）という人物は鴨方藩《かもがた》（旧岡山藩）の藩医の息子で、緒方洪庵の弟子でもあった。江戸に出て洋学を学び、勝海舟の計らいで蕃書調所《ばんしょしらべしょ》教授手伝となっている。そこで大村益次郎と福沢諭吉に出会う。原田と大村の二人は文久二年（一八六二）、横浜に駐留していたアメリカ人宣教師で医師でもあるヘボンの妻クララに英語を習っている。ヘボン（ヘップバーン）は神奈川で診療所を設けて医療活動を行っていた。翌年には、クララが英語を教え、ヘボンが科学・医学を教える私塾を開設した。これが有名な「ヘボン塾」である。その年、適塾で蘭学を学び幕府蕃書調所の教授でもあった津山藩の箕作秋坪《みつくりしゅうへい》は、目の病気を抱えていた同郷の岸田吟香《きしだぎんこう》をヘボンに紹介する。ヘボンは眼科の専門医だった。ヘボンの治療で目の病気を快復した岸田は、ヘボンから英語や科学も習い、慶応二年（一八六六）から上海に同行して『和英語林集成』の校訂を手伝い、その印刷のために仮名活字の鋳造を行うなどした。

一方、後に三郎の上司となる根津一《ねづはじめ》も明治五年にヘボン塾に入学したという。

岸田は自らの眼病の治療薬であるヘボン直伝の目薬「精錡水《せいきすい》」を製造して、銀座に「楽善堂《らくぜんどう》」という薬屋に併設した本屋を明治十年（一八七七）に開店する。その後、上海に再訪した岸田は楽善堂上海支店を続けて開店させる。上海滞在中の岸田を訪ねて日清関係を論じたのが、陸軍を退役したばかりの荒尾精《あらおせい》だった。岸田は楽善堂を上海支店から漢口《かんこう》支店へと事業を拡げた。この漢口楽善堂店の売上が後に荒尾精の「日清貿易研究所」運営資金の一部になったといわれている。

さて成城学校の話に戻るが、原田一道は、幕末、文久三年（一八六四）の二月から半年余り、幕府がフランスに派遣した横浜鎖港談判《さこうだんぱん》使節団に随《したが》って渡欧した兵学者でもあった。その後、原田はオランダ陸軍士官学校に留学している。明治六年（一八七三）になると岩倉使節団に陸軍少将・山田顕義《あきよし》理事官の随行員として参加。その山田顕義も山縣有朋と同じ元長州藩士で、松下村塾に入門した人物である。「八月十八日の政変」では、三条実美ら尊王攘夷派公卿の、いわゆる「七卿落ち」に、長州まで同行していた。また元治元年（一八六四）の「禁門の変」では真木和泉らの陣に加わった人物でもあった。山田は岩倉使節団での視察で『フランス民法典（ナポレオン法典）』を知り、西南戦争以後は法典整備に尽力した。明治二十二年（一八八九）、金子堅太郎と「大日本帝国憲法」の起草に参画したことでも知られている。

そしてこの山田顕義こそが、長崎事件の詳細な報告書を最初に長崎始審裁判所検事・羽野顕より受け取った人物だった。その当時、山田は司法大臣だった。

成城学校では、原田一道のあと川上操六《そうろく》が校長を務めている。その時、三条実美や山縣有朋も、名誉顧問として選出されている。このように三郎と縁のある人物のいる学校に入学できたことは、三郎にとっては夢のような出来事だったに違いない。そして、ここでの出会いこそが三郎の人生に多大な影響を及ぼしたといえよう。

「上京後の成城学校、幼年学校での経験は三郎を大きく変えたと思いますね。告訴取り下げの計らいや成城学校の入学許可や幼年学校まで、三郎は本当に色んな方々にお世話になっています。いくら三郎が雄弁で愛嬌が良かったとしても、本当に信じられません。山縣有朋さんは三郎の下宿先を一時、ご自身の自宅、または川上操六さんの自宅で面倒をみるように相談したと聞きましたが、史料はないので真偽の程は分かりません。孤児でまだ若かった三郎は、随分と恩義を感じたと思いますよ」

とにかく山縣有朋と河村隆実が動いてくれたので、日龍の三郎に対する告訴は取り下げられた。それにしても一体、三郎は山縣有朋にどんな直談判を繰り広げたのだろうか。一方、山縣有朋にとっては小僧のような三郎とどのような思いで対面したのだろうか。

二十五、御幡雅文《おばたまさふみ》との出会い

明治二十年（一八八七）九月、喜びも束の間、三郎は兄・熙《ひろし》の危篤《きとく》の報せで帰郷を強いられた。しかし、既に兄は亡くなっていて、兄の息子である繁太郎《しげたろう》は三郎と同じ孤児となってしまった。三郎は上京を諦め、幼年学校を中退した。この時の三郎は、きっと言いようのない虚しさと悔しさでいっぱいだったに違いない。

その後、兄・熙《ひろし》が生前、勤務していた三潴郡役所で働くことになるが、やはり三郎に役所勤めは飽き足らなかった。軍人への道が閉ざされてしまった三郎の次の夢は、長崎まで行って支那語（清語）を習得することだった。三郎は半年で三潴郡役所を後にするのだった。

「もともと青木天満宮あたりでは宋と私的貿易をやっていたのですから、三郎は貿易には関心はあったと思いますよ。三郎の父親も貿易都市だった平戸に住んでいたわけですし、三郎は長崎にも住んでいましたからね。大宰府も昔は古代国際都市だったわけですから。国際問題には大いに関心があったと思いますよ。東京で知った清との問題を研究しようとしたのでしょう。支那語の大家である長崎の御幡雅文《おばたまさふみ》先生の評判は成城学校で既に聞いていたでしょうからね」

驚くことに、地元の人々はこの時も三郎を応援して長崎遊学を援助したという。

「これは、やはり三郎の父親（寛吾）の力だと思いますね。鐘崎家は没落したものの、三郎の父親は天台宗の阿闍梨《あじゃり》として村の人々から慕われ尊敬されていたと祖母から聞きました。平戸のお殿様に仕えた高僧でもあるわけだから、当時はお殿様と話ができただけでも大変なことらしいです。それにしても寛吾じいちゃまの詠んだ和歌が一つとして残らなかったのが残念で心残りです」

孤児となった兄の一人息子・繁太郎は友人の中村綱次《なかむらつなじ》の家で預かってもらうことになり、ハツセも仕方なくこれを承知した。

そして三郎は明治二十一年（一八八八）に待望の長崎へ渡ることになり、御幡雅文の門を叩くのだった。御幡を紹介したのは、長崎を遊学していた中村綱次だった。一方、郡嶋忠次郎も同年の十一月に長崎に入ったという。三郎と連絡を取り合っていたという史料はない。

御幡雅文は安政六年（一八五九）生まれの長崎市出身で、東京外国語学校漢語学科に学び、参謀本部派遣北京官話留学生となった。帰国後、明治十五年（一八八二）に、佐々友房が創立した済々黌《せいせいこう》や熊本鎮台で支那語を教えた。そこで出会ったのが荒尾精《あらおせい》だった。その後、御幡は長崎に戻り長崎商業学校で支那語を教えることになり、実兄の盛家《もりけ》に仮住まいをしていた。

学資のない三郎は、書生にしてくれるまで十日間ほど毎朝、御幡の家の門前にニコニコと立っていたという。諦めない三郎は、ついに御幡に気に入られ書生として迎え入れられ、昼は子守をして、夜は勉学に励み、瞬く間に支那語（清語）は上達したという。そのような三郎の姿を見ていた大村町（現大村市）で銃砲火薬商の店舗を構える盛愛次郎は、一人娘「かね」との養子縁組を懇願したという。盛愛次郎は、大村市でも大きな貿易商店を構える相当な資産家であったという。

「長崎や平戸には昔から支那人が貿易などをやっていて、そのまま住み着いて唐通事となった人も多かったそうですよ。『日清修好通商条規』（明治四年・一八七一）を締結する時も、相手の国を調査して言葉の弊害を少なくするために、このような唐通事の方たちが活躍したのでしょう。確か平戸生まれの鄭成功《ていせいこう》の後裔の方もそうだったでしょう」

しかし、この条約は欧米から押し付けられた不平等条約として日本では不平不満が出ていたという。

そんな中、三郎とかねの結婚式は明治二十二年（一八八九）に現長崎市下西山町の邸宅で執り行われた。この家は盛愛次郎の持ち家だった。三郎は盛家に入婿《いりむこ》し「盛三郎」と改姓した。二人とも二十一歳の同い年だった。やがて一年も経つと愛娘も生まれ、これを聞いた姉ハツセは、やっと三郎も落ち着くだろうと安心したという。しかし三郎は商売の傍ら、日本と支那に関する研究に没頭していた。志はまだ捨ててはいなかったのだ。

この頃、日本と清との情勢は悪化を辿る一方だった。しかも西洋が推し進めていた帝国主義は植民地政策をとり、次々とアジアとアフリカを侵略していった。この西洋列強に立ち向かうためには、アジアは団結して貿易と商業で経済力を付け、戦争を回避しようと荒尾精と根津一が、「日清貿易研究所」の設立を模索していた。荒尾精は根津一の陸軍士官学校の一級下で、二人は「靖献派《せいけんは》」と呼ばれて有名だった。

まず日清貿易研究所の生徒を募集するため、上海より帰国した荒尾精が東京で講演を開いた。三郎は中村綱次の援助を得て、盛家の家族に内緒で講演を聞きに上京した。そして荒尾に入所を懇願した。

「荒尾精さんは福岡の勝立寺でも講演をしたそうですが、三郎は遠い東京の方に行っているようです。勝立寺の日龍さんに逢いたくなかったのか。三郎は余程、日龍さんには頭が上がらなかったんでしょうね」

しかし荒尾は三郎の願いを「資産家の盛家の養子」という理由で断る。そこで三郎は、なんと妻・かねと離縁してまでも上海行きを決意してしまうのだった。

二十六、盛かねとの結婚

三郎は盛かねとの結婚について、「一朝有事の際は離婚差し支えなし」の条件を付けていた。初めから三郎は自分の生きる道はこの場所にはなく、別のもっと大きな場所にあることをかねに伝えていたのだろう。御幡雅文にも自分の意志を告げていたに違いない。欧米に奪われていた清との貿易を日本に取り戻し経済的に豊かにならなければ、列強諸国からの危機は免れない。幼い頃、長崎に住んだ三郎は、貿易で盛んだった美しい活気のある長崎の町が好きだった。そんな長崎が清国から冒されているのを聞くのは哀しかった。しかし幼くして両親を亡くした三郎に、果たしてどのような過程でそのような不屈の精神や社会性が生まれたのだろうか。

母はハツセから「鐘崎家の家名挽回のため」に三郎は必死だったと聞かされていた。家柄に誇りを持つハツセにとって、「鐘崎家」は自身にとって高い精神性の源だったのだろう。三郎にも確かにその思いはあったとしても、彼の場合はそれだけではなかったように思う。三郎には「国を守りたい」という強固な意志があった。

父・寛吾は、自身の限られた短い時間で、まるで命を吹き込むかのように三郎に、ありったけの知恵と知識を注いだ。寛吾の気高い生き方は三郎の強さそのものかもしれない。三郎は僧侶にはならなかったものの、寛吾の教えは一生心に刻み込まれ、自尊心や尊厳は失われることがなかった。

そして、その熱い思いは荒尾精の出現によって自己実現する。三郎は、かねと離別したあと鎮西日報で一年ほど勤務している。時々、痛々しいかねと愛娘の姿を陰から眺めて心を痛めていたという。おそらく三郎の鎮西日報滞在の一年は、この生まれてきた娘を案じての滞在だったのだろう。

「盛家の人たちには本当に申し訳ないと思いますね。三郎が離縁の話をした際に、最初、盛家は反対して大変だったらしいですけど、その内、三郎の心意気に感心して資産を分け与えようと申し出たらしいです。ですが三郎はきっぱりとこれを断り、鎮西日報で働いてお金を作ったそうです。三郎は、律儀というか、頑固というか、何というか」

二十七、鎮西日報と平戸の志士たち

三郎が勤務した鎮西日報には、平戸出身の浦敬一《けいいち》（万延元年・一八六〇～明治二十二年・一八八九失踪）も記者として勤めていたことがあった。浦敬一は維新館に学んだあと楠本端山《たんざん》・碩水《せきすい》の門下生となった。明治十九年の長崎事件の折には長崎で取材に奔走している。明治二十年（一八八七）十月、長崎から渡清して漢口で荒尾精と会い、楽善堂の仲間と合流している。商売の一方で支那語（清語）を学びながら辮髪《べんぱつ》を蓄えたそうである。以前からロシアのシベリア鉄道計画に対し危機感を抱いていた楽善堂では、軍事知識のある敬一を新疆《しんきょう》（現新疆ウイグル自治区）に派遣した。しかし明治二十二年（一八八九）、浦敬一は、そのまま ついに帰らぬ人となった。

この事件は、鎮西日報に勤務中の三郎にも届いていたに違いない。父・寛吾と縁のある平戸出身の若者に起こった事件は、三郎にも衝撃的だったであろう。養鋭学校で仲の良かった石橋禹三郎も平戸出身だった。稲垣満次郎（文久元年・一八六一～明治四十一年・一九〇八）の父親も平戸藩士だった。彼らが学んだ玉置譲斎は朝川善庵《あさがわぜんあん》と小山田与清《おやまだともきよ》に師事した。朝川善庵は、折衷派として知られる山本北山に十二歳で入門している。また小山田与清は、平田篤胤《ひらたあつたね》と伴信友《ばんのぶとも》と共に国学三大家といわれたこともあった。

『平戸郷土誌』によると、稲垣満次郎は三歳で父を亡くし、叔父の本澤五郎に育てられたとある。明治六年『征韓論』が起こり、西郷隆盛が下野して鹿児島で私学校を開設すると聞いた叔父の親友・牧山慎蔵《まきやましんぞう》は、稲垣満次郎を遊学させるには、その私学校が青年の気風に一番合うと本澤に勧めた。稲垣はその鹿児島私学校で学ぶが、明治十年、西南戦争が起こると平戸に戻り、その後上京し開成学校（東京大学）に入った。そして平戸の最後の藩主・松浦詮《あきら》（松浦熙の三男）の長男である厚《あつし》に学友として英国に随行してケンブリッジ大学に留学する。明治二十二年七月に『Japan and the Pacific and the Japanese View of the Eastern Question』をロンドンで英文にて執筆して刊行し、欧州で注目を浴びる。明治二十四年に帰国して再構成を続け『東方策』を刊行した。

一方、菅沼貞風（慶応元年・一八六五～明治二十二年・一八八九）の父も平戸藩士で、母は佐々氏の出だという。鎮西日報の社長である佐々澄治と熊本済々黌の佐々友房と縁戚かどうかは不明である。菅沼貞風の家は代々松浦家に仕えた名家で、松浦静山の子が養子として入っていた。猶興館《ゆうこうかん》（維新館の改称）に入学したあと郡役所に勤めながら『平戸貿易志』を著した。上京して東京大学の傍ら、専修学校に入り、東大の卒論として著したのが有名な『大日本商業史』であった。ジャーナリストであり「南進論」者でもある福本日南と知り合い、フィリピン・マニラに渡ったが、コレラに罹患して明治二十二年（一八八九）、死亡した。享年わずか二十五歳だった。

　これらの平戸の志士たちは、楠本端山の教えを維新館で学び薫陶を受けているのは勿論である。弟の楠本碩水《せきすい》も崎門学《きもんがく》の浅見《あさみ》絅斎《けいさい》の影響を受け、尊王思想を平戸藩主・松浦《まつら》詮《あきら》（松浦熙の三男）に説いている。松浦詮は文久三年（一八六三）に上洛して孝明天皇に謁し、姻戚の姉小路公知を通じて尊攘の意を表している。また『平戸郷土誌』によると、明治元年（一八六七）、松浦詮は明治天皇に儒教の四書のひとつ『大学』の三綱領を大阪城にてご進講したとある。詮の祖父・熙は明治天皇の母方の大叔父であった。詮の長男である厚の弟の松浦常《まもる》は明治三十二年に三井物産に入り、のちに大隈重信の婿養子となり大隈信常《のぶつね》と名乗るようになる。御幡雅文も日清貿易研究所で支那語を教え、明治三十一年には三井物産の上海支店に勤めながら東亜同文書院で支那語（清語）を教えた。

『平戸郷土誌』にあるように、平戸島はそもそも遣新羅使・遣隋使・遣唐使と、推古《すいこ》天皇から仁明《にんみょう》天皇に至るまで凡そ二百余年間に大宰府より寄港地として利用されていた。蒙古襲来関係の遺跡や遺物が見つかっており、松浦党も莫大な痛手を負っている。しかしその後は南蛮貿易で知られるように、日本では他の藩よりも先に西洋とは昔から繋がっており、国際感覚も身についていたとある。

二十八、かねと貞の写真

　母は大事そうに一枚の写真を出した。

「上野《うえの》彦馬《ひこま》さんが撮影した写真です。この女性が三郎の妻『盛かね』で、隣の幼い娘が三郎の娘『貞《てい》』です」

鐘崎三郎の妻・盛かねと娘・貞
（上野彦馬撮影）

娘に母と同じ「貞《てい》」という名前が付けられたのは、三郎の希望だったのだろう。かねは髪を小さく結って着物を着ている。貞は、おかっぱ頭だ。椅子に座ったかねは、小柄で端正な顔をした美人である。裏面には「明治二十六年六月、上野彦馬撮影、かね二十四歳、貞四歳」とある。上野彦馬とは、右腕を懐に入れた坂本龍馬の、あの肖像を撮ったといわれる人物だ。

この写真は長崎の知人よりハツセに渡されたものだった。ハツセにとって大切な写真だったのだろう。ハツセの思いを継いで母もずっと、この一枚に想い出を偲びアルバムに秘蔵していた。その後、三郎の娘・貞は、長崎の楠本周利氏と結婚をした。

二十九、日清戦争前の活動

明治二十三年九月には、御幡雅文は渡清して日清貿易研究所で教鞭をとっている。郡嶋忠次郎も同じ年月に長崎から渡清して、日清貿易研究所に入所していた。

一年後の明治二十四年、荒尾精は上海に戻る途中、長崎に寄港する。その間、どうも三郎は荒尾と文通をしていたようだ。荒尾に面会を頼んだ三郎は盛家と離縁した旨を伝えると、やっと入所を許可される。

三月、上海に渡航し日清貿易研究所に入所した三郎は、六カ月も経つと上海の日本青年会に入会した。荒尾から安徽《あんき》省蕪湖《ぶこ》の日本雑貨商店「順安号《じゅんあんごう》」に勤務を依頼されたのは、その三カ月後だった。他の仲間

日清貿易研究所の仲間たち。前列左より，藤崎秀，群嶋忠次郎，成田練之助，後列左より，猪田正吉，元島正禮，鐘崎三郎の諸氏

たちはあまり気が進まない様子だったが、三郎は快く引き受けたという。当時の蕪湖は、一八七六年にイギリスと清の間で締結された芝罘《チーフー》条約によって、外国に開港が許された都市でもあったという。特に米や茶が多く産出され、さらに揚子江中流地域で産出される鉄鉱石や石炭など貴重な資源を、海を経由して輸出していた。

　しかも蕪湖は反日の盛んな都市でもあった。三郎は、そのような商業都市蕪湖で「李鐘三《りしょうざん》」と名乗り、支那（清国）人の服装を着て働くことになった。ところが、ある日、三郎はこの店で何度も乱暴を図る無頼漢《ぶらいかん》を懲らしめてしまう。また客との喧嘩の仲裁を買って出るようになった。そんな勇敢な三郎の姿は周囲に評判になり人気を呼んだ。

「この蕪湖での活躍は、祖母がよく自慢げに話していたので、よく覚えていますよ。祖母は日本に伝わった三郎の武勇伝を楽しそうに読んでいましたから。三郎の強い正義感や気性の荒いところが、この地方の気風の人々に好まれたのでしょう。三郎はすっかり人気者になり、とても店は繁盛したそうですよ。話し上手で愛想も良いから、周囲を明るく楽しくしたのですかね」

　蕪湖の店で住民たちと交わす日常会話は、三郎にとって、あとの活動にかなり役立っただろう。一年程滞在して、さらに周囲を旅行している。それは荒尾精から依頼され、清国の伝統文化や信仰、風俗や慣習、思考などを調査するためだった。

ところが日清貿易研究所の運営は当初より経済的に困難に陥っていたようだ。というのも日本の政策が変わり、予算が減ってしまったためだった。一方、荒尾精と朋友だった参謀本部に籍を置いている根津一は、大陸に行く夢を捨てきれず上海に渡ってきていた。日清貿易研究所の予備役としての参加を許可された根津は、荒尾が資金調達のために奔走していた間、代理で実質的な所長として行動していた。この期間に荒尾精と根津一は『清国通商綜覧』という清に関する百科事典を編纂刊行している。これは荒尾や漢口楽善堂の仲間たちが実地調査をして廻った貴重な資料として有名になった。漢口楽善堂には石川伍一もいて、このような優秀な生徒たちが以前から清国で活動していたようである。

明治二十六年（一八九三）六月、三郎も資金調達のため帰朝する。三潴郡鐘ヶ江（現大川市）の中村綱次の家にまず寄留して、そこを起点として大阪、堺、東京、横浜と廻ることにした。勿論、故郷青木村の姉・ハツセにも会いに行った。

さらに三郎は長崎まで足を延ばし、妻・かねを訪ねた。三郎が待ち合わせ場所に指定した現長崎県松浦市福島町の「旅館福島屋」で、かねは自分と貞が写った写真を渡す。三郎は長崎に立ち寄ることを、事前にかねに知らせていたのだ。三郎は一体どんな気持ちで、この写真を受け取ったのだろう。離縁という形をとった三郎だったが、愛娘の貞を自分と同じ孤児にさせてなるものかと内心では思ったはずである。かねの気持ちはどうだっただろうか。説得しても、このまま引き返すような三郎ではないことくらい、かねは重々知っていた。

この写真は二人の絆の証ではなかっただろうか。家族三人は、僅か二時間で別れを惜しんだ。三郎は目の前の幸せを捨ててまで、遙か遠くに理想を追い求めようとしていた。

「この写真を三郎は、清にいる時は肌身離さず大切に持ち歩いていたそうですよ。もしも無事に日本に戻れたら、もう一度かねさんと一緒になるつもりだったんですね。二人はきっと固い約束をしていたんでしょう」

母は、涙をためながら話を続けた。

三十、中村綱次の偉業

「そのとき三郎が寄留した中村綱次さんという方は、本当に立派なお方でしたよ。三郎の葬式の時に弔辞を読まれた三谷有信さんの長女・タケヨさんと結婚されました。三谷有信さんは有馬藩の最後のお抱え絵師でした。狩野派だと聞いています。それに三谷さんは、第六十一国立銀行（有馬監物の長男・有馬元長が明治六年、旧藩士族八名の共同出資で作った融通会所（のち融通銀行）の後身）や、三潴銀行の重役にも就任されています。久留米市会議長にもなられました。ああそう言えば、この方は洋画家の坂本繁二郎さんのお兄さんである坂本麟《りん》太郎《たろう》さんに絵を教えたことがあると聞きましたよ。

三郎は言葉に尽くせないほど、中村綱次さんにはお世話になりました。中村多平さんの養子となられたあと、『清力《せいりき》酒造』の初代社長を務められ、三潴銀行を創建され頭取になられました。なかなかの実業家でした。青木《あおき》繁《しげる》画伯も清力事務所に逗留《とうりゅう》していたことがありましたよ。絵画収集家でも有名でしたからね」

中村綱次は清力酒造の工場前に清力事務所を建てた。これは三潴銀行と同じく洋風建築で、明治末期、中村綱次が大川中古賀の棟梁である筏島伝《おさしまでん》太郎《たろう》を長崎に視察させて、また石工は上方から呼んで造らせた

左から，鐘崎三郎，稲益謙吾氏，酒見傳一氏，中村綱次氏。「明治23年11月24日長崎にて」と裏に鉛筆で記述あり

ものだった。三潴銀行は、鐘ヶ江銀行を前身として、大正十四年に第十七国立銀行が営業継続したあとに福岡銀行に合併された。その後、旧三潴銀行の建物は、一時は「三潴銀行記念館」として残ったが、現在は人手に渡っている。旧清力事務所は「清力美術館」として現在大川市が管理している。この清力美術館では、久留米藩お抱え絵師としての三谷有信の絵画展が現在でも度々展示されることがある。二つの建物は、平成十五年（二〇一三）二月に福岡県指定文化財に指定された。

なお、昭和四十五年、大川公園で行われた「鐘崎三郎復元銅像」の碑面題字の揮毫は、当時大川市長であった中村太次郎のもので、中村綱次の孫であった。

三十一、三郎の潜行

さて、長崎の旅館でかねと別れたあと、三郎は大阪や堺の商工会議所、東京、横浜に行き、対支貿易について講演して結構な金額の資金を用意することができたそうである。その資金を上海に持ち帰ると、荒尾や根津は大層喜んでくれたという。三郎はその後、日華洋行《にっかようこう》に入ることになる。

明治二十七年（一八九四）三月四日、再度上海へ渡り、三郎は帝国軍艦「赤城」で長江を遡り、漢口の所々を巡視した。その帰り、鎮江から陸路旅行として、今度は薬売りの「鐘左武《しょうさぶ》」と名乗り中国大陸を周遊している。これらの様子は、中村綱次へ宛てた手紙で推察できる。三郎は、日清関係が悪化しつつあるこの時期に、旅行を続けるのは危険を伴うことだと認めており、このことは姉ハツセには内緒にしてくれと中村綱次に口止めをしている。しかし、この旅行はただの旅行ではなく偵察も含まれると思われる。これが誰の指示なのかは史料がないので不明確だが、おそらく根津一によるものだと思われる。

ところで中村綱次に送った手紙の中に「下木屋《しものこや》の皆々様にも幾重にも宜敷《よろしく》」という一文がある。この「皆々様」とは、中村多平（綱次の養父）、中村和三郎などの中村家のことだろう。『三潴郡誌』（大正十四年）によると、多平は、酒造業を始める前に、長崎で米穀肥料の外国貿易を行い、久留米藩命によって、豆粕唐米などを筑後川方面に輸入していたとある。そして明治九年（一八七六）に酒造業も始めたのである。一方、和三郎は、日清戦争後に材木商から醸造界に身を転じた人物であった。三郎は明治二十七年（一八九四）の中国旅行で、豆粕の調査もやっている。このことから、中村家より三郎に資金援助があったことが想像できる。なお、『久留米人物誌』によると、当時久留米市長だった田中順信は、明治二十二年（一八八九）、助役だった時から年々金五十円を、久留米市出身の日清貿易研究所生に学費として寄付していたとある。三郎が、これには当たらないとしても、当時、資産家を説いて援助させたのは紛れもなく、この人物だったという。

丁度その頃、朝鮮独立派の政治家である金玉均《きんぎょくきん》が、上海の東和洋行という日本人経営の旅館で、洪鐘宇《こうしょうう》に撃たれるという事件が起きた。

当時の生々しい状況について、郡嶋忠次郎は先の書にこのように寄稿している。

「鐘崎は、その時どうしておったかといふに、山東直隷《さんとうちょくれい》の付近に行って、敵状を偵察し、旅順に渡って、海軍の滝川具和《たきがわともかず》大尉を助けて、渤海湾《ぼっかいわん》の測量をやり、熱河《ねっか》を経て天津《てんしん》にでた。すると丁度そこへ海洋島沖の戦報がくる。小村寿太郎公使、荒川巳次《みのじ》領事は居留民を率いて引き揚げることになった」

三郎にも危険だから帰るように勧告があったが、その後の情報を失うのを危惧して、三郎は石川伍一と二人で残って偵察を続けることにしたそうである。伍一は三郎より三歳年上で、荒尾精の漢口楽善堂の立ち上げに一役買った人物である。石川達三の伯父としても知られている。しかし、伍一は捕縛され銃殺されてしまう。両替屋でそのことを聞いて、三郎は悔し涙を流しながら、天津付近を六〜七回廻って伍一を探したという。

「石川伍一さんの死を親しかった宗方《むなかた》小太郎さんが相当悔やんだそうですよ」

宗方小太郎とは三郎に弔辞を送った人物であるが、熊本出身で師は佐々友房だった。

伍一の死を知った三郎は山海関《さんかいかん》方面の情勢を詳しく調べに行き、芝罘《チーフー》で建設中と聞いた砲台の様子を偵察に行く。そこでの痛快な活躍も三郎の武勇伝には欠かせない。三郎は、砲台で働く人足と親しくなるために、下戸であるのを隠しながら毎晩、居酒屋に通ったという。砲台の中にパン屋があるのを知ると、既存のパン屋の店主から権利の株を買い取り、自ら店主となって毎日パンを売りに通うのだった。パンといっても饅頭のようなものらしいが、安く売るわ、お金も貸すわで、人足仲間にはなかなか評判が良かったようだ。信頼を得た三郎は、砲台を緻密に測って調べたという。しかし仕事中に描いた見取り図の帳面が役人に見つかり、ついに捕縛となってしまう。それでも三郎は首尾よく逃走に成功している。この逃走劇は、昭和十五年（一九四〇）頃、講談にもなって、かなり人気を集めたという。しかし、この講談も先の敗戦で「日本人の士気を高める」という理由でGHQからお咎めを受け、公開禁止となった。どうやらこの占領政策から日本人の精神性が歪められていったように思う。

三郎が逃走したあとの様子を、郡嶋忠次郎はこう続けている。

「当時、砲兵少佐だった根津一先生が非常に煩悶《はんもん》しておられた。何しろ、福原、楠内は死なせるし、浙江《せっこう》では藤島、高見が虐殺に会う、鐘崎は芝罘《チーフー》で捕縛されたと記事で読む、一向に纏《まと》まった報告が手に入らない。このままじゃ川上参謀次長にも相済まない。ところが、そこへ鐘崎が帰ってきたのである。全く死んだと思っていた鐘崎が、ひょっこり生きて帰ってきたのである。根津先生、始めは幽霊じゃないかと思ったそうだ。夢かとばかり喜び、一体どうしたのだと尋ねると、これこれの探査を遂げて来たという。『早速、帰って川上さんに報告してこい。お前は一人で五十人、百人分の仕事をしてくれた。もうお前は危地に入る必要はない。辮髪《べんぱつ》は切れ』と言われた。ところが鐘崎は、いや未だ働きたいからと言うて、どうしても辮髪だけは切らなかった。

日本に戻って、三郎は、北清の様子を川上次長に報告すると、川上次長の思い描いていた状況に、ぴたりと当たるので、三郎の情報に、殊の外、喜ばれた。『有難い、これで作戦の根本対策が定まった。早速、陛下に申し上げるが陛下も如何程お喜びになる事であろうか』と感謝された。余程嬉しかったのだろう。この時の言葉が実現されて鐘崎の拝謁《はいえつ》仰せ付けとなり、一世一代の大光に浴することになったのだ」

三十二、三郎の巻物

明治二十七年（一八九四）十月四日、三郎は宗方小太郎と共に、広島大本営で明治天皇の破格の拝謁を賜わることになる。

「明治天皇からは、金盃、お菓子、そして、お言葉を頂いたと聞いています」

母は、その時の三郎の姿は、辮髪、支那服の様相だったとハツセから聞いたと続けた。母が大事にしている「巻物」の中の三郎の姿だ。その巻物には三郎の遺文がそのまま写してある。三郎の死後、明治の末に久留米駐屯地で陸軍演習が行われた際、梨本宮様（守正王。久邇宮《くにのみや》朝彦親王の第四王子）が立寄られ、ハツセに二百円の下賜が賜わられた。これは多分、明治四十四年の特別大演習の時ではないかと思われる。

「そのお下賜金で、納戸鹿之助先生などと相談をして、巻物は作られたと聞いています。そして当時の福岡県の全小学校と久留米駐屯地へ配布されました」

ところが戦後、母が八女市立福島小学校に勤務した折、偶然その巻物が見つかり、当時の校長が母にそっと戻したという逸話を聞いた。先の敗戦以前までは講堂に掲げられていたものだった。現在その巻物の一つは、母より直方市にある「向野堅一記念館」に寄贈されている。

「三郎にとっても、金州城で遺骨を拾ってもらった向野堅一さんの傍にいるのが何よりの幸せだと思います」

と言うと母は、巻物を向野堅一氏の遺族である向野康江氏に渡したのだった。

三十三、宇品出帆

三郎は拝謁が終わると、広島大本営に駆け付けた親族の武内美代吉代議士（ハツセの娘婿）に、自身の形見（手紙や服など）を江口宇吉に渡すようにと預けた。そして、広島大本営に来ていた副島種臣伯と稲垣満

遼東半島に向かう船上にて，日清貿易研究所の所員たち。前列左端が鐘崎三郎，前列右端は宗方小太郎，前列後方で中腰なのは山崎羔三郎，山崎の後方に立っているのは向野堅一（写真提供＝向野康江氏）

次郎を訪ね、三郎は今後自身の報酬を奨学金として士官学校志望の学生二名に支給するよう頼んだのだった。その学生に、稲垣満次郎は私立中学猶興館《ゆうこうかん》卒業生を選んでいる。「猶興館」とは紛れもなく父・寛吾に縁ある平戸侯設立の藩校維新館の改称だった。

　別れの盃を交わした三郎は、いよいよ第二軍陸軍付き通訳官となり、大山巌大将に従い宇品の港を出帆したのだった。第二軍には、陸軍大尉の肩書を持つ根津一が参謀官として司令部についていた。その根津一から敵情偵察の指令を受けた日清貿易研究所の仲間たち、山崎羔三郎《こうさぶろう》、藤崎秀《ひいづ》、猪田《いのだ》正吉、大熊鵬《ほう》、向野堅一の五人も共に同船だったという。

三十四、金州城での最期

　十月二十三日、遼東半島の花園河口に上陸した。六人はそれぞれ別々に探索に走った。そしてとうとう明治二十七年（一八九四）十月三十日、金州半島上陸からわずか五日ばかりで山崎羔三郎、藤崎秀と共に、凄惨な最期を遂げることとなった。

三郎たちは清には既に疑われていて、指名手配により人相書が公表されていたという。三人は酷い拷問を受けたあと、惨殺され、その報せは当時の新聞に大きく報道され、日本中の人々の涙を誘ったそうだ。

ハツセは、覚悟はしていたものの狂ったように泣いたという。金州城で三郎が、なぜ日本の軍事探偵だと知れたか、色んな憶測が飛びかった。ハツセは二つの理由を聞いて納得して頷いたという。一つは、三郎の足の親指が人差し指と離れていること。昔の日本人は下駄をはくため二つの指は大体離れていた。もう一つの理由は、三郎が大便を拭いた時に、つい紙を使用したこと。実は、その頃の清国には紙で拭く習慣が無かったのだ。もしもこれが本当だとしたら、支那（清国）通の三郎にとっては一生の不覚だと相当悔しがったに違いない。しかし、この三人が支那（清国）の通行券を持参していなかったという致命的な理由を挙げる人も出てきた。母がこれを知ったのは、つい最近のことだった。

三十五、三崎山のこと

しかし死体はなかなか見つからなかった。あとで、三郎は碧流河の近くで、清兵に捕らわれたことがわかった。

明治二十八年（一八九五）二月七日、遺骨は向野堅一、郡嶋忠次郎らにより発見され郷里に帰った。根津一は金州城郊外の丘を「山崎、鐘崎、藤崎」の三人の「崎」を取って「三崎山《さんさきやま》」と名付け、明治二十九年（一八九五）四月、「捨生取義之碑《しゃせいしゅぎのひ》」を建てた。

ある日、母は、やおら一通の手紙を出して見せた。三崎の一人、藤崎秀の遺族である藤崎隆氏（弟・広

三崎山に立つ「尽忠三烈士碑」(左)と「殉節三烈士碑」
(写真提供＝向野康江氏。右文章は向野晋氏の筆)

助氏の娘の長男）からの手紙だった。驚くことに母は遺族である藤崎隆氏と親交を重ねていた。そして青木天満宮で営まれる三郎の墓前祭に、隆氏の長男である隆三氏も参列が叶っていた。さらに封筒には、親子で平成十九年に金州旅行に行き「三崎山」を背景にした写真も同封されていた。それを見た私たちは愕然とした。金州北山に大正二年（一九一三）に建立された「殉節三烈士の碑」は、なんと四分割にされ、痛々しい姿がそこには写っていた。文化大革命の時だと思われる。題字は福島安正陸軍大将のものだった。

　手紙によると藤崎秀の墓碑は、鹿児島県姶良《あいら》市加治《かじ》木《き》町日木山に鎮座する精矛《くわしほこ》神社に祀られていると分かった。なお、宮司である島津義秀氏は加治木島津家第十三代当主とのことだった。さらにその墓碑は、平成十六年（二〇〇四）十月に町の文化財に指定される栄誉に輝いたとあり、喜びの言葉も添えてあった。

　そのとき私は、心の中に何か爽やかな風が吹いてきたのを感じた。

「征清殉難九烈士の碑」
（熊野若王子神社）

三郎を封印して険しい顔をする母の姿しか私は今まで知らなかった。母が手紙を仕舞う後ろ姿を見ながら、母の変化に気付いた。遺族である藤崎隆氏との交流を始めた母は、既に三郎を受け入れていたのだと。

日清戦争直後、三国干渉で遼東半島は返還されることになり、三崎山の三烈士の碑は、根津一、向野堅一、郡嶋忠次郎たちの手で高輪泉岳寺に移されることになった。

京都の若王子で隠棲していた荒尾精は、自身の生徒たちの死を知ると非常に悔やみ、根津一と共に「征清殉難九烈士の碑」を若王子神社の境内に建立するのを思い立った。しかし、荒尾は、その碑が完成するのを待たずに、志半ばで台湾でペストに罹患し病死してしまった。明治二十九年（一八九六）十月三十日のことであり、享年三十八だったという。奇しくも三郎と同じ命日であった。

三十六、三郎の葬式

三郎の葬式は明治二十八年（一八九五）二月九日、青木村で県葬によって営まれた。

「そりゃあ盛大だったそうですよ。こんな田舎に花火が上がるんですから。花輪は青木天満宮の境内からずらっと、お堀の周りを飾り、道という道を覆い尽くしたそうですよ」

まるで見えているかのように母は話した。三万人ともいう会葬客の凄さを、ハツセは母に何度も話して聞かせたそうだ。ハツセの住む隠居部屋のことを「鐘崎御殿」と呼ぶようになったのは、それからのことだった。

「父上も母上も今は、ご安心なされていることだろうよ」

ハツセは、まだ幼かった母にそう言いながらも、「三郎が生きていてくれたら」と言って悔やし涙を浮かべることもあったという。

「祖母がまだ元気な頃は、三郎の話を聞きに納戸鹿之助先生や黒岩先生など色んな偉い方たちが、いつも逢いにみえていました。祖母は嬉しそうに相手していたのを覚えていますよ。母が牛肉の鋤焼をして御馳走を作っていました。私はまだ幼かったので、祖母が私を膝にのせて『ホラ、タァちゃんも食べて』と牛肉を私の口に入れてくれましたよ。納戸先生は白く長い髭が印象的な小学校の校長先生でした。村長にもなられました。そういえば、弟の納戸徳重さんは一九二四年に短距離走でパリ・オリンピックにも出場されました。お二人とも有名なご兄弟でしたよ。

三郎の葬式に参列できなかった荒尾先生もお見えになったと聞きました。祖母は昭和三年に亡くなりましたが、その後も三郎を慕う人で来客が絶えませんでした」

三十七、追悼法会（祥雲寺《しょううんじ》）

故郷青木村で三郎の葬儀が終わった翌日の二月十日には、東京でも葬儀が盛大に催行された。場所は旧有馬藩侯の菩提寺である麻布広尾の祥雲寺《しょううんじ》だった。発起者は、貴族院議員の鹿毛《かげ》信盛、代議士の中村彦次《ひこじ》、佐々木正蔵、旧藩士佐藤鴻などの面々で、その尽力により挙行された。参拝者は、旧久留米藩主・有馬伯爵、旧川越《かわごえ》藩主子爵《ししゃく》（七代藩主・松平直克は、久留米有馬藩九代藩主・有馬頼徳《よりのり》の十三男）、代議士、高等官、新聞記者、官吏、商人、在京久留米人学生及び同区の小学校生徒など千人程だったという。この法会を周旋したのは、同藩学生寄宿舎・済々舎《せいせいしゃ》の学生たちだった。

私は、この臨済宗祥雲寺を訪れてみた。寺の開基は黒田長政の子、黒田忠之と分かった。そして、そこは分家秋月藩主黒田家、久留米藩主有馬家、吹上《ふきあげ》藩主有馬家（久留米藩主・有馬頼咸《よりしげ》の七男頼之《よりゆき》が養子）など諸大名の墓地群だった。境内は六千坪もある広大な緑多い寺院で、有馬家の墓はその一番奥の広い敷地にあった。

何故、久留米有馬藩の菩提寺がここにあるのか、不思議に思いながら歩いていると、敷地内で大給恒《おぎゅうゆずる》伯爵の墓にぶつかった。大給恒伯爵は三郎の死後、繁太郎に金弐千四百円の弔慰金《ちょういきん》を下賜された人物であり、先に述べた有栖川宮熾仁親王に博愛社（赤十字社の前身）の設立を申し出た人物でもある。実は大給恒伯爵は奥殿藩《おくどのはん》松平（大給）家八代目で、幕府時代には松平乗謨《のりかた》と名乗っていた。明治になって大給恒と改名したのだった。大給松平家の菩提寺は祥雲寺のすぐ表にある香林院で、昔は繋がっていたのかもしれない。

「元々摂津から来た有馬氏は関ヶ原の戦いで西側に付いた外様大名だったんですけど、初代藩主・豊氏《とようじ》公は徳川家養女を正室に招き佐幕の形をとったのだと聞かされてきました。幕末になると最後の藩主・有馬頼咸《よりしげ》公は、徳川家慶の養女として有栖川宮韶仁親王《ありすがわのみやつなひと》の娘・精姫を正室に迎え入れました」

初代藩主・豊氏の正室は蓮姫《れんひめ》といい、長沢松平家第九代当主・松平康直《やすなお》（徳川家康の甥）の長女であり、徳川家康の養女として嫁いでいる。慶安《けいあん》五年（一六五二）に死去し、それ以来、祥雲寺に眠っているという。

それが縁で松平家の墓も眠っていると思われる。

三十八、明治天皇

「明治天皇は、戦争はやりたくなかったと思いますよ。初めての対外戦争ですからね。清は〝眠れる獅子〟とまでいわれて恐れられていました。負けたらどうしますか？　戦争はしたくない。でもロシアは南下してくる。ところが強いと思われていた清は、方々から持ち込まれたアヘンで疲弊《ひへい》していたそうですよ。一体、日本はどうなりますか？　当時の日本の軍事力では無理だったと思います。日本とアジアを守るために戦争を選ぶしかなかったら、先手必勝で敵を探るしかありません。もう切羽詰まっていたと思いますよ。そこへ三郎たちが材料を持ち帰ってきた。これは助かったと思いますね。勿論、三郎たちだけの力じゃありません。沢山の犠牲が払われました」

母は今までと違い、三郎のことを力強く話すようになっていた。

「実はね、明治天皇は、三郎にとっては全く知らないお方でもなかったのですよ。松浦煕公は明治天皇の母方の大叔父になられます。煕公の異母妹に愛子《あいこ》さまという方がおられてね」

母の話は、幕末維新の動乱期に移っていった。

「愛子さまは公家の中山忠能《なかやまただやす》に嫁がれて、二男一女（忠愛《ただよし》・忠光《ただみつ》・慶子《よしこ》）に恵まれます。その慶子さまが孝明天皇に仕え、やがて明治天皇がお産まれになるのです。慶子さまは明治天皇の生母なのですよ。三郎が拝謁を賜った時に明治天皇と、こんな話をなさったかどうかは分かりませんけどね。それとね、煕公の娘の富子さまは慶子さまの兄である中山忠光公に嫁がれています」

孝明天皇からの出産祝いだったのだろうか、平戸の松浦史料博物館には御下賜品の御所人形（十二支人形）が展示されている。

三十九、繁太郎のこと

日清戦争は日本の勝利となった。初めての対外戦争で勝ったということで、日本中が湧いた。

「大政奉還から僅か二十六年です。丁髷《ちょんまげ》の時代から、よくこんな小さな日本が世界に追いついたと思いませんか。日本中でこの勝利を祝ったと祖母から何度も聞きました。その頃アジアの諸国は西洋の植民地だらけでしたからね、本当に自分の国がどうなるのかという心配ばかりしていたのです。今の人たちには考えられないことでしょう。

鐘崎家を継いだ繁太郎は結婚をせず、私が生まれる二年前（大正十年）に病死しました。繁太郎は〝勉強きちがい〟とまでいわれる秀才だったそうです。士官学校に行きましたが、病弱でした。三郎の年金などがあったでしょうが、すべて親類や困っている人に渡したそうですよ。『あの時は繁太郎さんに工面してもらって助かった』と、私にお礼を言ってくる人もいましたよ」

実家の襖や便所には、繁太郎が書いた英語の紙が処狭しと貼り付けられていたという。

四十、軍都といわれた久留米市

久留米市は明治二十二年（一八八九）に市として誕生したが、当初は人口も少なく小さな町だった。幕末から久留米藩では争いも多く、疲弊していた。日清戦争が終わると国は軍拡政策に入っていった。田中順信久留米市長によって明治三十年（一八九七）、陸軍の兵営を誘致する政策へと動き出すと人口も増加していった。国分村《こくぶ》（現国分町）の現陸上自衛隊駐屯地に第四十八連隊（通称四八《よんぱち》）が移駐された。また歩兵第二十四旅団司令部、久留米衛戍《えいじゅ》病院等の軍施設もできた。田中順信は、大正四年（一九一五）に催行された三郎の銅像除幕式で賀辞を述べた人物でもあった。

「人口が増加すると久留米市の産業や交通も発展したそうですよ。その頃だと思います。『つちやたび（現ムーンスター）』や『志まや足袋（現アサヒシューズとブリヂストン）』などが、ものすごく売れ始めたそうですよ。久留米絣《がすり》も久留米の町を随分と潤した殖産産業でしたよ。久留米絣の創始者・井上伝さんが技術面で相談したのが、〝からくり儀右衛門〟と呼ばれた田中久重さんです。相談を受けた時の田中さんはまだ十五歳だったそうですよ」

そういえば昭和四十年頃、私が小学生の時だった。六ツ門に井筒屋デパートが開店し、とても活気があった。屋上に、十円入れると、人形の巫女さんがカラコロとお札を持ってくるという見事なおもちゃがあった。井筒屋に行けば、必ずそのからくり人形に十円を投資したものだ。あれを作ったのが、からくり儀右衛門こと田中久重だったのだ。彼は〝東洋のエジソン〟とも呼ばれた東芝の創業者でもあった。

日露戦争でも日本が勝利すると軍備拡張が進み、久留米市では明治四十年（一九〇七）、第十八師団司令部が新設された。当時の吉田惟清《これきよ》市長は経済効果が期待されるとして、これを歓迎した。明治四十三年（一九一〇）には第十八師団が設立され、陸軍省は三井郡上津荒木村《こうだらき》（現久留米市上津《かみつ》町）一帯、約百万坪を演習場とした。歩兵第五十六連隊や工兵第十八大隊などの部隊が続々と移駐してきた。まさに久留米市は軍都と化していった。

四十一、陸軍特別大演習

そしてこの久留米で明治四十四年（一九一一）十一月十一日から十五日まで、明治天皇の指揮の下、陸軍特別大演習が実施されたのだった。その演習場に近い三潴郡荒木小学校（現上津小学校）内の御休憩室と校庭の御講評之所の写真が、『烈士　鐘崎三郎』の前身である『烈士の面影』（大正十三年発行）に掲載されている。

大本営は中学明善堂（現福岡県立明善高等学校）に置かれた。明善堂の行在所は新築され、現在では明善高校同窓会館として改装されている。その静寂な佇まいは訪れる人に一瞬、時を忘れさせてしまうほどである。それ以来、同窓会の門は「開かずの門」となっている。洒落た煉瓦造りの壁に沿って歩くと、「明治天皇久留米大本営」と刻まれる石碑を見つけることができる。昭和六年（一九三一）十一月、天皇御臨幸二十周年記念式典の際の記念碑である。

そもそも明善堂の始まりは、藩主・有馬頼徸《よりゆき》が高山畏斎《いさい》に命じ、天明三年（一七八三）に学問所を両替町に設けさせたことに始まる。その両替町は公園として残り、横には近代的な久留米市役所がそびえ立っている。その白く美しい建物は、まるでこの久留米藩で幕末から明治にかけて起こった不幸な出来事を浄化しているかのように見える。明善堂は明治三十五年（一九〇二）に今の城南町に移転された。市役所から医大通りを挟んで西を望むと、赤い煉瓦と大楠が目に入ってくる。多数の大楠はまるで空を隠すくらいの量である。そこに「開かずの門」はある。

四十二、明善堂と校歌

幾多の学校改革を経て、明善堂という名は明治三十二年（一八九九）には中学明善校と改称された。途中、明治十三年（一八八〇）には上妻郡山内分校、竹野郡田主丸分校を分校と定めている。それだけ明善校の教えは、かなり広まっているのが分かる。戦後になって現在の福岡県立明善高等学校となった。

明治四十四年（一九一一）二月十一日、四代目校長の金沢来蔵は中学明善校の校歌を自ら作詩して制定している。

遠く流るゝ千歳川　高く聳ゆる高良山
遺風床しき大原や　将軍梅も薫るなり
仰げば高き篠山の　城に建てたる碑は
かけずくだけず万代に　我等が士気を鼓舞すなり

笹竜胆《ささりんどう》の旗風に　靡き伏しつる寛政の
昔築きし明善堂　此処に学びし大丈夫は
吾劣らじとさきがけて　咲きし木の花色清く
香もとこしえににほいつゝ　人の鏡と光るなり

まるで南朝の面影を彷彿とさせる校歌には聞く人も驚きを隠せないだろう。

明治天皇はこの詩が制定された僅か九カ月後に、この明善堂を訪れている。南北朝正閏《せいじゅんろん》論問題が取りざたされて間もない頃だというのに、である。

江戸時代では南朝正統を主張したのは儒者や国学者たちだったといわれている。確かに幕末の勤王派に大きな影響を与え、明治維新の原動力にもなったともいわれている。頼山陽の『日本外史』や水戸光圀の『大日本史』などはよく読まれた。『日本外史』は三郎が勝立寺から上京した時に持参している書物でもある。

明治四十四年（一九一一）一月、教師用教科書の改訂をめぐり、南朝か北朝か、どちらの皇統を正統にするかをめぐる論争が帝国議会で展開された。立憲国民党は第二次桂内閣の打倒を謀り、桂の後見役である元老の山縣有朋が南朝正統論を主張したため、政府は教科書改訂を約束した。水戸光國『大日本史』の「南朝正統論」の記述を根拠に、二月、明治天皇の裁断で南北朝時代は三種の神器を所有していた南朝が正統であるとした。山縣有朋の強い押しの一手があったと噂された。明治天皇の真意は測れない。

そんな論争があった明治四十四年に、ここ南朝の色濃い久留米、明善堂に明治天皇はいた。

ここで思い出してもらいたい。三郎も明治二十七年に明治天皇に拝謁しているのだ。その当時はまだ三郎も時代的に久留米藩出身と見られているに違いない。一緒に命を落とした猪田正吉もいる。正吉は明善校の出身であり、父は久留米藩士だった。しかもまだ日清戦争に勝利した余韻も残っている頃である。

では何故、儒者や国学者に南朝正統論者が多いのだろうか。この難題に取り組む勇気は勿論持ち合わせていないが、少し調べてみようと思い、後日改めて明善堂の始祖である高山畏斎のいた八女市を訪れてみた。それについては、追記としてあとで述べてみようと思う。

ただ、このころ私は、三郎から少し遠回りをしているのでないだろうかと自問自答していた。ところが三郎から遠ざかるどころか近づいているということが、しばらくすると分かってきた。

母が三郎のことを語り始めてそれほど時間は経っていない。調べようと思えばもっと早くに調べることもできた。私は敢えて、それをしなかった。歴史を紐解くのが怖かったせいもある。三郎の死は相当無残な死に方だったと噂に聞いていた。火あぶりにされたとか、惨殺されたあげく達磨にされたとか。子孫としては先祖の者がそういう目に遭っていたと聞くのは相当辛いものだ。想像すればするほど恐ろしくなる。

三郎のやったことは美談として語られ、戦争が始まる予告のように、節目節目に本は売れたと聞いた。

戦後生まれの私は、その美談の主人公として扱われる三郎を理解しようとは、さらさら思わなかったのである。ところが最近、本稿を書きながら、母と共に自分の変化にも気づき始めた。

四十三、乃木希典の歌

明治四十四(一九一一)年に特別大演習のために久留米市にやってきた明治天皇は、翌四十五年七月三十日に崩御された。同年九月三十日午後八時過ぎ、弔砲の合図と共に乃木夫妻は明治天皇のあとを追って殉死した。希典六十四歳、静子五十四歳だった。日本中が震撼した。

そのかみの血潮の色と見るまでに　もみぢ流るる太刀洗川

第一部「Ⅱ　鐘崎三郎伝」の「一、緒言」の最初のくだりである。

乃木希典は明治八年（一八七五）十二月、小倉鎮台の第十四連隊長心得として赴任し、戦略上参考となる筑後川の戦いの大保原《おおほばる》古戦場を訪れたという。そしてこの和歌が生まれたのだった。この大刀洗川の名前の由来はあまりにも有名である。南朝方の菊池武光が戦いを終え、山隈原を流れる小川で太刀を洗うと一面が赤い血で染まったといわれる。この筑後川の支川である小さな大刀洗川の畔に、昭和十二年（一九三七）、菊池武光の銅像は建立された。日本三大合戦といわれる「大保原の合戦（筑後川の戦い）」は正平十四年（一三五九）八月に起こった。

後醍醐天皇の皇子である征西将軍・懐良親王は鎌倉幕府崩壊後、菊池武光と筑後国山本郡草野城を守る草野永幸《ながゆき》と南朝方四万の軍勢を率いて、少弐頼尚らの北朝足利方六万の大軍と大保原で激しい戦いを繰り広げた。そこで懐良親王は現在の「宮ノ陣」に背水の陣を構えたのだった。これが「宮ノ陣」の地名の由来といわれ、これらの故事にちなんで、高良神社宮司船曳鉄門《ふなびきかねと》が主となり武田巌雄《いわお》と共に明治二十一年（一八八八）、懐良親王より征西将軍職を継いだ良成親王の霊を慰める小祠を建立した。これが宮ノ陣神社の始まりだといわれる。明治四十四年（一九一一）に懐良親王の霊を合祀した。久留米特別大演習で明治天皇が久留米に入った年である。境内には懐良親王お手植えと伝えられる将軍梅がある。一日の戦いで二万五千人の戦死者を出したという壮絶な戦いだった。戦没者の霊を慰めるために、地蔵菩薩来迎図板碑が作られ高良山に安置されたという。しかし、明治時代の神仏分離令によって高良山から国分寺へ移された。

『烈士　鐘崎三郎』の裏表紙には、三池銀水高等小学校長だった成瀬利貞の「故鐘崎三郎君弔いの歌」がある。

「成瀬先生が述べている『不知火《しらぬい》』は、懐良親王の陵墓がある八代と筑後有明の両方をかけて指しているのでしょうね。そもそも筑後には、南北朝時代に南朝側に属した蒲池家からの流れを継ぐ旧家が多いといわれていますから」

なお、三谷有信は「筑後川合戦図」、「文中三年菊池氏高良山籠城」を描いている（久留米市教育委員会蔵）。

四十四、泡来舎のこと

青木天満宮の三郎の墓碑の隣に、武田巌雄の碑が建っている。船曳鉄門の門人だった。

「武田先生は船曳鉄門先生と同様に、国学でも知られた方で歌人でした」

母の母校、青木小学校の初代校長でもある。

武田巌雄は旧久留米藩士で、元治・慶応年間には藩のために京都と久留米を勤王の志士たちと周旋した。久留米に戻り、神社改正方として神仏混淆《こんこう》に意見した。明治二年（一八六九）には青木天満宮で「泡来舎《ほうらいしゃ》」という私塾を開設した。

三郎が生まれた明治二年には、鐘崎家は鞍手に住んでいた。翌明治三年には故郷、上青木村に戻っている。その後、寛吾は商売をするため家族と共に長崎へと発ったが、長崎で亡くなってしまう。一家は再び上青木村に戻った。何故、寛吾は長崎で慣れない商売をしようとしたのだろうか。このことは私の家族の中でも何度も取り上げられる疑問だ。お姫様育ちの妻の貞に金銭的な負担を掛けさせたくない一心からだろうとか、長崎に親戚がいて頼ったのだろうとか、色々と憶測が飛んだ。

「鐘崎家が鞍手から戻った青木天満宮では武田巌雄先生の泡来舎が既に開設されていたわけだから、曽祖父（寛吾）は、その塾で漢学などを教えることもできたはずです。和歌も教科にあったそうですし、教員として勤めることも絶対できたはずです。でも、やらなかった。遠慮したのでしょうか。家族で長崎へ行ったと聞きました。慣れない商売で上手くいかず病死するわけですよ。本当にかわいそうでなりません」

本当に母としてはやりきれない気持ちだと思う。それでは何故、鐘崎家は長崎へ旅立ったのだろうか。長崎で暮らして行く当てがあったのか、誰にも分からない。前述したように寛吾は、その時点で相当な精神的な打撃を受けている。廃仏毀釈にも遭い、松浦熙や信全までも失っている。漢学だの国学だの、寛吾にとってはもう、どちらでもよくなっていたのではないか。しかも既に平戸時代の南蛮通詞《つうじ》やオランダ通詞を知れば洋学の必要性も見えていたに違いない。寛吾は、もしかしたら開明派だったのかもしれない。

「長崎から戻って、父親を亡くした鐘崎家の子どもたちは泡来舎に通ったそうですよ。きっと武田先生に可愛がられたと思いますよ。祖母からは武田先生を恨むような言葉は一切聞きませんでした。世の中の矛盾や、どうしようもない憤りは感じていたと思いますけどね。その塾でハツセの兄・熙は江口宇吉と出会います。二人は仲のよい友達になったそうですよ」

それがきっかけでハツセと宇吉は結婚をすることになったという。三郎の友人の中村綱次、『烈士　鐘崎三郎』に登場する内田勒三《ろくぞう》、武内美代吉、津城謙助なども泡来舎の門下生だった。

「でも、泡来舎ができたばかりの頃は、この地方は佐賀の乱や西南戦争などの動乱で村の暮らしは苦しくて、授業料など払えない家が殆どで、多分無料だったと思いますよ」

その後、私塾「泡来舎」は「五番小学」、明治六年に「常盤《ときわ》小学」と公立へ発展していった。その頃には教員三名、生徒数七十四名と増えている。この「常盤」という名は、同年に水戸の偕楽園内に創立された徳川光圀と徳川斉昭を祀る祠堂・常磐神社に由来するものだろうか。母の江口家が営む酒屋の屋号も「常盤」だったという。三潴でも水戸学は伝わっていたのだろう。

明治四年の廃藩置県で、久留米藩・柳川藩・三池藩が合併して三潴県ができたが、僅か五年で終わった。「常盤小学」への校名変替申出は、佐々治《さっさおさむ》の名で明治六年（一八七三）七月二十五日に提出されている（『福岡県教育百年史』より）。佐々治は当時、三潴県管下第四大区小二区戸長という役職に就いていた。後で分かったのだが佐々治は猪田正吉の叔父であり、佐々金平の兄であった。

四十五、浮島史

武田巖雄は上青木村だけでなく、周囲の村にも塾を広げた。その数はなんと九分校にも達していた。そしてその中に浮島地域の分校の名も見られる。浮島小学校の前身である。『浮島史』（城島町立浮島小学校創立百周年記念委員会編、浮島小学校、昭和四十八年。上野季雄著『筑後河畔浮島史』昭和八年刊を復刻収録）によると、また興味深い人物の名が見えてきた。

「我が浮島校の前身は、明治六年の創立である。当時は『新家小学』と称し、第九代目菊池要三郎氏居宅を借りて授業をしていた」と記されている。しかも巻頭には恒屋一誠《つねやいっせい》と納戸鹿之助の詩を載せている。

菊池一族とは前述したように、南北朝時代に南朝方の主力として懐良親王が九州に入った際に最も頼った一族である。

それでは何故、その一族がこの浮島に土着しているのだろうか。

『久留米藩旧家由緒』（古賀幸雄編、久留米郷土研究会、昭和五十年）の「三潴郡浮嶋村開起由来申上候」（『菊池新達家文書』文化十三年・一八一六）には、その詳細が記載されている。

浮島の菊池十左衛門は、祖父の菊池義武までは肥後菊池領主だったが、その子、菊池次郎兵衛義治代に訳あって浪人の身になったという。慶長の頃、零落して江島村（現城島町江島）にたどり着き、江島石見《えしまいわみ》の居宅に寄寓したという。名前を菊池惣右衛門と改名した。三代目惣右衛門の時代に筑後川の中州に葭《よし》を植え、田中吉政筑後守に葭野御運上銀を納め耕作地として開墾し、元和三年（一六一七）、家族一族郎党を呼び寄せ住まわせたというものだった。一族の中に肥後長洲納戸村（現熊本県玉名郡長洲町）の九左衛門を土着させていることが分かった。その島が今の城島町浮島である。その子孫たちは寛永十年（一六三三）頃からこの地の庄屋となったという。

納戸村の納戸といえば、まさに『烈士　鐘崎三郎』の著者である納戸鹿之助ではないか。納戸鹿之助は浮島小学校の校長もした浮島出身の人物である。しかし同書に寄稿している恒屋一誠《つねやいっせい》を、納戸鹿之助は自身の実兄だと紹介している。つまり恒屋家からの養子であった。それでも納戸鹿之助は、当然この浮島の歴史については愛着があったと思われる。同書の初めに乃木希典の歌を選んだのも、こういう理由からと思われる。

つまり『新家小学』の居宅の第九代目菊池要三郎は、その菊池一族の末裔だったのだ。

「江戸時代の筑後川辺りは三角州が沢山あって蛇行がひどく、氾濫を繰り返していたそうです。農民たちを悩ませていましたから田中吉政公が治水工事を始めたわけです。矢部川、花宗《はなむね》川・堀などの水利経路を整備した立派なお殿様ですよ」

母は田中吉政の善政について熱く語った。

そういえば水田天満宮の参道にある太鼓橋前に、石造の大鳥居が立っている。円心が模写した天神絵巻を見せて戴こうと訪れた際に、宮原宮司より説明を伺った記憶がよみがえった。銘には「寄進　慶長十九年十一月」と刻まれていた。江戸時代初期に筑後全体を統治していた田中吉政の四男・田中忠政が花宗川完成を祝って寄進したのだという。見とれてしまうほどのその大きい鳥居を私は思い出した。

四十六、松崎浪四郎のこと

『福岡県史資料』の「文部省年報三潴県公立学校表」を見ると、明治七年（一八七四）に、上青木村に常盤小学、城島村に新民小学、浮島村に新屋小学と、それぞれ学校主・松崎浪四郎の名前で登録されている。

この松崎浪四郎は幾つかの村立小学校に働きかけて、村立小学を設置できない場所で、勤務の余暇に寺子屋程度の学科を子どもたちに教えたという。

『久留米人物誌』（篠原正一著、菊竹金文堂、昭和五十六年）によれば、松崎には面白い経歴が見られる。北辰一刀流を開いた千葉周作の後継者でもある千葉栄次郎と江戸で剣を交えているのだ。松崎は加藤田神《かとうだしん》陰流《かげりゅう》の剣術家で、かなりの腕前だったとある。また山岡鉄舟とも交流を持った。故郷に戻ると明治三年には久留米藩の剣道師範役も務めるようになり、三潴県の戸長となり、そこで小学校の創立に関わったのだろう。しかし明治九年、三潴県が福岡県に合併され職を離れると、松崎は西南戦争に加わっている。明治十八年には山岡鉄舟と共に宮内省より済寧館《さいねいかん》御用掛を命ぜられた。

「久留米あたりは古戦場が多く、昔から剣術が発展しました。津田一伝流という流派もその名を轟かせていました。この津田一伝流の津田一左衛門正之さんが、三郎の通った養鋭学校の経営者だった津田信秀さんと縁戚かどうかは分かりません。

でも明治になると、廃刀令、散髪自由、学制公布、しかも太陽暦の採用、徴兵令の制定、地租改正、秩《ちつ》禄奉還《ろくほうかん》など、人々の生き方を根本から変える生活が待っていたんですよ。

敵討《あだ》ちや暗殺などが無いように帯刀禁止にして、剣術も禁止となったそうです。津田一左衛門正之さんは抗議したらしいけど、ご自分の伝書を全部焼いてしまって自刃されたそうですよ。明治の始まりは本当に哀しいことも沢山あるものだと、つくづく思いますよ。新しい制度を受け入れる気持ちも育たないまま、世の中はどんどん変わっていったそうですから」

母はそう言うと、ふうっと溜息をついた。

「ああ、そうだ、その松崎浪四郎さんも菊池一族と関係あるかもしれないね。剣術が強いということは星野氏出身かも」と母は呟くように言った。

そこで佐賀県の星野氏で調べてみることにした。三潴あたりは昔、佐賀県だった地域もある。「文化遺産データベース」（「文化遺産オンライン」）によると、小城市指定の重要有形文化財『星野家文書』に、松崎氏と星野氏の関係についての解説が見つかった。

「星野氏は南北朝時代（一三三六～九二）に筑後地方東部（現八女市星野村・うきは市付近）で繁栄した豪族で、戦国時代には大友氏や島津氏に属した。多くの支族が各地に分散し、そのうちの一支族は豊臣秀吉の九州遠征後に鍋島氏に仕えるようになった。その後、元和三年（一六一七）年に鍋島元茂を初代とする小城鍋島家が創設された時に、鍋島直茂より譲り受けた八十三士の一人として元茂の家臣となり、当初は松崎姓を名乗るが江戸期を通じて小城藩士星野家として存続する」

当史料は平成十八年（二〇〇六）に小城藩士星野家の子孫より小城市に寄贈されたものであり、文書は包紙に包まれて木箱に納められていたそうである。

四十七、二代目鐘崎三郎

繁太郎が亡くなって鐘崎家が途絶えるのは忍びないと、

「『二代目鐘崎三郎』は父・直《すなお》の弟が継ぐことになりました。叔父は生まれた時から『鐘崎三郎』の名前でした。三郎の遺志を継いで職業軍人となり特務曹長になりました。『烈士　鐘崎三郎』にも度々現れています。物心ついた時の叔父の印象は口髭のある凜々しいハンサムな方でした。お嫁さんは久留米小頭町にあった見番屋（遊郭）の経営者のお嬢さんでした。『京マチ子』のような奇麗な顔をした方でしたよ。当時、久留米には陸軍があって、そういうお店は多かったんですよ。池町川の両端には、キャバレーやクラブなど沢山並んでいましたよ。叔父から六ツ門の『こどもや』というお店で奇麗な洋服を買ってもらったのを覚えています。そりゃあ嬉しかったですよ。

戦前までの家制度で『江口家』の家督は兄が相続すると決まっていたので、私は鐘崎家を継ぐために叔父の養女になると決められていました。『三代目鐘崎三郎』として育てられ、『隆恵』という勇ましい名もつけられたんですよ。それに村の葬式に出る時は、私だけ鐘崎家の『五三の桐紋』の着物を着せられて出かけていました」

四十八、牛島謹爾の洋館

母は三歳の時、自身の父・直を結核で亡くしていた。十歳には、母・キサノも病で亡くしてしまう。敗血症だった。三郎が勝立寺に預けられた年齢と重なる。両親を亡くした二人は、母方の叔父叔母たちと同居することになる。

「私は青木小学校から鳥飼小学校に転校しました。『つちやたび』（現ムーンスター）の娘さんも通っていましたよ。多分、倉田泰蔵さん（つちやたびの第三代目社長）の自宅が近所にあったと思いますよ。創業者の倉田雲平《うんぺい》さんは苦労人でしたが、地下足袋で成功されました。この方も明善堂出身です。寺町の遍照院にお墓があると思いますよ。そこには確か高山彦九郎さんのお墓もあります」

本書第二部「七、名士の消息」にある、大正十五年（一九二六）九月に陸軍大将・久邇宮邦彦王《くにのみやくによしおう》殿下が宿泊した倉田邸とは、この倉田泰蔵氏の自宅のことだった。久留米市通外町《とおりほかまち》にある五穀《ごこく》神社には、この倉田泰蔵の胸像が境内に設置されている。久留米藩第七代目藩主・有馬頼徸《よりゆき》が創建し、相殿には稲次因幡正誠《いなつぐいなばまさざね》公が祀られ、「郷学の森」には、倉田泰蔵のほかに久留米絣の井上伝や東芝創業者の田中久重、ブリヂストン創業者の石橋正二郎、石橋徳次郎、政治家で弁護士でもある楢橋渡《ならはしわたる》など、久留米で活躍した人物の胸像が設置されている。

「鳥飼村では母・キサノの弟の福太郎おじさんと佐次郎おじさん、妹の真理恵おばさんなどと大勢で暮らすようになったのですよ。福太郎おじさんは久留米の郵便局に勤務したあとに八女市福島の土橋特定郵便局長となり、また佐次郎おじさんは旧三池藩士の樺島家の養子になって三池の私設郵便局長になりました。西牟田でも特定郵便局長をしているおじさんがいました。今から思えば、親戚中が特定郵便局長をやっていましたね。

　私たちが住んでいたのは借家で洋館建ての、屋根の色は忘れたけど、窓が上に開くという、その頃では本当に珍しいお洒落な家でした。その洋館は鳥飼村掛赤《かけじゃく》（現久留米市梅満町）にありました。「ポテト王」と呼ばれる牛島謹爾《きんじ》さんのご両親が、アメリカから戻ってくる謹爾さんのために建てられたものでした。でも生憎《あいにく》アメリカから戻る途中、大正十五年（一九二六）にロサンゼルスで脳溢血で倒れてしまい、ハリウッドの病院で亡くなられたんですよ。その六年後くらいですかね、丁度空家になっていたので四年間ほど私は住みました。牛島家の牛島捨男さんとは同級生でした。

　亡くなった母の両親は万事屋《よろずや》をやっていて金銭的にも余裕があったので援助してもらったのか、父の江口家の本家も地主さんということもあってなのか、牛島さんの家を借りることになったのですよ。

　牛島謹爾さんの奥様は確か同志社総長の工学博士・下村孝太郎さんの妹さんでした。その奥様の妹さんは早稲田大学教授の浮田《うきた》和民《かずたみ》博士夫人だと聞きました。お二人とも熊本出身で熊本バンドだったろうと思います」

　浮田和民の従兄弟に軍人の石光《いしみつ》真清《まきよ》、石光真臣《まおみ》という兄弟がいる。彼らはやはり熊本出身で、徳富蘆花《ろか》とも仲が良かったという。二人は明治二十年前後の陸軍幼年学校の出身で、石光真清は国家安全保障に関するいわゆる諜報活動家といわれる軍人だった。日清戦争にも従軍している。小学生で幼くても、「三代目鐘崎三郎」を名乗っていた母のことは承知していただろうと思う。現在では洋館は無くなっているが、梅満町掛赤公園には小さな「ポテト王　牛島謹爾翁生誕之地」の碑が建っている。

四十九、二代目鐘崎三郎の死

ところが、二代目鐘崎三郎の叔父が病死してしまう。

「その晩、とても不思議な現象が起こりました。今でも記憶していますよ。夜中に私の体が宙に浮いてガタガタと震え始めたんです。同居していた叔父叔母が寝ている私の周りに集まって、私の体を押さえて大変でした。その時に、『二代目鐘崎三郎』である叔父の死亡の報せが入ったのですよ。叔父が私も一緒にあの世に連れて行こうとしたんじゃないかって、後日、叔母さんが大騒動していました。とにかく叔父にとっても私にとっても、三郎という存在はとても大きかったんだろうと思いますね」

叔父が亡くなってからは、母は鐘崎三郎の後裔として「三代目鐘崎三郎」と名乗っていくことを覚悟したという。十一歳にして、背筋を伸ばし自らを高潔に保ちながら生きていくことを決心したのだった。母の存在はどこに行っても注目の的だったという。

「青木村の実家は、鳥飼村に住んでいる間、そのまま放置されていたんですよ。どうもその時に蔵が放火されたようです。これではいかんと、兄が中学明善校に入る時に売ることになりました。残った立派な家はそのままどこかに移築されたと聞きました。その頃はそうやって材木の保存をやっていました。その時だと思います。「菊水の紋」のお守り刀、三郎の金盃や江口家の形見、曽祖母のお嫁入り箪笥や衣装など全てが無くなったのです。兄も私も、まだ子どもでしたからね。何がなんやら分からなくなって途方にくれてしまいました。

それからは田圃を切り売りして、お金の工面をして学校に通いました。福岡県立久留米高等女学校（のちに明善高等学校と統合）を受けて合格しましたけど、親戚や先生たちから教師になって自立したらどうかと助言され、一年後に福岡県立女子師範学校を受けることにしました。首席入学でした。場所は今の福岡市立南当仁小学校あたりですかね。師範学校は全寮制なので助かりましたよ」

五十、母を見守った人々

師範学校に入学した母は、周囲の幸せそうな女学生たちを見ると羨ましくてたまらなかったという。両親も叔父二代目鐘崎三郎も亡くし、孤独で心がズタズタになり哀しかったという。そんな母にとって読書と勉強が何よりの楽しみだったという。

「勉強することしか他には何にも残っていないんですよ」

そんな母の心に寄り添って親しくしてくれた友人がいたという。警察官を父に持つ久留米の若林みち子さんという同級生だった。

「若林さんは鳥飼村で漢（学）塾を開いた若林残夢先生のご親戚だと思います。みち子さんと仲良くなり、遊びにも度々行くようになりました。そして、その家に出入りする徳永太善《たぜん》という医学生と知り合いました。

太善さんは確か九州医学専門学校（現久留米大学医学部）に通学していて、徳富蘇峰《そほう》さんの甥っ子でした。『鐘崎三郎』の話題には一切触れずにいてくれました。そのことが却って私にも居心地が良かったのかもしれません。彼は大宰帥《だざいのそち》にもなった大伴旅人《おおとものたびと》の和歌を便箋《びんせん》に書いてよこしてくれました。公園のベンチに座る時に自分のハンカチをさっと出して広げる様は、とても紳士的で私には衝撃的でしたよ。太善さんの従姉には確か西南大学の宣教師ウォーカー先生の奥様になられた方もおられたと記憶しています。彼もクリスチャンでした。でもその頃、兄が結核に罹患していたので感染させるのを恐れて、お会いするのを断りました」

徳富蘇峰とは、先に書いた石光真清と仲の良かった徳富蘆花の兄である。日清戦争で従軍記者として戦地で取材をしていた。彼は、下関条約で割譲された遼東半島を三国干渉で清に返還されたことに憤怒したジャーナリストでもあった。徳富蘇峰への書簡の中には徳永太善のほかに、『烈士　鐘崎三郎』に出てくる恒屋一誠、黒岩萬次郎のものも発見されている。

「青木天満宮のある青木村の北に流れる筑後川に中州があります。そこは佐賀県になりますが、諸富町徳富というんですよ。なぜ、太善さんが久留米の大学を選んだのか分かりませんが、そこに親戚がいたのかなあと思っていました」

徳永太善氏が母に送った幾つかの和歌を、母の許しを得て、ここに披露することにする。

君がため　醸《か》みし待酒　安の野に　ひとりや飲まむ　友なしにして　大伴旅人

吾が命の　全《また》けむかぎり　忘れめや　いや日にけには　思ひ益すとも　笠郎女《かさのいらつめ》

使用された便箋には、ローマ字で「NGK」の透かしが入った文字がプリントされていた。NGKとは日本碍子《がいし》のことだろうか。少し調べると、日本碍子の社員に東亜同文書院卒業生・福田克美がいた。この人物と徳永氏は何か関係があったのだろうか。偶然持っていたにしては非常に面白い発見だと思う。

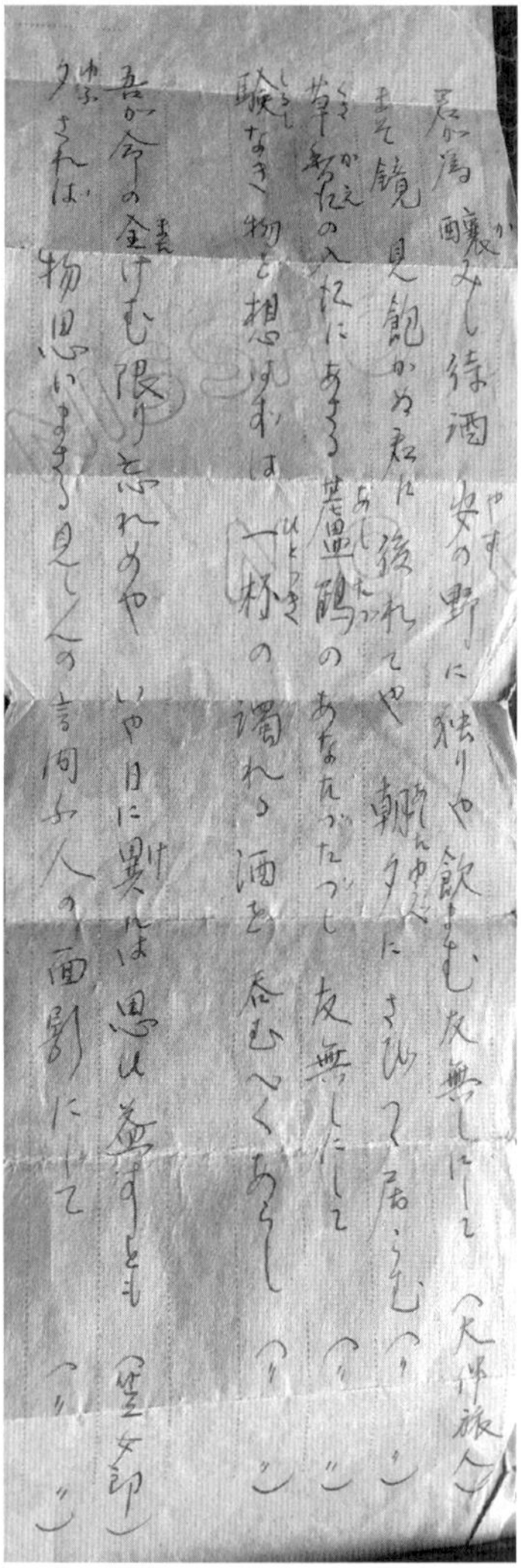
君か爲　醸《かも》し待酒　安《やす》の野に　独りや飲まむ　友無しにして　（大伴旅人）
まそ鏡　見飽かぬ君に　後れてや　朝夕《あしたゆふべ》に　さびつつ居らむ　（〃）
草香江《くさかえ》の　入江にあさる　葦鶴《あしたづ》の　あなたづたづし　友無しにして　（〃）
験《しるし》なき　物を想はずは　一杯《ひとつき》の　濁れる酒を　呑むべくあるらし　（〃）
吾が命の　全《また》けむ限り　忘れめや　いや日に異《け》には　思ひ益すとも　（笠女郎）
夕《ゆふ》されば　物思ひまさる　見し人の　言問ふ人の　面影にして　（〃）

徳永太善氏から母への手紙

五十一、昇地三郎先生のこと

そのほかにも母を心配して静かに見守っていた人がいた。心理学教授の昇地《しょうち》三郎先生である。この人物を母は、決して忘れてはならない人の一人だといつも言っている。昇地先生は、母が鐘崎三郎の後裔であることを知っていた。

「師範学校入学時の私の履歴書には『鐘崎三郎後裔』と記述されていました。その頃の履歴書には、そんなことも書いてあったんですよ。だから先生たちは知っていたんですね。女子師範の卒業式の謝恩会で、昇地三郎先生は私に一つの歌を書いてくださいました」

淋しくば　窓開けて見よ　大空に　瞬《またた》く星の　君を見つめる　　昇地三郎

「瞬く星」とは、まさに母よりも先に逝ってしまった家族たちの魂だろう。母は周囲から見ると、やはり孤独な生徒に映っていたのだ。

この歌は、母にとって何ものにも代えがたい宝物になったという。今でも母はこの詩を暗唱して詠んでくれる。

「昇地三郎先生の教えは一生忘れられません。お父様は山口出身の軍人だったけど、昇地先生は虚弱体質ということで軍人になれなかったそうです。昇地先生と奥様は、障害をもった子どもたちのために、日本で初めての養護学校として精神薄弱児施設『しいのみ学園』を創設されたことでも有名です。一〇七歳まで現役でした。本当に私は素晴らしい先生に出会ったと思っています。三郎もきっと素晴らしい先生たちと出会ったことが何より宝だと思いますね。教育が人に与える影響は計り知れません」

母はその後、八女市立福島小学校で教師として働いた。勤務先で教師たちと宴会になると、校長までもが母を見ると、「鐘崎三郎の後裔は君かね？　それでは、お流れ頂戴いたします」と盃を持って並んだという。

五十二、そして昭和の敗戦

「私の兄・元《はじめ》は、中学明善校を卒業して国立久留米高等工業学校（九州大学に包括）に入学し、首席で卒業しました。これからは自動車の時代になると言って、名古屋のトヨタ自動車本社に入社しました。学生時代にはドストエフスキーやトルストイなどの本を読み漁って、私にも『読め、読め』ってうるさかったですよ。兄は、鐘崎三郎には批判的になっていましたから。

トヨタに入社した兄は、戦争が始まると工兵として出兵しましたが、昭和二十年（一九四五）四月、久留米陸軍病院で戦死してしまいました。私は、そうしてたった一人の肉親も失いました。戦争の惨さは、嫌というほど経験しました。もう戦争は嫌です。三郎や繁太郎と同じ孤児になってしまいましたから。それからというもの天涯孤独の人生ですよ」

母は、全てを失った自分には「三代目鐘崎三郎」という誇りだけが残ったという。しかしその後、想像もつかない時代がやってくる。三郎の英雄伝説はスッと音もなく姿を消し、「日清戦争は侵略戦争だった」と書かれるようになる。ましてや三郎のことを「スパイ」だと短絡的に言う人も現れてきた。耳を塞ぎたくなるような世間の冷たい声に怯えることもあったという。尊厳だけは失わずに生きてきた母は、時代に翻弄されながら打ちのめされていく。母にとっては、日清戦争は西洋の植民地政策からアジアの独立を守った戦争だった。そのうち「鐘崎三郎」の名前は、母にとって虚しい響きにしか聞こえなくなっていった。

日を追うごとに傷付いていく母には、先の銅像復元式（昭和四十五年二月十一日）で母に贈られた松口月城《まつぐちげつじょう》先生の美しい詩の扁額が残ったという。母に遺った三郎の想い出は、ハツセが作らせた「巻物」と「黄金のお位牌」、そして「松口月城先生の扁額」の三つだけになった。

鐘崎三郎銅像の復元を喜ぶ

松口　月城

丹心烈々《たんしんれつれつ》　只国《ただくに》を思う

正気凛然《せいきりんぜん》　笑って身を捧《ささ》ぐ
銅像の復元　郷土の誉《ほまれ》
長く伝《つと》う　日本大精神

烈士　鐘崎三郎

松口　月城

征清の義挙　大詔《たいしょう》発す
明治二十七八年
韓山渤海　戦雲漲《みなぎ》り
遼東天地　砲煙《ほうえん》を罩《こ》む
鐘崎三郎　決然として起《た》ち
弁髪胡装《べんぱつこそう》　敵陣の裏《うち》
軍機の探偵　気何んぞ豪《ごう》なる
青龍刀《せいりゅうとう》下《か》　笑って死に就《つ》く
碧血《へきけつ》今に　余列存《よれつぞん》し
長く培う　筑南男児の魂
七生報国　死して滅ぶる無く
再び銅人《どうじん》と　為りて姿　愈《いよいよ》　尊し

昭和四十五年の銅像復元式では、平池南桑《ひらいけなんそう》の詩と歌も披露された。

烈士　鐘崎三郎縁辺の親睦を賀す

平池《ひらいけ》　南桑《なんそう》

毅然《きぜん》たる銅像　　大川の園
烈士の雄姿を　　眼前に排《はい》す
八女の角家《すみけ》に　　位版《いはん》（位牌《いはい》）を留《とど》め
長崎の楠本《くすもと》は　　深縁《しんえん》有り
郷関《きょうかん》の有志　　還相憶《またあいおも》い
切々たる同情　　世々《よよ》に伝う
偏《ひとえ》に望む　　市民一体と為り
年々歳々《ねんねんさいさい》　　先賢《せんけん》を祭るを

角・楠本両家の親睦を祝してよめるうた

末永く　烈士称《たた》えて　睦《むつ》むべし　縁《ゆか》りも深き　角と楠本

平池　南桑

角家と楠本家のために懇親会を開催してくれた大川市の方々だったが、残念ながら三郎の孫である楠本省吾氏は、式後すぐに長崎へ戻られてしまっていた。それ以降、全く音信が途絶えてしまったのである。

しかし私には、母が事実を語るようになったおかげで、現実と向き合うという新しい勇気が芽生えてきた。寛吾と三郎の真実を打ち明けてくれた母に心から感謝したい。

五十三、鐘崎三郎墓前祭

戦前は、浮島小学校で「鐘崎三郎」の慰霊祭が毎年行われていた。しかし戦後は、その慰霊祭は中止になった。なお残念にも、浮島小学校は令和三年三月三十一日をもって閉校となり、四月一日より城島小学校に統合された。

現在、青木天満宮では、毎年五月三日の憲法記念日に「武田巖雄《たけだいわお》先生並鐘崎三郎先生墓前祭」が執り行われている。墓前祭終了後には青木小学校体育館に移動して、「武田・鐘崎旗争奪剣道大会」が開催されている。左は令和元年の大会内容である（式次第は図に示す）。

［武田巌雄先生並鐘崎三郎先生墓前祭・剣道大会］
日時：令和元年五月三日
会場：武田・鐘崎先生墓前（青木天満宮内）、青木小学校体育館
主催：上青木公民館　　後援：城島町剣友会　　協力：青木剣道スポーツ少年団後援会
大会役員：大会長（上青木公民館館長）、大会事務局（上青木公民館役員）、審判長（重松幸登氏）、審判員
（城島町剣友会会員ほか）

令和元年　武田巖雄先生並鐘崎三郎先生墓前祭・剣道大会次第

Ⅰ　神　　事（8：00～8：30）

一、修祓《しゅばつ》の儀《ぎ》

一、斎主一拝《さいしゅいっぱい》

一、献饌《けんせん》の儀《ぎ》

一、祝詞奏上《のりとそうじょう》

一、斎主玉串拝礼《さいしゅたまぐしはいれい》

一、遺族代表玉串拝礼

一、主催者代表玉串拝礼　上青木公民館長並びに役員一同

一、来賓玉串拝礼　　　久留米市長・議員・教育長
青木校区まちづくり振興会代表
並び区長自治会会長一同
民生委員代表並び民生委員一同
青木小学校校長・浮島小学校校長
剣友会代表・剣道大会出場者代表・地域代表

一、撤饌《てっせん》の儀《ぎ》

一、斎主一拝《さいしゅいっぱい》

Ⅱ　武田・鐘崎旗争奪剣道大会開会式（8：30～9：00）

一、開会の言葉

一、優勝旗返還　　　小学生団体前年度優勝

一、主催者代表挨拶　上青木公民館長　富田　徹

一、来賓祝辞　　　　久留米市長・衆議院議員

一、祝電披露

～青木小学校体育館へ移動～

Ⅲ　剣道大会（9：30～15：00頃）

一、試合上の注意　　審判長

一、選手宣誓　　　　青木剣道スポーツ少年団主将

一、試合開始　　　　個人戦～団体戦

一、成績発表並びに表彰

一、講評

一、閉会の言葉

五十四、高輪・曹洞宗泉岳寺

そして令和元年十月、私は三郎の軌跡を辿るように、ある場所を訪れた。いわゆる自分探しのようなものかもしれない。泉岳寺だ。名前を告げると、丁寧な応対で住職が迎え入れてくれた。

住職は水桶と柄杓を抱えると、

「三烈士の碑は今年、奇麗になったばかりですよ。遺族の方々にはご心配をおかけしました」

と言いながら、その場所へと案内してくれた。指をさす桜の大木の横に「三烈士の碑」はあった。

住職は「春になれば、また違った風景を拝めるようになりますよ」と水桶を差し出しながら、「ごゆっくりとどうぞ」と頭を下げて去って行かれた。

初めて見る「三烈士の碑」は、藤崎秀遺族の藤崎雄三氏、向野堅一遺族の向野康江氏夫妻、それに浦辺登氏、杉山満丸氏の方々の尽力で見事に蘇っていた。一二五年前に三崎山から運ばれてきたという、その碑は、想像していたよりも朽ちていなかった。隣には頭山満翁の題字と「捨生主義之碑」も建っていた。

私は今まで一体、何を迷っていたのだろうか。

手を合わすと急に、済まない気持ちに心が引きつったような感じに襲われた。

「五十年前、あなたを誰かも知らずに、生意気に幕を挙げたのは私です。五十年間一度も訪れずに寂しかったでしょう。本当に何も知らずにごめんなさい。これからは、ちゃんとお参りさせていただきます。本当に長い間ご苦労様でした」

この長い五十年間、溜まりに溜まっていたような涙が溢れてきた。

五十五、最後に

令和二年一月の終わり、高齢者施設に入所している母から電話があった。夜は九時を過ぎていたと思う。気になって眠れないという。理由はお位牌のことだった。どうしても三郎のお位牌を私に守って欲しいというのだ。

「何も心配することなんてないよ。ちゃんと引き受けるからね」

私がそう言うと、母はホッとしたようで、

「よかった、よかった。心残りは三郎の位牌だけだったよ」

母は余程安心したのか、「よかった、よかった。ありがとうねぇ」と何度も礼を言った。

三郎の死後、先の大戦までは華やかな人生の中で誇らしげに生きてきた母だった。だからこそ「三代目鐘崎三郎」という重荷が母に襲いかかり、負担も大きかった。ところが戦後、これまでの価値観が一変すると、知らず知らずのうちに鉄の鎧を身に着けてしまったのだろう。母の人生は、まさに日本の誉れと苦しみとが交錯したものだった。

縛っていた心の糸が、やっと解けたのだろうか。電話の向こうで母が笑っているのが分かった。

「三郎がね、手に入れることができなかった『普通の幸せ』をね、私はお父さんのお陰で手に入れることができました。三郎に悪いね」

と、いつになく優しい声で言った。

師範学校で知り合い、夫となった父は幸いにも明朗で、積極的に母の心の内を守った。

私は、三郎は不幸でも孤独でもなかったと思う。周囲は三郎を慕う人で溢れていたし、何よりみんなから愛されていた。三郎が死を恐れなかったのは、自分を愛している人がいるということを知っていたからだ。

それでも「三郎が本当に伝えたかったもの」、それは何だったのか、私には未だに分からない。

旅は今、始まったばかりだから。

最後に、父が昭和四十五年（一九七〇）の銅像復元式に述べた謝辞を、みなさまにお贈りして終わりたいと思います。

謝　辞

本日は建国記念の日でございますが、私たちにとりましては、懐かしい紀元節の佳き日に当りまして、みな様から、烈士の称号を賜ります鐘崎三郎銅像復元除幕式を、かくも盛大に催して戴きまして衷心より感謝申し上げます。戦後二十五年、昭和元禄と嘆かれる今日、一部国民中には、かかる行事が復古調だ、軍国主義の復活だ、などと批判を加えるものもある中に決然として銅像復元に取り組まれ、幾多の困難を克服されて、初一念を貫徹されました期成会のみな様が、極めて短時日に斯の如き大事業を完成されました事は、私共遺族一同の感謝感激の極みであり、この上もない光栄と致すところでございます。

これ偏《ひとえ》に期成会の方々の絶大な熱情の賜物であり、大川市民の方々は申すに及ばず、その他多くの方々の御賛同、御支援によりますものと、改めて厚く御礼申し上げます。また、みな様の鐘崎三郎に対する、敬慕《けいぼ》親愛《しんあい》の情の深きを痛感させられますと共に戦後永い間、低迷して参りました日本精神の復興を感じ、御同慶の至りに存じます。

故人は二十六歳で、国難に殉しまして、七十有余年、今なお金色燦然たる位牌を朝夕拝むにつきましても、故人の忠君愛国の精神をしのび、不肖私も教育者として愛国心、道徳心の高揚に些かでも貢献せねばと、覚悟を新たにさせられる次第でございます。なお、遺族一同といたしましても、この感激を新たに故人の遺志を守り、語り伝えて参りたいと思います。銅像建設に御尽力御賛同下さいました方々、寒い中、遠路御参列下さいました方々に何と御礼申上げてよいか、只々感激の余り適切なことばも浮ばず、甚だ粗辞で恐れ入りますが、これをもちまして遺族の謝辞にさせていただきます。

昭和四十五年二月十一日

遺族代表　角　正夫

角　隆恵

追　記　筑後の教風と人の縁を追って

はじめに

令和二年（二〇二〇）、新型コロナウィルスは世界を変えてしまった。感染症は全てを停めてしまい、緊急事態宣言によりこの本の発行延期を余儀なくされた。編集委員や執筆して頂いた方々にも随分とご迷惑をかけてしまったことを、この場を借りてお詫びをしたいと思う。

しかし、この停まってしまった一年間は、私に新しい世界を見せてくれた。驚くほどの情報が私の下に舞いおりてきたのだから。

本文にも触れたが、母の思いを受けて筑後の儒者たちを調べようと八女市に赴《おもむ》いた。その結果、鐘崎三郎を輩出した筑後の儒者、教育者の群像と取り巻く人々の縁に接することができた。母とのやりとりも交えつつ記していきたい。

一、合原窓南のこと

高山畏斎を調べ始めると、私は途中で止められなくなってしまった。

畏斎は上妻郡《こうづま》津江村《つのえ》（現八女市津江）出身で、合原窓南《ごうばるそうなん》の意志を継いた儒者だったということが分かった。明善堂の基礎は、畏斎の師であるこの合原窓南が築いたといわれている。

『合原窓南先生伝』という古い本がある。驚いたことに著者は、納戸鹿之助の実兄・恒屋一誠であった。昭和十八年（一九四三）十二月十日に発刊している。恒屋は合原を「姓は草野氏、山本郡（現久留米市）発心の城主草野右衛門督鎮永《しずなが》の後裔にして」としている。草野氏とは、上妻《こうづま》氏や星野氏、黒木氏などと同族で、南北朝時代に菊池氏と共に南朝の征西将軍懐良《かねよし》天皇（「かねなが」とも呼ぶ）を支えた氏族だった。

合原窓南は三潴郡住吉村（現久留米市安武町）に生まれ、京都と江戸に学んだ。その後、崎門学《きもんがく》の山崎闇《あん》斎《さい》の高弟である浅見絅斎《けいさい》の門に入った。帰郷すると六代藩主・有馬則維《のりふさ》に気に入られ宝永六年（一七〇九）以来、久留米藩の儒官となり、藩の子弟の教育に当たった。

病気で退官すると享保八年（一七二三）、上妻村馬場（現八女市馬場）に居を移し、合原塾を開いた。この上妻村馬場という地域は、花宗川と矢部川を丁度南北に挟む水の豊富な美しい農村地帯である。窓南を慕う門下生は数百名を超えたという。門人には、宮原南陸《なんりく》、不破守直、杉山正義、稲次正思、隈本新平など久留米藩の錚々たる儒者たちを生み出した。

二、高山畏斎のこと

窓南に畏斎は学んだ。窓南が晩年に侍講となると、畏斎は大坂に出て留守希斎《るすきさい》を師とした。帰郷して高山塾を上妻に立ち上げると、噂を聞いた七代藩主・有馬頼徸《よりゆき》は天明三年（一七八三）、学問所を両替町に建てさせた。しかし翌年、有馬頼徸が病死すると畏斎も相次いで倒れ、学問所は断ち切れとなった。

八女市津江にあった高山塾近くの上妻小学校校歌には、今でも畏斎を称えて歌われている。

畏斎の教えは、三潴に住む熊本原仲や旧八幡村（現八女市新庄《しんじょう》）の今村竹堂などの門人たちで支えられ、天明四年（一七八四）私塾「継志堂《けいしどう》」を建て、遺子・茂太郎を助けながら続けられた。のちに原仲は京都に上り西依成斎《にしよりせいさい》の門に入った。帰郷すると医者として生計をたてつつ、子弟に学問を教えたという。その後、黒木や、忠見、川崎でもそれぞれ塾が開設され、崎門派の学風は筑後八女に幅広く広まっていった。矢部川と花宗川が交わる津江に「教学上妻継志堂跡」という石碑が建てられている。

尚、高山彦九郎は合原窓南にも逢いに来ているが、さらに寛政三年（一七九一）十一月に継志堂にも立ち寄ったという記録が残っている。

母は、八女に学問が広がっていった理由を和紙の生産にあるという。書を写すのに一番必要な紙が矢部川流域で盛んに作られていた。熊本の山鹿まで楮《こうぞ》・三又《みつまた》の産地だった。有名な山鹿灯籠も和紙でできており、八女提灯（国指定伝統工芸品）や八女手すき和紙（福岡県指定特産工芸品）も地場産業として現在も受け継がれている。畏斎の家は農家であったが、和紙生産にも従事していたので、紙すきの手伝いの間に勉学に励んでいたと伝えられている。

三、矢部川、花宗川、筑後川

そういえば、私は幼い時に友人たちと矢部川の柳瀬という場所で泳いだり遊んだりした。細い竹に貼られた和紙が風に揺れているのを幾つも目にした。それは八女の風物詩のようなものだった。親が和紙の生産を家業としている友人も多くいた。

北東からは星野川、南東からは矢部川、それぞれが合流すると「継嗣堂《けいしどう》」の建つ津江で花宗川という支川に分かれる。その花宗川は、「会輔堂《かいほどう》」（今村竹堂が開設）のある八女市新庄を通り、水田天満宮へと流れる。水田天満宮の隅には、真木和泉が蟄居《ちっきょ》を構えた「山梔窩《さんしか》」が建っている。真木は、嘉永五年（一八五二）五月から約十年、その地で門弟たちに学問を教え、多くの尊王運動家を育てた。水田天満宮を後にすると、花宗川は風浪宮に向かう。丁度、三郎の銅像が建つ大川公園の北を流れ、風浪宮神船御寄せ所を左にして、筑後川の待つ向島に達する。一方、矢部川の本流はというと、それは勇ましく有明海へと向かっていく。矢部川の支流、星野川は丁度、大伴部博麻の顕彰碑が建つ北川内《きたがわち》で支川、下横山川に分かれ、耳納を越えると草野鎮永を城主とした発心城址に辿り着く。また筑後川の支川である巨瀬川《こせがわ》や隈上川《くまのうえかわ》にも近い。そこからの道は、朝倉、太宰府、英彦山と続いていくのだ。沢山の物や人々が行き来したに違いない。その中心が八女ではなかっただろうか。

懐良親王の仮御所のあった星野村にも、矢部川や筑後川を介すれば船で行ける。黒木、矢部、日田を通り、そして山鹿からは菊池へと入る。矢部村には、良成親王（懐良親王の甥）の陵墓もある。これらの河川や山々は、往時の人間模様を、一体どれだけ見てきただろう。

「懐良親王が矢部村に逃げてきたのは星野氏や黒木氏の手助けがあったからです。でも星野の土地には金山がありました。矢部にも金鉱石があって鯛王金山《たいおきんざん》と繋がっていました。今では過疎地になっていますが、金が採れていた頃は栄えていましたよ。人口は今よりずっと多かったでしょう。金はきっと日明貿易の時代にも役立っていたのではないかと思いますね。矢部村に金鉱石が発見されたのが日清戦争の頃といわれていますが、本当はずっと昔から村人は手で掘っていたと思います」

母は、南朝の軍資金は星野金山だったのではないかという持論を出してきた。

四、風浪宮と花宗川

過日、風浪宮六十七代目の安曇史久《あづみふみひさ》宮司に花宗川について話を伺った。宮司は平成二十九年（二〇一七）の十月に、「西日本新聞」の「花宗川の詩　八女筑後大木大川(9)　風浪宮　山と海の文化が融合」という欄で取材を受けられたという。そこには花宗川が、既にはるか昔から交易に役立てられていた源流を持っていたのではないかという言葉が残されていた。

「花宗川は江戸時代の完成とされていますが、私はそれ以前から水路を使った八女地方と筑後川下流部のネットワークがあったと考えています」

風浪宮の朱塗りの社殿の中に、五重塔（正平塔）一基と石人と石盾がある。この石人と石盾には、ある物語があった。現地説明版によると、「大正五年（一九一六）に、現八女市吉田が風浪宮へ寄贈し永く保存されていたが、重要文化財の指定を受けたのを機に、文化財をふるさとへと昭和五十三年（一九七八）に風浪宮から八女市へ寄贈され、八女市はこれに謝し同質同形の模造品をつくり立てた」というものだった。里帰りした石人と石盾は、今では「八女市岩戸山歴史文化交流館いわいの郷」のギャラリーで観覧できるそうである。

「今から一八〇〇年程前、この辺りは酒見貝塚と呼ばれ、弥生時代の女性の骨や土器、珍しい鶏の骨も発掘されました。日本では四例目の出土でした。（略）家禽《かきん》として鶏を飼う文化は、おそらく中国の江南地方から渡ってきたものです。阿曇族が海の向こうにある大陸・地域との交流を行っていたといわれています」

阿曇宮司は、またさらにこうも述べられた。

「私たちが考えている以上に昔から、八女地方の山の文化と有明海の海の文化が結ばれ、ここに人が集まっていたのかもしれません」

阿曇族は船の操縦造船の技術力にも長けており、ここは有明海の干満を利用すれば造船には最適の土地であった。海の船から川の船に乗り換えれば、吉野ヶ里までも行けるわけだ。

レプリカの石人、石盾の真ん中には、正平十年（一三五五）の年紀銘がある「正平塔」と呼ばれる石造五重の塔が鎮座している。大川市教育委員会の現地説明板によると、以前は拝殿の前にあったが、明治になって現在の場所に移されたとのこと。各層の屋根は、四方とも入母屋の形をなし、上縁に大棟の模様、軒裏には、たる木が彫られ、また、降棟の辺りには大きな鬼面が一つずつ、五層目の屋根の平には蟠龍《ばんりゅう》の曲がりくねった姿がそれぞれ彫刻されている。各層の塔身には、仏龕《ぶつがん》の中に如来《にょらい》や菩薩《ぼさつ》・天人などの浮き彫りが見られる。その豪放な彫法は、中国の古石塔婆類の他には、わが国ではあまり類例がないといわれる貴重な文化遺産である。明治四十三年（一九一〇）、国の重要文化財に指定された、とある。

また境内には、正平十年（一三五五）、菊池城主献進の石灯籠一対があったそうである。後年、これを見た久留米藩主は、その美しさにうたれ、好んで江戸藩邸の庭に移そうとして遠江灘《とおとうみなだ》を航行中、難破の厄にあい沈没したため、神威《しんい》を怖れ、代灯を献じたという。

いずれも懐良親王にゆかりの深い石塔であると考えられる。五重塔の石大工は藤原介嗣《かいし》作とある、この人物は藤原「助継」、藤原「助次」とも名乗っているという。一説では菊池氏の始祖は菊池則隆といい、大宰権帥《だざいのごんのそち》に下向した中納言藤原隆家の孫とされている。また、署名の際には「菊池」の氏である「藤原」

と書いていたと伝えられている。この石大工も菊池氏の一族なのだろう。

阿曇宮司は、「見事な石と、それを彫る技術。これを造ることができるのは熊本県の菊池から八女にかけての石工技術でしょうし、水運を利用しなければここまで運ぶことはできなかったはず」と力強く応えられた。

なるほど、花宗川は南朝時代にもその流れを利用して様々な交流、交易をしていたことが考えられる。その流れは、まさに人々の文化、学問の交流の源ともなったわけだ。

五、今村竹堂のこと

一方、「継嗣堂」を助けた今村竹堂は畏斎の高弟だった。畏斎の亡きあと、竹堂は京都の西依成斎に師事し、上妻郡八幡村（現八女市新庄）に「会輔堂《かいほどう》」という私塾を起こした。府中（現久留米市御井町）の生まれだったが、旧大庄屋の矢加部家出身だった母の実家である八女市新庄に住んでいた。竹堂の祖父は養子で宮地邑（現宮ノ陣）出身だったという。この宮地邑については、あとで少し説明する。竹堂については、『日本外史』の著者頼山陽も、久留米来訪に際して会ったことが知られており、勤皇の志向を有した人物として知られていたようである。

竹堂が住んだこの新庄は、驚いたことに私の父の生まれ故郷である川犬《かわい》の隣村だった。父がまだ生きていれば、もっと詳しいことが聞けただろうと悔やまれてならない。

竹堂には三人の娘がいた。その内二人の婚姻関係が判っている。一人は下妻郡溝口村（現筑後市溝口）に住む医者の清水潜龍の妻となった。古松簡二《ふるまつかんじ》（清水眞卿《しんきょう》）の母である。父の戒名に付いていた古松を名乗ったといわれているが、古松とは八女市の古松町のことだろう。もう一人の娘は儒者の井上彦一（鴨脚）の妻となった。井上彦一は昌平坂学問所で学び、安井息軒と親交があった。のちに久留米藩儒となった。その彦一の弟に池尻茂左衛門（葛覃《かったん》）がいる。母方の池尻姓を名乗っていた。彦一の末子は茂四郎《もしろう》といい葛覃に育てられ、やはり池尻姓を名乗った。葛覃は樺島石梁《せきりょう》と同様、明善堂の儒官となり、久留米藩士たちを育てた。茂四郎は勤王の志士で名が知れた人物であったが、真木和泉と共に天王山で自刃している。

竹堂が住んだ新庄には、同じく窓南の門人だった隈本新平という漢学者も住んでいた。「継嗣堂」のある津江から「会輔堂」のある新庄、そして清水潜龍の住む溝口まで、矢部川を介して一直線である。花宗川の運河もあった。船でも徒歩でもおよそ一〇キロの道程なのだ。昔にすれば交通の便がいい場所なのだろう。筑後での、この教学ともいえる学問の発展は、この川の流れに沿って広まっていったのだろう。

古松簡二は医学と儒学を学び、明善堂教官にもなる優秀な人物だった。さらにこの人物は久留米藩難事件にも関係し、久留米藩では最も影響のある人物でもあった。皮肉にも古松簡二が住んでいたとされる筑後市溝口には溝口竈門神社が存在し、今は人気アニメ『鬼滅の刃』の聖地として注目を浴びている。その溝口竈門神社から西へ一キロほど行くと光讃寺《こうさんじ》という寺がある。古松簡二の墓はその寺にあった。六年前までは墓前祭が行なわれていたようだが、今ではそれもなくなり、年に一、二度、子孫の方の墓参があるとのことだった。

母も結婚当初、「会輔堂」のあった旧八幡村に父の家族と住んだことがあった。そこで隈本新平の隈本家について尋ねてみた。驚くことに母は隈本家を覚えていた。

六、隈本家のこと

「隈本家は大地主さんでねえ。すごく大きな家でしたよ。新平さんのことは覚えていないけど、隈本繁吉さんという文部官僚の方は覚えていますよ。あなたの母校だった福島高校で英語を教えていらした隈本先生のお里ですよ。隈本家とお父さんとは本当に仲が良かったですよ。大変お世話になりましたよ」

全く知らなかった。私は言葉を失っていた。隈本先生は確かに英語の先生で、私も一度くらいは挨拶したと思う。さらに母は追い打ちをかけた。

「隈本家は実は熊本の方からみえた方と聞いていました。加藤清正以前、熊本城は隈本城といわれていて、ずっと昔は南朝の菊池一族が治めていたそうですよ。そこで姓を隈本にして、ここに住まわれたという話を聞いたことがありますよ。

それとね、ついでに言えば、ずっと気になっていたことがあるんですよ。鐘崎家に『菊水の紋』の付いたお守り刀を持ってお嫁に来た女性がいた、という話をしたでしょう。それで鐘崎家は『菊水の紋』と『五三の桐』を大切にしてきました。どうも南朝と関係あるんじゃないかと、ずっと思っていたんですよ。

あっ、それからね、隈本家はあとで分家して黒木の大庄屋になったと聞きましたよ。黒木まで行って南朝を調べるといいですよ」

七、黒木「学びの館」のこと

南朝を調べるとなると矢部村になるが、ここは先に隈本家から調べようと思い、私は黒木町まで出かけた。母に頼まれれば嫌とは言えない。「三郎の話は聞きたくない」の一点張りの母だった。それが一変して調べてきてくれということになると、私もここで引き下がるわけにはいかない。

黒木町は八女市の中央から車で二十分程である。矢部川に沿って見えるほのぼのとした農村と美しい山々がなんとも気持ちいい。また黒木はかつて、柳川と大分、久留米と大分と、八女を媒介に結ぶ豊後往還道の宿場町でもあった。今でも町家や蔵が残り、矢部川からの水路が流れる風情豊かな美しい土地である。

着いた場所は「学びの館」という黒木町今村という所で、隈本家が旧庄屋の時に住んでいた旧隈本邸である。

館に足を踏み入れると館長らしき方が出迎えてくれ、会館の起こりや屋敷の造りなどを丁寧に説明してくれた。一通り説明が終わると二階に上がり、そこで私の足は一瞬立ちすくんでしまった。そこには驚愕すべき展開が待ち受けていた。

八、猪田正吉の写真

二階の奥に貼られてあったのは、なんと日清貿易研究所で三郎と一緒に学んで活動した、あの猪田正吉の写真だった。私はその写真にしばし釘付けになっていた。そしてゆっくり見上げると、そこには猪田正吉の略歴が丁寧に述べられていた。

正吉は「明善校で学んだあと、志を立て日清貿易研究所（東亜同文書院の前身）を成績抜群にて卒業、明治二十七年日清間の風雲急を告げるや陸軍省の通訳官を命ぜられ諜報機関として帰らざる人となる。（略）

出発前、広島大本営で明治天皇に拝謁し、司令官大山巌の激励を受けている。（略）広島から叔父に宛てた最後の手紙は巻紙に書きなれた筆字で二十六歳の若さと思われぬ心境が認められる」と綴られていた。叔父とは、佐々成文（治）のことであると説明があった。佐々成文（治）とは佐々真武（金平《きんぺい》）の兄であった。金平は久留米藩士で、佐幕派の不破美作《みまさか》を殺害し、藩論を佐幕派から勤王派へ転換させたのち、応変隊参謀となり、明治二年四月、松前立石野で戦死した人物だった。

　正吉の最後の手紙と思われる巻紙や、清国への渡航に使用したパスポートらしきものもあった。そして誰が写したものなのか、三崎山の「殉節三烈士の碑」の写真が立てられていた。下には九烈士の説明もあった。その中にきちんと鐘崎三郎の名前も見つけることができた。正吉の葬式の写真までもが飾られていた。横には正吉が着ていたという随分と古くなったチャイナ服も掛けられていた。まるで正吉が前に現れたようだった。

猪田正吉の写真と略歴

　鳥肌が立ち始めた。私は確信した。ここまでの道のりは、やはり道草なんかではなかった。眩暈《めまい》を感じたので、私は窓に腰を掛けて少し休んだと思う。

　心の動揺とは裏腹に、窓の外には黒木の美しい山々がすぐそこに広がっていた。この風景を眺めながら、一五〇年前も志士たちは学びに励んでいたのだろうと思うと、不思議な気持ちになった。

九、隈本家と猪田家、さらに佐々家のこと

ゆっくりと廻りを見渡すと、隈本家と猪田家の繋がりを教える家系図が描かれていた。しかも佐々成政からの関係から始まるのには驚いてしまった。つまり、こういうことだ。

隈本城を支配していた菊池氏の一族は、戦国時代、豊臣秀吉が九州征伐に来ると、戦わずして隈本城を明け渡してしまった。そして秀吉は佐々成政に隈本城を与えるのだが、肥後一揆の責任をとらされ、成政は秀吉から切腹を言い渡されてしまう。切腹の時に腹から臓腑を取り出して天井に投げつけたという逸話は有名で、成政は相当悔しかったのだと思われる。

その成政には姉がいた。そして姉の曽孫にあたる、水戸藩に仕える佐々宗淳《むねきよ》が佐々家を継いだ。いわゆる『水戸黄門』に登場する佐々木助三郎、〝助さん〟のモデルといわれた人物である。

水戸光圀を支えたのは勿論、なによりこの人物が、光圀のもとで『大日本史』編纂に携わった彰考館《しょうこうかん》史臣の中心人物の一人だったといわれる。その歴史調査のために熊本の菊池まで、わざわざやってきたという。それだけではない。光圀の命で湊川神社の楠木正成《まさしげ》墓碑建立の実務を総括したのも、この宗淳だという。つまり南朝方の『大日本史』を編纂したのが佐々家だったわけである。その末裔に済々黌の佐々友房がいた。

では、どこで猪田正吉と繋がるかといえば、その後、佐々成政の子である信治は久留米有馬家に仕えることになったそうである。末裔の作兵衛に長女・道瀬、成文（治）、真武（金平）が生まれる。その長女・

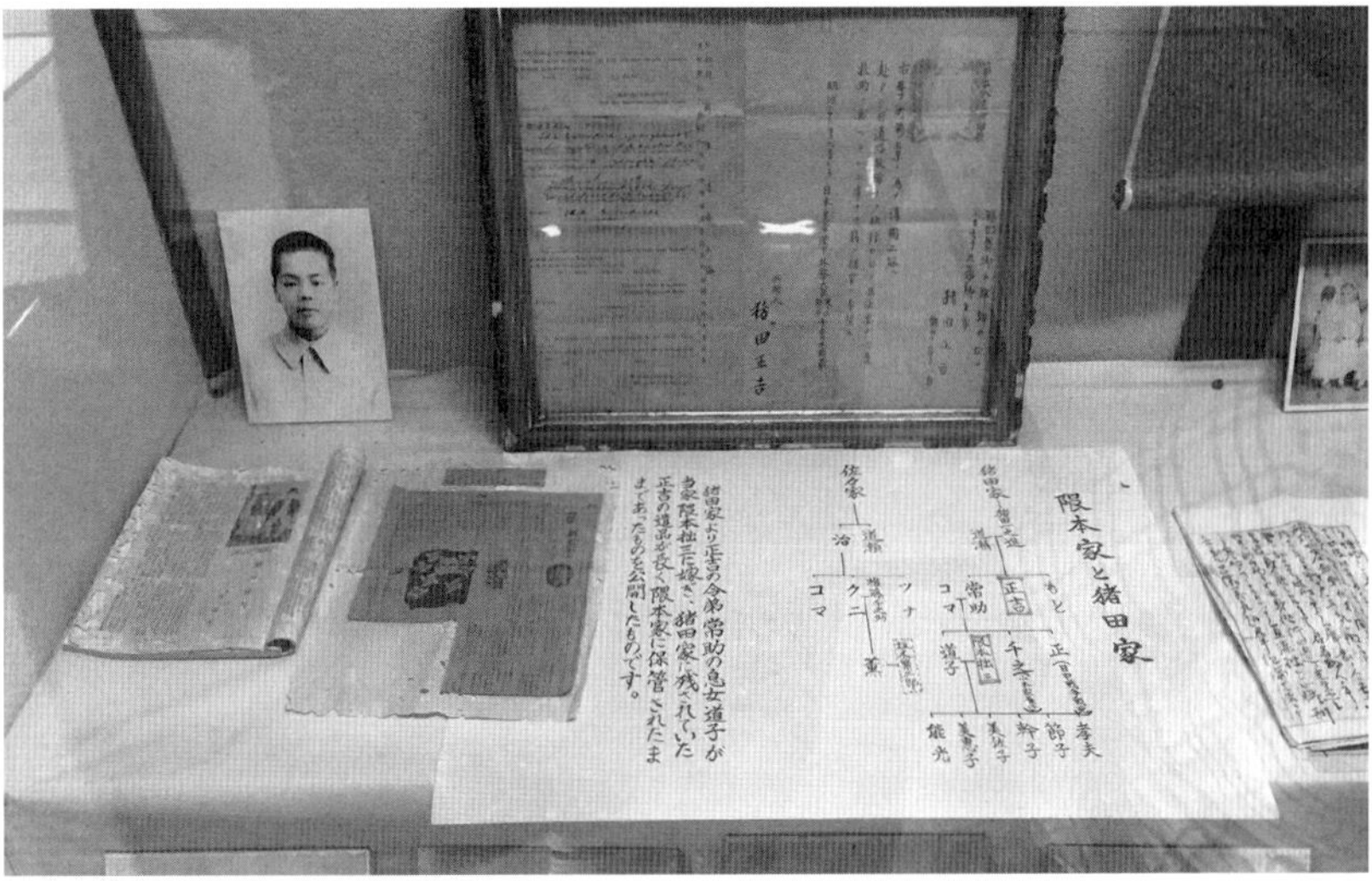

隈本家と猪田家の繋がりを示す家系図

道瀬が久留米藩士・猪田一之進を夫とし、猪田正吉が生まれたというわけである。つまり猪田正吉にとって応変隊の佐々金平は叔父になる。しかも佐々成政を辿ると佐々友房とも縁戚になることが分かった。

さらに、正吉の叔父・佐々治は、妻・園との間に綱と邦という娘たちがそれぞれ権藤家の本家と分家に婚姻を結んでいる。権藤家とは、医者で農本主義思想家の権藤成卿《せいけい》の一族である。さらに驚くことに、佐々治の娘・邦と権藤千代助（権藤家の本家）との間に生まれた薫が、洋画家である坂本繁二郎の妻である。

治と園にはさらに長女の駒がおり、この駒が正吉の弟・常助と結婚している。正吉の最後の巻紙や写真などの遺留品は、この常助と駒との間に生まれた道子が、隈本家の三代目である高校教諭・拙三《せつぞう》と結婚したことで、旧隈本邸「学びの館」にもたらされたというわけだった。今から二十年ほど前の話である。

その隈本拙三の先祖にいた漢学者の隈本新平の名前も、家系図にはきちんと記してあった。新平は合原窓南の門人であった。さらに家系図を辿ると、新平の孫に漢学者の隈本新八の名前が見える。新八は畏斎の門人だった。その孫には日田の広瀬淡窓や牛島栗斎《りつさい》に学んだという漢学者の隈本兎一郎《といちろう》の名前が見えてくる。何ということだろう。兎一郎は今村竹堂の母と同じ新庄の旧大庄屋である矢加部宇都平氏から妻・多喜《たき》を迎えていた。

つまり隈本家は今村家と縁戚になるわけだ。家も隣同士だ。あり得ることだ。ということは古松簡二や池尻葛覃、猪田家、佐々友房とも縁戚になるということである。私はしばらく息をのんだ。この相関図は一体何を意味するのだろうか。子から孫へ、そして曽孫へと、その教学は引き継がれていったのだ。

十、隈本文庫のこと

もう私は混乱していた。作家であればここで一冊か二冊、物語ができてもおかしくはない。館長らしき方が指で扉をさしながら、その扉の裏に隠された階段があると教えてくれた。私は躊躇《ちゆうちよ》せずに階段を駆け上ろうとするのだが、細いうえに急な階段で思うように上れない。上がってみると、そこには隈本文庫という隠された別の部屋があった。勝三郎が江碕済《えさきわたる》の黒木塾で使用していた書物がずらりと並んでいた。この隠し階段が意味するものは何だろう。それは案内人の館長らしき方が教えてくれた。悲運ともいえる久留米藩難事件の表れだそうである。

少しまとめよう。まず儀三郎は隈本家の分家として黒木に住み、町会議員も務める名士となった。分家二代目の勝三郎は、丁度その頃、江碕済《えさきわたる》（のちに明善校の教授）が開設していた黒木塾で漢学を学ぶ。二階の書物が探し出されないように作られたのがこの隠し階段だという。そして勝三郎の妻は、済の娘だった。後に勝三郎は黒木町町長も務めた。そして済の妻は、三郎の葬式に参拝した旧久留米藩のお抱え絵師・三谷有信の娘、棹《さお》だった。

日清戦争からかけ離れた道に迷ったと思っていたが、廻り廻ってやっぱり繋がっていく。私はいつのまにか歴史の虜になっていた。

『大日本史』百冊、『日本外史』五冊、『陽明学』五冊、『漢魏叢書』八十九冊、『資治通鑑《しじつがん》』一四八冊、『左伝輯釈《さでんしゅうしゃく》』（安井息軒著）二十七冊、『春秋』二十三冊、『靖献遺言《せいけんいげん》』三冊、『山陽』五冊、他多数。これらの隈本文庫は、やはり正吉の写真を持参した道子氏から平成四年に寄贈されたものだった。そのずらりと並んだ九二〇冊の漢籍の書物には圧倒されてしまった。それらは、ここでいかに高度な教育が行われていたのかを物語っていた。

黒木塾で使用された書物が並ぶ「隈本文庫」

部屋の中央には、陸軍中将の松浦寛威《ひろたけ》・淳六郎兄弟などの写真もあり、ここの塾生であることが窺い知れる。伯父の松浦八郎の写真も貼られていた。松浦八郎とは元治元年（一八六四）七月、真木和泉とともに禁門の変で破れ、天王山で自刃した人物である。熊本で横井小楠《しょうなん》、江戸では安井息軒《そっけん》、大橋訥庵《とつあん》に学んだという。松浦八郎の弟・虎作は黒木北木屋の最後の旧庄屋だったそうだ。しかし何故、ここ黒木に於て「松浦」の名前が出てくるのだろうか。私には疑問が増えるばかりだった。確かなことは分からない

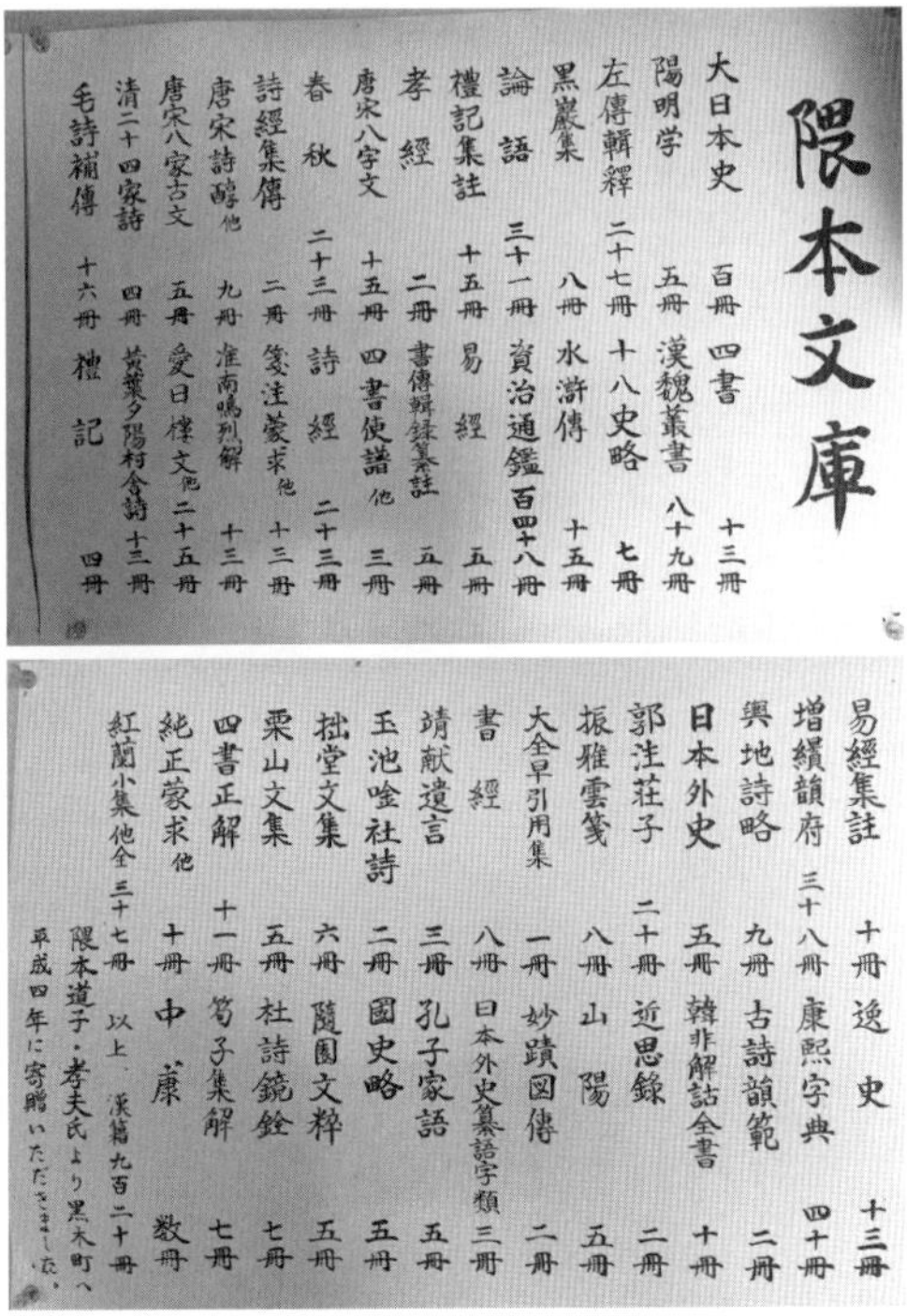

「隈本文庫」に並ぶ漢籍の一覧

が、南北朝時代、松浦党に菊池一族を支援した一族がいたことは分かった。それが理由で南朝を支援した一族が残る黒木に住み着いたのだろうか。八女市のホームページによると、松浦八郎にもう一人、進太郎という弟がいたとあった。進太郎は元々の出身である師富家を継ぎ、師富《もろどみ》進太郎を名乗ったという。師富とは諸富《もろどみ》の変化だろうか。城島町の浮島の西隣にある諸富町のことなのだろうか。疑問は増えるばかりである。

十一、江崎済のこと

後日、改めて私は浦辺登氏と、八女市矢部村の「杣《そま》のふるさと文化館」の山口久幸氏を訪ねた。黒木から車で矢部川に沿って日向神《ひゅうがみ》ダムを越えれば三十分位で行く。山口氏は江崎済について詳しい郷土史家で、八女市のホームページにも八女の歴史の記事などを掲載されている。

文化館は木造の矢部中学校の旧校舎を利用した建物で、江崎済のことは勿論、矢部村の教育沿革や世界子ども愛樹祭、郷土芸能の紹介など多彩な展示があった。

とりわけ驚いたのは、私の父の写真が見つかったことだ。そういえば父は、矢部中学校の校長をしていたことがあった。その後黒木中学校の校長となり、最後は矢部村の教育長をしていた。今頃思い出すのもおかしいが、まさかここで父の写真に出会うとは思わなかった。私が中学校を卒業すると、父は母と一緒に矢部村の教職員住宅に移り住んだ。いわゆる単身赴任ではなく夫婦(?)赴任という手段をとったのだ。私はといえば、八女市福島の自宅で一人、高校生活を送ることになった。今でも本当に仲の良い両親だったと思い出される。

高校生活を一人で暮らすことを強いられた私は、淋しい思いをしていたかといえば大間違いで、高校生活を大いに謳歌していた。最初の一カ月は緊張して遅刻もせずに学校に通っていたが、その内、遅刻しそうになることも多くなっていった。高校行きのバス停には交番がある。ある朝、遅刻しそうになった私は、その停留所で、まだかまだかとバスを待っていた。すると突然、パトカーがスーッと私の目の前に停まったではないか。そして、おまわりさんが降りてきて、パトカーで私を高校まで送ってくれた。実は、こういうことが少しの間続いた。しかもこのパトカーは、時々車の上に赤いランプを付け、サイレンを鳴らしながら走ることもあった。最初は無邪気に喜んでいた私だが、流石《さすが》に気の毒になりパトカーの中も座り心地が悪くなっていき、ある日、丁寧に頭を下げてお断りした。それから、私は遅刻をしなくなった。

このことをほんの数年前、初めて母に明かした。すると、

「まあ！　パトカー通学した人なんて、日本中探しても、あなたくらいなもんですよ！」

と呆れたように言った。そして、

「だから、あなたのことは、おまわりさんに頼んでいるから大丈夫だと言ってたでしょ？」

と真面目に言ったのだ。この言葉には私も参った。そして二人とも顔を見合わせると腹を抱えて笑った。

でもこの話は母も反省している様子なので、この程度で止めることにしよう。


江碕済の話に戻そう。江碕済は弘化二年（一八四五）、久留米荘島に生まれ、十歳で明善堂に通ったほどの秀才だったという。筑前の亀井塾や江戸の安井息軒に学び漢学者となり、江戸では福沢諭吉にも謁見したといわれている。久留米に戻り明善堂で藩儒となった。ところが明善堂や安井息軒のもとで一緒に学んだ学友たちが、明治四年の久留米藩難事件で次々と捕縛されていった。江碕済は自分にも嫌疑がかかるのを恐れ、黒木の五條家に相談し矢部村桑取藪《くわとりやぶ》の農家に身を隠すのだった。この館からまた一段と山奥にある場所だそうである。久留米から五〇キロも離れた山村だった。

周知の通り矢部村は後征西将軍・良成親王を慕う忠臣の子孫がいる地でもある。そこでまず江碕済は塾を開設した。彼は矢部小学校の創立者となった。明治九年（一八七六）に塾を黒木に移転した。黒木塾は今の黒木駅跡あたりにあったという。明治十二年（一八七九）、北川内《きたがわち》村（現上陽町）の旧大庄屋・木下甚助の勧めにより北川内に移り、北汭《ほくぜい》義塾と改名した。この塾は明治二十八年（一八九五）まで続けられた。こうして八女の山奥でも高度な近代教育は育っていったのである。

本書第二部「五、碑文其の他」の「［三］弔鐘崎三郎大人詞」（久留米護国団総代・三谷有信）の中に出てくる大伴部博麻呂の顕彰碑（文久三年・一八六三建立）は、博麻の出生地の上陽町北川内公園内にある。この碑を建てたのがまさに、この木下甚助という人物だった。

また五條氏は後醍醐天皇からも厚く信頼された人物で、近隣の黒木に住み、現在も良成親王の陵墓を守っている。明治になり、高良大社宮司の船曳鉄門はこの陵墓を探し出し、明治九年（一八七六）、国に上申した。宮内庁は明治十一年にその地を「良成親王墓所」と治定《じじょう》している。陵墓は、それまで村人たちにより秘匿《ひとく》され、静かに守られてきた。館長の山口氏はその良成親王陵墓のいわゆる墓守の子孫であった。現在は親王の慰霊祭として八女市で毎年、命日といわれる十月八日に「大杣《おおそま》公園祭」が開催されている。

十二、江碕済の塾生たち

塾生の主な人名をあげてみよう。

真木勤四郎、日比翁助《ひびおうすけ》（三越デパートの創始者）、後年陸軍大将となった仁田原谷三郎（重行。新田義貞の子孫）、矢部村長・坂本鉄之進、牛島謹爾《きんじ》（アメリカでポテト王といわれた）、武田範之、宮崎来城《らいじょう》（三郎の銅像に銘文を書いた人物）なども通っているのが分かった。宮崎来城は猪田正吉や佐々金平の縁戚にあたる権藤成卿の弟である権藤震二《しんじ》と黒龍会に参加している。

そして久留米の神官の真木家の名前もそこにあった。「真木家略系譜」によると、真木家の始祖は水天宮第一代の神職となった平右忠《すけただ》十六代の孫・忠左衛門重臣であり、慶安三年（一六五〇）、久留米藩第二代藩主忠頼に水天宮社殿の改築を願い出て、社地として三潴郡京隈《きょうのくま》村（現久留米市京町）に、七畝二十八歩を賜わったことに始まるとある。この忠左衛門重臣は肥後真木村（現熊本県菊池郡大津町真木）の出身で、先代竜臣の養子だったが、出身地の名をとって真木姓に改姓したのだという。菊池郡出身だとすれば、やはり真木家は菊池一族なのだろうか。その場所には真木城跡があるという。その城主だったのだろうか。

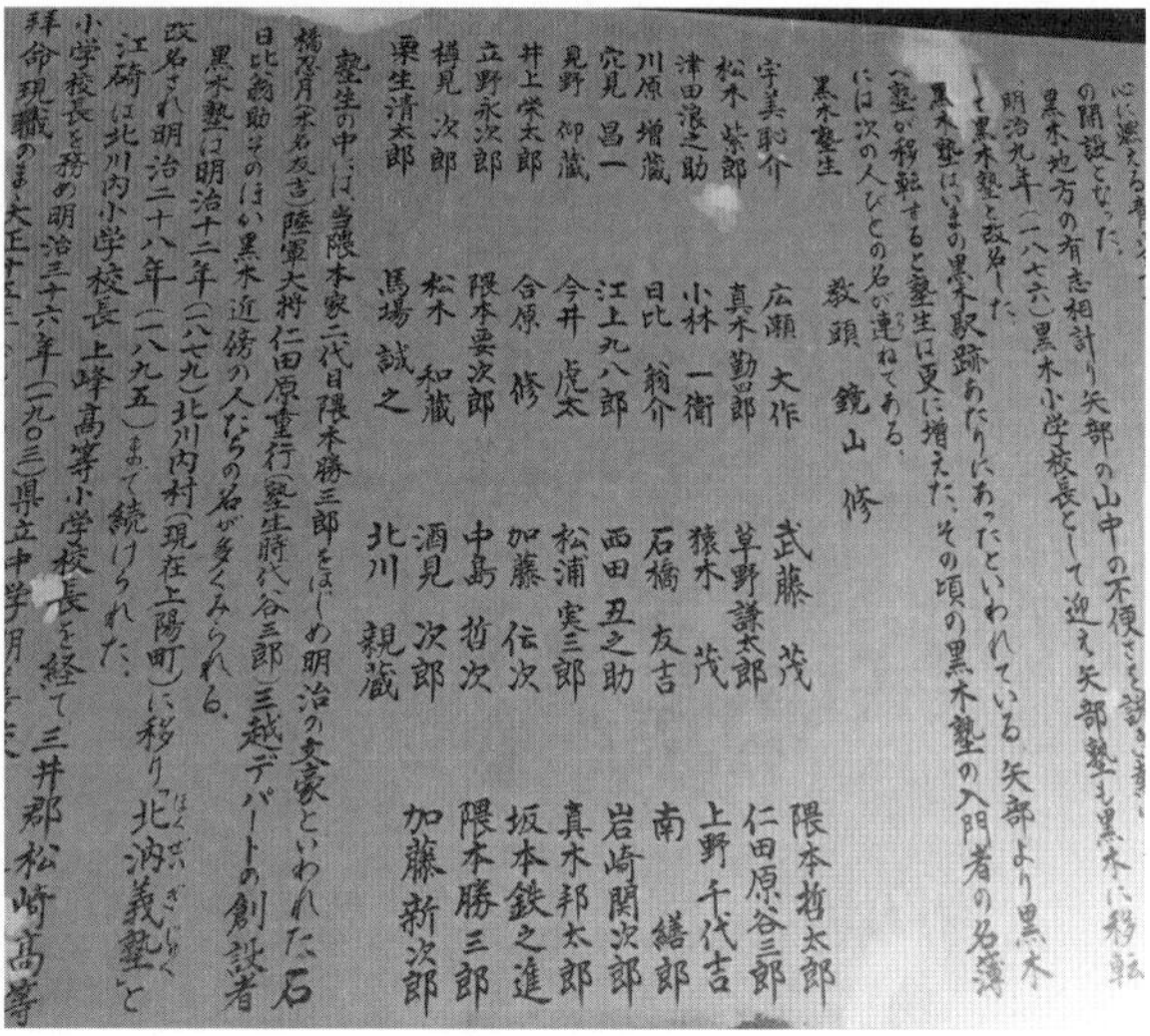

「学びの館」の黒木塾の説明文に塾生たちの名が記されている

のちに衆議院議員となった木下学而《きのしたがくじ》（のちに筑後水力電気株式会社取締役）も塾生の一人だった。旧北川内庄屋の木下甚助の長男である。この木下学而は大内暢三《ちょうぞう》と樋口正作《まさおき》（漢学者・樋口和堂《わどう》の次男）の三人で、政友・進歩・国民の三派合同の記念事業として、明治三十六年（一九〇三）に八女郡（現八女市）に図書館を建設し寄贈している。武内美代吉や佐々木正蔵も丁度その頃、衆議院議員として活躍している。

大内暢三は八女郡白木村（現八女市立花町白木）の出身で、図書館を寄贈した頃は近衛篤麿《あつまろ》の側近で秘書のような役にいた。今の八女市立花町白木には旧大内邸（八女市指定有形文化財）が残っている。二年前、三郎の墓前祭の帰りに、参拝してくれた本書の編集委員のメンバーと訪れた。八女市といっても矢部川左岸側だった白木は立花氏が治めていたので立花藩だった。旧邸の表には蒲池氏が治めていた山下城の山城跡が見え、辺りは日当たりが良く、今ではみかんの産地になっている。

明治十七年に建設された家屋は、今でも奇麗で、その当時を思い起こさせる雰囲気があった。書棚には『東亜同文書院大学史』や「近衛文麿」の自伝、『大陸大旅行秘話』などの本も並べられていた。廊下には、昭和十一年（一九三六）二月二十六日に発生した二・二六事件に際して、二十九日八時四十八分からラジオ放送された、戒厳司令官・香椎浩平中将の名で書かれた「兵に告ぐ」の放送原稿が花押付きでコピーされ、大きく額縁に飾られていた。やはり見ただけで一瞬、緊張感が漂ってくる。また暢三は、真木和泉の蟄居していた水田の住居「山梔窩《さんしか》」を再建する時に寄付を申し出ている。

一方、近衛篤麿は、大内暢三が図書館を寄贈した十年前、貴族院議長の要職に就いていた。特に日清関係などの国際問題を注視し、明治二十六年（一八九三）、東邦協会の副会頭に就任した。この東邦協会は日清戦争にも大きな影響を与えた団体だといわれている。会員には稲垣満次郎、頭山満、金子堅太郎、川上操六、原田一道、岸田吟香、荒尾精など錚々たるメンバーがいた。

そして日清日露戦争後、近衛篤麿を会長として発足したのが東亜同文会である。常任幹事は『烈士　鐘崎三郎』に序を送った田鍋安之助、支部主任には三郎の葬儀にも参列した宗方小太郎、岸田吟香、根津一、佐々友房、郡嶋忠次郎などの顔ぶれが揃っていた。

明治三十四年（一九〇一）には根津一を初代院長に上海で新たに東亜同文書院として門戸を開いた。第五代院長を就任した近衛文麿は篤麿の長男である。大内暢三も篤麿の遺志を継いで第六代院長に就任した。

江碕済の塾生たちを見ていくうちに、三郎が活動した日清貿易研究所の後身である東亜同文書院にたどり着いた。道に迷うのも一興のようだ。

初代院長の根津の次に第二代院長に就任した杉浦重剛《しげたけ》は、隈本家の隈本繁吉と、歳は離れていたが懇意にしていたという。この情報は、杉山洋《すぎやまひろし》氏(画家・郷土史家）という、私がまだ園児だった頃の絵の恩師からもたらされた。かつて杉山洋氏は坂本繁二郎の弟子だった。九十六歳を迎えるという杉山氏は、まだ電話の声もはっきりとしていてお元気である。氏は杉浦重剛が隈本繁吉に宛てた葉書をお持ちだ。しかも隈本繁吉や古松簡二のことは同郷であるせいか、とても詳しかった。私はただただ電話に頭を下げるばかりだった。

十三、旧八幡村（現八女市新庄、川犬）を訪問して

隈本繁吉とは、父の実家の隣村、新庄に住んでいた文部官僚である。それでは、隈本繁吉は何故、東亜同文書院院長の杉浦重剛と親交があったのだろうか。杉浦重剛は二十七歳頃、文部省と東京大学に勤務していた。二人はその頃に知り合ったものと推測できる。私はこの人物に興味を抱くようになった。それにこの旧八幡村という場所には、幕末に今村竹堂の開設した「会輔堂」もあった。今村竹堂を介すと勤王の志士の古松簡二や池尻葛覃とも繫がるからである。

ある日、私は繁吉の墓所を訪ねた。かつて大庄屋だった隈本家の広大な土地を歩いていると、途中で偶然出会った地元の人から、隈本一族の隈本利光氏の自宅を教えて頂いた。それは墓所のすぐ側にあった。ついに隈本一族に逢える機会を得て、私は心が躍った。

当日になって隈本利光氏の自宅を訪れると、一人の地元の郷土史家（服部正男氏）と、隈本家と縁のある二人（隈本達也氏、檀和男氏）の同席を交えながらの楽しい談話となった。利光氏が用意されていた隈本家の家系図は、四枚ほどの模造紙を継ぎ合わせたもので、それは紙いっぱいに描かれていた。広げて説明を受けると、黒木の「学びの館」で見た家系図に膨らみが増した。繁吉は、矢部川左岸の旧八女郡水田町尾《お》島《じま》（現筑後市尾島）の堤家からの養子だった。

同席された郷土史家の服部氏は、八女市役所を退職したあと、竹堂の「会輔堂」を懐かしみ、同村の旧

角虎雄《すみとらお》邸を、中国の故事にちなみ「木鶏書院《もっけいしょいん》」と名付け、生涯学習の一環として、地元の人々と文化交流をやっていた人物であった。そしてその生涯学習の「木鶏書院」の事務局をやっていたのが檀氏であった。かつて杉山氏も、「隈本繁吉」について講義をしたことがあったという。

また、この旧八幡村には平家の落武者が多いといわれている。この辺りに「平《だいら》」という地名があり、姓は殆ど「平《たいら》」を名乗っているそうである。昔は変名の「浅川」を使っていたという。また同村の北には花宗川が流れており、地名を今山《いまやま》という。平氏の落武者たちは、吉井から逃げて、今山に移り住み、後に「平」へ移ったのだそうだ。同席された服部氏も、実は、その浅川氏と同様、いわゆる平氏の落武者の子孫の一人だった。矢部村の山口氏といい、新庄の服部氏といい、八女に埋れている歴史の深さには、いささか驚きを覚えてしまう。服部氏は、「代々、平氏の家臣たちは、敵からいつでも逃げられるように住居を固めて一族を守っていた」と聞かされていたという。「今でも旧八幡村の住人たちは、結束が固いんですよ」と言いながら、服部氏は穏やかにほほ笑んだ。

一方、隈本達也氏からは『隈本繁吉先生の想い出』（又信会〔香川大学経済学部内〕発行、平成三年）という貴重な本を貸して頂いた。それによって繁吉は、杉浦重剛が自邸内に開設した称好塾《しょうこうじゅく》の門下生だったことがわかった。また、古い写真も記録として掲載されていた。やがてそれは、繁吉と実家の堤家、そして池尻家との集合写真だということが判った。池尻家とは、あの池尻葛覃の母方に違いない、私はそう思った。やはり、この旧八幡村という地域は、勤王の志士たちを生み出した場所だったのだ。

繁吉の履歴も詳細にわかってきた。本人が執筆した原稿を読んでいくと、私が何故この人物に惹かれたのかが漸く見えてきた。明治四十三年（一九一〇）、彼は、日本が日清戦争で勝利して植民地となった台湾の総督府に赴任していた。荒尾精が志半ばで逝った土地である。大正六年（一九一七）、台湾総督府学務局学務課長に就任。混沌とした時代に、まさに真摯に教育と向き合い、台湾での植民地教育に約十年間、尽力した人物だった。欧米各国へ教育視察にも行きながら、台湾の教育現場でも校長を兼任していた。四十七歳で依願免官をして日本に戻ると、杉浦重剛から推薦され明治大学の教務を嘱託された。

十四、繁吉と漱石

ここで意外な作家の名前を耳にした。夏目漱石である。漱石が八女の繁吉の家に度々滞在したというのだ。この漱石の訪問の話は、古くから新庄に住む人々の言い伝えであるという。

頂いた資料によると、繁吉は旧八女郡福島町（現八女市）に住む会輔堂を再興した高橋嘉遯《かとん》の塾で学び、熊本市の第五高等中学校（旧制）に入学し、明治三十年（一八九七）、東京帝国大学文科大学史学科（現東京大学）を卒業した。漱石は帝国大学出身で、第五高等学校にも教師として赴任しているが、繁吉とは在籍期間が異なっている。繁吉は、嘉納治五郎と秋月胤永《かずひさ》（悌次郎《ていじろう》）には非常に可愛がられたようだ。ラフカディオ・ハーンからは英語を習っている。また嘉納治五郎は、繁吉が最初に就職した東京高等師範学校で校長をしていた縁もあったという。これからの話は、杉山画伯から教えて頂いた話も交えながら進めていく。

なお秋月胤永は、明治二十七年（一八九四）の春、八女市の繁吉の実家に二日泊まっている。その時に叔父の禹一郎は、自身が寄進する村社八幡宮の鳥居に彫る詩文を秋月胤永に頼んだ。そのことは、秋月胤永の葬式で繁吉が詠んだ弔文の中で明らかにされた。その鳥居は今でも残っているものの、もう相当風化して読み取れなくなってしまったそうだ。旧八幡村で談話した四人は、それを非常に悔やんでいた。実は、この八幡宮こそが、竹堂が開設した「会輔堂」の跡地だった。

後日、杉山画伯から、その鳥居の秋月胤永が書いた刻文の内容を教えて頂いた。画伯は、わざわざ同村の八幡宮まで来て、写したという。許しを得たので、ここに披露することにする。

・右の刻文「允文允武立国基」

・左の刻文「聖子聖孫継述之」

秋月胤永は、この詩文を書いたあと、ある人物を偲んで八女市忠見を訪れたという。杉山氏よりその場所を教えて頂いた。幕末、京都守護だった秋月胤永は、久留米藩の開国派、本庄仲太《ほんじょうちゅうた》と付き合いがあった。本庄仲太は、畏斎の高弟だった川崎塾・本荘星川《せいせん》の二男で、昌平坂学問所で学んでいた。明治二年（一八六九）、戊辰戦争後、久留米藩の尊攘派は、開国派の本庄仲太を佐幕派とみて切腹斬首を命じた。秋月胤永は、その仲太の墓参りのために訪れたのだった。

さて、漱石と繁吉は、いったいどういう仲だったのか気になるところだ。どうも「満韓ところどころ」（満鉄総裁・中村是公《よしこと》の勧めで満洲・朝鮮を廻った紀行文。「朝日新聞」連載。明治四十二年・一九〇九）の取材で繁吉と逢っているようである。その紀行文に「隈本さん」として登場している。『夏目漱石と菅虎雄——布衣禅情を楽しむ心友』（原武哲著、教育出版センター、昭和五十八年一九八三）で、はっきりする。

菅虎雄という人物を説明しよう。菅虎雄の父は、久留米藩有馬家の御典医だった。父と同じ医者の道ではなく、ドイツ語学者の道を選んだ。二年後輩の漱石を旧制第五高等学校に招いたのが、この菅虎雄だった。二人は無二の親友だったらしく、漱石は第五高等学校教授の時代、よく久留米を訪れ旅行したという。高良大社、耳納連山を越え、発心公園（草野町・発心城址の北側）まで行って、桜や菜の花の美しさを楽しんでいる。また吉井にも訪れ、日田から船で筑後川を下っている。ここでは、頼山陽の大刀洗川の戦いの詩を思い起こすような、菊池武光の太刀にも触れた詩を詠んでいる。発心公園と久留米つつじ公園に、漱石の歌碑がそれぞれ建てられている。なお、雑司ヶ谷霊園にある漱石の墓碑に揮毫したのが、この菅虎雄だった。

また、菅虎雄と池尻茂四郎（池尻葛覃の養子）は、いとこ同士だった。菅虎雄の母の兄・加藤常吉と茂四郎は、「禁門の変」で真木和泉とともに天王山で自刃している。

一方、繁吉は、日韓併合条約公布の明治四十三年（一九一〇）に朝鮮総督府事務官に就任している。漱石が京城《けいじょう》（現ソウル）で繁吉と逢ったのは、その一年前だが、当時、繁吉は学務局第一課長兼第二課長（文部省のようなもの）と官立漢城外国語学校長を兼任していた。ただ漱石と繁吉の出会いは、それが最初ではなく、どうやら既に旧知の仲だったようである。文部官僚のあと、明治大学予科主幹兼講師となった繁吉は、講演嫌いの漱石に、明治大学での講演を依頼した。漱石は、「隈本さんの頼みだから引き受けたのだ」と言って、「倫敦《ロンドン》のアミューズメント」という題の講演をした。明治三十八年（一九〇五）三月のことだった。その時点で、もう二人は親交があったことが判る。

しかし漱石が八女に滞在するときは、繁吉は殆ど不在なので、いわゆる隈本家の使用人たちが世話をしていたようである。隈本家の家は十以上の大部屋があり、漱石は自由に出入りしていたのだろう。とにかく、繁吉の自宅はいつも来客に追われていたらしい。

また、松本清張の『小説東京帝国大学』にも、繁吉は登場している。繁吉も不思議な人物である。周囲からは「あまりに純粋な性格ゆえに、却って人に利用され、誤解を招いたこともあった」と言われた。確かにそういう面があったと思う。なにせ隈本家の土地は、一時、羽犬塚（筑後市）の駅前から新庄まであったという大地主である。お金の心配や余計な恐れなどとは縁のない世界の人だったのではないだろうか。

明治四十四年（一九一一）、繁吉は台湾総督府学務局学務課長に就任した。台湾総督府国語学校校長、同師範学校長を兼任して約十年間、植民地教育に尽力した。帰国したあとは、香川大学の前身である高松高等商業学校の初代校長を務め、その後も数々の校長に就任した。昭和十三年（一九三八）、叙正三位勲二等。終戦直前に、八女市に戻った。

敗戦後は、植民地教育に携わった官僚として繁吉は傷ついていく。昭和二十七年（一九五二）、八女市で逝去。昭和三十一年（一九五六）香川大学経済学部前庭に繁吉の胸像が建立された（新田藤太郎氏作）。大正天皇、昭和天皇にも拝謁を賜る立場にある数少ない官僚だったという。また、隈本家から松平家と婚姻を結んだ女性がおり、その縁で八女市新庄では宮内庁や女官などの職務に就いた人が多かったと地元で言われている。

話を終えると、利光氏と、今話題になっている溝口竈門神社まで行こうということになった。溝口は、古松簡二が住んでいた場所でもあり、すぐ近くには、南北朝時代、菊池武光が懐良親王を奉じて入城した溝口城跡がある。

竈門神社に着くと、平日というのに『鬼滅の刃』のファンたちで賑わっていた。利光氏は「以前は静かだったんだけど、村も活気が出てきた」と嬉しそうに笑った。竈門神社の前を歩いて矢部川の土手に立つと、真っ青な空と飛形山《とびかたやま》が顔を見せた。飛形山の麓には旧大内邸がある。逃げてきた平氏を助けた僧兵がいたという天台宗清水寺も見える。この角度から見る景色が一番美しく見えると言って、隈本家には窓がくり抜かれた部屋があったという。

そして矢部川の南側を指して、利光氏は「あそこが繁吉の実家堤家のあった尾島」と北を指した。この尾島とは、平安末期の治承《じしょう》・寿永《じゅえい》の乱（源平合戦）の中に出てくる「尾島合戦」の舞台であり、現在、尾島公民館前に「一之塚源平古戦場跡」の石柱が建っている。振り返って「あっちが会輔堂のあった八幡宮、こっちが隈本家の新庄」と指を差し、「手前が隈本家と親戚の矢賀部家の家があったところ」と教えてくれた。

矢賀部家とは、今村竹堂の母と、隈本禹一郎（繁吉の叔父）の妻の実家のことであった。繁吉は、その矢賀部家にあった漢学の本を幼い頃から読み耽っていたという。

土手に上って少し北を望むと、花宗川の傍に建つ坂本繁二郎の旧アトリエが見えた。ここで忘れてはならない。坂本繁二郎の妻・薫の両親は佐々家と権藤家だったことを。そして三郎と日清貿易研究所で一緒に学んだ猪田正吉の弟・常助の妻・こまは、その薫の母・邦と姉妹だった。

坂本繁二郎の水彩画を持っている人が八女の農家に多いと聞いた。その逸話を服部氏が教えてくれた。いつももらう野菜の御礼にと、繁二郎は水彩画を描いて渡していたそうだ。「ここに住んでいれば飢えることはない」と、八女の自然の美しさと同様に、繁二郎はこの地域の人柄も気に入っていたようである。成程、坂本繁二郎の愛した美しい八女の原点とは、ここだったのだと、私は確信した。

矢部川の美しさに見とれながら、私は少々興奮気味で帰路に着いた。現地を歩くと今まで見えなかったものが見えてくるものである。

ところで、漱石は日清戦争の従軍記者はやらなかったが、親友の正岡子規は、従軍記者として赴任している。ただ、子規の遼東半島到着は開戦後八カ月経過しており、その二日後には下関条約が締結された。つまり戦争は終わっていた。

子規は、明治二十八年（一八九五）四月十日に宇品から船に乗り、十五日に金州城へ入ったという。そして二十五日に、あの三崎山に登っている。「陣中日記」に子規は次のように記している。

三崎山とは鐘崎、藤崎、山崎三通訳官の霊を祭る処、一目金州城を見下せり。三個の墓碣《ぼけつ》山上に相並んで風雲往来す。英魂永くこの地に留まりて帝国臣民の行末を護らんとすらん。
三崎山を越えて谷間の畑をたどれば、石磊々《らいらい》として菫《すみれ》やさしゅう咲く、髑髏《どくろ》二つ三つ肋骨幾枚落ち散りたるは、はや人間のあわれもさめて、ぬしや誰とおとずるるものもなし。

なき人のむくろを隠せ春の草

繁吉の話から意外にも漱石という人物に出会った。そして子規が詠んだ三崎山の俳句を知った。二人は、三郎の故郷が繁吉と同じ筑後だったことを知っていただろうか。

母は文部官僚としての隈本繁吉の存在は知っていたが、夏目漱石との関係や、正岡子規の詠んだ三崎山の俳句までは知らなかった。このことを報せると、「ほう」と感嘆の声を挙げた。さらに猪田正吉の写真があった黒木の「学びの館」の存在を聞くと、非常に興奮した様子だった。当然だと思う。

「猪田正吉さんは本当にかわいそうな人でしたよね。とても優秀で真面目な方だったと聞いていましたよ。行方知らずになるなんて、本当にご家族の方はお気の毒でした。その道子さんという方に早く逢いたかったねえ」

母は涙ぐみながら心から残念そうに言った。


坂本繁二郎の話を書く際に、私は杉山氏に色々と情報を尋ねた。何度か電話で話を進めていくうちに、どうしても本書のことと鐘崎三郎のことも話さなくてはならなくなった。杉山氏は、なんと鐘崎三郎をご存じであった。それに、戦後の満州引揚げ者であり、旧制奉天第二中学校の出身者でもあった。しかも、向野堅一の親戚である向野訓平氏と同級生だったというのだ。向野記念館にも電話をかけたことがあったという。

「世の中は狭いですねえ。九十六歳という長い人生を歩んでいると、このような出来事に度々出会うんですよ」

そう言って杉山氏は大きな声で笑った。

向野康江氏によれば、訓平氏は、向野堅一の次兄・斉の孫に当たるそうである。訓平氏の姉・佳代氏は東京都杉並区在住で、今も健在とのことだった。

うろうろと路頭に迷ったと思っていると、やはり全てが三郎に行きつく。奇跡のような展開に、どうも言葉が見つからなかった。

そして、杉山氏は、続けてこうも語ってくれた。大正元年（一九一二）、第六回文展（文部省美術展覧会）に坂本繁二郎は『うすれ日』を出品した。これを高く評価したのが東京朝日新聞社に入社した夏目漱石だったという。同新聞の「文展と芸術」に、漱石は、牛が一匹立っているだけの油絵の凄さを絶賛したそうである。またこれは、漱石にとって唯一の美術展評となったそうだ。

この必然とも思われる繋がりに、母は急に無口になった。そして少し間が空いて、ひと言こういった。

「こりゃ、鳥肌が立ってきた」

十五、大円寺のこと

「菊水の紋」のことが気にかかるという母に朗報があった。黒木の帰りに星野まで足を延ばし、征西将軍懐良親王が仮御所として構えたという大円寺に寄ってみた。寺の横に併設されている歴史資料館に足を踏み入れた。八女市のホームページによると、大円寺は創建を神亀二年（七二五）とし、かつては太宰府観世音寺の末寺として、この地の領田の管理掌握に当たっていたという。延元三年（一三三八）、懐良親王は一時、九州の北朝方を鎮圧したが、建徳二年（一三七一）、九州探題として西下した北朝方の今川了俊《りょうしゅん》との高良山での攻防戦をさかいに勢力が衰退し、天授三年（一三七七）四月、大円寺（星野御所）に退いたとのことだった。

良成親王に征西将軍職を譲ったあとも、懐良親王はこの星野で南朝方の統率をしていたが、弘和三年（一三八三）三月二十七日、大円寺で死去した。五十五歳だったという。歴史資料館には、懐良親王ゆかりの資料が、南朝方の五條氏や星野氏の資料と共に展示してあった。

幸運にも大円寺の坊守さんの話を訊くことができた。黒木のお茶も美味しいが星野のお茶も格別で、そんな星野茶を頂きながら話を伺った。大円寺の住職の紋は「菊水の紋」だと、坊守さんは飾られている紋を指で示された。私は心臓が止まるかと思った。しかし、その他の情報を得ることは難しかった。

懐良親王を最後まで支援したこの地の星野氏は、大円寺を菩提寺としたという。星野氏は菊池氏、五條氏、黒木氏、草野氏らとともに、良成親王を最後まで支援して戦ったのだ。後ろに控える雄大な耳納《みのう》連山に鷹取城という山城を築いた星野氏一族だった。松浦一族と縁戚を結んだ蒲池氏も南朝方についたという。天正十四年（一五八六）八月、星野氏は立花宗茂との戦いで滅亡したといわれている。

十六、星野氏とは

しかし星野氏の一部の子孫たちは生き残り、耳納連山を越え、朝倉市下須川《しもすがわ》の地域に農家として住み着き身を隠した。今でもその下須川では殆どが星野姓を名乗っている。分家した筑後星野氏の一人は旧朝倉町大庭乙王丸《おおばおとうまる》の旧庄屋になり、その家は現在に至っている。また大庭入地《おおばいりじ》には、星野氏と調《しらべ》氏の広大な墓地が今でも残っている。黒木・河崎・星野氏は同族で調《しらべ》一党ともいわれた表れだろう。

乙王丸に住む子孫の星野典彦氏にお話を伺った。幕末になると星野氏の末裔《まつえい》の旧庄屋・星野茂三郎は勤王家として大庭乙王丸の自宅を勤王の志士たちに差し出し、匿ったそうである。平野國臣や野村望東尼、真木和泉などは度々この地を訪れ、話し合いを繰り返したという。

この大庭乙王丸は筑後川より少し北に行った高台にあり、そこからは丁度、余名持《よなもち》（現両筑橋《りょうちくばし》の上の方）

の船着場が奇麗に見える。

『朝倉郡郷土人物誌』（福岡県朝倉郡教育会編刊、大正十五年）によると、

「星野茂三郎義澄は大内家より入りて星野長右衛門重定の八代目を継ぎ大字大庭字乙王丸に分家し後大庄屋を務めたり。維新の際、志士竹内五百都《いおと》（薩摩藩からの亡命者。伴右衛門－葛城彦一）等を隠蔽庇護し、次いで僧月照、平野國臣など入薩者一行を迎えて大西郷其の他勤皇家の連絡籌策《ちゅうさく》を謀り大に尊王の実を挙げたり」とある。

乙王丸には、嘉永三年（一八五〇）から安政五年（一八五八）にかけて八年間、西郷隆盛や僧月照ら勤皇の志士たちが隠れ住んだといわれる旧庄屋・星野茂三郎の家跡が今でも残っている。その屋敷は、英彦山から小石原塔の瀬に抜け、三奈木黒田家別荘を通り、十文字から一直線である。この家の前を小郡方向に行けば久留米支藩松崎藩に行ける。勤王の志士たちはそうやって周旋していたのかもしれない。

月照を薩摩に密送するため西郷隆盛、竹内五百都らは百姓に変装して月のない暗い夜、余名持の筑後川岸辺から船で有明海へ下り、鹿児島へ着いたといわれている。朝倉にはこれらの逸話がいくつか残っており、「朝倉新聞」（平成十一年九月七日）にも郷土史家の柳昭八《やなぎしょうはち》氏によって詳しく著されている。星野茂三郎が大内氏から入った養子だというのも興味深い。その頃大内家は旧朝倉郡夜須町に居住しており松本と名乗っていた。

私が星野氏にこだわるのには他に理由があった。星野家が裏桔梗紋を使用していたことに端を発する。母の実家である江口家が桔梗紋だったからだ。加藤清正も桔梗紋だったといわれるが、これはこれからの課題の一つになると思う。加藤日龍については、まだ分からないことだらけである。ただ、最後の住所が

生葉と書かれていたのが一つの手掛かりになるだろう。旧生葉郡とは、星野村や浮羽を指すからである。

十七、千磐家のこと

突然、母から電話があった。ところが、「何かを思い出したからすぐにかけたのだけど、もう思い出せない」と言う。慌てないでゆっくりでいいからと告げると、

「ああ、思い出した！　思い出したよ！　あのね、『菊水の紋』の刀を佐賀の千早から持ってきたお嫁さんがいたって話したでしょう？」

母は、「菊水の紋」から一歩も動けないようである。母にすれば幼い頃の印象はそこから始まっているのだ。母と共に私も随分と南朝のことには詳しくなっていた。

「あのね、千早じゃなくて『ちわや』だったのですよ！」

いきなり話し始めた母は、

「そうそう、『ちわや』です。思い出した！　佐賀の『ちわや』からお嫁に来たお姫さまがいたのですよ」

私は、しまった、また難題が増えたぞと思いながらも、母には「思い出してくれてありがとう」と礼を言って電話を切った。

ここまできたら調べるしかないと、やおら『久留米人物誌』を開けると、あったのだ。

そこに「ちわや」はあった。土地名ではなく人の名前だった。「千磐」と書いて「ちわや」と読む。千磐氏の系図もちゃんと記してあった。

『宮地邑物語』（楠正人（医学博士）著、筑後郷土研究会、昭和十二年）の序文（浅野陽吉）によると、「南筑

に於て楠氏の後裔と称せらるゝもの二家あり、一は御井郡宮地に住した。久留米に住したものは千磐を氏とし、宮地に住したものは楠を氏とす。千磐氏は有馬氏に仕へて久留米藩士たり。楠氏は宮地渡を支配し且つ同方面の庄屋として、地方豪族たりし家である。千磐氏は楠木正成の三男・楠木正儀《まさのり》七世孫、楠次郎左衛門正教の男右京亮正安（永禄二年一五五九没）を祖とする。その子因幡正次、筑紫広門に仕え、その末子専右衛門正長、久留米藩主・有馬忠頼に仕え、貞享五年（一六八八）二月二十七日姓を千磐と改ると伝ふ。家紋は菊水である」とあった。

また、『久留米人物誌』によると、「専右衛門正長の父は楠又兵衛尉時長と称し、元亀年間に出生。初め筑紫広門に仕え、のち慶長十三年（一六〇八）八月、百七十石で肥後の加藤清正に仕えた。加藤家没落後、肥前の養父郡に住み、放閤菴と号し、入道して世円と称し、万治三年（一六六〇）十月没。その長男が正長で、肥後八代で出生。寛永十一年（一六三四）、久留米藩祖豊氏に児小性として召し出され御側筆者役となり、二百石を給せられた。三代藩主頼利の明暦三年（一六五七）正月馬廻組となり、貞享五年（一六八八）楠氏を千磐氏に改称した」とある。

「千磐」という人物が久留米藩に存在していたのだ。久留米藩士千磐氏の最後は大枝（京之進）といい、船曳鉄門門下の歌人とあった。明治三十八年（一九〇五）没。墓は京町梅林寺。最後は三潴郡長となったという。

戸長といえば、佐々治や猪田正吉の父・猪田一之進も同じ久留米藩の戸長だった。きっと三人は懇意にした仲間ではなかっただろうか。

一方、『初手物語』（真藤ミチヨ口述・真藤アヤ収録・古賀幸雄ほか編、久留米郷土研究会、昭和五十一年）に久留米藩士の千磐大枝についての記述があった。久留米市立中央図書館で調査を依頼したが、作者は既に亡くなっていて連絡が不可能だった。それでも新たな情報に母はとても喜んだ。どうやら母と私の旅はこれからも続くと予想される。

十八、八女遷都の話

戦時中にあったという八女遷都の話が、「西日本新聞」昭和五十二年（一九七七）十月六日付夕刊に掲載されて明らかになった。「戦争中大まじめに検討された八女遷都論」という見出しを目にした八女市民は大いに沸いたという。私は八女を離れていたので直接その嬉しい賑わいには参加できなかったが、母はその時の様子を思い出し、ひそかにこうも言った。

「誰も声を出して言わないけれど、私は南朝を配慮しての判断もあったのではと内心思ったよ」

内容は、旧福島町が首都遷都の候補地に挙がり、昭和十八年（一九四三）十月付の公式文書、当時の企画院の策定による「中央計画素案」によると、東アジアの中心として建設・指導および防衛のため、日本が主体となって指導的な役目を果たすために首都を最も適切な地域に定めようと、左の三地区を首都の候補地とすることが書かれている。

・岡山県邑久郡行幸村中心地区
・福岡県八女郡福島町中心地区
・朝鮮京畿道京城府（ソウル）地区

首都になる条件などを定めているが、詳しくは『八女市史』下巻（平成四年・一九九二）の「幻の八女遷都」を参照して頂きたい。

おわりに

今まで、母の話を頼りにここまで続けてきたが、母が語り始めた時に一体何が待ち受けているのか、私にとっては一種の賭けだったと思う。何故なら、人は時として知りたくないことにも触れてしまい、新しい傷口を広げてしまうことも多々あるからである。しかし今の母から「知らなければよかった」という言葉を一度も聞くことはなかった。ただ母が最後まで拘った「菊水の紋」のお守り刀の持ち主は、未だにはっきりとしない。江戸時代のいつか、千磐家の娘が鐘崎家の誰かと夫婦になったのだろうと、今のところ想像するしかない。三郎の母の小野家や太宰府の叔母についても明快な答えがない。そうこうしていると、過日、ある情報を福岡市の郷土史家の方から頂いた。

「長崎県諫早市高来町《たかきちょう》金崎《かねざき》下金崎名《しもかねざきみょう》という住所があり、天正十二年（一五八四）龍造寺隆信に代わって当地などを掌握することになった鍋島直茂に、西郷氏一門十四名の一人として金崎《かなさき》伊予守《いよのかみ》種定《たねさだ》が十月十六日付で起請文（『原左京亮純英等連署起請文』佐賀県立図書館蔵）を差し出しており、当地を拠点としていたものと考えられる」

以上のような史料があることを教えてくれた。

肥前西郷氏は、南北朝時代に伊佐早（諫早）荘から島原半島にある南高来郡神代西郷（現長崎県雲仙市瑞穂町西郷付近）で最も勢力を誇った豪族だったという。また、肥前西郷氏は菊池氏の一族と伝わっており、肥後西郷氏と同族だといわれている。さらに薩摩の西郷氏は、肥後西郷氏からの流れを汲むとされている。

西郷隆盛は、その薩摩の西郷氏の出身であり、自身も菊池一族だと認めていた。もしも鐘崎家が、その金崎家と縁戚で何かしら繋がっているとしたら、それは明治四年（一八七一）に鐘崎一家が旅立った長崎と関係するとも考えられる。金崎伊予守種定の名前は『北肥戦誌 二巻』（国史研究会、一九一八年）にも見られる。金崎一族が西郷氏の一門として活動していたとすると、また面白い展開が見られそうだ。母は今年、九十九歳になる。百歳を迎える前に、どうやら新しい発見が見いだせそうだ。

初め、円心の舞台は筑後の青木天満宮から始まり、幕末は太宰府天満宮、平戸、長崎へと移っていった。明治になると、三郎はひとり、太宰府から福岡、東京から長崎、さらに上海へと舞台を変えていった。二人は二つの時代のはざまで、まさしく広大な人生の旅を続けた。それぞれ見た景色は違っただろうが、二人の見ていた景色は、同じだったと私は思う。それは、今までの私の生活では決して意識したことのなかった「日本」という平和な国ではないだろうか。そして、円心と三郎のそれは、経済力を備えた平和で美しい「日本」ではなかったろうか。それを単に、愛国主義やナショナリズムという言葉で終わらせたくないと願う自分がいる。ただ、少し前の時代に、日本のことを真剣に考えていた人たちが多くいたという事実だけは忘れないでいようと思う。

心の栞《しおり》のように。

❖鐘崎三郎　式典等履歴

明治28年（1895）向野堅一が山崎羔三郎、鐘崎三郎、藤崎秀の遺体を金州城外で発見
　2月8日　遺体、故郷に帰還
　2月9日　午前10時　葬儀　於：旧三潴郡青木村（久留米市城島町上青木）
祭主・久富千足、主喪・東海献禅和尚、喪主・鐘崎繁太郎
花一対：有馬家御別邸、三潴郡医師会、三潴郡青年議団　花二対：青木三又尋常学校
旗一流：県会正副議長、三潴郡三教商会、南筑私学校、福岡日日新聞社、上妻報国射的会、真宗僧侶
　旗二流：久留米護国団、久留米中学　旗四流：三潴郡役所　旗三十流：三潴郡各尋常学校
その他物品金銭：中村彦次代議士、佐々木正蔵代議士、立花小一郎代議士、東京鐘崎三郎君追弔会事務所、門司新報社、山中茂、長崎県菊池喜三郎、日田隈町町長増忠雄、太宰府天満宮ほか
祭文及び弔詞朗読者：知事代理山田邦彦参事官、荒尾精、宗方小太郎、県会議員惣代塩川卯太郎、佐賀大隊区柳河監視区長黒木重好、久留米市長田中順信、三谷有信、青木村村長津城謙助、武内美代吉、中村綱次、上妻郡三河村樋口達次郎、佐賀自由新聞社社長江副靖臣、久留米教育会惣代水野光衛（久留米京町）、福岡日日新聞社海妻猪勇彦、若津警察署員総代石田昌、竹野郡船越村民惣代竹下秀雄、三池郡銀水村樺島与三郎、生葉郡加藤日龍、長崎県尋常中学校教員坂本辰之助、親戚江口宇吉、千徳寺（天台宗北野天満宮の宮司）小住良渓、久留米市荘島町裏町青年会会員惣代宮崎繁吉（来城）、三潴郡大川尋常小学校職員惣代高木博交、三潴教員会惣代山口敬一、三潴医師会惣代一ノ瀬友之進、榎津高等小学校校長成瀬利貞、青木村大字青木惣代江島米蔵、江上村、江上実哉、鳥飼村尋常小学校生徒惣代赤司重喬、大筦村円照寺衆徒蒲池徳海、鳥飼村大字梅満海田喜久治、同組合町村長水落潔、若津実

業青年会惣代田村順太郎、榎津高等小学校生徒惣代石川登、三潴郡浄土宗寺院惣代篠崎心禅、川口村大字九綱大城義譲、大塚村清松梯放次郎、城島正法寺住職藤水神龍、曹洞宗惣代柳坂宗禪、榎津高等小学校職員、鳥飼村村長原雄助、三潴真宗各寺惣代中村実導、三又村大字鐘ヶ江中村清一郎、鳥飼村矯風会惣代園田茂栄、三潴漁業組合副頭取横田弘道ほか数名

2月9日　葬儀　於：金州三崎山（根津一が名付ける）　参列者：山地元春、根津一、向野堅一、郡嶋忠次郎ほか

2月10日　葬儀　於：東京麻布祥雲寺　主催：鹿毛信盛、佐々木正蔵、中村彦次、佐藤鴻

参列者：旧久留米藩主有馬伯爵、旧川越藩主子爵、外

月日不明　征清殉難九烈士の碑を根津一が京都熊野若王子神社前に建立

明治29年4月　金州城外に三烈士の碑、捨生取義之碑を根津一が建立。東京高輪泉岳寺に三烈士の碑が移動される。

大正2年　三崎山に新たに殉節三烈士碑を建立。主催：遠藤盛邦、樫村弘道、郡嶋忠次郎

大正4年6月9日　鐘崎三郎墓碑建立　青木天満宮境内

6月11日　鐘崎三郎銅像建立　風浪宮一の鳥居手前右側

主催：佐藤寿一郎、恒屋一誠、中村綱次、酒見靖昂、旧三潴郡内有志ほか　賀辞：田中順信

銅像銘文：宮崎来城　碑文書：大坪椿山　琵琶歌：今村外園　参列者：盛テイ他

大正8年11月29日　追悼法会25回忌（於：勝立寺）　読経：渡邊正道師

弔辞：久世康夫、金子初子夫人による『鐘崎三郎』松濤琵琶弾奏、悲壮の曲荘重の韻披露

参列者：江口ハツセ（三郎の実姉）、安河内麻吉福岡県知事ほか

昭和3年11月　今上陛下御即位御大典に際し故鐘崎三郎に贈従五位の叙勲

昭和6年4月10日　贈従五位による奉告祭（銅像の場所を風浪宮から大川公園に移動）

参列者・三郎の元妻・盛[illegible]

昭和9年10月30日　40周年忌慰霊祭　於：青木小学校　祭文：納戸鹿之助
昭和11年3月19日　殉節三烈士慰霊祭が高輪泉岳寺で執り行われる
主催：在郷軍人会、芝区分会、東京市小学校教育会、全国連合小学校教育会
午後2時より樫村弘道大佐の三烈士に関する講話、座談会開催　参加者：郡嶋忠次郎、河野久太郎、三澤修一、納戸鹿之助ほか　来賓：北白川宮家石川別当、井戸川陸軍中将、田鍋安之助
昭和19年3月22日　軍による金属回収のため上部胸像を供出、台座のみ残る。
昭和45年2月11日　鐘崎三郎銅像復元式　於：大川公園
主催：大川市郷友会（会長吉原正俊）、烈士鐘崎三郎銅像復元期成会（近藤頼三）、関係団体有志ほか
参加者：江上元吉、漢詩披露（松口月城作詩）、碑面題字の揮毫（中村太次郎大川市長）
除幕式参列者：角正夫、角隆恵、角眞由美、楠本省吾
令和3年10月(予定)征清殉難九烈士の碑文案内板完成（愛知大学、東亜文書院大学記念センター、愛知大学同窓会）
於：熊野若王子神社境内
「九烈士の碑文」並びに「荒尾精先生と東亜同文書院」の説明文：愛知大学名誉教授・藤田佳久
（※一八四頁参照）

烈士鐘崎三郎胸像復元寄付者芳名（昭和四十五年二月十一日建立）

建立者　烈士鐘崎三郎銅像復元期成会　会長　近藤頼三

発起人　大川市郷友会　会長　吉原正俊
　大川市自衛隊協力会、城島町有志一同

協賛団体　大川市教育を正しく明るくする会、大川市老人クラブ連合会、大川市銃剣道連盟、
　大川市自衛隊友会、大川市自衛隊父兄会、大川市傷痍軍人会、大川市功労会、大川市遺族会

中村太次郎　上野郷友会　近藤頼三　大川市議会議員有志　西山貞吉　酒井達也　古賀義利
平田美郎　石井辰蔵　成井周一　貞包武雄　古賀秀吉　吉原　寛　鶴　新治　今村　實
土井彌進　池田昌央　城後眞一　立野治一　城戸長太郎　志岐寿一　高木外科病院　間百次郎
県魚社長戸上深　兼行卯三郎　武富政春　中田孝一　山下利八　鶴　貞雄　三又校区有志
阿津坂栄吉　森田虎雄　志岐信次　大川商工会議所議員有志　喜多久市　山崎平八郎　酒見郷友会
梶原武夫　川原　仁　浅川満男　江頭政基　津村久寿男　志岐又七　足　達直　真崎　悟
東　三郎　志岐　保　石橋　浩　古賀龍生　山浦孝次　高田幹雄　田中勝之助　中島忠家具店
山浦浅次郎　熊井　勇　諸富　悟　大川製材所　松田忠次　犬丸冨守　酒見正身　喜多九蔵
龍野　栄　大川金融協会　福山好満　吉原正俊　石川喜次　石川　登　福山信次　酒見義人
山口高一　中富福太郎　酒見信雄　酒見文登　山下　昇　荒巻源治　富士木工所　中島源三
中村喜八　古賀甚吉　奥平正行　横田勇吉　吉田徳次　山浦洋兼　石橋亀雄　松林武男
龍　光春　新原土蔵　大川魚市場　江口専次　眞木　眞　東　久男　蒲池　調　佐藤清三郎
末次　萬　酒見万三　橋口種吉　本村円三　吉原清一　古賀　清　井上輝雄　高田佐吉

高島栄一　末次一二　村上達志　野口芳松　江上元吉　酒見　一　佐藤武司　植松　豊
石橋　始　兼行広八　角　正夫　江口福太郎　仲　繁雄　鶴川利男　吟道清風会　岡　嘉介
江頭徳一　橋本竹次　鶴川　正　江頭六郎　龍　司　龍　栄吉　田中栄助　古賀善一
高宮純士　山口　保　堤　政六　古賀銀次郎　古賀藤雄　横田喜績　石川市蔵　鶴　實
長野　始　古賀武夫　長　茂巳　石川栄吉　古賀　寛　龍　正雄　佐野静夫　中野五郎
坂井　敦　志岐市次　江口鉄夫　龍善太郎　龍　若春　龍　セキ　古賀晋太郎　坂本勝樹
坂本　厚　龍　誠造　龍　三郎　龍　福松　龍　泉　龍　岩雄　龍　国光　黒田三男
古賀政記　山田辰之助　古賀　進　山浦光次　大淵慶二　龍　常蔵　龍　敬二　山口路通
古賀伊津喜　楠本重利　楠本節夫　楠本省吾　村尾美代次　井上喜利　江頭正光　石橋守雄
千代島渡　岡部重利　石井英雄　石橋達男　島田鉄雄　石井　認　宮原静雄　喜多〆吉
石井重雄　二宮健次郎　宮部正明　遠藤好夫　山口勇策　空閑康国　立野政意　龍　藤雄
龍　有三　大川市遺族会　中島清市　山浦辰雄　岡野三郎　松田武治　かつみ製作所
石橋正徳　石山栄一　森　三男　樋口美千代　酒見徳次　大坪正勝　高橋精記　大宅米吉
東建具店　本村喜鶴　中村宇吉　宮崎冨太郎　石橋六郎　林　ヒデ　本吉　寛　鶴家具店
江口泰司　吉丸秀雄　龍　昇一　新原　勇　上青木部落会　花の鶴酒造　有薫酒造　比翼鶴酒造
今村隆起　安曇　守　石橋定継　古賀清造　木下善一　境　福次　辻　一男　鐘ヶ江清人
早川朝生　鐘ヶ江政幸　古賀美代次　佐藤梅吉　鐘ヶ江弘　中村兎左男　辻　大蔵　酒見　勇
中村眞吾　児玉正芳　本村仙三郎　辻　政夫　酒見義明　一瀬従道　鐘ヶ江巖　酒見政人
田代和之　酒見継夫　福山順次　平田敬雄　木下良雄　大川青年会議所　田村英雄
宇都宮信雄　松本　啓　上野寿会　松本　覚　内田勝正　堤　清人　江上紀義　木下　一

高岡市京町　折橋銅器店謹製

九烈士の碑文について

―東亜同文書院および愛知大学の学祖である
荒尾精先生と根津一先生の教え子達への想い―

ここ熊野若王子神社境内に建つ近衛篤麿による荒尾精への巨大な追悼碑が正面を見据えた先に建っているのが、荒尾精と根津一によって建立されたこの「征清殉難九烈士」への鎮魂、顕彰碑である。

近衛篤麿の撰文による荒尾精への追悼碑文にも記されているように、荒尾精は当初軍人教育を受けたが、隣国の清が西欧列強に蚕食されつつある実態を知り、その対抗策は日清間の貿易を発展させ相互の経済力を強めることだとの考えに至った。こうして一八八六年（明治十九年）、念願かなって単身上海へ渡った荒尾は、すでに上海で国際商人として活躍していた日本人、岸田吟香の協力援助により、長江を遡った漢口に岸田の支店「漢口楽善堂」を開店し、岸田から提供された目薬や書籍、雑貨を販売し、清国での商取引体験を始めた。

そのさい、荒尾は、一八七七年（明治十年）に西南戦争で敗れた薩摩と肥後の若者や幕末に官軍に敗れた会津藩などの若者で、日本での出世をあきらめ渡清してきた二十余名ほどを「漢口楽善堂」のメンバーとして集め、清国の商慣習を体験させるとともに商品販売や関係情報を収集整理もする私塾も設けた。商人となった若者達は商品を背負い各地へ出かけたが、不審者への警備が厳しい中、命を落としたり、行方不明者が次々に出て、この試みには困難も多かった。

しかし、荒尾が三年半に及ぶこの清国での滞在中に収集した情報は多く、それらはこのあと盟友根津一（のち書院初代院長）の手で編纂され、『清国通商綜覧』という商業地理的大著にまとめられ刊行された。初めて清国の実態を知った読者の評判となり、ベストセラーとなったほどであった。

荒尾はこれらの実績をふまえ、帰国後本格的な日清間の貿易事業人養成のための商社と学業の設立構想を明治政府に提案し、農商務省など関係大臣の支持を得た。そこで荒尾は早速全国を遊説し、日清間の貿易の重要性と将来性を学徒たちに説き、志願者を求め、うち選抜した一五〇人を連れ、関係者一同と共に上海へ向った。

しかし、折から支持してくれた岩村農商務省大臣は突然病気で辞任し、内閣も解散となり、荒尾は約束された資金が得られず、梯子を外された形となり、以降財政難に苦慮することになった。

そのため、中心となるべき商社設立計画はやめ、付属教育組織であった日清貿易研究所を正面に据えた。これが幸いして、一八九〇年（明治二十三年）日本初はもちろん、世界初の国際的なビジネススクールの誕生となった。

当然、当初は学内に混乱がみられたが、盟友根津一の協力もあり、目的に沿う学校づくりが行なわれ、一八九二年には八九名の卒業生を輩出した。そして卒業後も商品陳列所で数十人の卒業生が実習を続けた。

しかし、この二年後、日清戦争が勃発すると、清語（中国語）を学んでいた卒業生は軍の通訳や偵察役に見込まれ、大本営からの要請に根津は商品陳列所の実習生に呼びかけた。その結果、多くの卒業生が通訳に参加したが、

以下に掲載するのは，愛知大学同窓会，堀田庄三氏，有森茂生氏よりご提供頂いた資料である。愛知大学は，上海にあった東亜同文書院大学を母体として敗戦後，本間喜一元学長が昭和21年（1946），愛知県豊橋市に創設した大学である。

令和２年10月17日（土），京都熊野若王子神社にて東方斎荒尾精先生追悼式があった。筆者がその式に参列した際，『威風凛々　烈士 鐘崎三郎』の刊行を伝えると，これらの資料を記念にと頂いた。

三郎が最も尊敬した，荒尾精先生と根津一先生により建立された「征清殉難九烈士の碑」の文が「東方斎荒尾精先生の碑」の文と同様にここに記されることは，三郎にとってはこの上もない幸せなことだと思う。

九名が次々と捕縛され、斬首、銃殺されたほか行方不明者も出て、命を落した。

戦争で日本が勝利し、根津は勢いを得て帰国したが、次々と届く有能であった教え子たちの悲惨な最後の悲報に痛恨のショックを受け、軍籍を離れると、ここ京都若王子の寓居に隠棲し、部屋には亡くなった卒業生たちの鎮魂に仏壇と位牌をつくって祀り、朝晩の読経をつとめ、取り残された子弟の養育も行い、このあと四年ほど禅の修行も行った。

一方、荒尾は開戦とともに軍籍を離れてこの若王子の寓居で過ごし、日本が戦争に勝利しても清国へ賠償金や領土割譲を要求すべきではないと『対清意見』と『対清弁妄』を執筆した。その要求を通せば清国民に重税が課せられ、日清貿易どころではなくなるという理由からであった。そこに荒尾の本気の姿勢があった。それはのちに同志社大学総長となる牧野虎次が卒業時に自校以外で唯一の恩師として仰いでいた荒尾をここ若王子に訪ね、教誨師として「北海道集治監」へ就職する報告をした時、荒尾は「石鹼」と大書した揮毫を贈り、「石鹼は自ら消えて相手の垢を落す」と説かれた人生観に牧野は感慨無量になったというエピソードにも重なる。

こうして、二人とも軍籍を脱ぎ、根津は荒尾に相談し、一八九六年(明治二八年)この若王子の寓居の隣接地に、「征清殉難九烈士」と題して亡くなった九人の霊の鎮魂とその顕彰を込めたこの碑を建立した。文は根津が綴り、書は力強く荒尾の筆であらわされた。

九烈士は次の通り

漢口楽善堂出身者
・藤島武彦（鹿児島）　杭州で落命　享年二十六歳
・石川伍一（秋　田）　天津で落命　享年二十九歳
・山崎羔三郎（福　岡）　金州で落命　享年三十一歳

日清貿易研究所出身者
・藤崎　秀（鹿児島）　金州で落命　享年二十三歳
・大熊　鵬（福　岡）　大孤山・消息不明　享年二十五歳
・猪田正吉（福　岡）　大孤山・消息不明　享年二十六歳
・鐘崎三郎（福　岡）　金州で落命　享年二十六歳
・福原林平（岡　山）　南京で落命　享年二十七歳
・楠内友次郎（熊　本）　南京で落命　享年三十歳

二〇二〇年（令和二年）　月

愛　知　大　学
愛知大学東亜同文書院大学
記念センター
愛知大学同窓会

「征清殉難九烈士の碑」解説板の内容
「東方斎荒尾精先生の碑」解説板の内容
「東方斎荒尾先生碑」の碑文の大意
この三つの解説板はいずれも，愛知大学名誉教授・愛知大学東亜同文書院大学記念センター元センター長・藤田佳久先生によるもの。
令和３年秋ごろ，京都熊野若王子神社境内に設置予定。霞山会及び愛知大学東亜同文書院大学記念センター，愛知大学同窓会，そのほか有志の協力のもと設置される。

荒尾精先生への碑文によせて

―荒尾精先生と東亜同文書院、そして愛知大学―

ここの解説板では、正面の荒尾精への追悼碑文および右隣に設けられた霞山会による解説板の中に記された荒尾精の構想により実現した東亜同文書院について紹介させていただく。

「東亜同文書院」は、荒尾精が私塾「漢口楽善堂」を発展させて一八九〇年（明治二十三年）上海に開設した「日清貿易研究所」の経験をふまえ構想した世界初の国際ビジネススクールであった。

その直前に近衛篤麿は清国両江総督劉坤一に会い、その承認の上で日清両国の学生を一緒に教育する南京同文書院を開設したが、義和団の乱を避けて上海へ移動し、折しも上海で荒尾精が構想したビジネススクールを実現しつつあった根津一の学校と統合し、一九〇一年（明治三十四年）に「東亜同文書院」を誕生させた。

近衛篤麿は南京同文書院開設時に、各府県の知事を巡り、各府県から数名の学生を府県給費生として派遣依頼をする方法を採ったが、東亜同文書院への入学生にもこの方式を採用し、全国からすぐれた旧制中学、商業学校卒業生を集め、勉学や進取の気性に富む若者に新しい進路を開いた。そして徹底した清語と英語の教育を軸に、幅広い貿易関係の専門科目群を習得させ、日清間の貿易実務者の養成を図った。それは荒尾精がそれより前、三年半に及ぶ清国で実地に会得した商取引経験をふまえ、実践と原理を組合せた独自の教育システムの実現であった。

そのうちの実践では「大旅行」と称する現地踏査による調査研究法が学生からの要望で設けられ、特筆された。自由に自力で中国を見聞したいという熱意のあふれた学生たちは、四～六人ほどの各グループを編成し、卒論になる踏査期間は三、四カ月、徒歩中心の踏査旅行を行った。その範囲は中国本土から満州、東南アジアに及び、二〇世紀前半期のこの一帯の地域像を七百コースで記録し、その成果は『支那経済全書』（全十二巻）、『支那省別全誌』（全十八巻）、『新修支那省別全誌』（九巻目で戦時により中断）として広く公刊され、日本初そして世界初の地域研究のパイオニアとなった。

この体験は中国はじめ各地の人々との交流も含め、書院生のその後の人生に大きな自信と誇りをもたらした。それは、卒業生の就業にもあらわれ、起業も含めた実業界を中心に、外交、報道、教育、学界など、戦前は勿論、戦後引揚げ帰国したのちも、商社などの国際化にも寄与し、戦後日本の高度経済成長を中心的に支えるなど幅広い活躍を示した。

ところで、敗戦により一九四五年（昭和二十年）、上海の東亜同文書院大学は一旦閉学せざるを得なくなったが、

「東方斎荒尾精先生の碑」解説板の内容

「征清殉難九烈士の碑」解説板とともに，令和３年秋頃，京都熊野若王子神社境内に設置予定。文は，愛知大学の藤田佳久名誉教授によるもの。霞山会，及び，愛知大学東亜同文書院大学記念センター，愛知大学同窓会，有志の方々による協力のもと設置される。

※資料提供＝愛知大学同窓会，堀田庄三氏，有森茂生氏。

となった。

その一方、まだ上海に留っていた最後の本間喜一学長は、第一次世界大戦後の超インフレ時代のドイツ留学での経験を生かし、紙幣すべてを食糧や車、油、金などに換え、中国各地から上海へ帰校してくる書院生や教職員を経済的に支援し、日本への帰国を待った。そんな折、呉羽分校閉学を知り、急遽代替地を求めるよう分校関係者へ要請し、その結果、分校神谷教授の尽力で愛知県豊橋市の旧陸軍予備士官学校跡が確保された。

こうして翌一九四六年春、書院生の学籍簿や成績簿とともに本間学長一行が帰国すると、呉羽校舎でも検討されていた新大学構想実現に着手した。そして六大都市以外で初めての「旧制大学」を受け入れる豊橋市の全面的協力のもと、書院時代の教員と学生を軸に、新たに台北、京城両帝大の教員そして第一線の研究者や外地および国内他校からの学生も加え、一九四六年（昭和二十一年）十一月十五日、「知を愛する」意を込めて「旧制大学」としての「愛知大学」を誕生させた。しかも、ＧＨＱの支配下にあって設立主旨には堂々と「国際人の養成」を掲げて書院の背景を示し、また最初の地方都市への立地に「地域社会への貢献」を掲げた。

とはいえ、敗戦直後無一文で引揚げてきた状況下で、新大学を実現することは、資金、施設、図書などの整備に、言い尽くせないドラマチックな歴史も刻んできた。

現在、愛知大学は豊橋、名古屋（笹島、車道）の三校舎に法、経済、経営、文、現代中国、国際コミュニケーション、地域政策の七学部と短大を展開し、一万人の学生が学んでいる。うち、現代中国学部と大学院中国研究科は日本唯一の存在であり、他の関係専攻とともに東亜同文書院の血脈が流れている。

また、「愛知大学東亜同文書院大学記念センター」が設けられ、書院の顕彰と研究をすすめ、書院の志を今日に伝えようとしている。

以上、荒尾精先生の構想を軸に、それを支え実現した近衛篤麿、根津一の三先覚の偉業も顕彰し、荒尾を讃えた近衛のこの碑文に敬意を表し、東亜同文書院とそれをルーツとする愛知大学誕生に至る経緯を紹介させていただいた。

〈付記〉建立以来苔蒸して解読が困難となっていたこの碑を今日在る姿にしたのは、三田良信氏（書院四十二期生）父子のご尽力による。

二〇二〇年（令和二年）　月

愛知大学

愛知大学東亜同文書院大学記念センター

愛知大学同窓会

❖「東方斎荒尾先生碑」（京都熊野若王子神社）の碑文の大意

荒尾氏、名は精。初めの名は義行。東方斎と号した。尾張国枇杷島の人。父の名は義済。代々尾張藩に仕え、著名な人物であった。荒尾氏は小さい時から落ちついて剛毅な性格で大きな目標を持っていた。十二で外国語学校に入り、かたわら芳野金陵に学び、夜は武道を鍛錬した。明治十一年陸軍教導団に入り、翌年陸軍軍曹に任じられ大阪鎮台に勤務した。同十三年陸軍士官学校入学。同十五年卒業し陸軍少尉に任じられた。

士官学校在学中にさまざまな情報に接しこう考えた。「西洋の力が東亜（東アジア）へ及んだのは、川が決壊し水が流れ出すようなものでとどめることができない。東亜諸国は運命を共にして、たとえば髪の毛一本で大きなおもりをぶらさげるような危うい情勢である。ぐずぐずしている時ではない」。ここに東亜を救うこころざしを持った。

卒業後、軍務を離れ清国に旅行しようと思ったが許可されなかった。やっと明治十九年春に上海から揚子江をさかのぼり深く清国内へ入った。この時に同志を募り、集まった二十名を四方面に分けて大陸のすみずみに派遣し、自分の経験と同志の探索をあわせてその現状を知ることができた。そこで上海に日清貿易研究所の創立を企画した。明治二十二年四月に帰国し、広く遊説しいわく「東亜の将来は日清両国が協力して富強になることにかかっているが、これにはまず貿易がたいせつである。両国間の貿易が活発でないのは物がないからではない。また人材がないからでもない。清国の主要な港湾都市に学校を設け、商業貿易を教え人材を養成すればことが急務である」と。

黒田（首相）や松方（蔵相）ら時の政府首脳はみなその説を支持した。岩村農商務相は商業政策に有益だと、制度を設け経費を支出することを約束したので、荒尾氏は各府県から生徒を募集した。翌年（明治二十三年）四月に勧業博覧会が開かれ、商工業者が東京に集まった。そこで日清貿易研究会を開催し、各地の要人を招き日清両国の商品を陳列した。老練の者に説明させ、みずからも日清貿易のかんどころについて演説し、熱心さのあまり長時間に及んだ。

当時、国内の大勢は西洋の文明に心酔し、清国に関することなど時代遅れなことだとみなしていた。ひとたび荒尾氏が西力東漸東亜危急をとなえると官民ともに傾聴し、始めて東亜の現状に注意した。後年国策が定まり不動のものになることの下地を作ったのである。

この時各地から日清貿易研究所の生徒に応募して上京した者は三百人いた。荒尾氏は試験を行い優れた者を百五十人選び、別に指導力を持つ者二十餘人を選んだ。九月に上海におもむき開校した。数か月を経てようやく軌道に乗ろうとしたところで財政難に苦しんだ。岩村大臣も病気で辞任し、経済支援の約束を果たすことができなかった。しかし荒尾氏の意気は衰えなかった。事業の貫徹をおろそかにしては、人心がおさまらず学校も崩壊する。そこで誠意をもって方針を定め、職員に経費節減を命じ、次に校舎を移転し創立記念式を挙行した。ここに日清貿易研究所は立ち直ったのである。また編纂局を設置し『清国通商総覧』を編輯した。これは同志が長年集めた資料に依拠し、古今の書物を参考にし、部門を分けた共同作業で、一年で完成した。

明治二十五年夏、哥老会の暴徒が揚子江沿岸に跋扈し、上海の外国人はこれを恐れ団結して万一に備えた。日清貿易研究所だけは普段と変わらず教学を続け参加しなかった。外国人は怒って日本領事に訴えた。荒尾氏は外国人団長に手紙を送り「研究所は将来ある若者に重要な学術を授ける学校である。師弟は学問以外の事には軽々に関与させない。上海在住の者は利害を同じくするということはよく理解している。万一の事があればわが師弟も独力防禦に当るものである」と説いた。在留民はこれを聞き日本人の信義に感心したという。

二十六年七月に研究生が卒業したら、日清商品陳列所を開設し卒業生実習の場とした。続いて東方通商協会を設立し、研究所と陳列所を合併、事業を拡大しようとした。その目的は、第一に東亜の商権を恢復すること、第二に日清両国が和合協力し、国際紛争があれば仲介し争議のわずらわしさを省くことである。

この時の首相伊藤伯爵はこの企画に大いに賛同し、帝国議会に提案しようと考えた。荒尾氏は政党党首大隈・板垣・品川の三氏に説き賛同を得た。国内の商業家千餘人を発起人として提案を定めていたが、そのうち議会が解散し実行できなかった。朝鮮の動乱から日清戦争が起きると、荒尾氏は天皇に上疏し、敵国の情勢や戦略について述べ、旧門下生二百餘人を大本営に推薦し偵察通訳等にあたらせた。みずからは京都の若王子山に勇退し後進の指導育成につとめた。

日清講和が成立したあと清国に旅行。戦後の情況を視察し翌月に帰国した。なんども官民を問わず有力者と会談し日清商工同盟を結成することの急務を説いた。また台湾におもむき、日本南端の要所を視察しようと、鹿児島、大島、琉球を経て台北に着いた。時に日本領となったばかりで日本人と台湾住民との間はしっくりいかず、ともすれば疑惑の目でおたがいを見ていた。荒尾氏はこの弊害を除くために紳商協会を設立し融和させようと思った。全島を巡覧しそれから福州、廈門、香港へ行こうとしたところ、流行していたペストに罹り、出発三日前に発病し、病むこと六日にして死去した。明治二十九年十月三十日のことである。荒尾氏は安政六年四月に生まれ享年三十八であった。

氏は東亜の情勢に関して理解が行き届き、知ったことは言わずにおれなかった。その私見はたびたび的中した。清国と初めて利害が衝突した時に「対清意見」を、講和会議にあたっては「対清辯妄」をそれぞれ公にした。講和条約が日清融和の妨害になると思い、全国商工大会の席上、利害を主として政府に建白した。韓国政権内で事変（乙未事変）が起きると、政府要人に対韓国政策を定めることを勧めた。これらさまざまな建言は、発表当時は用いられることがなかったが、後日にその正しさが証明されたものばかりである。

荒尾氏没後、清国と韓国には事変が続出し、外国から侵略され、国情が安定することがない。全国の有志は荒尾氏の先見の明にますます敬意を抱き、彼が志を果たし得なかったことを惜しんだ。

近年清国では変革にはわが国を模範とし、防衛にはわが国に依頼するところが多い。わが国朝野の同志および荒尾氏と旧交のある者は、氏の遺志に従い清国を援助しようと尽力し、日清両国の協力関係が結実しようとしている。もし荒尾氏が生きていたら、この機運に乗じ腕をふるい、いくらでも国家に貢献できたであろう。しかし心身ともに苦労した甲斐もなく、南方の辺境に没し、その死が世界の興亡に関係したかどうか知ることができなかったのは悲痛なことである。

第二部

鐘崎三郎顕彰の足跡

一、死後の栄《さかえ》

日清の平和克復《こくふく》するや、其の遺族に対し、左の御沙汰があった。

特別賜金

故雇員　鐘崎三郎　孤児
鐘崎繁太郎《かねざきしげたろう》

一　金弐百五拾円《きんにひゃくごじゅうえん》

雇員鐘崎三郎明治二十七八年の役、死没したるに依り、特別を以て前記の金額を賜与《しよ》す

明治二十九年七月十五日

陸軍省

故雇員　鐘崎三郎　孤児
鐘崎繁太郎

一　弔祭料《ちょうさいりょう》　金弐拾五円

一　扶助料《ふじょりょう》　金壱百円

右明治二十七年勅令第百六十四号に依り下賜《かし》す

明治二十九年七月十五日

陸軍省

論功行賞

鐘崎繁太郎

故陸軍省雇員鐘崎三郎、明治二十七八年戦役の功に依り、金弐千四百円を賜ふ

明治二十九年十二月十五日

賞勲局総裁正三位勲一等　子爵《ししゃく》　大給《おぎゅう》　恒《ゆずる》

三崎山建碑

大正二年、金州民政支署長、遠藤盛邦《えんどうもりくに》外数氏相謀《あいはか》り、志士の事蹟《じせき》の湮滅《いんめつ》せんことを憂《うれ》ひ、鋭意醵金《きょきん》を募集して、碑を三崎山に樹《た》て、殉節三烈士之碑《じゅんせつさんれつしのひ》といひ、又金州城外三氏遭難の地に柵《さく》を建設し、永く後世に伝ふることとしたのである。

一時名声嘖々《さくさく》たりし鐘崎三郎も、時勢の推移と共に、漸く世人の記憶より去らんとしたのは、無理からぬ事である。殊に日露の戦役以来、沖禎介《おきていすけ》等の事績頓《とみ》に顕著《けんちょ》となりし為、君が不朽の功績も、将《まさ》に郷土の人にさへ、忘れられんとせし時、偶々《たまたま》大正三年八月、欧州戦乱の余沫《よまつ》を受け、第十八師団の将卒が、出征の途に上るに方《あた》り、彼の膠州湾《こうしゅうわん》は曽《かつ》て君が千辛万苦《せんしんばんく》を嘗《な》めて、偵察《ていさつ》せし所なるを想ひ、中村綱次氏始め郡民一同、転《うた》た故人を偲《しの》ぶの情に堪《た》へず、

社頭の壮観

郡教育会は、立ちどころに銅像建設の議を決し、大正四年いよいよ竣工を告げ、風浪社頭俄《ふうろうしゃとうにわ》

かに一異彩を放つに至った。

また先考の側にありし奥津城《おくつき》も、上青木天満宮境内、鐘崎家の旧屋敷一畝《せ》歩《ぶ》余を開墾して此処《ここ》に移し、新《あら》たに碑を建てたのである。

除幕式

同年六月九日、墓前祭挙行の節は、滂沱《ぼうだ》たる降雨を冒《おか》して、多数の児童参拝し、同月十一日、銅像除幕式は、豪雨沛然《はいぜん》たる中に行はれ、郡内有志児童多数相集まり盛況を呈せしが、就中《なかんずく》君の遺子盛《もり》テイ嬢が、崎陽《きよう》（長崎）より来りて式に列したるは、一際目立って、参列員一同無量《むりょう》の感《かん》に打たれたのである。

当日委員長の朗読したる「祭文」は、

※『烈士の面影』本文五六頁より

委員長の祭文

匹夫《ひっぷ》にして破格拝謁《はいえつ》の栄を蒙《こうむ》り、死して壮烈胆勇《そうれつたんゆう》の誉《ほまれ》を青史《せいし》に留《とど》む、真に之れ日本男子の本懐《ほんかい》に非ずして何ぞ。我が鐘崎三郎君の如き、実に特出抜群《とくしゅつばつぐん》の烈士にして、其の気概行動《きがいこうどう》は、永く社会の民心を鼓舞《こぶ》するに足るものあり。

君、人となり磊落不羈《らいらくふき》、短軀赭顔《たんくしゃがん》にして、胆斗《たんと》の如し。其の長崎に在るや信ずる所あり、熱心支那語を研究す。明治二十四年、荒尾精氏、日清貿易研究所を設立するや、君、躍然其の募《つのる》に応じて上海に渡航し、其の眷遇《けんぐう》を受けたり。後清国内地の商店に入り、民情地理を審《つまび》らかにし、同国内の漫遊《まんゆう》を企《くわだ》て、他日の変を期せり。

同二十七年八月、日清間の平和破裂するや、天津北京《てんしんペキン》在留の同胞《どうほう》は、先を争ふて引払い、一人の留まる者なし。而《しか》も君は却《かえっ》て千載一遇《せんざいいちぐう》の好機会となし、皇恩の万一《まんいち》に報ずるは此の時にあり、一死以て国に酬《むく》ひ、家を興《おこ》し名を挙《あ》げ、平素の志望を達せんと同志と謀り、天津の要地に潜伏して敵状を偵察し、巧に四囲の危険を免れ、日夜異装東西に奔走《ほんそう》して、軍情を探り、同志は不幸にして敵に捕はれ、断頭場裏《だんとうじょうり》の露《つゆ》と消《き》えたるも、君の警敏《けいびん》なる神出《しんしゅつ》鬼没《きぼつ》、深く敵の屯営《とんえい》に近づき、能《よ》く内地の偵察を遂げ、九死に一生を得、上海を経て一旦帰国、敵状を申告せしが、其の報告は我軍隊運動の計画に資し、其の陳述は外務当局の参考に、供せしもの少からずと云ふ。

君が冒険的奇功《ぼうけんてききこう》は、畏多《おそれおお》くも大元帥陛下の御聞《ごぶん》に達し、支那服装のまま、大本営にて破格拝謁の栄誉を辱《かたじけの》うするに至れり。君が一家の面目、一身の栄誉、不過之《これにすぎず》、三郎が生前死後共に、最早思置くこと更に無之候《これなくそうろう》云々《うんぬん》と、親友中村綱次氏に報ぜしもの、実に上国家に対し、下知己に対して、満腔《まんこう》の心事《しんじ》を表白《ひょうはく》せし切情《せつじょう》を察すべきなり。

同年十月、大山《おおやま》［巌《いわお》］大将、第二軍を率いて、出征せらるるに当たり、君通訳官を拝し、特別の任務を帯び、之に従ふ。花園口に上陸するや、君率先斥候《せっこう》として深く敵地に入り、不幸敵の捕ふる所となり、遂に金州城外、惨刑に処せられしも、東向万歳を叫びて、壮烈の最後を遂げたりと云ふ。

今にして想ふも尚余衷《よちゅう》を覚《おぼ》ゆ、然れども潔く死して、芳名を百世に残すは、君が平生の決心なり。其の征途に就くや、書を親戚故旧《こきゅう》に寄せ、徐《おもむろ》に後事を託せり。蛮族《ばんぞく》の惨殺にあふも従容《しょうよう》死に就き、頭軀《とうく》処を異にせるも、其の英魂は我軍の進撃を先導せしならん。君の勇敢なる行動、熱烈なる誠忠は、永く青史《せいし》に伝はり、広く士気を作興《さっこう》するに足る。これ既に男子死後の大面目《だいめんぼく》にして、千載不朽《せんざいふきゅう》の碑たるべきも、郡の有志胥《あい》謀り、更に君の勇姿を永久に伝へん為め、銅像を此の地に建設し、洽《あまね》く世人をして其の風貌を仰視《ぎょうし》し、其の精神に接触せしめんことを期す。

余や乏しきを委員長に受け任にあり、乃《すなわ》ち茲《ここ》に赤誠《せきせい》を布《し》き、君が在天の霊《みたま》を祭り、且つ建碑の所由《よるところ》を告ぐ。魂《たましい》乎《や》尚《こいねがわ》くば照鑑《しょうかん》せよ。

大正四年六月十一日

委員長　佐藤寿一郎

断腸の感

式後、郡会議事堂に於て、新作鐘崎三郎の琵琶歌弾奏あり、満座寂《せき》として声なく、往時《おうじ》を追想《ついそう》して、転《うた》た断腸の感に堪へざらしむるものがあった。

当日宮崎来城氏の「追懐亡友鐘崎三郎」の詩は、藤瀬冠村《ふじせかんそん》画伯の画と共に扇面《せんめん》に仕立てられ、洽《あまね》く来賓《らいひん》一同に頒布《はんぷ》されたのである。

金　州　城　外　草　沙　中　【金州城外草沙の中】

一　死　留　名　激　士　風　【一死名を留め士風を激す】

後 二 十 年 祭 君 日　【後二十年君を祭るの日】
皇 師 又 是 入 山 東　【皇師又是に山東に入る】

余韻嫋々《よいんじょうじょう》、洵《まこと》に今昔の感に堪へざるものがある。

二、悲壮の曲

左の琵琶歌は、元『九州日報』記者にして、福岡市春吉在住、今村外園氏の作に係り、銅像除幕式の折、弾奏せられたるもの即《すなわ》ち是《これ》、

鐘 崎 三 郎

敷島の大和心と詠《えい》じけん　その言の葉におく露の
玉と砕けて二十年《はたとせ》や　ありしむかしの夢の跡
君が勲の一トふしを　語るも涙の種なりけり
頃は明治二十七年　日清《にっしん》の国交《こっこう》破《やぶ》るるや
これ報国の秋《とき》なりと　奮然《ふんぜん》として起ちたるは
姓は鐘崎名は三郎　義を泰山の重きに較べ

死を鴻毛《こうもう》の軽《かる》きに比する　古来稀《まれ》なる傑士なり
東洋の禍根《かこん》は支那《しな》にありと　着眼時流《ちゃくがんじりゅう》の外に出で
修《おさ》めし清語と貯《たくわ》へたる　髪を巧みに彼の国の
商人としもいでたちて　巴峡《はきょう》の月の山に臥し
胡沙《こさ》なく風の野にも寝《い》ね　入るや虎穴《こけつ》の奥ふかく
探り究めて馳せ帰り　軍事の秘密は言ふも更《さら》
山河の起伏《きふく》都邑《とゆう》の布置　具さに大本営に報ぜしかば
我軍を利する少なからず　参謀諸将に殊勲として
称へられたるのみならず　清国人に装ひし
その身その儘《まま》畏《かしこ》くも　先帝明治天皇の
玉座近くも召させられ　拝謁《はいえつ》仰《おお》せ付られしかば
君が光栄比するに物なく　布衣《ふい》の微臣《びしん》にあるまじき
千古不滅の誉《ほまれ》ぞと　感奮興起啻ならず
難有《ありがた》涙にくれたるは　理《ことわり》とこそ謂ふべけれ
されば間もなく更めて　陸軍訳官を命ぜられ
大山大将の率《ひき》いたる　第二軍団に随従して
宇品の港を立ち出しが　一死君恩に報う身の

素《もと》より夢にも生還を期せず　今や命の瀬戸内海
小春日和《こはるびより》の風たえて　漣《さざなみ》もなき硯《すずり》の海
長閑《のど》けき空に一行の　雁の便りや門司が関
六連《むつれ》の沖を打すぎて　ここ玄界の波がしら
砕けて雪とふる郷を　雲の彼方《かなた》に眺むれば
馴染《なじみ》久しき背振峯《せふりね》の　夢より淡《あわ》く見えながら
疾《と》き船足のたちまちに　薄れ行くこそ本意なけれ
斯《かく》て遼東半島の一角　花園河口に着きけるにぞ
君は逸早《いちはや》く上陸して　先づ敵状を探るべく
雪の山路に日を暮し　氷の谷間に夜を明し
忍びしのびに金州の　城外近く来《き》ぬる頃
卒爾《そつじ》に起《おこ》る誰何《すいか》の声　嗚呼天なるか命なるか
敵に早くも看破され　衆寡《しゅか》是非なくやみやみと
捕へられしぞ無念なる
是《これ》より数度の拷問に　肉は爛《ただ》れて血は滝津瀬《たきつせ》
眩暈《めまい》屢々《しばしば》襲ひ来て　絶息するもの幾《い》そ度《たび》
遮莫《さあれ》全身これ胆《たん》の　死を決したる大丈夫《だいじょうぶ》

血走る眼《まなこ》に敵将を白眼《にら》み
刀鋸鼎鑊《とうきょていかく》何ものぞ
争《いか》で秘密を漏すべき
敵も今将《ま》た為《せ》ん術《すべ》なく
死刑の宣告をぞなしたりける
斯《かか》るべしとは予《かね》ての覚悟
片頰《かたほ》に笑《え》みてうち頷《うなず》く
居合《いあわ》す敵の幾百千
時は十月三十日
風も身にしむ黄昏《たそがれ》ごろ
彼の習俗に従って
君は頭《こうべ》を左右に振り
東向再拝《とうこうさいはい》声高く
草葉の露と消えしこそ
ああそも何等の悲惨ぞや
草木為に泣て風蕭殺《しょうさつ》
君が最後に較《くら》ぶべき

我は日東の男児なり
如何《いか》に残忍を極むればとて
疾《と》く斬《き》れ殺せと罵《のの》しるに
遂には苛責《かしゃく》の無益《むえき》を覚りて

君は聞きつつ神色自若《しんしょくじじゃく》
大胆不敵の動静《ふるまい》に
舌を巻かぬはあらざりし
初冬の空の雲さむく
断頭場裏《だんとうじょうり》に引出《ひきいだ》し
西へ向《むか》へと命《めい》ずれども
天皇彼方《かなた》に在《ましま》すと
聖寿《せいじゅ》万歳を三唱して
寔《まこと》に千秋の遺憾《いかん》なれ
山川為《ため》に泣《なき》て雪繽粉《ひんぷん》
壮烈淋漓《そうれつりんり》何物か
其義其忠諸人《もろびと》の

仰《あお》げば高き九段坂《くだんさか》　護国の神と祝はれて
誉《ほまれ》は匂《にお》ふ春の花　勲《いさお》は照《てら》す秋の月
千代万代《よろず》の末《すえ》かけて　栄《さか》えますこそ尊《とうと》けれ

三、遺墨公表

明治二十七年九月四日、君が東都より、友人中村綱次氏に寄せたる書簡は、彼が渾身《こんしん》の精力を集注して認めたるもの、其の文章筆蹟《ぶんしょうひっせき》共にうら若き青年の作として、世に多く類例を見ず。志士の面目躍如《めんもくやくじょ》として、宛《あたか》も其の人に接するが如き感あり。是《これ》修養上の好資料として、特に江湖《こうこ》の一粲《いっさん》に供せられたる所以《ゆえん》である。

趣意書

記ス。嘗《かつ》テ我鐘崎三郎君ノ国事ニ死スルヤ、天下其ノ壮烈ヲ称シテ已《や》マズ。感激ノ余《あまり》、或ハ淋漓《りんり》トシテ涙ヲ流スモノアリ。歳月匆々《そうそう》、今ニ及ンデ二十年、万口寂然《ばんこうせきぜん》、復《ま》タ人ノ其ノ逸事《いつじ》ヲ談ズルナシ。先熱後冷《せんねつこうれい》ハ古来人情ノ常トスル所ナリト雖《いえど》モ、而《しか》モ亦頽俗《またたいぞく》ノ風ヲ成シ、士気ノ振ハザルニ関《かかわら》ズ、此レ志士仁人《ししじんじん》ノ痛歎《つうたん》措《お》カザル所ナリ。

日清戦役ノ初《はじめ》、君天津《てんしん》ニ在リ、毀服潜行《きふくせんこう》シテ敵状ヲ探リ、九死ニ一生ヲ得テ、復命ノ途ニ上《のぼ》レバ、先帝蹕《さきばらい》ヲ駐《とど》メテ広島ニ在リ。殊勲ヲ以テ、破格進謁《しんえつ》ノ栄ヲ賜《たま》フ。知ルト知ラザルト、其ノ光華ヲ羨《うらや》マザルナシ。尋《つい》デ戦地ニ向ヒ敵状ヲ探ラント欲シ、深ク敵地ニ入リシモ、不幸ニシテ敵兵ノ執《と》フル所ト為リ、桎梏《しっこく》ノ下《もと》、具《つぶ》サニ王愾《おうがい》ニ敵《てき》シ、遂ニ白刃《はくじん》ニ死ス。今ニシテ之レヲ憶《おも》フモ、痛惜《つうせき》ニ堪《た》ヘザルナリ。

今ヤ欧洲列国ハ、互ニ干戈《かんか》ヲ交ヘテ戦塵《せんじん》天地ニ漲《みなぎ》リ、我帝国亦征独ノ師ヲ興《おこ》シテ、兵ヲ山東《さんとう》一角ニ出スニ至レリ。此ノ時ニ当リ、志士、君ガ如キモノヲ思フハ人ノ常情《じょうじょう》ナリ。之レヲ想フテ見ルベカラザレバ、則チ其ノ逸事ヲ談ジ、又其ノ手蹟《しゅせき》ヲ得テ自ラ慰メント欲ス。

初メ君ノ帝都ヲ出ルヤ、友人中村綱次氏ニ寄スルノ書アリ、当時余一見、心窃《こころひそか》ニ感激スル所アリ。爾来《じらい》余ハ此ノ書ヲ以テ、中村氏一人ノ秘蔵ニ帰セシメズ、之レヲ印刷ニ附シ、汎《ひろ》ク同志ニ頒《わか》ツノ願《ねがい》アリシガ、今ニ至リテ其ノ時機ナルヲ思ヒ、頃日《けいじつ》、中村氏ヲ訪《と》ヒ、宿志ヲ訴《うった》フ。氏モ亦《また》義気ノ人ナリ、快諾《かいだく》シテ曰ク「請フ。之レヲ速《すみや》カニセヨ、因《よっ》テ世道人心ヲ裨《ひ》益《えき》スル所アラバ、此レ余ノ幸《さいわい》ナルノミナラズ、死者亦笑テ地下ニ含ムベシ」ト。

此ノ書、尽忠報国《じんちゅうほうこく》ノ熱誠《ねっせい》ヲ披瀝《ひれき》シテ、一字一句ノ中ニ在リ。一読スレバ頽俗モ厚フスベク、士気モ振ハスベシ。而シテ鐘崎君ガ生前ノ真面目ヲ窺知《きち》スルニ於《おい》テ、秋毫《しゅうごう》モ遺憾ナキモノナリ。同感ノ士、余ノ微衷《びちゅう》ヲ諒《りょう》トシ、之レヲ留《とど》メテ坐右《ざゆう》ニ置カバ幸甚《こうはなはだ》シ。

大正三年十月三十日

恒屋一誠

［書簡四］

先日は、種々御厚意《ごこうい》を辱《かたじけの》うし奉謝《しゃしたてまつり》候《そうろう》。其の後早速御礼状《おれいじょう》差出筈《さしだすはず》の処、熟［孰］《いず》れ完結《かんけつ》の上は、延引《えんいん》致居《いたしおり》候《そうろう》間《あいだ》、不悪《あしからず》御了察《ごりょうさつ》被下度《くだされたく》候。就而《ついては》戸籍の義は、今に御送付無之《これなき》如何《いかん》の義に候や。已《すで》に荒尾氏、近日来崎せられ候得《そうらえ》ば、其れ前取急《とりいそ》ぎ居《おり》候《そうろう》に付《つき》、此状《このじょう》着次第《つきしだい》、即刻《そっこく》御送付被下度候。

明治二十二年十二月十五日

長崎　鐘崎三郎

江口宇吉　殿

［書簡五］

拝啓　酷暑の砌《みぎり》、如何に候や。小生、無事消光罷在《しょうこうまかりあり》候間、乍憚《はばかりながら》御安心被下度《ごあんしんくだされたく》候。帰国後、早速御通信可致候処《いたすべきそうろうところ》、当地着、間もなく九江《きゅうこう》と申す所へ旅行致し、漸《よう》く昨日帰店致《いたし》候故《そうろうゆえ》、為めに延引致候。不悪御諒恕被下度《あしからずごりょうじょくだされたく》候。皆々様、暑中御障《おさわ》りも無之哉《これなきや》、先《まず》は不取敢如此《とりあえずかくのごとく》候。

早々　頓首《とんしゅ》

七月二十九日

鐘崎三郎

江口宇吉　殿

〔書簡六〕

綱仁兄足下《そっか》　爾来久シク音信ヲ欠キ、恐懼《きょうく》ノ至リニ不堪《たえず》、伏惟《ふしておも》フ万福《ばんぷく》ナラン。弟ガ此ノ体ハ、造物主ガ広済《こうさい》ノ心ヲ以テ、野蛮《やばん》内地ヲ探険セヨトテ造リシモノカ、此ノ不毛ノ地ニ入ルモノ、人ハ必ズ其水土《そのすいど》ニ病《や》ム。而《しか》シテ弟独リ、益々壮健微恙《びよう》ニダモ侵《おか》サレズ。殊《こと》ニ頃来《このごろ》、炎暑ノ酷《こく》ハ百十度〔セ氏約四十三度〕内外ヲ上下スルニ拘《かか》ハラズ、眠食共ニ安シ請フ。省念セヨ。

当地ハ、上海ヨリ長江ヲ溯《さかのぼ》ルコト二百三十余英里《マイル》〔約三七〇キロ〕ニアリ。一ノ開港場タルニハ相違ナキモ、土地ノ湿、人ノ蛮《ばん》ハ、蓋《けだ》シ門外一歩ヲ出デザルモノノ、夢ニダモ見ル能《あた》ハザル所ナリ。此ノ炎熱ニ際シ、此ノ天気ニ触レ、而シテ尚ホ且ツ侵サレザルハ何ゾヤ。自ラ信ズ、一片ノ丹心《たんしん》、天地ノ天気ニ克《か》ツモノアリ。而シテ天地モ之ヲ侵ス能ハズシテ、然リト於《ここにおいて》此平生ノ抱負ハ勃発シテ止マズ。請垂察《すいさつをこう》焉。

兄ガ曽《かつ》テ弟ニ贈ルノ真影、懸《かけ》テ室中ニアリ。朝夕君ヲ見ルノ思ヒアリ。今工師湘ヨリ江ヲ下リ来ルアリ。則チ命ジテ微影ヲ撮ラシメ、遙ニ兄ノ坐右ニ呈ス。兄看テ、以テ弟ガ別後《べつご》ノ状況ヲ想起《おもいおこ》セバ幸甚《こうはなはだし》。他ノ二葉、請フ、之ヲ愚姉《ぐし》ニ致セ。時下万重《ばんちょう》、切祈《せつにいのる》。

早々頓首

壬辰〔明治二十五年〕閏　六月

安徽嶋江ニ於テ　弟　三郎　拝

於大日本

綱仁兄大人

坐右

［書簡七］

御令兒《れいじ》、御壮健ニ御成長ノ事、奉　賀候《がしたてまつりそうろう》。其ノ外御一統様《ごいっとうさま》、宜敷《よろしく》御伝言《ごでんごん》被下度《くだされたく》候。当地ニハ何ニモ見ル物ナク、唯《た》ダ『鎮西日報』ノ来ルアルノミ。『福岡新聞』ノ読残リノ分、一週間纏《まと》メトシ恵送《けいそう》セヨ。郵税《ゆうぜい》ハ一週間分二銭或ハ三銭ニテヨロシ。切々《せつせつ》ニ御座候。二葉ノ内、一ハ宰府《さいふ》ノ叔母《おば》へ送リ呉レ候様御伝言願上《ごでんごんねがいあげ》候。

拝啓　三郎皇天《こうてん》ノ擁護《ようご》ト、皇国ノ威稜《みいつ》トニ依リ、去ル四日、無事帰朝致候間、御安心被下度《くだされたく》候《そうろう》。（中略）此ノ際ハ、志士ノ閑居《かんきょ》スベキ時ニ非ズ。亦タ小理屈《こりくつ》ヲ並ベテ死処《ししょ》ヲ撰《えら》ブノ時ニ非《あら》ズ。唯《ただ》至誠一貫、君国ニ忠ナレバ則チ可矣《かなり》。（中略）明日、広島ニ行ク。再会或ハ期シ難《がた》カラン。為邦家請《ほうかのためこう》、自愛セヨ。頓首

［明治二十七年］九月十日午後十一時

東京　三郎

郡嶋忠次郎　殿

［書簡八］

拝啓《はいけい》　其後《そのご》は御無沙汰《ごぶさた》申上《もうしあげ》、委細《いさい》の事は、今更申　述迄《いまさらもうしのべるまで》も無之《これなく》、相略《あいはかり》申候。愈々《いよいよ》近日出

発致《いたし》候事《こと》と相成候《あいなりそうろう》。時日は少々相延び候へ共《ども》、位置には少しも異動無御座《ござなく》候間、御安心被下度《くだされたく》候。松方兄には神保《じんぼう》にて御面会申上、老兄《ろうけい》の近況、拝承安心仕《はいしょうあんしんつかまつり》候。来月初旬には御来広の由《よし》、御待《おま》ち申上《もうしあげ》候。却説《さて》兼て御面倒相願置《あいねがいおき》候。月給受取方《げっきゅううけとりかた》に付《つき》、本日其《その》書式相示《あいしめ》され候間、乍御手数此状着次第《おてかずながらこのじょうつきしだい》、左の書式の印鑑書御送付被下度奉願《くだされたくねがいたてまつり》候。万事の手続は当地にて相運ばせ、月々東京にて、貴兄《きけい》の手に受取られ候様致置《よういたしおき》候。先《まず》は不取敢御願《とりあえずおねがい》のみ如此《かくのごとく》候。

早々頓首

於広島鳥屋町明月亭　鐘崎三郎

東京　稲垣満次郎　殿

四、追悼法会《ついとうほうえ》

二十五回忌

大正五年一月以来、余は福岡の寓居《ぐうきょ》に在り、君と因縁《いんねん》深き此の地に於て、其の事蹟《じせき》を宣伝《せんでん》し、以て社会教育の為、聊《いささ》か貢献せんとの希望を有せしも遂に果さず。然《しか》るに大正八年は、君の没後恰《あたか》も二十五年に相当するので、此の機を逸《いっ》せず宿志《しゅくし》を遂《と》げばやと、友人安東重文君に謀る。君は太宰府《だざいふ》の出身、旧《ふる》き記憶を辿《たど》りて、幼時三郎君と喜戯《きぎ》せし当時を想ひ、転《うた》た今昔の感に堪へざるものの如く、直《すぐ》に趣意書《しゅいしょ》の起章を諾《だく》した。

趣意書

鐘崎三郎君、金州城外に壮烈なる最期を遂げてより満二十五年、客月《かくげつ》三十日は実に其の忌《き》辰《しん》なりき。而して今日亦支那各地に於ける日貨排斥《はいせき》の飛報頻《しき》に臻《いた》り、泰西《たいせい》の擾乱《じょうらん》と共に、東亜益々事端《じたん》を滋《しげ》からしめんとす。誰か憂慮《ゆうりょ》なきを得んや。

君は三潴郡青木村の人。幼にして長崎に移り、後、父の喪に逢ひて、太宰府なる叔母《おば》の家に養《やしな》はる。尋《つい》で福岡勝立寺に入りしが、偶々《たまたま》時事に感ずる所あり、世外《せがい》の身は、以て君国に尽す所以《ゆえん》に非ずとし、ひそかに上京して軍人たらんとせしが、故《ゆえ》ありて召喚《しょうかん》せられ、再び上京せしも家兄の喪に遇《あ》ひ、空しく遺孤《いこ》を抱きて、郷里に雌伏《しふく》するに至りぬ。而かも天下の志、屈するに由《よし》なく、遂に長崎に出で、明治二十四年三月、日清貿易研究所設立と共に、荒尾氏に伴はれて上海に航しぬ。

此の間に於ける辛酸艱苦《しんさんかんく》は、到底筆舌の能く尽す所に非ず。而かも一難を加ふる毎《ごと》に志愈々《いよいよ》堅く、斃《たお》れて而して後止むの覚悟を抱持《ほうじ》して、直往邁進《ちょくおうまいしん》し以て運命を開拓せり。

同年初秋、課を終へて、安徽省蕪湖《あんきしょうぶこ》に入り、日貨販売の傍《かたわら》、遍《あまね》く風土民情《ふうどみんじょう》を視察し、居ること一年、上海《シャンハイ》に帰る。二十六年六月帰朝。師命に依りて大阪堺《さかい》等の各地を誘説《ゆうぜい》せしが、急電に接し二十七年三月上海に帰れば、東亜の風雲頗《すこぶ》る急を告げ、物情恟然《きょうぜん》たり。即ち山《さん》東《とう》及び直隷《ちょくれい》の要地に潜行し、具《つぶ》さに敵状を探り、以て帷幄《いあく》の運籌《うんちゅう》に資する所多大なりき。斯《か》くて一旦帰還するや、殊勲《しゅくん》を以て天顔《てんがん》に咫尺《しせき》し、尋《つ》いで乃木《のぎ》［希典《まれすけ》］将軍の麾下《きか》に属して、十月二十三日花園口に上陸し、軍に先《さきだ》ちて、敵状を偵察しつつ前進せしが、越えて一日碧《へき》流《りゅう》河畔《かはん》に出《い》づるや、不幸、敵手に墜ちて万事休しぬ。凌辱《りょうじょく》拷問《ごうもん》加除《かじょ》する所なく、骨摧《くだ》け、肉破るるも、終《つい》に唇《くちびる》を開かず、玉皇廟畔《ぎょくこうびょうはん》、月暗く、風荒《すさ》ぶの夜、東嚮遙《とうこうはるか》に我が皇《すめらぎ》を拝しつつ、従容《しょうよう》として敵刃《てきじん》に殪《たお》れぬ。其の一貫せる凛烈《りんれつ》の志操《しそう》は、千歳《せんざい》の下、懦夫《だふ》をして起たしむるに足れり。今時艱《じかん》に際会《さいかい》して、傑士《けっし》を懐《おも》ふの情に堪へず、茲《ここ》に同志相謀りて追悼会を行ひ、虔《つつし》んで英霊《えいれい》を祭ると共に、遺烈《いれつ》を後昆《こうこん》に伝へて、世道に裨益《ひえき》する所あらんとす。偏《ひとえ》に江湖《こうこ》の賛襄《さんじょう》を希《こいねご》うて止《や》まざるなり。

大正八年十一月二十五日

発起者　（イロハ順）

岩永　左八　秦　伝次郎　原田　千之　林　道　大原　義剛
緒方　道平　太田勘太郎　太田太兵衛　太田徳次郎　大須賀　巌
小田久太郎　小野　重喜　小野鴻之助　小川　忠明　大森　直平
大部　正直　渡邊　繁吉　渡邊　正道　梶原　景敏　梶原辰之助
川端久五郎　川原田梅次郎　釜瀬　新平　吉田芳太郎　田子四郎治
武谷　水城　武内美代吉　龍淵　猷山　高宮　乾一　立石　仙六

谷　保馬　谷　甚蔵　永瀬伊一郎　永田　熊麿　中村　能道
宇佐　元緒　上田　宗七　牛島　伝蔵　能瀬　頼俊　野村久七郎
納戸鹿之助　久世　庸夫　倉成久米吉　的野　作七　藤川　勝丸
粟津　文太　安部　清見　有田喜太郎　安東　重文　北崎久之亟
菊竹　惇　三隅　忠雄　水月　哲英　進藤喜平太　庄野金十郎
白坂　栄彦　下林　保武　城島　春次　守田　利遠　瀬崎　虎吉
首藤　定

是に於て余は、玄洋社長進藤喜平太翁《しんどうきへいたおう》を訪《と》ひ、緩談数刻《かんだんすうこく》、幸《さいわい》に翁の賛同を経たれば、東奔西走の結果、多数の発起者を得。同年十一月二十九日、愈々《いよいよ》勝立寺に於て、追悼法会《ついとうほうえ》を営んだのである。

此の日午後二時、導師渡邊正道師［鐘崎氏の法弟、勝立寺住職］外拾数名の僧侶諸氏、読経《どきょう》焼香をなし、式は極めて荘厳裡《そうごんり》に行はれ、冬日射す御堂《みどう》に、糸の如き香煙《こうえん》漂ひて、故人を偲《しの》ぶ参列者の思ひ転《うた》た切に、やがて金子初子夫人の、新作「鐘崎三郎」松濤琵琶弾奏《びわだんそう》あり。悲壮の曲、荘重の韻、満場粛《しゅく》として流涕止《りゅうていと》めあへなかったのである。

当日重《おも》なる来会者は、安河内《やすこうち》［麻吉《あさきち》］福岡県知事を始め、百数十名に及びたるが、特に三郎君の実姉《じっし》、江口《えぐち》ハツセ氏の参列《さんれつ》せられたるは、所謂万緑叢中紅一点《いわゆるばんりょくそうちゅうこういってん》の概《がい》ありしと共に、其の心事《しんじ》を忖度《そんたく》して、満座一種悽愴《せいそう》の感《かん》に打たれたのである。

弔辞

一朝《いっちょう》皇国の危難に当り、我は策を廟堂《びょうどう》に唱《とな》へ、或は三軍を陣頭に叱咤《しった》する。偉は且偉なりと雖も、裏面に隠れて臥薪嘗胆《がしんしょうたん》敵状を探り、以て帷幄《いあく》の運籌《うんちゅう》に資せんとするは、実に常人の難しとする所。日清の風雲に乗じて暗中飛躍、以て報国尽忠為めに敵刃《てきじん》に斃《たお》れ、壮烈の最期を遂げたる、故鐘崎三郎君の如きは、実に忠烈傑士伝中の一ならずんばあらず。

氏は我福岡県三潴郡の出身、幼にして不遇志堅く、其の為す所、常に人の意表に出づ。時運に感ずる所ありて、緊褌一番《きんこんいちばん》、単身清国に渡り、身を商人にやつして、風土民情を視察し、日清の風雲急なるや、或は山東直隷に、或は深く満蒙《まんもう》に入り、具《つぶさ》に敵状を探りて、軍国の為めに奔走《ほんそう》せし所幾何《いくばく》。

其の間、実に神出鬼没、聞く者をして舌を捲《ま》かしむるものあり。不幸、敵手に堕《お》ち、金州城外に於て、摧骨破肉《さいこつはにく》の難に遭ふも遂に屈せず、日東の天を拝しつつ、従容《しょうよう》として死に就きし、最後の壮烈に至りては、真に日本男児の真面目を発揮して、遺憾なしと言ふべく、千歳の下、尚懦夫《だふ》をして、奮起《ふんき》せしむるに足《た》れり。

今や支那《しな》各地、排日《はいにち》の声高く、世界の大勢将に逆転せんとして、東亜益々事端《じたん》の滋《しげ》からんとするに際し、愛国の傑士を懐《おも》ふ情、転《うた》た切なり。君逝《ゆ》いて二十有五年、同志相謀りて其の追悼会を、君が生前の奇縁浅からざる我が勝立寺に行ふ。又感慨に堪へざるなり。不肖幸に此の発起の一人に列したるは、最も光栄《こうえい》とする所。聊《いささ》か所懐《しょかい》を述べて、君の英霊《えいれい》を祀《まつ》り、追慕《ついぼ》の意を表す。

大正八年十一月二十九日

追悼会発起者総代　久世庸夫《くせつねお》

志士講演会

越えて十二月十四日、恰も義士打入の記念日であった。余は福岡市教育会、帝国在郷軍人会福岡市聯合分会、「福岡」「九州」「博毎」三新聞社、九州健児社後援の下に、福岡市記念館に於て、志士に関する一場の講話を試みしが、場内立錐の余地なき光景を呈し、乃木将軍、大高源吾等の筑前琵琶弾奏ありて、一層の盛況を添へたのである。

五、碑文其の他

[一] 捨生取義之碑

征清之役、第二軍通訳官、山崎・鐘崎・藤崎三氏、銜上将命、変服深入敵地、不幸覚斃毒刃。余建此碑於金州城北之山頂、以表其義烈。既而朝議還地撤兵、有司収此賷帰、乃更立于泉岳寺、伝諸不朽云

【書き下し：征清の役、第二軍通訳官、山崎・鐘崎・藤崎の三氏、上将の命《めい》を銜《ふく》み、服を変じて深く敵地に入り、不幸にも覚《さと》られ毒刃《どくじん》に斃《へい》す。余、此の碑を金州城北の山頂に建て、以て其の義烈を表す。既にして朝議地《ちょうぎち》を還して撤兵し、有司此れを収めて齎《もたら》し帰り、乃ち更に泉岳寺に立て、諸を不朽に伝う云《のみ》。】

明治丙申［明治二十九］年四月

知人　根津一識

［三］鐘崎三郎君銅像銘

君名三郎、鐘崎氏、筑後三潴人、父良順娶小野氏、生二男一女、君其一也。為人軀幹矮小、精悍之気、溢于眉宇。然善談笑与人、言意有所嚮、必刺刺〔ママ〕不休焉。幼喪父母、寓筑前勝立寺、読書、既長、従荒尾東方斎遊清国、研究貿易事、東方斎以蓄於人少許可、及見君如旧知、不覚肝胆自傾也。数年間遊跡殆遍禹域、其山川風俗到処視察、無不詳且細、其意量清人必渝盟而加兵于我、為之備也。亡幾果有甲後〔ママ〕之役、君在天津、私為諜、帰報。時先帝親征、駐駕於広島、特召見大本営、賜物慰勉之、熟謂非栄乎。君亦感激、誓将以死報国也。居月余、以通訳官従軍、北赴遼東、銜命偵伺、変服深入敵地、至碧流河、被執下獄、敵欲知我軍動静、拷掠百端、血流肉爛而毅然不屈、遂遭害。事聞朝廷、深嘉其志節、賜賻入祀靖国祠、亦所謂死有余栄者也。君以明治二年一月二日生、以二十七年十月三十日死、年二十六。初君之従軍也、知其平生者皆謂、鐘崎君年少負気、功名或超群。不幸如此而死。然其死関於忠孝、千歳下、苟聞其風、使人感奮興起。此大有益于世教也、乃在君可無憾矣。

銘曰、

【書き下し：君、名は三郎、鐘崎氏にして、筑後三潴の人、父良順は小野氏を娶り、二男一女を生み、君は其の一なり。為人《ひととなり》は軀幹矮小《くかんわいしょう》にして、精悍《せいかん》の気、眉宇《びう》に溢《あふ》る。然して善く人と談笑し、言意に嚮《むか》う所有りて、必ず潑剌《はつらつ》として休まず。幼くして父母を喪《うしな》い、筑前の勝立寺に寓し書を読む。既に長じて、荒尾東方斎に従い清国に遊び、貿易の事を研究し、東方斎人に蓄《おお》きを以て許可すること少なく、君を見るに及びて旧知の如く、肝胆自ら傾くを覚えざるなり。数年間の遊跡殆ど禹域《うき》を遍《あまね》くし、其の山川風俗到る処視察し、詳《つまびらか》に且《か》つ細かにせざる無く、其の意、清人必ず盟を渝《か》えて兵を我に加えんと量らば、これが備を為すなり。幾《いくば》くも亡《な》く果して甲午《こうご》の役《えき》有り、君天津に在りて、私《ひそか》に諜を為し、帰りて報ず。時に先帝親征し、広島に駐駕《ちゅうが》し、特に召きて大本営に見え、物を賜りてこれを慰勉《いべん》す。熟［孰《いずれ》］ぞ栄に非ずと謂うや。君亦感激し、誓いて将に死を以て国に報ぜんとすなる。居ること月余、通訳官を以て従軍し、北して遼東《りょうとう》に赴《おもむ》き、命を銜《ふく》みて偵伺し、服を変じて深く敵地に入り、碧流河《へきりゅうが》に至り、執《とら》えられて獄《ごく》に下され、敵は我軍の動静を知らんと欲し、拷掠《ごうりゃく》百端《ひゃくたん》、血流れ肉爛《にくただ》れて毅然《きぜん》と屈せず。遂に害に遭う。事《こと》朝廷に聞こえ、深く其の志節を嘉とし、賻を賜わり靖国《やすくに》の祠《ほこら》に入れて祀《まつ》り、亦所謂《またいわゆる》死して余栄有る者とするなり。君、明治二年一月二日を以て生れ、二十七年十月三十日を以て死せば、年二十六。初め、君の軍に従うや、其の平生を知る者は皆謂《みないう》、「鐘崎君、年少にして気を負い、功名或は群を超う。不幸にして此の如《かく》くして死す。然して其の死は忠孝に関して、千歳《せんざい》の下、苟《いやしく》も其の風を聞かば、人をして感奮興起《かんぷんこうき》せしむ。此れ大いに世教《せいきょう》に益有る也、乃ち君に在りては憾《うらみ》無かる可《べ》きや。銘に曰く

沙白草黄　遼東之山【沙白草黄たる、遼東の山】
魂帰来兮　憑此銅人【魂帰来して、此の銅人に憑くや】
其貌如生　貞松之間【其の貌は生くが如し、貞松の間】

友人　宮崎来城

〔三〕弔鐘崎三郎大人詞

金銀珠玉《しゅぎょく》は世の宝《たから》なりといへども、人の命《いのち》ほど貴きものはなかりけり。かく尊《とうと》き命を鴻毛《こうもう》よりも軽《かろ》くなし、君の為め、国の為めに抛《なげう》ちて顧《かえり》みぬは、大和《やまと》男子になんありける。斯《ここ》に鐘崎の大人《うし》は、其の人となり義に勇める人にして、夙《つと》に支那語に通ぜられけり。日支の戦争起るにおよび、国家のために自決する所ありて、深く敵地に入り、あるは渤海《ぼっかい》の浪に漂《ただよ》ひ、あるは天津《てんしん》の市《いち》にさまよひ、人のなし難《がた》きをなし、人の忍《しの》び難きをしのばれけり。

かくて敵の軍略を探り、仇《あだ》の挙動を窺《うかが》ひ、力の限り尽されしに、後に彼が知る所となり、僅《わず》かに虎口《ここう》をのがれて帰朝せられ、何くれの事どもやむごとなきわたりに、審《つまび》らかに聞えあげられけり。公《おおやけ》にもその功績の大きなるを賞《ほ》めさせたまひ、通訳官に挙《あ》げられて、恐しこくも天顔《てんがん》を拝し奉りしとぞ、大人の栄《さかえ》もまた大ならずやは。其の後第二軍に従ひ彼の地に渡り、特別任務の命を受け、敵状を探《さぐ》らんとて、寸鉄《すんてつ》をも身に帯《お》びず、辮髪《べんぱつ》を垂れ、胡服を着け、胆太くも唯独り敵地に向はれたるは、世に得がたき壮夫《そうふ》なりけり。

しかるを不幸にして、かれが為めに捕はれ、惨酷《ざんこく》の刑にかかられたりとなん云る。大人の人となりより推し考ふる時は、其の死に就かれしときのさま、いかに壮烈なりけん。それをおもひ出る時は、誰《たれ》かは胸塞《むねふさ》がらざらん。

斉明天皇の御代《みよ》に、官軍《かんぐん》百済《くだら》を救ふの役、本国の人、大伴部博麻呂《おおともべはかまろ》、唐軍《とうぐん》に捕はれ、三十年ばかり敵軍にありて、いたく辛酸《しんさん》を嘗《な》め、彼が画策せる事どもを探《さぐ》りて、朝廷《ちょうてい》に奏上《そうじょう》せる事《こと》絶《た》えざりき。

又欽明天皇《きんめいてんのう》の御代、新羅《しらぎ》を伐玉《うちたま》ひし時、我が軍利《り》あらず、調吉士伊企儺《つきのきしいきな》、敵に捕はれ、彼はさまざま脅迫して誘《いざな》ひしかども従はず、「新羅《しらぎ》王、我が臀肉《でんにく》を喰へ」と罵倒《ばとう》して殺されにき。大人《うし》は此の二人の道《みち》を一人にてなし得られたりと云ふも、過言《かごん》にあらざるべし。これによりて其の霊魂は、永く靖国神社の御祭《みまつり》に列《つらな》りて、其の芳名《ほうめい》は遠く歴史に伝《つたわ》りぬべし。今日は其のむかしのことの偲《しの》ばれて、咲匂《さきにお》ふ梅の花蔭《はなかげ》には、其の面《おも》かげもほの見え、吹《ふき》すさぶ風の梢《こずえ》には、その声もほの聞ゆる心地《ここち》なんせらるる。されど花に問へど答へず、風に音《おと》なへどいらへず。旗《はた》建《た》て、花手向《たむけ》、海川山野のもの取備《とりそな》へて、葬式仕《そうしきつか》へ奉《たてまつ》る人々のこころは、其の御魂《みたま》や天翔《あまかけ》り来て、受け玉はんかし。

明治二十八年二月九日

久留米護国団総代　三谷有信《ゆうしん》
（久留米藩最後の絵師）

［四］哭鐘崎通訳官

盤谷　細見　保

死或泰山重。亦或鴻毛軽。浮生一夢名千載。男子要効報国誠。鐘崎三郎真男子。天性義気塡骨髄。豁眼看破東亜勢。跋渉禹域究地理。恰会日清構干戈。帰来献策応徴士。朝野嘖々欽英風。夙有名字達天聡。破格賜謁感殊恩。生死誓期奏異功。慨然垂泣辞鳳関［闕］。胡服深入虎狼窟。金州城外雪没脛。碧流河辺霜徹骨。何料失脚堕陥穽。遺憾桎梏為囚俘。日夜推鞫加鞭笞。骨摧肉爛肌生蛆。支地不拝気軒昂。白刃擬頭凜不渝。怒髪衝帽目眥裂。叱咤罵賊舌端熱。汝不知乎、日本男児胆如鉄。敢拝犬羊汚我節。我頭可断舌可抜。汝遄下刀莫復説。従容含笑向東方。紫電一閃身首別。浮雲惨淡辺月愁。悲風凄切朔雁咽。冒険特待胆勇人。偵諜勲優斬馘勲。精忠泣神鬼。義烈興懦頑。英魂不返吾涙潸。憾君不目王師平虜還。

【書き下し：死或は泰山より重く、亦或は鴻毛《こうもう》より軽し。浮生は一夢にして名は千載《せんざい》。

男子報国の誠を効《つく》すを要す。鐘崎三郎真の男子。天性義気にして骨髄を塡《みた》す。豁眼《かつがん》して東亜の勢を看破し、禹域《うき》を跋渉《ばっしょう》して地理を究《きわ》む。恰《あたか》も日清干戈《にっしんかんか》を構《かま》うに会い、帰来して策を献じて徴士《ちょうし》に応ず。朝野嘖々《ちょうやさくさく》として英風《えいふう》を欽《した》い、夙《つと》に名字有りて天聡《てんそう》に達す。破格の賜謁殊恩《しえつしゅおん》に感じ、生死誓いて異功を奏すを期す。慨然垂泣《なみだをたれ》て鳳闕《ほうけつ》を辞し、胡服にて深く虎狼《ころう》の窟《いわや》に入る。金州城外雪脛《ゆきすね》を没し、碧流河辺の霜骨に徹す。何ぞ料《はか》らん失脚《しっきゃく》して陥穽《かんせい》に堕《お》ち、遺憾桎梏《いかんしっこく》して囚俘《しゅうふ》と為る。日夜推鞫《すいきく》して鞭笞《べんち》を加えられ、骨摧《くだ》け肉爛《ただ》れ肌蛆を生ず。地を支えて拝さず気は軒昂《けんこう》、白刃頭《しらはあたま》に擬《なぞら》えて凜《りん》として渝《か》わらず。怒髪帽《どはつぼう》を衝《つ》き目は眥《にら》み裂け、叱咤《しった》して賊を罵《ののし》り舌端熱《ぜったんあつ》し。汝《なんじ》知らざるか、日本男児の胆鉄《たんてつ》の如きを。敢て犬羊《けんよう》を拝して我が節を汚すや、我頭断《た》つ可《べ》し舌抜《ぬ》く可《べ》し。汝遄《すみやか》に刀《かたな》を下《おろ》し復た説くこと莫《な》かれ。従容《しょうよう》として笑を含み東方に向う。紫電一閃身首別《しでんいっせんしんしゅわか》る。浮雲惨淡《ふうんさんたん》にして、辺月愁《へんげつうれ》う。悲風は凄切《せいせつ》にして朔雁咽《さくがんな》く。冒険特に胆勇の人を待つ。偵諜の勲は斬馘《ざんかく》の勲に優れ、精忠神鬼をも泣かす。義烈懦頑《だがん》を興《おこ》し、英魂返らざるも吾が涙潜《ひそ》む。憾《うら》むらく君王師の虜《とりこ》を平げ還るを目さざるを。】

［五］ 鐘崎三郎君銅像除幕式賀辞

回顧。君初渡于清国也、距今二十余年矣。余亦聊致微衷、爾来肝胆相照、有所互深期焉。及日清戦役起、君奉大命、深入敵地、終為不帰客矣。余也雖瓦全至今日、有忸怩不自禁者、

然一片之誠意、綿々不能須臾忘焉。況依有志諸彦之斡旋、見此盛典耶。聊攄鄙懐、以代賀辞。其辞曰、

【書き下し：回顧す。君初めて清国に渡るや、今を距《へだ》つこと二十余年なり。余亦《また》聊《いささ》か微衷《びちゅう》に致り、爾来肝胆相《じらいかんたんあい》照し、互いに深く期す所有り。日清戦役起るに及び、君大命を奉《たてまつ》りて、深く敵地に入り、終《つい》に不帰《ふき》の客と為る。余も也瓦全《またがぜん》として今日に至ると雖も、忸怩《じくじ》として自ら禁ぜざる者有り、然して一片の誠意、綿々として須臾《しゅゆ》も忘る能はず。況《いわん》や有志諸彦《しょげん》の斡旋《あっせん》に依《よ》り、此の盛典を見る耶《や》。聊か鄙懐《ひかい》を攄《の》べ、以て賀辞に代《か》う。其の辞に曰く、】

風浪之社　有明之浜
地勢好適　君亦須安
英風凛矣　生気猶存
孱顔温兮　似有所云
嗚呼今昔之感　唯余与君
幽明雖殊　心常相循
捧身殉国　臣子之分
大志堅確　出衆抜倫

【風浪の社《もり》、有明の浜】
【地勢好適にして、君亦須《すべか》らく安《やす》んずべし】
【英風凛として、生気猶存す】
【孱顔《せんがん》温く、云う所有るに似たり】
【嗚呼、今昔の感、唯余と君と】
【幽明殊《ことな》ると雖《いえど》も、心常に相い循《したが》い】
【身を捧《ささ》げ国に殉じるは、臣子《しんし》の分】
【大志堅確にして、衆に出で倫《みち》を抜く】

草莽微躬　夙拝天顔　【草莽《そうもう》の微躬《びきゅう》、夙《つ》と天顔を拝すは】
異例破格　亦非莫因　【異例破格にして、亦因《よ》る莫《な》きに非ず】
感激奮心　以従皇軍　【感激して心を奮《ふる》わせ、以て皇軍に従い】
欲捕虎児　入虎穴間　【虎児《こじ》を捕えんと欲して、虎穴の間に入り】
鼎鑊如飴　殺身成仁　【鼎鑊飴《ていかくあめ》の如くして、身を殺して仁《じん》を成《な》し】
巌頭嵇血　死何足論　【巌頭嵇血《がんとうけいけつ》、死何《しなん》ぞ論《ろん》ずるに足るや】
丹心照月日　壮烈泣鬼神　【丹心《たんしん》照す月日、壮烈《そうれつ》鬼神《きしん》をも泣かしめ】
於戯皇国之精華　【於戯《ああ》、皇国《こうこく》の精華《せいか》、】
頼君以発其天真　【君に頼り、以て其の天真を発し】
遺名於竹帛　垂範於後昆　【名を竹帛《ちくはく》に遺《のこ》し、後昆《こうこん》に垂範《すいはん》す】
丕哉其巧　海深神尊　【丕《おお》いかな其の巧、海の深く神の尊きや】

大正四年六月十一日　　久留米　田中順信《ゆきのぶ》

＊『烈士の面影』九六～九七頁より

〔六〕弔亡友鐘崎三郎君　【亡友鐘崎三郎君を弔《とむら》う】

中村綱次

与君莫逆似陳雷　【君と莫逆《ばくげき》たりて陳雷に似たり】

平生心衷倶相開
富貴安逸君不願
欲立奇功試雄才
托身細作事遠遊
嘗胆臥薪抱国憂
五尺短身総是胆
跋渉支那四百州
雞林八道騰妖氛
黄竜遮日暗風雲
王師赫怒討清賊
叱咤向処掃万軍
満清国裡無勁兵
長駆直欲衝北京
羨君処事多機智
神出鬼没得敵情
丹心貫日拝紫宸
欣喜踊躍気益振

【平生《へいせい》の心衷《しんちゅう》、倶《とも》に相開く】
【富貴安逸《ふうきあんいつ》、君願わず】
【奇功を立てんと欲し、雄才を試さんとす】
【身を細作に托し遠遊を事とす】
【嘗胆《しょうたん》臥薪《がしん》して国憂を抱く】
【五尺の短身総て是《これ》胆】
【支那四百州を跋渉《ばっしょう》せんと】
【雞林《けいりん》八道、妖氛《ようふん》を騰《のぼ》す】
【黄竜《こうりゅう》日を遮《さえぎ》り、風雲に暗し】
【王師赫怒《かくど》し、清賊を討たんとす】
【叱咤《しった》して向う処、万軍を掃《はら》わんとす】
【満清国裡、勁兵《けいへい》無し】
【長駆して直ちに北京《ペキン》を衝《つ》かんと欲す】
【君を羨《うらや》む、事を処すに機智多く】
【神出鬼没にして敵情を得たるを】
【丹心日を貫き紫宸《ししん》に拝し】
【欣喜踊躍して気益《ますます》振う】

更向金州試間諜　【更に金州に向いて間諜を試みる】
何料奇禍及其身　【何ぞ料《はか》らん、奇禍其の身に及ぶを】
新誌報来涙潸然　【新誌の報来り、涙潸然たり】
嘆嗟偏思晩節堅　【嘆嗟《ああ》、偏《ひとえ》に思う、晩節堅しと】
泉下忠魂亦応慰　【泉下の忠魂、亦慰《なぐさ》めに応ずべし】
長有義烈青史伝　【長く義烈の青史の伝う有り】

※『烈士の面影』八五～八九頁より

［七］殉節三烈士碑（金州城前三崎山ニアル碑文）

我日本屹立亜洲、国体振古無騫。士風忠勇、愛国尊君。近世風俗、与時漸移易、然同仇敵愾、此気初未少衰、是所以我国威震耀寰宇也歟。乃不但武夫戦卒顕功於果毅、以布衣挟筴之士、往往出如三烈士者、豈不偉哉。三烈士者、筑前人山崎君羔三郎、筑後人鐘崎君三郎、大隅人藤崎君秀是也。三君皆少有大志、最励志節。明治庚寅、荒尾精、根津一等、創設日清貿易研究所于上海也、鐘崎・藤崎二君、渡海従遊、山崎君既在鄂、聞之亦来共周旋。既歴年所、各有心得。於是或渉山川、覧城邑、以察地理風俗、或締交士夫、潜心時務、或執牙籌、従事懋遷。及甲午役起、与同志倶奮曰、是男子報国之秋也。乃投筆従軍。先是鐘崎君入燕遼為諜還報。時乗輿駐広島、特召見於行在。山崎・藤崎二君、亦得進謁有栖川親王、蓋異数也。三君与其徒已授陸軍通訳、従第二軍、由花園口登岸、銜命偵伺。変服深入敵地、備嘗辛苦、至碧流河、敵覚捕繫于獄、音耗遂梗。及我軍克金州、検敵文書、始知三君遇害、乃掘城外地、獲其屍。於是設壇具礼祭之。是日来行礼者、第一師団長山地陸軍中将以下数百人、無不泣壮其烈者。先是士民告三君殉節状曰、三君拘於獄、拷掠百端、血肉狼籍、而毅然不屈、竟無一言泄機事、乃引出而斬之。実明治二十七年十月三十日也。清国例、囚臨刑必西向、山崎君憤曰吾日本臣民也。天子在東、不可西向。且吾輩雖死、魂魄必帰故国。東向不動、行刑者怒叱之、弗聴。挙刀撃面。其屍面上有刀瘢為是也。鐘崎・藤崎、二君亦抗節不撓皆死之。瀕刑時、有人憐其壮節、給以水飲、山崎君拒不飲。二君曰、此人知敬我、勿負其義、乃飲之。三君殉節時、山崎君年三十一、鐘崎君二十六、藤崎君二十三。事聞、朝庭、深嘉其志節、各厚賜賻、入祀靖国神社、火化忠骨、各分為二、一葬其梓里、一葬於金州城北崔家屯、取於三君姓氏、称其地三崎山、墓前樹石、題曰大日本志士捨生取義之碑、以誌忠節。及国家訂約還遼、改葬于東京泉岳寺、後十余年、金州民政支署長遠藤盛邦等、恐忠烈之遺跡久而堙滅、胥謀立碑山上、以図不朽、属余文、固辞不獲。嗚呼三君死矣。其生時落落寡合、乃感義烈、輱軻奔走、若疾痛在身而不容自己者、卒之駿翮巾垂、不得一搏万里、豈不可哀也哉。然其精爽凜凜者、固経千載而不滅、視之夫軟熟功餂、苟徼倖一時、以自詡許者、其相距何啻天淵哉。余恨無如椽之筆以表彰大節、謹叙其概略而系以銘。銘曰、

【書き下し：我が日本は亜洲に屹立《きつりつ》し、国体は振古騫《あやま》る無し。士風忠勇にして、国を愛し君を尊ぶ。近世の風俗、時とともに漸《ようや》く易きに移り、然同仇敵《きゅうてき》の愾、此の気初め未だ少

しく衰えず、是れ我が国威の寰宇《かんう》に震耀《しんよう》する所以なるや。乃《すなわ》ち但《た》だ武夫《ぶふ》・戦卒功を於果《か》毅《き》に顕《あらわ》すのみならず、布衣《ふい》・挟筴《きょうさく》［策］の士を以て、往往にして三烈士の如き者出ずるは、豈《あに》偉ならざらんや。三烈士は、筑前の人山崎君羔三郎、筑後の人鐘崎君三郎、大隅《おおすみ》の人藤崎君秀是れなり。三君皆少しく大志有りて、最も志節に励《はげ》む。明治庚寅《かのえとら》、荒尾精、根津一等、日清貿易研究所を上海に創設するや、鐘崎・藤崎の二君、海を渡りて従遊し、山崎君既に鄂《がく》に在りて、これを聞き亦来りて共に周旋《しゅうせん》す。既に年所を歴し、各心得《こころえ》有《あ》り。是においで或は山川を渉《わた》り、城邑《じょうゆう》を覧、以て地理風俗を察し、或は士夫《しふ》と締交《ていこう》して、時務に潜心し、或は牙籌《がちゅう》を執《と》りて、事に従い懋《つと》め遷《うつ》る。甲午《こうご》の役《えき》起るに及び、同志と倶《とも》に奮《ふる》いて曰《い》うらくは、「是れ男子報国の秋なり。乃ち筆を投じて軍に従う」と。是に先んじ鐘崎君燕遼《えんりょう》に入りて諜を為し、還りて報ず。時に乗輿《じょうよ》広島に駐し、特に召して行在《あんざい》に見《まみ》う。山崎・藤崎二君、亦有栖川親王《ありすがわしんのう》に進謁《しんえつ》を得、蓋《けだ》し異数《いすう》なり。三君、其の徒と已に陸軍通訳を授けられ、第二軍に従い、花園口由り岸に登り、命を銜《うけたまわ》りて偵伺《ていし》す。服を変じて深く敵地に入り、備《つぶさ》に辛苦《しんく》を嘗《な》め、碧流河《へきりゅうが》に至りて、敵覚り捕えて獄に繋《つな》ぎ、音耗《おんこう》遂に梗《ふさ》ぐ。我軍の金州に克つに及び、敵の文書を検《しら》べ、始めて三君の害に遇うを知り、乃ち城外の地を掘り、其の屍《しかばね》を獲《え》る。是に於て壇を設け礼を具《そな》へこれを祭る。是の日来りて礼を行う者、第一師団長山地《やまじ》陸軍中将《りくぐんちゅうじょう》以下数百人、壮なる其の烈に泣かざる者無し。是に先だち、士民三君《しみんさんくん》の節に殉じる状を告げて曰く、三君獄に拘《とら》えて、拷掠《こうりょう》すること百端《ひゃくたん》、血肉狼籍《けつにくろうぜき》すれども、而して毅然《きぜん》として屈せず、竟《つい》に一言も機事を泄《もら》すこと無く、乃ち引き出してこれを斬る。実に明治二十七年十月三十日なり。清国の例は、囚刑《しゅうけい》に臨《のぞ》まば必ず西向《にしむかわ》す。山崎君憤《いきどお》りて曰く「吾《わ》れ日本臣民《にっぽんしんみん》なり。天子《てんし》東《ひがし》に在《あ》り、西向《にしむかわ》す可《べ》からず。且《まさ》に吾輩《わがはい》死《し》すと雖《いえど》も、魂魄《こんぱく》必ず故国《ここく》に帰《かえ》らんとす」と。東向《ひがしにむこう》して動かず。刑を行う者怒《おこ》りてこれを叱《しか》れども、聴《き》かず。刀《かたな》を挙げて面《めん》を撃つ。其の屍《しかばね》の面上刀瘢《めんじょうとうはん》有るは是《これ》が為《た》めなり。鐘崎・藤崎二君亦《また》節に抗して撓《くじ》けずして皆これに死す。刑に瀕《のぞ》みし時、有る人其の壮節《そうせつ》を憐《あわれ》みて、給《きゅう》するに水を以て飲ましめんとするに、山崎君拒みて飲まず。二君曰《いわ》く「此の人我を敬《けい》すを知りたれば、其の義負《ぎそむ》くこと勿《なか》れ」と、乃ちこれを飲む。三君節に殉ずる時、山崎君年三十一、鐘崎君二十六、藤崎君二十三。事朝庭に聞え、深く其の志節を嘉《よみ》し、各厚く賻《ぶ》を賜《たま》い、靖国神社に入祀《にゅうし》し、忠骨を火化《ひか》し、各分けて二と為し、一は其の梓里《しり》に葬り、一は金州城北崔家屯《さいかとん》に葬《ほうむ》り、三君の姓氏に取りて、其の地を三崎山《さんさきやま》と称し、墓前石を樹て、題して「大日本志士《だいにっぽんしし》生《せい》を捨《す》て義《ぎ》を取《と》るの碑《ひ》」と曰い、以忠節《もってちゅうせつ》を誌《しる》す。国家約《やく》を訂《ただ》して遼《りょう》を還《かえ》すに及び、東京泉岳寺《せんがくじ》に改葬《かいそう》す。後十余年、金州民政支署長《きんしゅうみんせいししょちょう》遠藤盛邦《えんどうもりくに》等、忠烈の遺跡久しくして堙滅《いんめつ》するを恐れ、胥謀《あいはか》って碑を山上に立て、以て不朽を図り、余の文を属し、固より辞せども獲られず。嗚呼、三君死すかな。其の生く時落落合うこと寡《すくな》く、乃ち義烈に感じて、轗軻奔走《かんかほんそう》して、疾痛《しっつう》身に在りて自己に容《い》れざる者の若《ごと》く、ここに卒《しゅっ》して駿翮巾垂《しゅんかくきんすい》して、一搏《いっぱく》にて万里を得ず、豈《あに》哀む可からざらんかな。然れども其の精爽凜凜《せいそうりんりん》たる者、固《もと》より千載を経て滅びず、これを視るに、夫《いず》れ軟熟〔孰〕功餂《こうてん》にして、苟《いやしく》も一時に徼倖《きょうこう》し、以て自ら詡《ほこ》り許す者は、其の相距《あいへだ》つは何ぞ啻《ただ》に天淵《てんえん》かな。余恨むに椽《たるき》の如きの筆以て大節を表彰する無く、謹んで其の概略を叙し、而して系《つな》ぐに銘を以てす。銘《めい》曰く

人誰無死　処死為難　【人誰も死すること無きや、死に処すは難しと為す】
舎魚取蹯　審択心安　【魚を舎《す》てて蹯《はん》を取り、審《つまび》らかに心安を択《えら》ぶ】
繋吾三君　英烈芒寒　【繋《かか》わる吾が三君、英烈芒寒《えいれつぼうかん》】
莽々遼野　風雲蟠盤　【莽々《もうもう》たる遼野、風雲蟠盤《ふううんはんばん》す】
前徽在茲　来髦攸歎　【前徽茲《ぜんきここ》に在りて、来髦《らいもう》歎ずる攸《ところ》】
豊碑刊勒　永此聳観　【豊碑刊勒《ほうひかんろく》し、永く此《ここ》に聳《そび》え観せしむべし】

〔八〕弔故鐘崎三郎君之忠魂歌並短歌

若津警察署員総代　石田　昌

敷島の大和の国は、　国柄の正しき国、
人柄の雄々しき国と、　まめ人の多かる中に、
益荒《ますら》男《お》のさはなる中に、　千歳川大川浪の、

音に聞く鐘崎の子は、　花ならば桜の花、
弓ならば梓《あずさ》の真弓、　桜なす散も惜まず、
真弓なす引も弛まず、　大君《おおきみ》の　勅《みことのり》畏《かしこ》み、
まつろはぬ夷狄《いてき》が国の、　国柄を見明らめむと、
仇さまを見明らめむと、　はらはらに思ひ渡らひ、
遠々に思ひ計りて、　剣太刀身も多奈知らず、
海行かば美《み》都《つ》久《く》屍《かばね》、　山行かば草むす屍、
かへり見はせじと誓ひて、　雪深き山の峰々、
浪荒るる海の果々、　御軍のみさきつかへて、
玉きはる命すてしは、　えみし衣身には粧へど、
たぐひなき心の錦、　天地のよりあひの極み、
今よりの人のことごと、　後の世の人のことごと、
皇吾御国の花と、　日本の国守弓と、　語り継ぎ言継ぎゆかむ、
鐘崎のたかき其の名は、
千歳川千歳絶せず、　行水の如や立浪の如や。

なき霊も　すめら御軍のかちどきを　天かけりつつ嬉しとや聞く

志士の事蹟を聴きて

おつるまで赤き心の紅葉と　八尋の里の色もますらん

八幡　無名　氏

偶成

身に染むや金州城の霜の鐘

三潴　恒屋棘村

記念碑を仰ぎて

千代経ても世にこそあふげ鐘崎の　ますらたけをが高きいさをは

三潴　大坪　勇

鐘崎氏遺愛の松を見て

唐土の露と消えにし大丈夫の　いさをも高し松の一本

三潴　納戸青村

六、奉告祭《ほうこくさい》

贈位奉告祭

昭和三年十一月、今上天皇陛下の御即位の大典行はせられ、聖恩枯骨《せいおんここつ》に及ぶや、烈士に対し左の御沙汰《ごさた》があった。

故鐘崎三郎

贈　従《じゅ》　五《ご》　位《い》

昭和三年十一月十日

宮内大臣従二位勲一等　一木喜徳郎《いちききとくろう》　宣

昭和四年五月一日、大川町酒見県社風浪宮境内《けいだい》の銅像前に於て、盛大なる贈位奉告祭挙行《ぞういほうこくさいきょこう》せられ、同十月三十日、青木村志士墓前に於《お》いて、遺族主催の下に奉告祭が執行《しっこう》せられたのである。

銅像移転奉告祭

余は銅像の位置が、適当ならざるをかねて認知していたので、昭和四年十一月、三潴郡教育総会の折、移転の議を提案せしに、満場一致可決せられ、工事着々進捗《しんちょく》して、銅像は神苑《しんえん》内恰好《かっこう》の位置に移され、英姿更に一段の光彩を添え、昭和六年四月十日、移転奉告祭挙行せらる。此の日全郡神社総代会開催、式は極めて荘厳裡《そうごんり》に終了を告げ、志士の英霊《えいれい》を慰めるを得たのである。

昭和九年は、志士の歿後恰《あたか》も四十年に相当するので、十月三十日を卜《ぼく》し、盛大なる慰霊祭を挙行し、かねて記念の為、青木小学校に於て、剣道大会並びに志士追慕展覧会を開催し、殉国的精神の発揚に貢献する所頗《すこぶ》る顕著《けんちょ》なりしを覚えたのである。

当日、青木村尚武《しょうぶ》会長の朗読《ろうどく》したる祭文は、

志士慰霊祭

白雲蒼空に閃《ひらめ》き、秋風吹き入る三潴野の神無月三十日、我等が敬慕《けいぼ》措《お》く能《あた》はざる、志士鐘崎三郎大人《うし》の満四拾周年忌にあたり、菊花新なる今日其の慰霊祭を挙行し、感慨亦更なるを覚ゆ也。

大人、其の人と為りや、資性豪胆《ごうたん》、磊落不覊《らいらくふき》にして、弁舌文才《べんぜつぶんさい》に長じ、威風凛々《いふうりんりん》たる中に宿る温厚の情、蓋《けだ》し志士人格者の典型たり。噫《ああ》、其の愛国の至情《しじょう》に至りては、何人か之に比すべきものあらんや。抑《そもそ》も大人が身を殉ぜられし日清戦役の当初、帝国の士気《しき》盛《さかり》なりしとはいへども、未だ清国の情勢 詳《つまびらか》 ならざるもの有り。大人此の間に処して、奮然蹶起《ふんぜんけっき》し、軍事探偵と為り、万難を排して神出鬼没、一として冒険的奇功ならざるは無し。其の功績日月の如く燦《さん》たる所以《ゆえん》のものは、畏《かしこ》くも当時大元帥陛下の御前に召されし光栄の一事を以てしても、其の余は察すべき也。之れ、宜しく国家有為の人材と為り、一世を警醒《けいせい》せ

ずんば止まざる愛国の至情の至す所、長く我等が師表敬慕《しひょうけいぼ》の的たり。

噫《ああ》、大人《うし》。卿《けい》は二十有六の壮年にして、金州城頭の露と消えたれど、其の功空《むな》しからず、皇国の御稜威《みいつ》いよいよ輝き、世界に冠たる帝国の礎《いしずえ》厳たり。今や、彼の金州城頭、暁雲《ぎょううん》五彩《ごさい》の光かがやき、野に平和の声みなぎれり。かくて満洲帝国《まんしゅうていこく》は隆々として楽土化《らくどか》しつつあり。地下に在る大人の喜びいかばかりならん。我等、大人の高き遺志をつぎ、其の功績に報いんと願ふ也。大人忠愛の血は我等之れを享《う》けたり。大人の魂は帝国九千万人の魂也。筑紫《つくし》次郎洋々たる所、雲仙影紫に映ずる畔《ほとり》、我等大人と幽冥《ゆうめい》を異にする事早や四拾星《しじゅうせい》霜《そう》。今日この四十周年忌にあたり、一片の蕪辞《ぶじ》をささげ、大人の霊いやますますに安らかに鎮《しず》まりまさんこと、衷心《ちゅうしん》より冀《こいねご》ふてやまざる也。

昭和九年十月三十日

三潴郡青木村尚武会長　納戸鹿之助

［書簡九］

七、名士の消息

其の一〈荒尾精《あらおせい》より内田勒三・中村綱次宛：明治二八・二・六〉

左は志士が私淑《ししゅく》せし、巨人荒尾精氏の書信である。

貴翰《きかん》拝読、貴諭《きゆ》の趣《おもむき》、委細拝承仕《はいじょうつかまつり》候。然るに鐘崎君御履歴書《りれきしょ》は、目下当地に何も取持《とりもち》不仕《つかまつらず》、誠に今回の御高志に背《そむ》き、千万遺憾《せんばんいかん》、奉存候得共《ぞんじたてまつりそうらえども》、他日結局の上、上海研究所より詳細の履歴も取寄《とりよせ》、目下遠征相成居《えんせいあいなりおり》、諸同志帰朝《きちょう》の上は、委員を設け、殉難者《じゅんなんしゃ》の事蹟、相綴可申心組《あいつづりもうすべきこころぐみ》に御座候間《ござそうろうあいだ》、何卒暫時《なにとぞざんじ》御待被下度《おまちくだされたく》、奉希望《きぼうたてまつり》候。先《まず》は右得貴意度《きいえたし》。

早々拝復

二月六日

荒尾　生

内田勒三　殿

中村綱次　殿

梧右《ごゆう》

［書簡一〇］

其の二〈旧養鋭学校長・津田信秀より葬儀事務所宛：明治二八・二・八〉

拝啓　陳《のぶれ》ば明九日、故通訳官鐘崎三郎君の御葬儀執行被成下《しっこうなしくだされ》、就《つい》ては参式候《しきまいり》様《よう》、御案内被下《くだされ》候間、可相成参列《さんれつあいなるべし》の心得《こころえ》に候処、微恙《びよう》に罹《かか》り、参上致兼《いたしかね》候。別紙は軽少に候へ共、聊《いささ》か幣帛《へいはく》の印《しるし》までに霊前に供《きょう》し度《たく》、宜敷《よろしく》御取計ひ被下度《くだされたく》、奉願《ねがいたてまつり》候。乍略儀《りゃくぎながら》、事務所諸君の御厚情、深く奉謝候也。

二十八年二月八日

福岡旧養鋭学校長　津田信秀

葬儀事務所御中

［書簡一一］

其の三（宗方小太郎《むなかたこたろう》より津城《つじょう》（謙助《けんすけ》）宛：年次不明）

左は当時広島市大手町三潤身館《じゅんしんかん》に寄寓《きぐう》せし志士、宗方小太郎氏の書面である。

過般《かはん》御来広の折は失礼仕《しつれいつかまつり》候。鐘崎君招魂祭の事に付ては、万事御尽力により、愈《いよいよ》御執行の運《はこび》に相成候由《あいなりそうろうよし》、御高義の段、生等《せいら》一同の不堪感銘《かんめいにたえざる》次第《しだい》に御座候。実は小生等よりも祭文なりと御贈り可申上筈《もうしあげるべきはず》の処《ところ》、一同非常の多忙にて、其の儀に及《およ》び兼《かね》、遺憾の至《いたり》に御座候。いづれ結局の後、同志中、忠死者の祭典を挙行し、同時に亡友の伝記をも編成し、大《おおい》に天下に表彰し度《た》き考《かんがえ》に御座候間、其の節は更に老兄の御指教をも仰《あおぎ》度《た》き所存に御座候。別紙七絶一首は、微衷《びちゅう》を表する迄にて、文字拙劣《せつれつ》、不堪読《よむにたえざるに》候得共、何卒《なにとぞ》鐘崎君の御霊前に御供《おそな》へ奉願《ねがいたてまつり》候。先《まず》は右迄《みぎまで》。　匆々頓首《そうそうとんしゅ》

宗方　生

津城老台

研北《けんぽく》

弔　鐘崎三郎君

欽君意気高於山　【君を欽《うやま》い意気山に高きも】
一剣従軍不復還　【一剣軍に従いて復た還らず】
俠骨好雖埋絶域　【俠骨好《よし》んば絶域《ぜついき》に埋むと雖も】
赤心長在乾坤間　【赤心《せきしん》長く乾坤《けんこん》の間に在り】

左は故陸軍大将神尾光臣閣下の親書である。

［書簡一二］

其の四（陸軍大将・神尾光臣《かみおみつおみ》より青木村村長宛：明治二七・一二・二八）

拝啓　御村出身の鐘崎三郎君、今回国事に斃《たお》れし件に付いては、当部に於ても、司令官閣下以下、一同心配、あらゆる手段を尽し探偵致候得共、確然《かくぜん》たる事は見当らず。唯《ただ》本人口供書類其の他、多少の拠《よ》るべき点よりして、全く国難に斃《たお》れしに相違なく判定致候得《はんていいたしそうらえ》ば、夫々《それぞれ》正当の手続を経て、公然の御沙汰《ごさた》に及ぶべき筈《はず》に御座候。左様御承知《ごしょうち》被下度《くだされたく》、尚右国難に斃れし功績に関しては、同人と同様の者、他《ほか》にも有之《これあり》候故《ゆえ》、一同に当局者に於て、充分御詮議《ごせんぎ》可有之筈《これあるべきはず》に付《つき》、此の段添へて申上候。

何卒《なにとぞ》同人の親戚へ御通牒《ごつうちょう》方《かた》、可然《しかるべく》御取計《おとりはから》ひ被下度《くだされたく》候。

匆々不尽《ふじん》

十二月二十八日

在清第二軍参謀　神尾光臣

青木村村長　殿

［書簡一三］

其の五（太宰府天満宮奉仕諸氏より鐘ヶ江（葬儀）事務所宛：明治二八・二・八）

左は太宰府天満宮に奉仕の諸氏より書面である。

鐘崎三郎君御葬式に付、旗壱旒《いちりゅう》、御墓前に相供度候条《あいそなえたくそうろうじょう》、可然御執計被成下度《しかるべくおとりはからいくだされたく》、此の段及御《ご》倚頼《いらい》候也《なり》。

明治二十八年二月八日

御笠郡太宰府町

西高辻信厳

岡崎揆一郎

坂田利十郎

安恒静三郎

鐘ヶ江事務所　御中

［書簡一四］

其の六（赤城艦乗組士官諸士より（青木村村長）津城謙助宛：明治二八・五・二一）

左は志士と因縁浅からざる、赤城艦乗組士官諸士よりの書信である。

拝啓　故鐘崎三郎様、清国御在留の砌《みぎり》、於各処《かくしょにおいて》御芳情相願《ごほうじょうあいねがい》候処、金州進撃の際、天晴《あっぱれ》なる御最期《おさいご》被相遂《あいとげられ》候趣《おもむき》、三郎様兼ての御志《おこころざし》無此上《このうえなき》御名誉とは存《ぞんじ》候へ共《ども》、親しく御交際相《あい》煩《わずらわし》候、私共今更の様に被存《ぞんぜられ》、一同落涙仕《らくるいつかまつり》候。早速御弔詞可差出筈《さしだすべきはず》の処《ところ》、御遺族方御住所判然不致《はんぜんいたさず》、乍思《おもいながら》延引仕《えんいんつかまつり》候儘《まま》、不悪《あしからず》御諒察相成度《ごりょうさつあいなりたく》、就《つい》ては恐入りたる次第には候へ共、別紙目録の通り、聊《いささ》か香花料《こうげりょう》として進呈仕《しんていつかまつり》候間、乍御手数《おてかずながら》、於貴下様《あなたさまにおかれては》、可然《しかるべき》様《よう》御取計相煩度《あいわずらわしたく》、此段《このだん》御依頼申上候也《もうしあげそうろうなり》。

二十八年五月二十一日

軍艦赤城士官

津城謙助　殿

一金　五円　供花料

軍艦赤城士官

鐘崎三郎君御霊前

〔書簡一五〕

其の七（稲垣満次郎より伊豆《いず》（凡夫《つねお》）陸軍大尉殿宛：明治二八・六・一八）

左は『東方策』の著者として有名なる稲垣氏の書信である。

鐘崎氏ヨリノ書状、漸ク探シ出シ候ママ御覧ニ入レ候。コレハ鐘崎氏ノ自筆ニ御座候。其ノ日附ケコレナキモ郵便印点検致候処《いたしそうろうところ》、九月二十九日（二十七年）広島発ニシテ、十月一日東京着ノ消印有之《これあり》候。鐘崎氏ヨリ月俸増給受取ニ関スル自筆ノ委任状ハ、陸軍省経理局ニ有之候。故ニ御取調下サレ度願《ねがい》上《あ》ゲ置《お》キ候。又タ十一月ニ陸軍省へ出頭、十月初旬、即チ鐘崎氏大本営御雇《おやと》ヒヨリ、第二軍司令部へ転任ノ日ヨリ、十一月末マデノ分、七拾円余受取リ申候《もうしそうろう》。（中略）此ノ度ハ、唯《ただ》月俸而已《のみ》。

鐘崎氏ノ志ヲツグベキ学生ハ、松浦伯《はく》私立中学猶興館《ゆうこうかん》卒業生山口慶太郎ト申ス人ニテ、去年十一月上京、今年四月士官候補生試験ヲ受ケ候得共、此ノ八月ニアラザレバ、其ノ入学ノ許否知レズ。現今モ学窓ニ在リテ勉学致居《いたしおり》候。

此ノ書状及ビ鐘崎氏自筆ノ書状モ、鐘崎氏ノ親戚ノ人々ニ御示シ下サレ候テ不苦《くるしからず》候。尤《もっと》モ鐘崎氏自筆ノ書状ハ、御用済ミノ上ハ、御返却《ごへんきゃく》下《くだ》サレ度《たく》、又鐘崎氏ノ委任状ニシテ、陸軍省経理局ニ有之《これあり》候モノハ、一応是非《いちおうぜひ》御取調《おとりしら》べ下《くだ》サレ度奉願《たくねがいたてまつり》候。　謹言

六月十八日

稲垣満次郎

伊豆［凡夫］陸軍大尉　殿

［書簡一六］

左は陸軍少将福岡県宗像郡《むなかたぐん》の産、伊豆凡夫氏の書簡。

其の八（伊豆凡夫《いずつねお》より鐘崎繁太郎宛：明治二八・九・一五）

拝復　益《ますます》御清適奉《ごせいてきがしたてまつり》賀候《そうろう》。然《しか》ば山口慶太郎の事に就《つい》ては御満足相成《あいなり》候由《よし》、御返事に猶《なお》添言《いいそえ》致し、稲垣氏へ申送候。御省慮相成度《ごせいりょあいなりたく》、又故三郎君に対する御仕向けの事に付、御問合せの趣《おもむき》、御尤《ごもっと》も千万に御座候。通訳官中には死せるあり、生きて還りしあり。種々《しゅじゅ》に相成居候故、其の功績に就ても種々等差《とうさ》を附《つ》け、御手当相成る筈に御座候。死者へ対しての仕向けは、其の遺族へ年金《ねんきん》を与へらるる事に定《さだま》り居《お》り、最初には三年分を一度に与へ、爾《じ》後《ご》毎年御下渡《おさげわたし》に相成筈《あいなるはず》に御座候。（中略）故三郎君の如きは特別の偉功ある事に候間、決して尋常《じんじょう》通訳官中の下位に当る筈《はず》は無之《これなし》。総《すべ》て右等に就ては、御手厚《おてあつ》き御定《おさだ》めに相成《あいなり》候様子に御座《ござ》候。何分其の論功行賞《ろんこうこうしょう》の事は、面倒なるものにて、目下《もっか》其局《そのきょく》に居るものは、昼夜を分たず調査致居候《ちょうさいたしおりそうろう》。右御返事申上度《みぎごへんじもうしあげたく》。

匆々不尽《そうそうふじん》

九月十五日

伊豆凡夫

鐘崎繁太郎　殿

[書簡一七]

其の九（三郎氏未亡人・盛かねより（葬儀）事務所宛：明治二八・二・一五）

左は三郎氏未亡人、長崎市西山住、盛かね女史が葬儀参列後の礼状である。

一筆申上候。扨《さて》とや、よかんきびしく御座候処、皆々様にも御機嫌よくおんしのぎ被遊《あそばされ》、万々《ばんばん》おんめで度存上参《たくぞんじあげまい》らせ候。此の間は皆々様へ一方《ひとかた》ならぬおんせわさまに相成、ますますありがたく深く御礼申上候。御かげさまにてわたくし事も、十三日午後二時に、ちゃくいたし候ゆへ、はばかりさまながら、御休神《ごきゅうしん》なし下され度候。まづわ一寸《ちょっと》御礼迄《おれいまで》、はやばや可祝《かしこ》。

二月十五日

かね　拝

事務所　御中様

[書簡一八]

其の一〇（伊豆凡夫より鐘崎繁太郎宛：明治二八・一〇・一七）

拝啓　益御清適奉賀候。然《しか》ば先般故三郎君の屍体検案書《したいけんあんしょ》御送附致し、（中略）

故三郎君は国事に斃《たお》れたる事に候間、（中略）又此度《このたび》戦死者は、靖国神社《やすくにじんじゃ》へ合祭相成筈《ごうさいあいなるはず》にて、其の人名、陸軍省へ申出候《もうしいでそうろう》。故三郎君も其の内に加《くわ》へ置申《おきもうし》候。何《いず》れ合祭の人名は、発表可有之候得共《これあるべきそうらえども》、予《あらかじ》め申上置候《もうしあげおきそうろう》。死して護国の神と仰《あお》がるるは、男子の面目此上《めんぼくこのうえ》なきことと奉《ぞんじたてまつり》　存候。右要用のみ。

早々不尽《そうそうふじん》

十月十七日

伊豆凡夫

鐘崎繁太郎　殿

［書簡一九］　其の一一（三潴郡長・三ヶ尻忠吾より青木村村長・津城謙助宛：明治二八・二・八）

故鐘崎三郎君、曩《さ》きに通訳官として従軍渡清の末、終《つい》に敵刃《てきじん》に罹《かか》り、忠死せられ候趣、追《つい》悼《とう》の情に不堪《たえず》。乍些少《さしょうながら》為吊祭料《ちょうさいりょう》金七円差出候間、同氏遺族者へ渡方、可然御取計有之《しかるべくおとりはからいこれあり》度《たし》。福岡県軍人優待会本部惣代《そうだい》岩崎小二郎殿より御依頼に依り、此の段及御照会候也。

三潴郡長　三ヶ尻忠吾

二十八年二月八日

青木村長　津城謙助　殿

［書簡二〇］

其の一二（山崎羔三郎実兄・白水致より三猪郡長・三ヶ尻忠吾宛：明治二八・一・二八）

拝啓　益御清祥、奉大賀候。過般来、貴郡青木村長津城氏、通訳官鐘崎三郎氏遭難の事蹟取調として出広の際、弊郡龍岡郡長より御依頼仕《つかまつり》、愚弟山崎羔三郎遭難事蹟取調方の義、御多用の御半《おんなか》ば被懸御意《ぎょいかけらる》に詳細の御通知を辱《かたじけのう》し、深く奉感謝《かんしゃたてまつり》候。本人に於ては、既に決心従軍したる義なれども、客臘《かくろう》、参謀官其の他の知己《ちき》より、一片の通牒を得し儘《まま》、山海万里を隔てたる事とて、不分のことのみ多く、彼是痛心、取調中の処、御厚意の御通知を拝し、殊《こと》に忝奉存《かたじけのうぞんじたてまつり》候。不取敢《とりあえず》御礼迄《おれいまで》、捧禿筆《とくひつたてまつり》候。

二十八年一月二十八日

稽首《けいしゅ》再拝

山崎羔三郎実兄　白水　致

三猪郡長　三ヶ尻忠吾　殿

［書簡二一］

其の一三（東亜《とうあ》同文書院長《どうぶんしょいんちょう》・根津一《ねづはじめ》より納戸鹿之助宛：大正一一・一〇・一二）

此の尺牘《せきとく》は、余が『烈士の面影』を著せし時、根津東亜同文書院長の返信である。

奉拝啓候。時下涼秋の候。御動履《おんどうり》益御清穆《ごせいぼく》、被為在奉南山候（南山を奉ずるに在りと為され候）。御高示之《ごこうじの》故鐘崎三郎君事蹟編著の趣、同君に対する功徳、無此上儀《このうえなきぎ》と難有奉欽仰《ありがたくきんぎょうたてまつり》候。就而《ついて》は小生に右題字、御求之旨《おもとめのむね》に候処、小生儀は四年前より脊髄病《せきずいびょう》にて手振《てふる》ひ、毛筆は勿論《もちろん》、何筆《なんぴつ》を用候《もちいそうろう》とも文字を書する能はず候間、乍遺憾《いかんながら》、右題字御下命之儀《ごかめいのぎ》に応兼《おうじかね》候間、不悪御高諒賜度《あしからずごこうりょうたまわりたし》。右御返事迄得貴意候（右御返事、貴意を得んとする迄に候）。

敬具

追而《おって》頭山翁《とうやまおう》に於而《おいて》「捨生取義」之題字、書写致候趣、右四字は、小生日支戦争の際、金州の北門外の山上に為鐘崎君、石碑を建て、右碑面に四字を撰《えら》み、鐫刻致《せんこくいたし》候者《もの》にて、現に東京高輪泉岳寺《とうきょうたかなわせんがくじ》の庭に有之候間《これありそうろうあいだ》、小生の鄙情《ひじょう》の程は、頭山翁の題字に含居候儀《ふくみおきそうろうぎ》、御《ご》高察奉　願　上候《こうさつねがいあげたてまつり》。

大正十一年十月十二日

根津　一

納戸鹿之助　殿

貴下

［書簡二二］

其の一四（福岡県久留米高等女学校長・武藤直治より納戸鹿之助宛：大正一〇・一一・二八）

こは福岡県久留米高等女学校に於て、余が講話を試みし際、校長武藤直治氏の礼状である。

拝啓　過日は特に御繰合、御枉駕《ごおうが》被下《くだされ》、志士鐘崎三郎氏事蹟につきて有益なる御講話被成下《なしくだされ》、志士の面目躍如たるもの有之《これあり》。満堂感激、精神教育上多大の稗益《ひえき》を得申《えもうし》候。此の段深く御礼申上候。早速御挨拶状差上可申《さしあげもうすべき》の処、延引中、却《かえっ》て御懇書《ごこんしょ》を辱《かたじけの》うし、汗顔《かんがん》此の事に御座候。先《まず》は御礼迄、如此《かくのごとく》に御座候。　早々拝具

大正十年十一月二十八日

武藤　生

納戸大兄

［書簡二三］

其の一五〔郡嶋忠次郎より納戸鹿之助宛：昭和一一・一〇・一六〕

晴秋千里、快感の限に御座候処、益御清康、奉賀上候。就ては烈士鐘崎三郎君の事に付、色々御尽力被成下《ごじんりょくなしくだされ》、奉感謝候。小生は、同氏とは養鋭学校時代より知友にて、同氏の手紙も数十通于今《いまに》保存、一度は同氏の事跡を発表の機あるべきと信居候処《しんじおりそうろうところ》、昨今色々考慮中の事も有之、其の必要として貴台御著述の『烈士の面影』一冊、是非御送付願《ねが》ひ申度存《もうしたくぞんじ》居《おり》候間、事情不悪《あしからず》御推察の程《ほど》、奉願上《ねがいあげたてまつり》候。別便送付の「請願書」は、一昨年御大典に際し、諸友人を代表、小生記述の物に御座候間、御一見被成下度《なしくだされたく》御願ひ申候。小生は、日清貿易研究所卒業生の一人に御座候が、烈士の事に付、諸友人先輩と相談の事も有之《これあり》候間、事情御含置《じじょうおふくみお》きの程《ほど》、御願ひ致し申候。先《まず》は御依頼、旁《かたがた》時候に御伺ひ申上候。

草々拝具

郡嶋忠次郎

十月十六日

納戸鹿之助　様

貴下

郡嶋翁は、明治三年、福岡県糟屋郡篠栗《ささぐり》村に生れ、夙《つと》に福岡藩の碩儒《せきじゅ》正木昌陽先生の門に入りて漢学を修め、日清戦役起るや通訳官として軍に従ひ、台湾征討の砌《みぎり》は乃木〔希典〕将軍に属し、画策する所頗《すこぶ》る多かったのである。

昭和十年一月二十日、余は上京に際し、翁を世田谷区上馬《かみうま》町の自宅に訪れ、初めて其の音《おん》容《よう》に接したるが、一見旧知の如く、肝胆相照《かんたんあいて》らし、深更《しんこう》まで志士の懐旧談《かいきゅうだん》に花を咲かせ、幾多秘蔵の名士の書簡を披見《ひけん》し、得る所極めて多大、殊に先年三烈士が御贈位の恩命に接するや、病を冒して其の遺骨を負ひ、御礼言上《おれいごんじょう》の為、宮城前に跪座《きざ》せられたる美談を聴き、余は其の友情に対し景仰《けいこう》措く所を知らず、少時《しょうじ》感激の涙止めあへなかったのである。

爾来《じらい》互に文通怠りなく、翁は同志生存者河野久太郎、三沢修一諸氏と、昨年三月十九日、泉岳寺に於ける三烈士慰霊祭に参列し、左の述懐を披瀝した。

至誠《しせい》不息《ふそく》、流芳万古《りゅうほうばんこ》、我友不死。【至誠息まず、流芳万古にして、我が友死なず】

翁は昨年富山市に於ける、全国小学校教員大会の招聘《しょうへい》に応じ、親しく三烈士の事蹟に就き講演をなし、国民教育強化の為寄与せられたのである。また樫村弘道氏外《ほか》同志の計画に協力せられ、遂に昨年十一月、三烈士忠節表彰会の設立を見るに至りたるは、非常時日本の為、慶祝《けいしゅく》に堪《た》へざる所である。

趣意書

今や帝国は空前の難局に直面している。我陸海の皇軍が帝国の安危を双肩に担って、第一線に活躍するの労苦を洞察すると共に、国民の魂を総動員して、所謂「生を捨て義を取る」の国士的義魄《ぎはく》を以て精神作興《さっこう》を図り、国民道徳を強化して「君民一体」の実を挙げ、愈々《いよいよ》信念を固めて至誠奉公《しせいほうこう》の顕現《けんげん》に邁進すべきの秋《とき》である。

惟《おも》ふに明治二十七年日清戦争勃発当時、東方経綸《とうほうけいりん》の先覚、荒尾精門下の逸材が憂国の至情禁じ難く、身を挺して敵状偵察に赴き、辛労忍苦《しんろうにんく》、幾度か死地を履《ふ》みて機密を索《さぐ》り、之を皇軍に致して籌謀《ちゅうぼう》策戦の資《し》に供《きょう》したる忠烈の行為は、肝銘《かんめい》措《お》かざる所である。就中《なかんずく》、山崎羔三郎、鐘崎三郎、藤崎秀の三士は、特別任務を帯びて花園河口に上陸し、深く敵地に入り、不幸虜《とりこ》となるも、凛として節を屈せず、十月三十日朔風酷烈《さくふうこくれつ》の夜半、遂に金州城西門外に於て「聖天子東方に座はす、吾東向して死せん」との一語に不滅の精神を遺し、悠然として刑に就いた。

この烈々たる悲壮の気魄《きはく》に対しては、聞くもの斉《ひと》しく血涙《けつるい》を絞《しぼ》らざるはなかった。先輩根津一、「捨生取義之碑」と刻《こく》せる三基の碑を金州城外三崎山に建て、其の忠烈を表彰した。然るに遼東半島還附となるや、之を其の土に委するに忍びず、同志相諮り、遺骨と共に、東京高輪泉岳寺境内に地を相《そう》して移遷《いせん》した。

爾来風雨四十有余年、空しく荒寥《こうりょう》に委《ゆだね》し、詣《もう》づるもの極めて稀《まれ》である。之を最大の遺憾事とし、有志相図《ゆうしあいはか》り、資を蒐《あつ》め碑基を修復整備し、遺芳を千載《せんざい》に伝へ、併而《しかして》同門七志士の事蹟を顕彰し、普《あま》ねく之《これ》を全国民に訴へて時局打開の基調とし、士魂気魄を長養して、国家社会に貢献せんとする目的の下に、この計画が進められることになった。之れ本会を設立し、大方諸賢の賛助を求めると共に、他面又教育に及ぼす影響の甚大なるものあるに鑑《かんが》み敢《あえ》て学童諸子に嘱《しょく》して、本事業の大成を懇請《こんせい》する次第《しだい》である。

昭和十一年十一月

発企団体　全国連合小学校教員会
東京市小学校教員会
東京市小学校長会
帝国在郷軍人会東京市連合会

帝国在郷軍人会芝区連合分会
東　亜　同　文　会

三　烈　士

山崎羔三郎　福岡県福岡市簀子《すのこ》町　年三十一　死　遼東金州
鐘崎　三郎　福岡県三潴郡青木村　年二十六　同　上
藤崎　秀　鹿児島県姶良《あいら》郡加治木村　年二十四　同　上

七　志　士

楠内友次郎　佐賀県三養基《みやき》郡田代村　年三　十　死　江蘇南京
福原　林平　岡山県東北条郡加茂村　年二十七　同　上
藤島　武彦　鹿児島県鹿児島市池上町　年二十六　死　浙江杭州
高見　武夫　岡山県岡山市門田屋敷　年二十七　同　上
石川　伍一　岩手県〔秋田県〕鹿角《かづの》郡毛馬内《けまない》町　年二十九　死　直隷天津
大熊　鵬　福岡県浮羽郡船越村　年二十四　死　盛京之地
猪田　正吉　福岡県久留米市櫛原町《くしはらまち》　年二十六　同　上

明治二十八年春過三烈士処刑場作（【】内の文字は郡嶋忠次郎の自筆による）

遙跪東方拝聖皇　【遙に東方に跪《ひざまず》きて聖皇《せいこう》を拝し】

従容殉国使吾傷　【従容として国に殉じて吾を傷つかしむ】

行人不解野花肥　【行人《こうじん》解《げ》さず野花の肥《こえ》〔茂る〕】

独立春風空断腸　【独り立つ春風空しく断腸《だんちょう》たり】

書於雲庵　落雪山人

（郡嶋忠次郎の号）

［書簡二四］

其の一六（黒岩萬次郎より納戸鹿之助宛：大正一五・一〇・二、一一・二五）

大正十五年九月三十日、実兄恒屋一誠より電話あり、「本日畏《かしこ》くも陸軍大将久邇宮（邦彦《くによし》）殿下、大善寺《だいぜんじ》村なる御塚御陵《おんつかごりょう》御参拝の事あり、急遽《きゅうきょ》『烈士の面影』二部携帯出馬せよ」と。余は取る物も取り敢ず、大善寺に至れば、各戸には国旗翩翻《へんぽん》として秋風に翻《ひるが》へり、歓迎の誠意を披瀝したるが、やがて微恙《びよう》に渡らせせられ、御取止《おとりやめ》の報に村民一同痛く失望した。

是《ここ》に於て、余は久留米高等女学校に黒岩教諭を訪ひ、相携へて御泊所なる倉田邸に赴き、前記の書一部を献上に及んだのである。然るに殿下には直ちに御嘉納《ごかのう》遊ばされ、余は無上の光栄に感泣《かんきゅう》して邸を退いた。

拝啓　過日は、御遠路態々《わざわざ》御来米、御疲労の段、恐察仕候《きょうさつつかまつりそうろう》。然《しか》し貴下の御誠意貫徹、貴著御献納の事も滞《とどこおり》なく相済《あいす》み、加之《しかも》、昨日は御附武官殿より、聯隊《れんたい》区司令部附なる鐘崎三郎曹長《そうちょう》（二代目）を御召に相成「父の志をついで忠勤を励むやう」御奨励の御詞を伝へしめられ申候。是全く先代三郎君の英霊の力と貴下の赤誠《せきせい》とに依る事と、大に感激致居《いたしおり》候《そうろう》。御送附の肖像並《しょうぞうならびに》塑像《そぞう》写真は、鐘ヶ江中村実氏宅までお返し致おき候間、御序《おついで》に御取寄せ被下度候。又武藤氏保管の『烈士の面影』を二冊貰ひ受け、一冊は第十二師団板垣高級副官殿に、一部はつちや主人に寄贈致おき候間、右御承引《ごしょういん》被成下度《くだされたく》、先は当用のみ。

早々頓首

十月二日　　黒岩萬次郎

納戸　様

拝啓　其の後は御無音仕《ごぶいんつかまつり》候。例の鐘崎烈士顕彰の事については、種々御尽力の段、為邦家感謝《ほうかのためかんしゃ》仕候。小子は去十月二日午後、倉田邸にて殿下に鐘崎の画像並尺牘《せきとく》を台覧《たいらん》に供し、略歴だけ御説明申上候処、かねて貴下より献上被致居候《けんじょういたされおりそうろうの》『烈士の面影』を読みて、其の人物を知れりとの御詞《おことば》を賜《たま》はり申候ひき。

右乍《みぎながら》延引御報申上《おしらせもうしあげ》候。佐賀にては客月《かくげつ》の御礼言上《おれいごんじょう》に伺《うかがい》候。拝謁致《はいえついたし》候のみに御座候。

十一月二十五日

頓首

黒岩萬次郎

納戸鹿之助　殿

十月一日、鐘崎曹長に対し、殿下より金弐千匹也御下賜《ごかし》あり、同年十月三十日、墓前祭の折、三郎君の実姉（曹長の母堂）は、之を墓前に供せらる。而して其の処置につき、余に一任せられたので、当日参列の青木小学校長上野利三郎氏に謀れば、目下志士の遺墨を表装中也と告ぐ。然らば之を以て、其の料金に充て、長へ《とこし》に殿下の御厚意を記念せよと、目下講堂に掲げられたる一大扁額《へんがく》は、当時を偲《しの》ぶ絶好の資料である。

本年三月六日、地久節《ちきゅうせつ》の佳辰《かしん》を下し、青木産業組合総会の開催せらるるや、余は坐《そぞ》ろに往年を追懐し、皇室尊崇の精神と志士の認識を深むる為、特に此の事実を談じ、今回女子学習院に於て奉唱したる左の歌を披露したのである。

皇后陛下御誕辰奉賀歌

一、日とし拝《おろが》むすめろぎの　大御光《おおみひかり》にたぐひまし
御恵《みめぐみ》ふかくすめぐみに　月と照ります尊《とうと》さよ

二、父とし仰ぐ大君《おおきみ》の　いつの御《み》かげにならびまし
御情厚《みなさけあつ》く国民《くにたみ》を　母と守らすかしこさよ
三、生《あ》れ出《い》でまし今日の日を　千載《ちとせ》の春のはじめにて
匂《におい》いやます花のごと　みさかえいませ常若《とこわか》に

［書簡二五］

其の一七（海軍特務大尉・岡鶴次郎より納戸鹿之助宛：年次不明）

この書信は、長崎県佐世保市福石免住、海軍特務大尉岡鶴次郎氏の物せられたるもの。

拝呈　時下初夏の候　愈《いよいよ》御清安に渡らせられ奉慶賀《けいがたてまつり》候。陳《のぶれ》ば過日錦地《きんち》出張の折は、特に御訪ね賜はり、御芳志敬謝に存候。尚其の折、御贈与を賜はりし『志士鐘崎三郎伝』難有拝受《ありがたくはいじゅ》、旅中の好読ものとして、将又好侶伴《はたまたこうりょはん》として、非常の愉快を覚えられ、特に書中軍艦赤城との因縁（小生は赤城乗員として、丁度一ヶ年間、天津に在りし事あり）を懐《なつかし》ひ、感慨の一層深きもの有之申《これありもうし》候。今回の旅行は頗《すこぶ》る多忙を極め、よふやく本日少閑《しょうかん》を得、乍乱筆《らんぴつながら》御礼迄一書、如斯《かくのごとく》に御座候。　敬具

六月二十四日　豊前田川にて　岡　生

納戸賢台

侍史

〔書簡二六〕

其の一八〔大上要より納戸鹿之助宛：年次不明〕

拝啓　今般出張に際しては、御多忙中にも不拘《かかわらず》、連日御高配に預り、御蔭を以て相当材料を得候段、一重に貴職始め、皆々様御援助の賜と奉深謝候《しんしゃたてまつりそうろう》。何卒《なにとぞ》今後共宜敷《よろしく》御援助の程、奉懇願《こんがんたてまつり》候。先《まず》は取急ぎ、御礼申述度如斯《おれいもうしのべたくかくのごとく》御座候。　敬具

九月六日　大上《おおがみ》　要《かなめ》

納戸鹿之助　様

拝啓　尊台《そんだい》多年の御尽力酬《むく》ひられ、鐘崎三郎に贈従五位《じゅごい》の御沙汰《ごさた》、十日の「官報《かんぽう》」を以て発表せられ、誠に慶賀《けいが》の至《いた》りに不堪《たえず》。不取敢《とりあえず》御喜び申上候。　匆々《そうそう》

十一月十四日　大上　要

納戸　様

大上氏は福岡県知事官房勤務、鐘崎氏贈位請願のため、事蹟調査に尽瘁《じんすい》せしが、後病魔《びょうま》の冒《おか》す所となり、可惜有為《あたらゆうい》の材を抱いて白玉楼中《はくぎょくろうちゅう》の人となる、嗚呼《ああ》哀哉《かなしきかな》。

［書簡二七］

其の一九〔立花小一郎より納戸鹿之助宛：年次不明〕

拝啓　春寒料峭《しゅんかんりょうしょう》之候《こう》　貴下《きか》　愈《いよいよ》　御清祥奉《ごせいしょうがしたてまつり》　賀候《そうろう》。陳《のぶれ》ば当庁小林を経て、故鐘崎君殉難《じゅんなん》事蹟拝読するを得、同君義烈景仰《ぎれつけいこう》と同時、世況《せきょう》の混濁《こんだく》を嘆じ候。加ふるに、小生多年満洲の野に在任し、幾度か三崎山下を過ぎ候関係より、貴著一読、不堪感慨無《かんがいにたえずかぎりなし》　限候。

三月十三日

立花小一郎《たちはなこいちろう》

納戸鹿之助　様

尚《な》ほ過日、橋口町勝立寺訪問、故友明石（元二郎）大将墓参拝と同時、三郎君の事ども承り、当年を偲《しの》び申候《もうしそうろう》。

読鐘崎三郎伝

日本男児鉄石腸　【日本男児は鉄石の腸】

立花《たちはな》　蜻洲《せいしゅう》

捨生取義是尋常　【生を捨て義を取るは是れ尋常《じんじょう》】
伊人一死亦遺烈　【伊人《この》の一死は亦遺烈】
青史千秋姓字香　【青史千秋姓字香る】

立花氏は、旧柳河藩主、彼の碧蹄館《へきていかん》の雄将、立花宗茂の後裔《こうえい》にて、三池藩《みいけはん》の家老《かろう》である。累進《るいしん》して陸軍大将、男爵、貴族院議員に選ばれ、先年病を得て、遂《つい》に長逝《ちょうせい》せらる。

〔書簡二八〕　其の二〇〔西川虎次郎より納戸鹿之助宛：年次不明〕

拝復《はいふく》　御手紙拝見　仕《つかまつり》候《そうろう》承《うけたまわれ》ば、鐘崎氏の為、色々宣伝に勉められ候趣《おもむき》、篤志《とくし》の程、感佩《かんぱい》の至《いたり》に奉《ぞんじたてまつり》　存候。右に付、拙者《せっしゃ》に題字又は感想等　認《したため》可申《もうすべく》様《よう》、御申越被下《おもうしこしくだされ》候。然《しか》るに拙者、当時近衛師団《このえしだん》に在職せし一中尉にして、全く鐘崎君を知《し》り不申《もうさず》候。其の後に至り、同君の国事に斃《たお》れし事は仄聞《そくぶん》致候得共《いたしそうらえども》、詳細《しょうさい》に至りては承知不《しょうちつかまつらず》　仕候。従《したがって》　而題字感想等可《したためるべき》　認資料を有せず候間、右御断《みぎおことわ》り申上度《もうしあげたく》候。不　悪御諒　承被下度奉《あしからずごりょうしょうくだされたくねがいたてまつり》　願候。　敬具

西川虎次郎《にしかわとらじろう》

十月二十一日

納戸鹿之助　殿

西川氏は、福岡市西新町の出身、夙《つと》に身を軍籍《ぐんせき》に委《ゆだ》ね、陸軍中将第一師団長となり、先年勇退して、閑雲野鶴《かんうんやかく》を侶《りょ》とせらる。余は大正十四年、偶々《たまたま》福岡市記念館に於て、親しく其の音容《おんよう》に接し、爾来氏の知遇《ちぐう》を受けているのである。

［書簡二九］

其の二一（樫村弘道より納戸鹿之助宛：年次不明）

拝復　詳細なる御懇書《ごこんしょ》難有《ありがたく》拝見《はいけん》仕《つかまつり》候。三崎建碑に関しては、微力未だ其の効を奏せず、誠に慚愧《ざんき》に不堪《たえず》候《そうろう》も、益々魯鈍《ろどん》に鞭《むちう》ち邁進《まいしん》仕度《つかまつりたく》、夫《そ》れぞれ各種工作始め居り候次第、将来多大の御後援《ごこうえん》の程《ほど》奉願《ねがいたてまつり》候。経過の景況は成し得る限り、都度《つど》御通知申上度、尚《な》ほ詳細は、後　便可　申上《こうびんにてもうしあげるべく》候へ共、不取敢《とりあえず》御挨拶申上候。

二月十九日

樫村弘道《かしむらこうどう》
（初代久留米俘虜収容所所長）

納戸鹿之助　様

樫村氏は、東京市芝区白金猿町住、予備歩兵大佐にして、芝区聯合分会長の要職に在り。

曽《かつ》て久留米歩兵第四十八聯隊長を勤め、目下三烈士忠魂碑建設の為に努力中である。

〔書簡三〇〕

其の二二〔金子《かねこ》辰三郎《たつさぶろう》より納戸鹿之助宛：大正乙丑〔大正一四〕一・三〇〕

拝啓　寒威《かんい》酷烈《こくれつ》の折柄《おりがら》　愈《いよいよ》御清栄《ごせいえい》、万賀此事に奉存《ぞんじたてまつり》候。偖《さて》『烈士の面影』発行に付、不一方御配慮の程奉多謝《たしゃたてまつり》候。鐘崎三郎君顕彰に刺激されて、鞍手郡山口村青年有志者も亦奮起《ふんき》して、山崎君の顕彰方に付、種々苦心相成居《あいなしお》られ候由《そうろうよし》、同郡若宮村福丸《わかみやむらふくまる》の清賀義勇《きよがよしお》君は、貴下の活躍に倣《なら》ひ、郡内の小学校を巡講《じゅんこう》し、又は青年会に出講し、不日《ふじつ》伝記刊行の由。

本年新学期に入り、久留米南筑中学に於て、拙者は国本培養講話を試み、荊妻《けいさい》には「鐘崎三郎」と「宝暦治水薩摩義士」の二琵曲演奏させ度存候。（中略）三潴郡長鷲塚君、大日方《おびなた》高女校長・富永郡視学の勧誘に依り、三潴高女の講堂に於て、高女生徒を中心に、処女会員約一千有余名の集会席上、夫妻講演相試み、荊妻は「皇国の花」「記念の外套」の外「鐘崎三郎」を演奏致候。（中略）私共夫妻の余生存命の意義は、今や全く繋《つなが》りて、此の一点に存するものなりと覚悟罷在候《まかりありそうろう》。乍他事《たじながら》御放念被成下度《ごほうねんなしくだされたく》希上候《ねがいあげそうろう》。　早々不具

大正乙丑〔大正十四年〕一月三十日

北筑戸畑市松濤園　金子辰三郎　百拝

納戸先覚

金子氏は枢密顧問官《すうみつこもんかん》・伯爵金子堅太郎《かねこけんたろう》氏の令弟《れいてい》にて、学習院教授勇退後、数多の銀行会社等の重役を勤め、傍ら社会教育振興のため尽瘁《じんすい》せられしが、偶々《たまたま》奇禍《きか》に逢《あ》ひ、先年他界せらる。予は昭和四年十二月八幡市出張の途次、其の遺族を訪《と》ひ之《これ》を弔《ちょう》す。爾来、春風秋雨《しゅうう》九星《きゅうせい》霜《そう》、往時を追想して転《うたた》断腸《だんちょう》の感、切なるものがある。

［書簡三二］

其の二三（若宮村青年会長・清賀義勇より納戸鹿之助宛：大正一三・一二・二四）

謹呈《きんてい》　未だ親しく拝顔《はいがん》の栄《えい》に不接候《せっさざりそうろう》も、愈々《いよいよ》御健勝の趣《おもむき》、慶賀至極《けいがしごく》に奉　存《ぞんじたてまつり》候。然《しか》るに、頃者《けいしゃ》本郡直方《のおがた》町長秦伝次郎《はたでんじろう》氏より、貴下が『烈士の面影』編纂《へんさん》の趣を承《うけたまわ》り居候処、実は不肖も山崎羔三郎君の件につき、前後二三年間、可成の努力を払ひ居候《おりそうろう》。就ては今般同氏の概伝《がいでん》を印刷に附し、配布《はいふ》　仕《つかまつり》　候《そうろう》　事《ごと》に致候（中略）。

敬具

大正十三年十二月二十四日

若宮村青年会長　清賀義勇

納戸鹿之助　様

清賀氏は白虹と号し、大正十三年、「鬼神乎人乎《きしんかひとか》」と題し、山崎氏の略伝を編集せらる。行文流麗《こうぶんりゅうれい》、真《まこと》に青年の好侶伴《こうりょはん》である。

［書簡三二］

其の二四（倉重四郎より納戸鹿之助宛：年次不明）

謹啓　向寒《こうかん》の砌《みぎり》（中略）其の節は御教示賜《ごきょうじたまわ》り、殊《こと》に同郷の先輩の遺烈を御餞別被下《ごせんべつくだされ》候事、時艱《じかん》にして感無量、只々《ただただ》先人の名を汚《けが》さざるを是恐《おそ》るるものに有之《これあり》候。誠に内憂外患《ないゆうがいかん》、非常時日本の打開は、一に懸而《かけて》満洲国の撫育《ぶいく》に有之《これあり》候事、瞭然《りょうぜん》に候。小生幸に、此の空前絶後《くうぜんぜつご》の大偉業に参画するを得んか、元より期する処あり。些《いささ》か御芳志《ごほうし》に酬《むく》ゆる処も可有之と奉存候。時節柄《じせつがら》、御自愛専要祈上《ごじあいせんよういのりあげ》候。

右御礼申上度如斯御座候《みぎおれいもうしあげたくかくのごとく》。

早々敬白

倉重四郎

十二月十二日

納戸鹿之助先生

倉重氏は、三潴郡青木村の産、農学博士にして、現に満洲国畜産課長の要職に在り。

［書簡三三］

其の二五〔江頭法紘（久雄）より納戸鹿之助宛：昭和九・四・三／四・二七／五・一七、昭和一二・四・三〇〕

拝啓　着連以来おもむろに策を練り、活動致居《いたしおり》候。陳者《のぶれば》、例の鐘崎氏の忠勇義烈の精神、大に絃の音に響かせ、宣揚《せんよう》致す可く候。就ては本会発行の求道誌上に発表して、演奏致すべく候に付、至急例の歌に、先生の御感想を述べ、全部振仮名《ぜんぶふりがな》して原稿御送り被下度《くだされたく》、御願《おねがい》申上《もうしあげ》候。　敬白

昭和九年四月三日　江頭　法紘

本日午前八時、大連忠霊塔、同十時、大連神社にて、同様慰霊奉奏、直に自動車にて、当地に参り、午後一時より、志士の英魂を山上に弔《とむら》ひし後、刑場跡《けいじょうあと》に行き、同様熱涙滂沱《ねつるいぼうだ》として、悲壮極《ひそうきわま》りなし。定めし妙音に英霊瞑《めい》し給《たま》ふらん。　合掌

〔昭和九年〕四月二十七日　靖国神社臨時大祭の日　金州三崎山　法紘

拝啓　御芳書拝見。私の帰国は、六月の中旬頃に相成べく、鐘崎氏記念事業は、是非御実

施下され度、金州城外刑場の跡に行けば、泣かずに居られず、小生も何とか致度存《いたしたくぞん》じ候。（中略）是非是非、盛大に慰霊祭を御執行被下度御願《くだされたくおねがい》申上《もうしあげ》候。

［昭和九年］五月十七日

法紘

拝復　先生、其の後多忙に紛《まぎ》れ、心にもなき御無沙汰平《ごぶさたひら》に御許《おゆる》し下さい。大会館は竣工し、以来多忙は筆紙《ひっし》に尽《つく》し難《がた》く、全く現代の世相に対し、大獅子吼《おおじしく》せざるを得ず、大に先生の遺鉢《いはつ》を受け、幼かりし時の御教訓を、其儘《そのまま》実社会に応用して、邦家のため、粉骨砕身《ふんこつさいしん》して居る。私の現在、何卒御悦び下さい。偖《さて》御申越の件に就ては（中略）そして私が、後日先生の御精神を、御面会の折に閣下に御伝へ致します。本年は御渡満遊ばされ、私の会館に御《お》出被下事《いでくだされること》になって居りますから、小生、五月早々、蘇満《そまん》国境に戦死者の英霊追悼と軍隊慰問のため、一ヶ月半巡錫《じゅんしゃく》して参ります。其の上、今秋都合で帰国する考へで居ります。貴地が全世界に知れる様に、軍事に関係深くなるのは、之れ全く忠魂義魄の感応道交《かんのうどうこう》の然らしむる所です。尚本庄《ほんじょう》（繁《しげる》）閣下の御揮毫の写真版は（中略）一つだけ御使用下さるぶんは差支《さしつかえ》ありません。私許されて居りますし、殊に忠烈の士、我等の先輩鐘崎三郎志士のために用ひられるのですから、私責任を持ちます。（中略）右は取敢ず御返事まで。　敬具

昭和十二年四月三十日

法　紘

納戸鹿之助　様

江頭君は本名久雄、福岡県久留米市の産にて予の教へ子である。日露戦役中、偶々《たまたま》一丸利恵子女史兄妹《きょうだい》の、「軍神広瀬《ぐんしんひろせ》（武夫）中佐《ちゅうさ》」「常陸丸《ひたちまる》」の琵琶弾奏《びわだんそう》に痛く感激して斯道《しどう》に志し、明治四十一年上京、初代橘旭翁《たちばなきょくおう》に師事し、大正二年、師の命を受け、京都に教授所を開設し、仏教に帰依するや、断然普通琵琶界を引退し、宗教琵琶を創設したのである。

かくて神戸に妙音会を組織して其の会長となり、斯界に活躍せしが、満洲事変直前、此の地に渡り、幾多の忠魂を弔《とむら》ふたのが機縁《きえん》となり、事変直後、屢々《しばしば》満州の荒野を巡錫《じゅんしゃく》して、朝に戦死者の英霊を弔ひ、夕に皇軍を慰問して、足跡到らざる所なく、又聖徳太子の御遺訓を弘通《ぐつう》して、日満親善を計り、かねて敬神尊皇《けいしんそんのう》の美風を鼓吹《こすい》せんため、昨年四月、浄財を蒐《あつ》めて、聖徳太子会館を建設し、爾来、社会教育の殿堂たらしめ、又曩《さき》に興国詩吟会《しぎんかい》を結成して、其の会長に任じ、精神作興に寄与する所、頗《すこぶ》る多大である。

君は時の関東軍司令官本庄将軍の知遇を受け、「懸軍万里気凌雲《けんぐんばんりきりょううん》」「独歩乾坤《どっぽけんこん》」「妙音護国《みょうおんごこく》」「至誠如神《しせいにょしん》」等の揮毫《きごう》を贈られたが、独歩乾坤の四字は、予之を貰ひ受け、扁額《へんがく》として其の厚意を謝し、日夕、其の高風を仰いでいるのである。

八、著者の光栄

余は昭和三年二月上旬、東京地方学事視察の途に上り、学習院初等科を参観したるが、会々《たまたま》澄宮（三笠宮崇仁親王《みかさのみやたかひとしんのう》）殿下を拝するの光栄に浴し、帰来同校教授、友人佐野正造氏の尽力に依り、同年四月二十九日、天長節の佳辰《かしん》を卜《ぼく》し、拙著『烈士の面影』を献上せしに、幸ひに御嘉納の栄誉をかち得たのである。

〔澄宮《すみのみや》御養育掛長・田内三吉《たうちさんきち》より納戸鹿之助宛〔受取状〕：昭和三・六・一五〕

一『烈士の面影』一冊

右

崇仁親王《たかひとしんのう》殿下へ献上

相成候《あいなりそうろう》に付供 御覧《つきごらんにきょうし》候

此段《このだん》申 進《もうしすすめ》候

昭和三年六月十五日

澄宮御養育掛長　田内三吉

納戸鹿之助　殿

余は之を額面に仕立てて室内に掲げ、日夕其の光栄を感激しつつ、只管《ひたすら》宮殿下の御健勝《ごけんしょう》を祈って居《い》るのである。

※『烈士 鐘崎三郎』表紙裏に掲載

九、故鐘崎三郎君弔ひの歌

一、御国の為めと　年月に　鍜［鍛《きた》］ひし心は　いや堅く
身はあだしのの　白露と　きえても消ぬ　績《いさおし》は
無常の鐘と　もろともに　海の内外に響きけり

二、御国の為めと　唐衣《からごろも》　たちゆく先は　不知火《しらぬい》の
千々《ちぢ》に心を　つくしたが　尽しし甲斐も　有明の
無常を告《つ》る　鐘の音は　海の内外に　響きけり

成瀬利貞

明治二十八年二月九日

一〇、『烈士　鐘崎三郎』序文

※原書冒頭に掲げられたもの

序

東海の天旭日燦《てんきょくじつさん》として富嶽《ふがく》に輝き、碧潮澎湃《へきちょうほうはい》として来り朝《ちょう》する処、皇統一系万古不易《ばんこふえき》の国体を肇造《ちょうぞう》し、天壌無窮《てんじょうむきゅう》に生々発展して息まざる所以《ゆえん》のもの、上に至仁至慈《しじんしじ》の聖天子在し、惟神《かむながら》の大道に遵《したが》ひ天業《てんぎょう》を恢弘《かいこう》して、安国と平《たいら》けく知食《しろしめ》し給《たま》び、下に忠孝義勇の臣民あり、億兆心を一にして世々《よよ》厥《そ》の美《び》を済《な》し来たれるに依《よ》らずんばある可《べか》らず。贈従五位《ぞうじゅごい》鐘崎三郎君は、日本県三潴郡青木村の人、明治廿七八年日清戦役に於て、忠烈義勇君国に殉ぜられたるは、日本魂の精華として感激深きものありと雖も、星霜既《せいそうすで》に四十有余年を経過したる今日、漸《ようや》く世人に忘れられんとするに至れり。同郷の人納戸鹿之助君久しく教育界に長老たり。深く烈士の俤《おもかげ》を追慕《ついぼ》して、八方《はっぽう》之が顕彰に努め、曩《さき》に一書を公にして、『烈士の面影』とし頒布せしが、更に再版して広く世に問はんとせり。惟《おも》ふに今や日清事変[ママ]は愈々《いよいよ》拡大して、挙国非常の決意を要するの秋、本書の出現は国民の義血《ぎけつ》を湧《わ》かしめ、気魄を養ふに与《あずか》つて力あるべきを思ひ、敢て青少年諸君に推奨《すいしょう》して以て序に代ふ。

昭和十二年八月二十三日

福岡県知事　畑山四男美《はたけやましおみ》

序

鐘崎三郎君は布衣《ふい》の士なり、もと従軍征戦《じゅうぐんせいせん》の公務《こうむ》を帯《お》ぶる人に非ず。然《しか》れども日清戦争の起るや、君以為《おもえ》らく、是れ皇国安危存亡の秋なり、苟《いやしく》も国家を思ふ者の座視すべき時に非ずと、奮然蹶起《ふんぜんけっき》して自ら進んで敵国々情偵察《てきこくこくじょうていさつ》の重任に就《つ》く。其の事たるや、所謂《いわゆる》虎穴に入って虎児を獲んとするもの、固《もと》より難中《なんちゅう》の難事危中《なんじきちゅう》の危事《きじ》たり。剛胆《ごうたん》にして細心《さいしん》、機敏《きびん》にして沈着《ちんちゃく》、一身を鴻毛《こうもう》に比し、報国の赤誠《せきせい》内に燃ゆる君が如きにして、始めて能《よ》く之に当って功を奏《そう》すべし。宜《むべ》なる哉《かな》、君が敵状を齎《もたら》し、一旦虎口《ここう》を脱して国に還るや、畏《かしこ》くも明治天皇特に敵情偵察当時其《そ》の儘《まま》の服装を以て、参内《さんだい》せよとの聖旨《せいし》を賜《たま》ひ、広島大本営に於て破格の謁見《えっけん》を許《ゆる》し給《たま》ふ。

又其の後君が敵に捕へられ、壮烈の死を遂げたりとの報到《ほういた》りし時、四隣《しりん》の同情翕然《どうじょうきゅうぜん》として君に集り、葬儀に参列する者数万の多きに及ぶ。惟ふに君が身は此の時を以て終を告ぐと雖も、其の精神は永く世を照らし、風教《ふうきょう》を培《つちか》ひ後世を感奮興起《かんぷんこうき》せしめ、其の功恐らくば戦時の功労に譲らざる者あらん。世の此の書を読む者、余と此の感を同《おなじゅ》ふせるや否《いなや》。

余君と旧交あり。善く君の心事を知る者、今此の序を草せんとして往時を追懐《ついかい》すれば、君が音容髣髴《おんようほうふつ》として前に在り、感湧いて尽くるを知らず。

昭和十二年八月

田鍋安之助

序

時艱《じかん》にして偉人を思ひ、非常時局に際して一層英傑の士を要す。かかる節《せつ》、『烈士 鐘崎三郎』の改版出づ。洵《まこと》に現下の要求に応ぜるものと称すべし。

鐘崎君は本郡のうめる英傑にて、短身小兵なるも胸中雄才大志を蔵し、精悍《せいかん》の気、颯爽《さっそう》の風、人を圧するものあり。貧苦流離《ひんくりゅうり》の間に成長せしも、富貴軒冕《ふうきけんべん》を視る、宛《あたか》も泥土の如く、天性の忠肝義胆《ちゅうかんぎたん》は他日の報効《ほうこう》を期せり。その慧眼《けいがん》は東亜の異変を察し、支那内地を歴遊《れきゆう》し山川を跋渉《ばっしょう》して、詳《つまび》らかに地理を視、風俗を察し、以て有事の日に備《そな》ふ。果然《かぜん》日清の間暗雲惨《あんうんさん》風《ぷう》捲《ま》き起るや、其の諜報皇軍の策戦に資せしもの少なしとせず。草莽《そうもう》の微臣《びしん》を以て特に破格賜謁《しえつ》の殊恩《しゅおん》に接するや、感激奮励《かんげきふんれい》、異功を期して虎穴に入り、不幸失脚、敵に捕はれ、拷笞《こうち》百端、機密を鞫問《きくもん》せられしも、鼎鑊《ていかく》尚甘しとし、白刃《はくじん》目退かず、凜然《りんぜん》、日本男児の意気を発揮し、従容《しょうよう》、東方を拝し、閃《ひら》めく紫電《しでん》の下に斃《たお》る。嗚呼、何ぞそれ壮烈なる。何ぞそれ義勇なる。百世の下丹心《たんしん》日月を照らし精忠鬼神を泣かしむ。宜《むべ》なり、靖国神社に入祀《にゅうし》せらる。死して余栄ありと謂ふべし。

青木村納戸君は、鐘崎氏の研究家にして、講演に文章にその顕彰に心血を注がる。曩《さき》に『烈士の面影』を著《あらわ》され、今復『烈士 鐘崎三郎伝』を編せらる。その忠魂芳芬《ほうふん》は永く後昆《こうこん》に伝はり、これによりその壮節烈志は一層世人を感奮せしめ、世道人心に裨益するところ、決して鮮少《せんしょう》ならざるを信ず。いささか所感を記して序となす。

昭和十二年盛夏

福岡県会議長　添田雷四郎

序

頃者《このごろ》辱知《じょくち》納戸鹿之助君より来状あり、曰く「時局に感ずる処有之、満洲の礎石、『烈士鐘崎三郎』を著はし、大いに殉国的精神の鼓吹《こすい》に寄与仕度《きよしたく》」云々《うんぬん》と。然もその稿全く成り、已《すで》に梓《し》に上《のぼ》される時機に於て、予《よ》に需《もと》むるに「序文」の大任を以てせられた。予もとよりその器ではない、しかし、時は既に迫っている。今更にこれを否《いな》むも礼でない……と考へ、万已《ばんや》むを得《え》ずその清囑《せいしょく》に甘んじ、僭越《せんえつ》、乏しきを綴《つづ》って巻頭を瀆《けが》し、不文唯《ふぶんただ》、君の熱意に応《こた》ふるのみ。肯《がえ》んじたる蛇足《だそく》の弁、冀《こいねがわ》くば野人礼にならはぬを許されたい。

非常時の志士、軍国日本の烈士、男の中の真男子、贈従五位鐘崎三郎大人の殉節は余りに尊い。我々は玄洋魂の母郷にいて、玄洋春秋五十年、慷慨激越《こうがいげきえつ》、售《う》らざる志士仁人の孤節を聴き、悲歌燕趙《ひかえんちょう》、衒《てら》はざる国士偉丈夫《こくしいじょうぶ》の韜光《とうこう》を知り、朝に夕に、雄偉なる石心松操《せきしんしょうそう》を教へられている。それだけ……ヨリ深刻に殉国の志士鐘崎大人の孤忠《こちゅう》を偲《しの》び、ヨリ大きく、ヨリ強烈に、その悲壮なる殉節を礼讃《らいさん》せずにいられない。赤い夕陽にそそり立つ三崎山、誉れは高い金州城頭の殉血美談……我々の少壮時代で、これ位い感激感奮させられるものはあり得ない。景仰《けいこう》ここに四十三年、悲壮千古《ひそうせんこ》を貫く血誠は、義烈永劫《ぎれつえいごう》、長く懦夫《だふ》を起たしむる迫力があり、偉大なる死の勝利として、非常時今その感、その頌《しょう》、蓋《けだ》し絶大なるものがあらねばならぬ。

大人《たいじん》は、明治十二年、年歯《ねんし》十一を以て本市［福岡市］橋口町の巨刹《きょさつ》、正興山勝立寺の仏弟子《ぶつでし》となられ、少年気鋭、長ずるに従って時事を談じ、思ひを満支大陸に馳《は》せて公憤《こうふん》を覚え、私《ひそ》かに養鋭学校に就いて武教を学び、弱冠《じゃっかん》十九、寺を脱して幼年学校に入られるまで、前後八ヶ年、その感激時代を本市に於て過されている。それかあらぬか、大人の殉節は全市を動かし、過ぐる大正八年の頃、ゆかりある勝立寺に於て一大追悼会を営み、不肖主催者に代って弔辞を捧げた記録をもち、感慨無量、更に思ひ出の新たなるを痛感ずる。

時方に超々非常時……海に無条約時代の波高く、陸に満蘇国境の嵐が強い、しかも欧山米水、暗雲低迷して如実に一触即発の危機が濃い。この重大時機に本書を著し、今は亡き故人の遺烈を讃仰《さんこう》し、内は殉国気節《じゅんこくきせつ》を唆（ママ）って国体明徴《こくたいめいちょう》の徹底を期し、外は国防志気を煽《あお》って時難《じなん》克服《こくふく》の拍車を掛け、以て皇国日本を九鼎大呂《きゅうていたいりょ》の安きに置かしむべく、青年の意気、国民の気魄に一大補強を企てられたのは、方《まさ》にこれ時宜好良《じぎこうりょう》の快挙として、衷心《ちゅうしん》よりその趣旨、その意図を敬頌《けいしょう》せずにいられない。

時艱《じかん》にして英雄待望の声高き秋、風蕭々《しょうしょう》として易水《えきすい》寒く、壮士一度去ってまた還らず、心から護国の烈士を想って本書を推す、江湖《こうこ》の諸賢《しょけん》、乞《こ》ふらくば、非常時座右の烱銘戒《けいめいかい》として本書を得られ、壮烈千秋《そうれつせんしゅう》、幸ひに心逝く迄大人の遺烈を礼讃せらるるやう、至嘱《ししょく》、唯謹《ただつつし》んで推奨《すいしょう》の駄句《だく》を冒《おか》す。

昭和十二年孟夏

福岡市長　久世庸夫《くせつねお》

序

文政の昔、山陽外史［頼山陽《らいさんよう》］は、我九州に来り、筑後川を下りて「水流如箭万雷吼《すいりゅうやのごとくばんらいほゆ》」と詠《えい》じ、更に長句《ちょうく》を歌って西海第一の勤王忠臣菊池公の苦節を弔《ちょう》した。即《すなわ》ち斯《こ》の川の下流洋々として、将《まさ》に海に注《そそ》がんとする所、三潴郡青木村がある。此の村に嘗《かつ》て壮烈鬼神《そうれつきしん》を泣かしめたる烈士が出た。四十余年前、日清戦役の時、一死以て邦家に殉じたる鐘崎三郎氏が即ちそれである。氏は実に日本精神の権化《ごんげ》にして、亦我大和民族の代表的人物である。

此の村に納戸鹿之助氏がいる。氏も亦忠厚篤実なる憂国の士である。常に烈士鐘崎氏の顕彰に努め、青年子弟の精神作興を忘れない人である。曩《さき》には烈士の三十年追悼法会を企て、又『烈士の面影』なる冊子を発行して、其の行実を社会に紹介し、今又其の小伝をあをら〔ママ〕はして、之を天下に頒《わか》たんとせらる、誠に感ずべき至りである。

今や我国は内外共に真に憂《うれ》ふべき非常時に際会する。殊に昨今は北支の風雲暗澹《あんたん》として、将に雨か嵐か、恰も烈士が往年奮躍難《ふんやくなん》に赴《おもむ》かんとするが如き危機一髪の時である。我国民の緊褌一番《きんこんいちばん》すべき時は、此の時より甚《はなは》だしきはない。然《しか》るに此の際、烈士の伝記世に出でんとするは、誰か天意にあらずと云ひ得よう。

予は平素鐘崎烈士に対しては、景仰崇敬《けいこうすうけい》する一人であり、又納戸氏とも親交ある者なれば、氏の依頼により一言を叙して之を座右に呈する。

昭和十二年七月北支問題切迫せる時

福岡県教育会長　白坂栄彦

自序

力士双葉山《ふたばやま》は二十六歳にして横綱を張り、好漢飯沼〔正明〕飛行士は二十六歳にして欧亜の空を征服す。而して我が烈士鐘崎三郎氏亦《また》二十六歳にして壮烈の最期を遂げ、志士の花形として芳名を千載《せんざい》にのこす。嗚呼《ああ》、潑溂《はつらつ》たる青年の意気真《まこと》に掬《きく》すべきものあり。

予《よ》大正八年鐘崎志士の二十五回忌に当り、追弔会《ついちょうえ》を行ひ、十三年三十回忌記念として『烈士の面影』を著す。更に昭和九年十月四十回忌に際しては、盛大なる慰霊祭《いれいさい》を挙行《きょこう》し、聊《いささ》かその忠魂《ちゅうこん》を弔《とむら》ふ。

抑《そもそ》も鐘崎大人《たいじん》は予が同郷の先輩たり。予教職に在ること三十有五年、夙《つと》に其の人と為りを敬慕《けいぼ》し、其の事蹟《じせき》を宣伝《せんでん》す。頃日《けいじつ》熟《つらつ》ら現下《げんか》の情勢に鑑《かんが》み、敢《あえ》て烈士鐘崎三郎伝を公《おおやけ》にし、君が至誠奉公《しせいほうこう》の顚末《てんまつ》を述べ、一《ひとつ》は以《もっ》て殉国《じゅんこく》的精神の発揚《はつよう》に寄与し、一は以て君の英霊を慰《なぐさ》むる所あらんとす。此の著幸《ちょさいわい》に世道人心《せどうじんしん》に裨益《ひえき》する所あらば、予の本懐之《ほんかいこ》れに過《す》ぐるものなし。

本書著述に当り、一条〔実孝《さねたか》〕公爵・頭山《とうやま》〔満《みつる》〕先生を始め、幾多名士の揮毫並《きごうならび》に序文を辱《かたじけの》うし寔《まこと》に感激に堪へず。尚《なお》左の諸氏は発刊《はっかん》上多大の援助を寄せらる、特に記して深く感謝の意を表す。

〔納戸鹿之助〕

一一、『烈士　鐘崎三郎』刊行賛助者一覧

福岡県三潴郡町村長会
東京市牛込区東五軒町　前農相　山崎達之輔氏
福岡市鳥飼町東邦電力　取締役　西山　信一氏
満洲国奉天府稲葉町　元小学校長　吉村　節治氏
東京市麹町区麹町　弁護士　松尾菊太郎氏
大分県大分市商工会議所　会　頭　塚本　秀雄氏
佐賀県神埼郡千年村　古川医院長　古川　岩松氏
広島文理科大学教授　稲富栄次郎氏
南満洲鉄道株式会社鉄嶺事務所長　平田　淳氏
佐世保市日宇里免　海軍特務大尉　高木　清三氏
大牟田市本町六丁目　本村賢太郎氏

福岡県三潴郡安武村銘酒日の出魁　野口　栄橘氏
銘酒　金の井　今村益太郎氏
淡河医院長　淡河　渡氏
松岡医院長　松岡　清氏
大善寺村　銘酒　瑞穂鶴　津留崎虎篁氏
同　主婦会長　御船綱子女史
銘酒　鷹正宗　隈　太平次氏
荒木村　稲益医院長　稲益　信雄氏
西牟田村　隈本医院長　隈本得三郎氏
三潴村　銘酒　繁　桝　高橋　信次氏
銘酒　池　亀　蒲池　競氏

粕焼酎醸造元　塚本弥寿一郎氏
瀧医院長　瀧　千里氏
犬塚村　銘酒　旭　菊　原田　勝次氏
銘酒　彌満の誉　森永彌久太郎氏
産業組合長　銘酒　旭　菊　松井　栄興氏
江上村　佐野医院長　佐野　重記氏
木室村　銘酒　九洲灘　榎下萬太郎氏
銘酒　福　姫　高田　謙造氏
久留米市日吉町　平田　定吉氏
福岡市西中洲　相浦産婦人科病院長　相浦　真三氏
南満洲鞍山北六条町　吉田　新氏
福岡市　三宅小学校長　上野利三郎氏
天神町　九鉄本社前　岩　田　屋
福岡県神職協会　三潴支会長　宮崎　季樹氏
山門郡三橋村棚町　田北　道衛氏
三潴郡三又村銘酒清力合名会社長　中村　實氏
銘酒　萬代鏡　今村萬四郎氏
銘酒　廣　澤　廣瀬　重義氏
銘酒　若　波　今村春三郎氏
徳永医院長　徳永　質氏

北海道旭川第七師団附　陸軍中将　中村　音吉氏
三潴郡大川町　在郷軍人分会長　吉原　正俊氏
銘酒　共　栄　榎津　中村嘉次郎氏
銘酒　桜　源　小保　兼行徳次郎氏
銘酒　福三潴　大川町助役　緒方　正氏
製　材　業　向島　江頭　清氏
同上　中原　近藤　進氏
同上　向島　末次　茂氏
同上　小保　江藤　政助氏
同上　中原　近藤　萬造氏
同上　若津　江藤　米作氏
執行医院長　榎津　執行　昊氏
井口医院長　榎津　井口　馨氏
徳永医院長　若津　徳永　友可氏
末永医院長　同　末永　猪蔵氏
松本医院長　同　松本　正氏
精　米　業　同　陣内　亀吉氏
醤油醸造業　同　本村　一郎氏
醤油　武　駒　同　熊井　司氏
大川電気商会　同　堤　治六氏

株式会社若津鉄工所　今村　實氏
醤油醸造業　中原　山浦　茂行氏
大川町若津　遠藤　好夫氏
同上　町会議員　古賀利三郎氏
染料並雑貨商　榎津　諸田　永夫氏
大川指物同業組合副組合長　中島　佐助氏
三潴郡城島町　銘酒　花の露　富安　重行氏
銘酒　有　薫　首藤　整氏
銘酒　帝国一　中村常太郎氏
銘酒　比翼鶴　二宮　彦雄氏
銘酒　三勇士　富安　乙氏
銘酒　正　亀　田中竹次郎氏
銘酒　甘　露　中村勝三郎氏
銘酒一鶴宇都宮合名会社
三潴郡酒造組合長　銘酒　有　薫　首藤　静雄氏
池口医院長　池口　正男氏
後藤医院長　後藤　泰氏
岩城眼科医院長　岩城省一郎氏
上野医院長　上野　一氏
大川魚市場社長　江頭庄太郎氏

青木村浮島　銘酒　清　竹　榎下　一郎氏
岩城医院長　岩城　崇氏
種油製造販売業　坂井梅太郎氏
銘酒　一　力　鐘ヶ江信行氏
銘酒　稲の壽　鷲頭勇次郎氏
銘酒　清　波　江頭　清氏
青木産業組合長　鷲頭　茂次氏
郷社天満宮社司　久富　岩根氏
青木小学校長　田村　英雄氏
浮島小学校長　酒見　宇吉氏
酒　類　問屋　居石勘太郎氏
富田医院長　富田　肇氏
森　医院長　森　弘氏
箱崎町網屋町　中富歯科医院　中富福太郎氏
久留米市外　南筑中学校教師　近藤増太郎氏
筑紫郡二日市町　画　家　藤瀬　冠村氏
福岡日日新聞社　運動部長　納戸　徳重氏
同上　営業部勤務　恒屋　匡介氏

昭和十二年十月三十日　著者誌す

鐘崎三郎葬儀委員分任

一、総轄

水落　潔　朽網　浪江　横田　徹　中村　多平　武内美代吉

一、接待係

境　六郎　浅川　保二　塩川　万　岩瀬元太郎　小川　守二　江上　敬雄

鶴　周一　溝田　精一　大江　真郷　深堀　倉次　徳永仙之介

一、行列整理係

中村浅太郎　武田　藤吉　野口　格二　北原倉次郎　永松　卓爾　蒲池　正規

近藤藤太郎　中村和三郎　大石直次郎

第三部

鐘崎三郎関係者伝記

三烈士略伝

一、山崎羔三郎《こうざぶろう》

蚊やり火の身は鋸木屑《のこくず》となるとても　国の為めには何か惜しまむ

これ明治二十一年九月三十日、君が渡清の首途《かどで》に於ける述懐にして、献身報国の誠意を窺《うかが》ふに足るものあり。君は筑前国鞍手郡吉川村の産、幼にして父母を喪《うしな》ひ、祖母に養育せらる。人と為り、沈毅豪邁《ちんきごうまい》、夙《つと》に四方の志を有して居たのである。

千辛万苦《せんしんばんく》

其の清国に至るや、荒尾氏と共に漢口に在り。君、内地の風土民情を究めんと欲し、変名して薬《くすり》商となり、医者となり、或は売卜者《ばいぼくしゃ》となりて、備《つぶ》さに辛酸《しんさん》を嘗《な》め、在清前後七年、語学を知り、風俗を知悉《ちしつ》する。実に同志中の白眉《はくび》であった。

功績偉大

日清貿易研究所設立せらるるや、君入りて其の庶務を処理し、二十四年五月、一旦帰朝、九州・京阪の間を奔走せしが、二十六年六月、再び清国に航し、二十七年六月、朝鮮の変あるや、君時に上海に在り。踴躍《ようやく》して曰く「国恩に酬《むく》ゆるの機至《きいた》れり」と。直ちに之に赴き、策を献じて、我軍の作戦計画に資する所多く、日清戦争起るに及び、或は偵察斥候《せっこう》となり、或は嚮導《きょうどう》となり、其の功績尠《すくな》からず。平壌《へいじょう》陥落の後第五師団司令部附となり、一旦広島に帰ったのである。

十月四日、大本営に伺候《しこう》し、間もなく第二軍通訳官を命ぜられ、十六日、大山〔巌〕大将以下、幕僚《ばくりょう》と共に、出征の途に就いたのである。発するに臨《のぞ》み、家兄に語りて曰く、「此の行、

抱負絶倫《ほうふぜつりん》

素《もと》より生還を期せず、出発の日は其の命日なり。成敗《せいばい》は天にあり。唯潔《いさぎよ》く死して国を辱《はずか》しめず。以て皇恩《こうおん》に酬《むく》ゆるのみ」と。

二十三日、花園口《かえんこう》に上陸し、特別任務を帯びて深く虎穴に進入せしが、二十六日、敵兵の捕ふる所となり、金州《きんしゅう》の獄に投ぜらる。

国士の典型

其の後、日夜惨酷《ざんこく》なる苛責《かしゃく》を受けしも、神色自若《しんしょくじじゃく》として、毫《ごう》も屈することなく、三十日、鐘崎、藤崎両士と共に、金州城外の刑場に於て、従容《しょうよう》として死に就いたのである。時に君、年三十有一。

二、藤崎　秀《ひいづ》

医師の勧告

君、鹿児島県姶良《あいら》郡（大隅国）の人、明治四年三月十八日を以て生る。人と為り、真率豪《しんそつごう》

得意想ふべし

家門の栄

従容《しょうよう》死に就く

宕《とう》、少しも辺幅《へんぷく》を飾らず、能《よ》く友を愛し衆を容《い》る。夙に郷里の郁文館《いくぶんかん》に学び、後、鹿児島造《ぞう》士館《しかん》に入る。君初め海軍軍人たらんとして、病魔の為に果さず。年十九、熊本済々黌《せいせいこう》に転じ、一日医師の勧めに依り、翻然良賈《ほんぜんりょうこ》たらんとし、郷を辞して長崎に出たのである。

時に荒尾精氏、同地に在りて、貿易研究所創設の趣旨を宣伝す。君之を傾聴して告ぐるに素志を以てす。荒尾氏、其の熱誠《ねっせい》を喜び、直ちに許諾《きょだく》す。二十三年九月、上海《シャンハイ》に航し、二十六年六月、業を了《お》へて帰朝した。

君知友に語りて曰く、「予、他日四百余洲を跋渉《ばっしょう》し、城塞《じょうさい》の嶮要《けんよう》、民物の豊否《ほうひ》を察《さつ》し、以て国家有事の日を待たんと欲す」と。

二十七年四月、上海商品陳列所に入る。幾ばくもなくして東学党《とうがくとう》の乱《らん》起り、延《のべ》て日清兵火を見るに至ったのである。

是に於て、清国の動静《どうせい》を窺《うかが》ひ、軍国の為に奔走《ほんそう》する所あり。既にして急電に接し、大本営に至る。参謀総長有栖川熾仁《ありすがわたるひと》親王殿下、特に延見《えんけん》して謁《えつ》を賜《たま》ふ。乃《すなわ》ち十月十六日、第二軍に従ひ広島を発し、二十四日、花園河口に上陸、敵状偵察の任務に就いたが、不幸敵手に墜ち、拷問鞭撻《ごうもんべんたつ》頻《しき》りに至り、肉破れ骨砕くるも、復た一言を発せず、叱《しっ》して曰く、「早く吾頭《こうべ》を斬《き》れ」と。十月三十日、山崎、鐘崎二君と共に、あたら金州城外一片の露《つゆ》と消えたのである。時に年僅《わず》かに二十有四。

三、石川伍一

少壮郷関を出づ

君は秋田県鹿角郡《かづのぐん》の人、旧南部藩士石川儀平の長子にして、慶応元年を以て生る。少壮郷関を出で、東都に遊び、攻玉社《こうぎょくしゃ》に入り、刻苦数年、齢《よわい》弱冠《じゃっかん》にして東洋の時事、日に非なるを慨し、遂に渡清の志を決したのである。

不撓不屈《ふとうふくつ》

明治十七年、長崎を経て、上海に航し、海軍武官某氏《なにがし》の家に身を寄せしが、後《のち》荒尾氏の漢口に在るを聴き、行いて其の事業を助く。已にして巴蜀《はしょく》の地に入り、幾度か危難《きなん》を冒《おか》して、人情風俗を視察し、大に得る所があった。

二十四年一月帰朝、更に天津《てんしん》に至りて、山東直隷《ちょくれい》の地を精査し、邦家の為、尽す所多大であった。

敵状偵察

日清の役起るに及び、君、鐘崎三郎と天津に在り。審《つまび》らかに敵状を偵察して本国に密告《みっこく》し、我軍の行動に資する所尠《すくな》からず。而《しこう》して君等の行動は、早くも清国官憲の知る所となり、危険身に迫りて九死に一生を得ること難《かた》く、幸ひに鐘崎君は虎口を免《まぬが》れたれども、君は遂に、城内の旅館に於て敵兵に捕へられ、天津城外に銃殺せらる。時に年歯《ねんし》正に二十有九。

神色自若《しんしょくじじゃく》

君の刑に臨むや神色自若《しんしょくじじゃく》、三弾《だん》を受けて始めて斃《たお》る。越えて二年、其の遺骸《いがい》を収め、東京音羽護国寺に葬る。君、人と為り謹厚《きんこう》純朴《じゅんぼく》、気宇《きう》洒然《しゃぜん》、和気人を薫《くゆら》す。君亦夙《つと》に英学の素《そ》あり、文筆に長じ、又識見に富み、同志中の俊才であった。
左の一篇は、「偶感《ぐうかん》」と題し、其の心中を披瀝《ひれき》せしもの、君が造詣《ぞうけい》の一端を窺《うかが》ふに足《た》るのである。

人生已過半　夙志無由伸　【人生已に半を過ぎ、夙に志伸ぶるに由る無し】
欲逐中原鹿　曽訪万里秦　【逐《お》うを欲す中原の鹿、曽て訪ぬ万里の秦】
功名何所就　壮心空逡巡　【功名何ぞ就く所、壮心空《むなし》く逡巡《しゅんじゅん》す】
遷固不可赶　李杜亦難臻　【遷固《せんこ》を赶《お》〔趕〕う可《べか》らず、李杜亦臻《いた》り難し】
試登燕山頂　冀野接天垠　【試《こころ》みに燕山の頂に登るや、冀野天垠《きやてんぎん》に接す】
范々天下事　碌々六尺身　【范々たる天下の事、碌々たる六尺の身】
日暮途尚遠　倒行豈良臣　【日暮れ途《みち》尚お遠し、倒れ行くは豈良臣ならんや】
天上懸明月　灯下見古人　【天上明月に懸り、灯下古人を見る】
買得高粱酒　暫且遊雲津　【買いて得る高粱の酒、暫且《しばら》く雲津に遊ぶ】

七烈士略伝

一、大熊《おおくま》　鵬《ほう》

君は福岡県浮羽郡船越村の産、明治二十三年三月、久留米中学明善校卒業、同年九月、故荒尾精氏に従ひ、上海日清貿易研究所に入学、二十六年卒業後、直ちに研究所附属商品陳列所に入り、実習をなす事一年。二十七年八月、日清干戈《かんか》を交ゆるや、支那各地在日本人引揚げ帰国し、清国事情を日本に報告せしむるに由なき時に際し、君は慨然《がいぜん》、一身を擲《なげう》って国家に尽《つく》さんと誓《ちか》ひ、二三の同志者と共に、支那人に扮し上海に潜み、九死を冒し敵状を探り、之を本国に報告し、大本営の参考に供す。同年十月、大山〔巌〕第二軍司令官出征せんとするや、君は上海より帰り、同軍通訳官となり、共に広島を発し、支那服を着して盛京省花《せいけいしょうか》園口《えんこう》に上陸、大孤山《たいこざん》方面に敵情を偵察に出発の儘《まま》、終《つい》に其の消息を絶つ。時に年二十四。

二、猪田正吉《いのだしょうきち》

君は福岡県久留米市櫛原町《くしはらまち》、猪田重秀の長男。明治二年二月十六日を以て生る。二十三年九月、日清貿易研究所に入学、二十六年春卒業、直ちに日清商品陳列所に入り、実地取引の研究をなす。幾ばくもなくして征清の役起るや、清兵の動静、軍艦の出入等を査察し、之を本国に報道するの任に当る。八月末、召されて帰朝、大本営に詣《まい》り陸軍通訳官を拝命、九月、第二軍に従ひ盛京省花園口に上陸す。特に二十七年十月なり。当時、軍議先づ沿岸の敵状を探らんと欲し、其の人なきを難とす。君、山崎・大熊等の諸氏と自ら進んで、其の任に当らんことを請ふて、敵地に上陸するや、漁夫の衣服を剝取《はくしゅ》し、三氏をして、清人に扮装し、闇に乗じて岸に上らしむ。当時敵軍の巡防《じゅんぼう》最も厳密《げんみつ》、所在の津浦には、周《あまね》く戍兵《じゅへい》を配置し、重賞を以て、我諜者を捕縛せしむ。且予《かつあらかじ》め研究所各員の写真を配布し、物色に便ならしむ。君、大孤山方面に向ひ、深く敵地の情形を偵察し、遂に其の行く所を知らず。時年二十六。

三、楠内友次郎《くすうちともじろう》

佐賀県三養基《みやき》郡田代村の出身。慶応元年二月十六日生。父青木文造氏は厳原藩《いずはらはん》学官なり。

明治十八年、東京専門学校に入学、後英語法律科に転ず。二十三年九月、上海に航し、日清貿易研究所に入り、二十六年卒業。二十七年、日清開戦となるや、支那人に扮し上海に潜伏し、南清の情形を本国に報告し、大本営の参考に資せり。已にして福原林平と共謀、遼陽《りょうよう》・奉天《ほうてん》等の地方に於ける敵状偵察の任務を帯び、同年八月十日、湖北商賈《こほくしょうこ》と称し、支那《しな》客《きゃく》桟《さん》に投じ、翌十一日、営口《えいこう》行の便船に搭じて、目的地方に赴かんとす。然るに発船俄《にわか》に延期して十四日となり、滞在数日に渡りたる為、其の挙動の怪しむべきを認められ、終に清国偵《てい》吏《り》の捕縛《ほばく》する所となり、南京に転送され、久しく惨酷《ざんこく》なる拷問を受け、遂に惨刑の下に殺害せらる。時に年三十。

四、福原林平《ふくはらりんぺい》

岡山県美作国《みまさかこく》東北条郡加茂村、明治元年生。二十三年、日清貿易研究所入学。二十六年、卒業、一時帰朝。十一月、再び渡清、商品陳列所に入り、実地取引の事務を練習。二十七年、日清開戦となるや、身を挺して邦家の為に尽さんと欲し、支那人に扮し上海に潜伏し、南清の敵情を探査し、之を本国に報告し、大本営の参考に供せり。又楠内友次郎と謀り、遼陽・奉天の地境に於ける敵情偵察の重任を帯び、八月十日窃《ひそ》かに陳列所を出で、湖北の商人と詐称《さしょう》し支那旅館に投宿、翌十一日、営口行の便船、不幸にして十四日に延期したる為、其の挙動を疑はれ、終に支那官憲の捕ふる所となり、南京《ナンキン》に護送せられ総督の糺問《きゅうもん》に付せられたるが、遂に斬らる。時に年二十七。

五、藤島武彦《ふじしまたけひこ》

鹿児島県人・藤島良士の長男なり。明治十七年、鹿児島造士館に学ぶ。十八年、上海に航し、在漢口荒尾精氏の経営せる楽善堂に入り、其の業務に従事。在勤中、事業拡張の為、各省に視察旅行をなし、内地の情況を研究する所甚《はなは》だ多《おお》し。二十七年、東学党の乱起り、日清間の紛議《ふんぎ》となるや、清政府は兵を牙山《がさん》に上陸せしめ、両軍対抗の勢を取るや、他列国をして漁夫の利を収《おさ》めしめんことを憂《うれ》ひ、当路《とうろ》に上書《じょうしょ》し、和戦の速決《そっけつ》せざる可《べ》からざる事を説《と》き、又一朝開戦の暁は、一身を投じ国難に当るの決意を以て当局に談ぜり。斯《か》くて君は、同志と共に上海に航し、深く支那各地に入り、種々の方法に依り調査の結果を其の筋に報告し、大に我軍の作戦計画に便益を与へたり。君は先づ南清《なんしん》の情況を調査し、夫《それ》より直隷《ちょくれい》を経て満《まん》洲《しゅう》に出で、鴨緑江《おうりょっこう》方面に至り、将に満洲に侵入せんとする第一軍と会し、之に南清・直隷・満洲の清況を告げ、其の軍の案内者たらんとする目的を以て、上海より船に搭し、寧波《ニンポー》に到る。船上、衆の捕ふる所となり、浙江省杭州に護送せられ、巡撫《じゅんぶ》の審問する所となるや、日本軍の有利なる事柄のみを供給し、終に実状を吐かず。長日月の間入牢し、惨酷なる拷問を受け終に斬らる。時年二十有六。

六、高見《たかみ》武夫《たけお》

岡山県の人。寡言沈黙《かげんちんもく》、篤学《とくがく》の青年なり。上海より南清遊歴の途に上り、普陀山法雨寺《ふださんほうりょうじ》に滞在して坐禅三昧《ざぜんざんまい》に耽《ふけ》る。此の時突然、清国の捕吏《ほり》来り、彼を寧波に拉《くだ》し去《さ》り、杭州《こうしゅう》の獄に投ず。或日、獄吏来り「卿《けい》は軍事探偵にあらざる証拠あり」とて、鉄鎖を解き、檻車《かんしゃ》に載せ、偽《いつわ》って清波門外に連れ出す。彼は泰然自若、白シャツを脱ぎ、其の表に次の如き辞世を遺《のこ》せり。

此歳此時吾事止　【此の歳此の時吾が事止む】
男子復不説行藏　【男子復た行蔵《こうぞう》を説かず】
蓋天蓋地無端恨　【天に蓋《ふた》し地に蓋《ふた》し端無くも恨むは】
附与断頭機上霜　【附与す断頭機上の霜を】

書き終れば、獄吏《ごくり》は白刃《はくじん》を閃《ひら》めかして、彼の首を斬落《きりおと》しぬ。時に年二十七。このシャツは支那側にても鄭重《ていちょう》に保存し、其の後日本側へ引渡せり。現に彼の母校閑谷黌《しずたにこう》に其の襯衣保存せらる。畏《かしこ》くも今上《きんじょう》陛下東宮に在《おわ》す頃、此の薨《こう》に成らせられ、之をみそなはせ給ひ、御感《ぎょかん》殊の外深く渡らせられたる御模様《おんもよう》なりしと漏《も》れ承《うけたま》はる。志士死して尚余栄ありと謂《い》ふべし。

七、向野堅一《こうのけんいち》

君は福岡県の産、日清貿易研究所に学ぶ。資性沈着、情誼《じょうぎ》に厚く、深く胆気と機才を蔵《ぞう》し、頼もしき青年なりき。彼亦荒尾氏の勧誘に応じて、奮然《ふんぜん》陸軍通訳官たるべく、広島に駆けつけ、自ら進んで至難の任務に就《つ》けり。然るに他の諸士は悉《ことごと》く惨刑に処せられたるも、君は九死に一生を保ち、非常なる殊勲《しゅくん》を立てたり。

昨年三月二十日、君の令息晋君、上京の途次、余を訪はれたれば、鐘崎志士の墓参及び県社風浪社頭の銅像を視、相携へて久留米市に出で、警察署前にて袂《たもと》を別ちぬ。

書簡〔向野堅一息・向野晋《すすむ》（奉天琴平町）より納戸鹿之助宛：〔昭和十二年〕四月十九日〕

拝啓　春暖の候　益々御健勝　奉賀候《がしたてまつりそうろう》。偖錦地《さてきんち》参上の節《せつ》は、御多忙中、一方《ひとかた》ならぬ御世話に相成《あいなり》、難有《ありがたく》御礼申上《おれいもうしあげ》候。数年来の宿望《しゅくぼう》、志士発祥《はっしょう》の地を訪問致、小生としては、恰《あたか》も父の墓に参りし心地致し、懐《なつか》しく存《ぞんじ》候。（中略）御関係の有志の方々に、何卒《なにとぞ》、奉天《ほうてん》の同志の遺族の一人が喜んで居たと御伝言願上《ねがいあ》げ候。
国事多端《こくじたたん》の折、御身御大切《おんみおたいせつ》に。御活動の程、祈り居《お》り候。先は延引《えんいん》ながら御礼まで。

早々敬具

奉天琴平町　向野　晋

［昭和十二年］四月十九日

納戸鹿之助　様

巨人・荒尾精《せい》

一、緒　言

蔭 海 館 湾 眼 底 窮　【海を蔭とし湾を館とし眼底窮《きわ》むれば】
蜻 蜓 何 処 復 伸 雄　【蜻蜓《とんぼ》何処にか復た雄を伸ばさん】
試 従 芙 蓉 峰 頭 望　【試《こころ》みに芙蓉峰頭《ふようほうとう》従《よ》り望まば】
巴 蜀 山 川 指 顧 中　【巴蜀《はしょく》山川指顧《しこ》の中】

豪気堂々是巨人が、日清貿易研究所創設の趣旨を宣伝して、全国漫遊を遂げ、物せられしもの、雄志常に四百余州を睥睨《へいげい》するの概《おもむき》がある。

遠近《あちこち》のあやなす雲も日に増して　千里行く身の心せはしさ

君夙《つと》に東亜の興隆と、日支親善とに、専《もっぱ》ら心胆を砕き、或は志士と交《こう》を締《しめ》し、或は清国に渡りて風土民情を視察し、或は幾多有為の青年を養成して、君国の為に貢献せし所、真に偉大なるものがある。

声望全台を掩《おお》ふ

君、明治二十九年九月、台湾に赴き、数多《あまた》官民有志に親接して、其の懐抱せる満腔《まんこう》の赤誠《せきせい》を披瀝し、声望殆《せいぼうほとん》ど全台を圧せんとするの概ありしが、十月下旬、偶々《たまたま》病を得、あたら三十八才を一期《いちご》として、鵬志《ほうし》空しく台北瘴癘《しょうれい》の鬼《おに》となったのである。

転た追懐《ついかい》の情

余偶々《たまたま》志士の小伝を草するに及び、巨人を追懐《ついかい》するの情、転《うた》た切なるものあり。而《しこう》して志士が其の名を不朽に伝ふるもの、抑々《そもそも》巨人に俟《ま》つ所頗《すこぶ》る多きを思へば、感謝の念、油然《ゆうぜん》として禁ずるを得ないのである。

二、少年時代

巨人、姓は荒尾、名は精、号を耕雲、又は東方斎《とうほうさい》といっていた。安政五年、尾張国琵琶島《おわりこくびわじま》に産れ、父を善十郎と呼び、名古屋藩の士族であった。

琵琶島は、名古屋市を距《へだて》る一里余にて、不世出の英雄、豊太閤《ほうたいこう》の出生地中村と、僅《わず》かに里《り》余《あまり》に過ぎないので、幼時より其の感化を受けて居た。

菅井氏の義侠

明治五年の頃、父は家族を率いて東京に出で、商業を営んだが、生計甚《せいけいはなは》だ困難《こんなん》にして、学資を給するの途《みち》なき故、君は鹿児島県人、菅井誠美氏の家に身を寄せたのである。

君、幼《よう》にして頗《すこぶ》る学門を好み、資性誠実剛胆《ごうたん》、事に当って機敏なる動作は、到底尋常児《じんじょうじ》の企《くわだ》て及ぶ所ではなかった。

三、軍隊生活

明治十一年、教導団に入り、十二年、父を喪《うしな》ひ、翌年、又母を失ふ。君の士官学校に在るや、世道の漸《ようや》く衰《おとろ》へ、士風の日に萎靡《いび》するを慨《がい》し、同志を糾合して切磋琢磨、大に他日の成功を期したのである。

銀杏城下《ぎんなんじょうか》の俊才《しゅんさい》

十五年、業《ぎょう》を了《お》へ、歩兵少尉に任ぜらる。十六年、歩兵第十三聯隊附きに補せられ、熊本に赴《おもむ》く。其の隊に在るや、精励恪勤《せいれいかっきん》、最も徳義を重んじ、程なく青年士官の好模範《こうもはん》として推《すい》奨《しょう》せらるるに至ったのである。

素志達成《そしたっせい》

君、夙に渡清の志を抱き、雄心勃々《ゆうしんぼつぼつ》として禁ずる能はず、夢魂徒《むこんいたず》らに四百余州を繞《めぐ》ったが、十八年、参謀本部支那部附きに転ず。其の得意真に察すべきである。

四、漢口駐在《ハンコウちゅうざい》

君、居ること一年、翌十九年春、官命を奉じ、始めて清国に遊ぶ。先づ上海に航し、故岸《きし》田吟香《だぎんこう》と交を結び、抱負を語る。吟香、痛く其の志を愛し、飽《あ》くまで後援を為すを約した。

君は長江《ちょうこう》を溯《さかのぼ》りて深く内地に入り、居を漢口《かんこう》に占め、身を商人に扮し、各地の調査に従事したのである。

諸士の来集

時に少壮有為《しょうそうゆうい》の士、君と感を同うし、踵《きびす》を接して来集するもの多く、諸士皆、支那人《しなじん》に扮《ふん》装《そう》し、足跡四百余州に遍《あまね》く、其の堅忍の気、敢為《かんい》の勇、敬服せざるを得ないのである。

五、日清貿易研究所

研究所の設立

君、已《すで》に清国の情勢を詳らかにし、益々東洋局面の危急を憂ひ、焦心苦慮《しょうしんくりょ》、之を救ふの途《みち》を講ぜんとし、遂に日清貿易に従事すべき適材を養成するの急務を感じた。

君、二十二年四月、帰朝するや、先《ま》づ之を在朝の有力者に語るに、悉《ことごと》く其の挙を賛《さん》し、君が遊説の便を図《はか》ったのである。是《ここ》に於《おい》て、君は全国を周遊して、恰《あまね》く対清思想を鼓吹《こすい》し、到る処、官民の歓待を受け、衆大《おおい》に覚醒《かくせい》する所があった。

君は万難を排して漸く資金を調達し、二十三年九月一日、職員生徒約二百余名と横浜を出帆し、九日、春申江頭《しゅんしんこうとう》［上海の港］に着し、二十日、開校の式典を挙げたのである。

開校の式辞

当時君の式辞は、我国通商貿易の沿革より、宇内《うだい》の情勢に及び、特に清国との関係を詳述し、父兄の至情を指摘して、生徒の覚悟を促《うなが》し、声涙《せいるい》共に下るの概《がい》があった。然るに異郷の風土に慣れざる生徒は、流熱《りゅうねつ》に罹《かか》るもの多く、校舎は一時病院の観を呈し、財政窮乏殆《ほとん》ど言《げん》語《ご》に絶《ぜっ》するものがあった。

苦心惨憺《くしんさんたん》

殊《こと》に列国環視の裡《うち》にありて、空手《きゅうしゅ》異郷、第一の新春を迎へんとする職員諸氏の苦衷《くちゅう》は、到《とう》底筆舌《ていひつぜつ》の能《よ》く尽《つく》す所ではなかった。是に於て、君は一策を案じ、辛うじて此の苦境を脱し、一日諸生を会して、先づ本所設立の趣旨を明らかにし、翻然《ほんぜん》一大改革を断行し、二十四年十月三日、創立一周年記念会を催し、内外の紳士淑女を招待して、大に前途を祝福したのである。

卒業の祝典

かくて研究所は二十六年六月、三年の課程終りを告げたれば、茲《ここ》に盛大なる祝典を挙行し、多数の卒業生は、東亜経綸《とうあけいりん》の先駆者《せんくしゃ》として、勇ましく校門を出たのである。

六、雌伏時代

偉勲赫々《いくんかっかく》

君、東洋の情勢、日に非なるを慨し、同志と対韓政策を講じ、正に乾坤一擲《けんこんいってき》の挙に出でんとせしが、会々《たまたま》日清両国の和破れて、雄図《ゆうと》遂に伸ぶるに由なく、其の落胆《らくたん》想ふべきである。日清干戈を交ふるや、其の同志及び門下の俊才百余名を官に薦《すす》めて、通訳に任じ軍に従《したが》はしむ。衆《しゅう》皆《みな》義《ぎ》勇奉公《ゆうほうこう》の念に富み、献身軍務に尽瘁《じんすい》し、偉勲《いくん》を奏《そう》したるは人の能く知る所である。

後、京都若王子《にゃくおうじ》山中に入り、沈心静思《ちんしんせいし》修養に余念なく、潜かに捲土《けんど》重来《ちょうらい》の機を俟《ま》っていたのである。

今日こそは殊にうれしや天皇の　みいづ輝ぐ春を迎へて

巨人の感懐

これは二十八年の年首を祝ひて、君が詠ぜしもの。巨人の面目、真に躍如《やくじょ》たるを覚ゆるのである。

七、臨終《りんじゅう》と葬儀《そうぎ》

憂国の至誠《しせい》

戦時中、君は山中にありて、世塵《せじん》を避けたりと雖《いえど》も、一片耿々《こうこう》の志と憂国の至誠とは、時に発して建議となり、或いは出でて江湖に奔走するを敢《あえ》てしたのである。

戦禍《せんか》一朝終結するや、二十九年、台湾に航し、先づ内地人《ないちじん》と土人《どじん》間の融合《ゆうごう》を図らんが為、紳商協会《しんしょうきょうかい》なるものを創立したのである。

十月下旬、用務を了《お》へ、将に台南に向かはんとして、俄《にわ》かに黒死病《こくしびょう》に罹《かか》り、月の三十日、不幸恨みを呑んで、遂に台北に客死《かくし》したのである。

弔客雲集す

訃音《ふいん》一たび伝はるや、天下斉《ひと》しく哀悼《あいとう》せざるなく、特に知人門生等は痛惜《つうせき》惜《お》く能《あた》はず、遺骨の若王子祀畔《しはん》なる旧廬《きゅうろ》に着するや、弔問の客、日夜相踵《あいつ》ぎ、忽《たちま》ち雑閙《ざっとう》の巷《ちまた》と化したのである。

空前の盛儀

事天朝に達し、君が生前の功労を思《おぼ》し召《め》され、十一月二十七日、叙勲《じょくん》及び賜金《しきん》の恩典《おんてん》在り。十二月一日、喪《も》を発《はっ》し、六日、東京築地本願寺《つきじほんがんじ》に於て葬儀《そうぎ》を行ふ。此の日、導師《どうし》島地黙雷師《しまじもくらいし》、衆僧《しゅうそう》と共に霊柩《れいきゅう》を寺門に迎へ、法儀荘厳《ほうぎそうごん》、会葬者亦頗《かいそうしゃまたすこぶ》る多く、翌七日、谷中全生庵《やなかぜんしょうあん》に於て、埋骨《まいこつ》の式を挙げたのである。

弔詞（佐々友房《さっさともふさ》：明治二十九年十二月六日）

弔　詞

佐々友房

功業抜群

明治二十九年十一月二十八日、荒尾精君病を以て台北府に逝く、嗚呼悲哉《ああかなしきかな》。君一武人より起り熱誠軀《く》を抛《なげう》て東方問題に尽瘁《じんすい》せる。十年一日の如く、対清の事業を振興し、膺懲《ようちょう》の機密に参画し、或は後進俊秀《しゅんしゅう》の徒を鼓舞訓育して、国事に粉砕せしめしが如き、其の功績、世に赫々《かっかく》として、芳名《ほうめい》永く朽ちざるべし。其の叙勲賜金の栄ある、亦宜《むべ》なり矣《かな》。然《しか》れ共《ども》、

千秋の恨事

天下大に東方の将来を以て君に期し、君も亦以て自ら任じ、抱負頗る大に、経綸因《もと》より広く、東馳西駆《とうちせいく》、席暖《せきだん》なるに遑《こう》あらず。以て大成を永遠に期せり。而して処世数奇《しょせいすうき》加ふるに、大功《たいこう》常に速成《そくせい》を得《え》ず。是を以て、十年経綸の跡、未だ抱負の半《なかば》を実行せず。其の事業も亦、未だ天下の重望《じゅうぼう》に添《そ》ふの時に達《たっ》せざりき。

旻天《びんてん》何ぞ無情なる

嗚呼、旻天《びんてん》無情。何ぞ仮すに歳月を以てし、其の事業を完成せしめざる。抑《そもそ》も亦東洋多事の日、此の有為の人を失ふ。邦家の為め、誰か哀悼せざる者あらんや。況《いわん》や予の君に於け

骨肉も啻《ただ》ならず

る、燕遊一朝《えんゆういっちょう》の交《まじわり》に非《あら》ざるをや。予の始めて君を識《し》る、実に明治十六年にあり。時に君、陸軍少尉を以て、熊本鎮台に属し、尋常武官の間にありて、既に鬱然秀抜《うつぜんしゅうばつ》の気を現はせり。後、君の清国より帰るや、共に手を把《と》りて、東亜の大勢を談じ、意気の投合する所、肝胆《かんたん》相照《あいてら》し、終《つい》に互に相提携して、東方問題の上に周遊するに至れり。爾来《じらい》十余年、君が頭山《とうやま》満《みつる》氏と予とに於ける、其の交誼《こうぎ》、恰《あたか》も兄弟の如く、相対して洒然《しゃぜん》、常に胸襟《きょうきん》を披《ひら》き、規《き》図《と》する所あれば必ず之を諮《はか》る。予も亦君が休戚《きゅうせき》を視《み》る、自家の休戚に異ならず。而して今や此の休戚を同うするの友、溘然《こうぜん》逝《せ》いて還《かえ》らず。区々《まちまち》の私情、豈《あ》に哀悼の切なるに堪へんや。

青天の霹靂

遺恨骨髄に徹す

曩《さき》に君の台湾に赴くや、其の事業、着々緒《ちょ》に就き、吉報頻《きっぽうしき》りに至るを以て、遥《はる》かに慶運を祝して、其の成功の速《すみ》やかならんことを望めり。何ぞ計らん。凶電忽《たちま》ち南より来り、君が訃音《ふいん》に接せんとは。忡々《ちゅうちゅう》たる心緒《しんしょ》、何《いずれ》の処にか訴へん。南洋の波瀾《はらん》、亦澎湃《ほうはい》として恨《うら》みを語るに似たり。音容《おんよう》尚ほ眼前に髣髴《ほうふつ》たれども、再び君と相会して東方問題を高論するに由なきか、嗚呼悲哉。予、偶々病で故郷に在り、葬に会するを得ず。乃ち遥かに一篇の弔詞を寄す。庶幾《こいねがわ》くば君が在天の霊、髣髴として来《きた》り饗《う》けよ。

悼荒尾精君　釋　宗演

雖云秋色属荒涼　【秋色荒涼に属すと云うと雖も】

松菊依稀尚凌霜　【松菊依稀《かすか》に尚《なお》霜を凌《しの》ぐ】
一片精誠葬何処　【一片の精誠《せいせい》何処に葬らん】
青山無往不霊光　【青山往きて霊光ならざる無し】

評　林子

四海飄零奈異才　【四海飄零《ひょうれい》奈《いかん》ぞ異才ならん】
男児到此亦堪哀　【男児此に到り亦哀に堪う】
生前我豈識君者　【生前我豈君を識る者なるや】
一接訃音腸九廻　【一たび訃音《ふいん》に接し腸九廻す】

今昔の感

余、往年熊本に遊び、偶々《たまたま》水前寺畔《ほとり》、佐々氏の生家を訪《と》ひ、親しく氏の令兄《れいけい》に接し、茶室に招かれて幾多偉人傑士の遺墨を見、坐《そぞ》ろに故人を偲《しの》びたることあり。而して氏が逝去《せいきょ》の際に於ける頭山翁《とうやまおう》の逸話《いつわ》を聴き、景仰《けいこう》措《お》く所を知らず。然るに今や、両雄幽明界《ゆうめいさかい》を異《こと》にし、翁独り健在にして、帝都の一角に蟠踞《ばんきょ》し、先年破格大典に列《つらな》りて、一時天下の耳目《じもく》を聳動《しょうどう》す。惟《おも》ふに翁今昔の感、果して如何《いかん》。

客歳《かくさい》十一月下旬、余は福岡県教育会館に於て、親しく翁の風格に接するの機会を得、其の面前にて「鐘崎三郎大人の遺愛の松を見て」の朗詠を試み、翁の一粲《いっさん》に供す。余は邦家の為、益々健在を祈って止まぬのである。

八、巨人と鐘崎三郎

余、熟《つらつ》ら両者の境遇を案ずるに、酷似する所頗る多く、殊に憂国の至誠に至っては、毫も径庭《けいてい》を見ず。三郎が報国の丹心《たんしん》抑へ難く、俄《にわ》かに東上して巨人を訪ふや、一見其の奇才《きさい》を愛し、赤誠を傾けて慰撫歓待《いぶかんたい》、長崎に帰らしめたのである。是三郎が眷遇《けんぐう》を受くるの始めにして、爾来肝胆相照《かんたんあいてら》し、巨人の偉大なる感化《かんか》は、三郎をして益々其の素質を発揮せしめ、遂に志士の花形として、芳名を竹帛《ちくはく》に垂《た》るるに至ったのである。

三郎が長崎なる盛《もり》家を出《い》づる時、巨人が君に寄するの書は、其の間の消息を知る絶好の資料として、特に江湖の一粲《いっさん》に供する次第である。

深情《しんじょう》純背《じゅんはい》に徹す

書簡〔荒尾精より盛三郎宛：［明治二十三年］八・一九〕

拝啓　研究所準備も粗《ほぼ》整頓致候に付、不日《ふじつ》出発致す筈にて、今般御幡氏にも、帰郷被成《なされ》候。却説《さて》伝承致候へば、近頃御養家の方を出られ候趣《そうろうおもむき》、如何の次第に候哉《や》。兼て分袂《ぶんべい》の際にも御懇話《ごこんわ》致置《いたしおき》候通《とお》り、一旦父母夫妻等の定めをなしたる上は、容易の事にて相別《あいわか》れ候様《そうろうよう》の事あるべからず。貴兄には、今日迄、実際の世情に通ぜず、殊《こと》に風俗人情等の異なる他郷の事故《ことゆえ》、最初は兎角不如意《とかくふにょい》の事、多分可有之《これあるべく》も、之に堪忍《かんにん》せねばならず、最《もっとも》渡清の期迫《せまり》候《そうろう》に付、向後《こうご》万事小生に於て、御周旋可申上《ごしゅうせんもうしあげるべく》候間《あいだ》、前条《ぜんじょう》異様《いよう》の考《かんがえ》を興《おこ》さず、御幡氏の帰国を幸い、元に復《ふく》し、盛家の方へ御帰《おかえり》なさるる様、希望致《いたし》候。凡《すべ》て人事は軽挙失策《けいきょしっさく》等有之《これあり》候なれば、可恥事《はずべきこと》には無御座《ござなく》候間《あいだ》、御本復可被成《ごほんぷくなさるべし》。若又《もしまた》一旦父子の縁を結び候に拘《かかわ》らず、直《すぐ》に御破談被成《ごはだんなされ》候様《そうろうよう》にては、仮令《たとい》修学の出資家《しゅっしか》有之共《これあろうとも》、其の成業無覚束《おぼつかなき》候間《あいだ》、其辺《そのあたり》篤《とく》と御熟考《ごじゅっこう》、御幡氏と御相談の上、可然《しかるべく》御改心相成度《あいなりたし》、右多忙中、以乱筆《もってらんぴつ》此の段要用《ようよう》のみ申進《もうしすすめ》候。

匆々不一《そうそうふいつ》

[明治二十三年] 八月十九日

荒尾

盛三郎　殿

中村綱次《つなじ》

一、緒言

由来三潴《みづま》の地、洋々たる筑水に瀕《ひん》し、沃野《よくや》十里、米麦の産に富み、南は雲烟漂渺《うんえんひょうびょう》の間に雲仙岳の雄姿を望み、北は遠く突兀《とっこつ》たる竈門《かまど》の峻嶺《しゅんれい》と、近く蜿蜒《えんえん》たる脊振《せふり》の連峰に対し、雄大の気、自ら鬱勃《うつぼつ》たるものがある。

酒造界の重鎮

此の地酒造業亦頗《すこぶ》る発達し、夙《つと》に九州の灘《なだ》として、自他共に許す所。君は筑水の畔《ほとり》、三又《みつまた》村鐘ヶ江《かねがえ》に生れ、銘酒清力の主人として、将斯界《はたしかい》の重鎮《じゅうちん》として、名声嘖々《さくさく》、江湖の信望厚かりしが、大正九年初夏、偶々二豎《にじゅ》の冒《おか》す所となり、復《ま》た起《た》つ能《あた》はず、空《むな》しく有為《ゆうい》の材を抱いて、あたら白玉楼中《はくぎょくろうちゅう》の人となる、嗚呼哀哉。

余、曩《さき》に職を三又校に奉じ、在職七年有半、日夕其の声咳《せいがい》に接して高風を慕へるもの、這回《このたび》志士の事蹟を宣伝するに方《あた》り、百感交々《ひゃくかんこもごも》至りて、懐旧《かいきゅう》の情、転《うた》た禁じ難く、茲《ここ》に其の小伝を叙《じょ》し、聊《いささか》か君の英霊を慰めんと欲するのである。

二、家　業

醸造法の改良

父は多平と称し、勤倹力行《きんけんりっこう》の徳を備へ、母亦寛厚《かんこう》の美質に富み、内助の功少なからず。明治十年、清酒醸造《じょうぞう》を開始せしが、二十四年十月、君之を継承し、専ら販路の拡張と醸造法の改良に苦心し、親しく灘《なだ》地方を視察して優秀なる技術者を招聘《しょうへい》し、以て其の秘法を極め、特に三潴醸造試験所を創設して、斯業《しぎょう》の為に寄与する所多く、家運隆々、声価《せいか》愈々《いよいよ》高く、銘《めい》酒清力《しゅせいりき》の名は、真に天下を風靡《ふうび》するの概《がい》あり。宜《むべ》なり、屢々《しばしば》陸軍省及び宮内省より、御買上の栄を辱《かたじけの》うし、大正四年、御大典《ごたいてん》に際しては、造酒を献納《けんのう》して御嘉納《ごかのう》の光栄に浴したのである。

清力商店組織

四十一年、合名会社清力商店を組織して、其の社長と為り、工場を増設し、機械を完備し、時恰《あたか》も戦後財界不況の間に処して、嶄然《ざんぜん》頭角を顕《あらわ》し、些《いささ》かの打撃を受けざるが如き、其の先《せん》見卓識《けんたくしき》、君が人物の一端を窺知《きち》するに足るのである。

三、公益事業

君、金融機関の乏しきを慨《がい》し、三潴銀行を創設して、衆望《しゅうぼう》の帰する所、遂に取締役社長に挙げられ、専心行務の刷新と業務の拡張に尽瘁《じんすい》し、行運日に進展して、恵沢《けいたく》に浴するもの多く、産業の開拓に貢献する所、真に偉大なるものがある。

銀行業と交通機関

君、郡内交通運輸機関の不備なるを見、同志と相計り、四十一年、三潴軌道会社を、翌年、大川鉄道会社を創立し、大に衆庶の利便を図ったのである。

小作米品評会

三十四年、酒造研究所取締役、四十四年、福岡県酒造組合副組合長に累進し、大正三年、全国酒造組合連合会評議員等に推挙せられ、傍《かたわ》ら倉子《くらこ》を教育して、杜氏《とうじ》たる資格を有せしめ、又自家小作米品評会を開催して、米質改良に資し、所期の目的を達成したるのみならず、漸《ぜん》次醇厚《じじゅんこう》の美風《びふう》を助長し、其の効果洵《まこと》に著《いちじる》しきものあり。

教化事業

君、教育事業に趣味を有し、少壮、自費を投じて青年夜学校《やがっこう》を設立し、風儀《ふうぎ》を矯正《きょうせい》すると共に、通俗の学術を授け、三十八年十二月、特に女子教育の必要を感じ、淑徳技芸《しゅくとくぎげい》女学館を開き、莫大の私金を抛《なげう》ちて経営五年、郡立女学校設立の気運を促進したる功、永久に没すべからざるものがある。

其の他公共団体の重役に、所得税・営業税・相続税等の委員に挙げられて、能く其の任務に堪へ、或いは財団済生会に学校建築費並びに基本財産に、巨額の出資をなし、殊《こと》に敬神崇《けいしんすう》仏《ぶつ》の念《ねん》厚く、神社仏閣に喜捨《きしゃ》したる金額に至りては、一々枚挙《まいきょ》に遑《いとま》ないのである。

四、生前死後の栄

破格の光栄

君が公私の事業に奮闘したる功空しからず、品評会及び博覧会等に於て受領したる賞状賞牌は積んで山の如く、感謝状記念品等を受けたること亦其の幾回なるを知らず。特に大正五年、陸軍特別大演習の際、実業功労者として、畏《かしこ》くも　御召見の栄を蒙《こうむ》り、宮内《くない》大臣を経て、該事業の大班を上奏《じょうそう》し、次で大正六年十一月、緑綬褒章《りょくじゅほうしょう》下賜の恩命《おんめい》に接したのである。

稀有の盛葬

爾来、報国の念彌《いよいよ》堅く、只管《ひたすら》社会の進運に貢献する所多かりしが、大正九年六月、突如病を得、享年五十三歳を一期《いちご》として、遂に不帰《ふき》の客となる。訃報《ふほう》一度伝はるや、遠近の弔客《ちょうかく》、門前市《もんぜんいち》をなし、月の二十一日、葬儀を行ひ、会葬者無量《かいそうしゃむりょう》、真に地方空前の盛儀たり。余、時に福岡に在り、往いて之を弔す。春風秋雨、既に十八星霜《せいそう》、坐《そぞ》ろに当年を追想して、感慨転《かんがいうた》た切《せつ》なるを覚《おぼ》ゆ。

追悼会

大正十年一月、有志相謀り、君が追弔会《ついちょうえ》を大川町榎津に行ふ。会葬する者数百人、以て其の遺徳《いとく》の大なるを知るべきである。佐藤三潴郡長は、具《つぶ》さに其の功績を頌《たたえ》し、小林福岡県酒造組合長は、銀製花瓶《かびん》一対を霊前に供して、深く生前の功労を謝す。君宜《よろ》しく瞑《めい》すべきである。

五、故人と鐘崎三郎

君の笈《おい》を負ふて長崎に在るや、三郎亦来《またきた》って御旗《おばた》氏の門に学ぶ。爾来《じらい》益々親交を加へ、遂《つい》に水魚《すいぎょ》の交《まじ》はりをなすに至ったのである。

君、人と為り俊邁《しゅんまい》にして、自ら其の志を高うし、敢て富貴を以て人に驕《おご》らず、一家輯睦《しゅうぼく》し、親に仕へて至孝《しこう》であった。性又友誼《せいまたゆうぎ》に厚く、三郎の国事に死するや、痛惜措《つうせきお》く能《あた》はず、彼が肖像と略伝を江湖に頒布《しょうふ》して、其の功績を伝へ、葬祭全く畢《おわ》るや、余す所の金若干を、他日建碑の用に充《あ》てんと欲し、之を銀行に預け、遂に数百金に及んだのである。有志其の事を耳にし、其の高義《こうぎ》に感激せざるなく、立ちどころに醵金《きょきん》して之を補足し、墓碑及び銅像を建設して、志士の名を不朽ならしむるに至ったのである。君、三谷氏を娶《めと》りて三男二女あり。令息實君・豊君等、偉業を紹ぎて、拮据勉励《きっきょべんれい》、毫《ごう》も父祖の名を恥かしめざるは、寔《まこと》に慶賀《けいが》に堪《た》へない所である。

徳孤《とくこ》ならず、必ず隣人《りんじん》あり

六、追憶

左の一篇は、君と親交ありし知友の述懐《じゅっかい》にて、特に掲げて追弔《ついちょう》の誠意を披瀝《ひれき》したのである。

追弔文（恒屋三逕（一誠）：大正十三年六月）

憶亡友中村君

中村綱次君没シテ、烏兎《うと》匆々《そうそう》、今已《すで》ニ五年ナラントス。因《よっ》テ憶《おも》フ、四十余年ノ前、余ノ君ト肝胆相照《かんたんあいてら》シテ、爾汝《じじょ》ノ交ヲ結ンデヨリ、君ハ常ニ余ノ逆境ニ対シテ、深厚《しんこう》ナル同情ヲ寄セ、至大ナル援助ヲ与ヘラレタリ。故ニ其ノ永訣《えいけつ》ニ当ルヤ、君ノ人格ト情誼《じょうぎ》トヲ追慕シ、茫然《ぼうぜん》自失《じしつ》、殆ンド為ス所ヲ知ラザリキ。

爾来余ハ君ノ死亡ヲ追惜《ついせき》スルコト、極メテ切ナルモノアリ。一夜深更、夢ニ君ノ来リテ、余ガ門ヲ叩クヲ見ル。問フテ曰ク「健在ナリヤ」、又曰フ「生活裕《ゆたか》ナリヤ」ト。余答ヘテ曰ク「昨今ノ窮状《きゅうじょう》、殆ンド絶頂ニ達ス」。君、慰メテ曰ク「悲観スル勿《なか》レ。百万ノ財宝、世ヲ益スルナクンバ、奚《な》ンゾ瓦礫《がれき》ト択《えら》バン。人ニ尊ブ所ハ人格ナリ」ト。言ヒ終ッテ、飄然《ひょうぜん》トシテ去ル。驚キ覚メテ始メテ其ノ夢タルヲ知リ、悲喜交々《ひきこもごも》至ル。即チ勇ヲ鼓《こ》シ、筆ヲ執《と》リ、君ノ性行ト閲歴《えつれき》トヲ叙スルト左ノ如シ。

君ガ生前ニ於ケル閲歴ハ、一トシテ嶄然《ざんぜん》傑出セザルハナク、其ノ事業ノ偉ニシテ、成功ノ大ナル歴々数フベシ。就中《なかんずく》、酒造ノ改良ニ率先シテ、一ハ地方産業ノ一大資源ヲ開鑿《かいさく》シ、一ハ父祖ノ家産ヲ裕《ゆた》カニセルガ如キ、世上万人ノ斉《ひと》シク記憶ニ存スル所ナレバ、復《また》呶々《どうどう》スルヲ要セズ。金融機関及交通機関ノ創設開発ニ力ヲ尽シ、或ハ地方教育ノ進展ニ貢献シ、或ハ有為ナル青年ニ学資ヲ給スル等、社会ノ為メ、将《は》タ友人知己ノ為メニ、努力ト出資トヲ吝《おし》マザリシコト、君ガ一生ヲ通ジテ、其ノ幾何《いくばく》ナルヲ知ラズ。

殊ニ君ニ貴ブベキハ、其ノ天資情誼ニ厚フシテ、義気ニ富メルニ在リ。襟懐磊落《きんかいらいらく》、人ニ接シテ城郭ヲ設ケザルニ在リ。蔭徳《いんとく》ヲ施《ほどこ》シテ、恩義ヲ売ラザルニ在リ。是ヲ以テ本郡ニ於ケル、政争其ノ他ノ紛擾《ふんじょう》ニ際シテハ、君ガ犠牲的仁侠《にんきょう》ノ解決ニ須《ま》チシコト一再ナラズ。延《ひ》テ地方ノ統一ト結束トヲ鞏固《きょうこ》ニスルヲ得テ、常ニ吾ガ郡唯一ノ重鎮《じゅうちん》トシテ、衆人ノ尊敬ト信頼トヲ受ケシコト、孰《いず》レカ復タコレヲ知ラン。其ノ進ンデ人ノ窮迫《きゅうはく》ニ赴キ、且広ク恩義ヲ施シテ、自ラ知ラザルガ如キハ、固《もと》ヨリ君ガ天性流露《りゅうろ》ノ一滴ニシテ、益々其ノ人格ノ偉大ナリシヲ見ルベク、此ノ世道人心ノ漸《よう》ク衰頽《すいたい》セル今日ニ於テ、名利ノ外ニ超然独立《ちょうぜんどくりつ》シテ、日常事業ノ経営ニ、没頭倦《あぐ》ムヲ知ラザリシ君ノ如キハ真ニ世上稀《まれ》ニ見ル所、宜シク吾ガ明治大正ノ立志伝中ト、国士伝中トニ特筆大書スベキモノナリ。而シテ其ノ忙中閑ヲ偸《ぬす》ンデ、古書画ヲ愛翫《あいがん》シ、蒐集《しゅうしゅう》数百ニ上リ、晩年自ラ蘭ヲ画《えが》イテ、一種ノ風格ヲ具《そな》フルニ至レルガ如キ、亦君ガ品格ノ然《しか》ラシムル所ニシテ、其ノ流風余韻、真ニ欽仰《きんぎょう》スベキモノアリ。

恨《うら》ムラクハ、達人命ヲ得ズ。蘭桂《らんけい》空《むな》シク砕《くだ》ケテ、長《とこし》ヘニ人ヲシテ流涕《りゅうてい》已《や》マザラシム。天道ノ是非、疑ヒナキ能ハザルナリ。嗚呼《ああ》哀哉《かなしいかな》。然レドモ亦語ニ曰ハズヤ「積善ノ家ニハ必ズ余慶《よけい》アリ」ト。令嗣實君、篤実賢明《とくじつけんめい》ニシテ、乃《すなわち》父ノ風標ヲ存シ、君ガ生前心血ヲ注ギタル家業ニ尽瘁《じんすい》シテ、地方ノ信望、漸《よう》ク将《まさ》ニ加ハラントス。将来必ズ一郡ノ大事ニ任ジテ家名ヲ墜《おと》サズ。君瞑《めい》シテ可《か》ナリ。

大正十三年六月

奚疑園南窓ノ下ニ於テ　恒屋三逕

第四部

新たな鐘崎三郎像の構築と顕彰に向けて

解説並びに考察

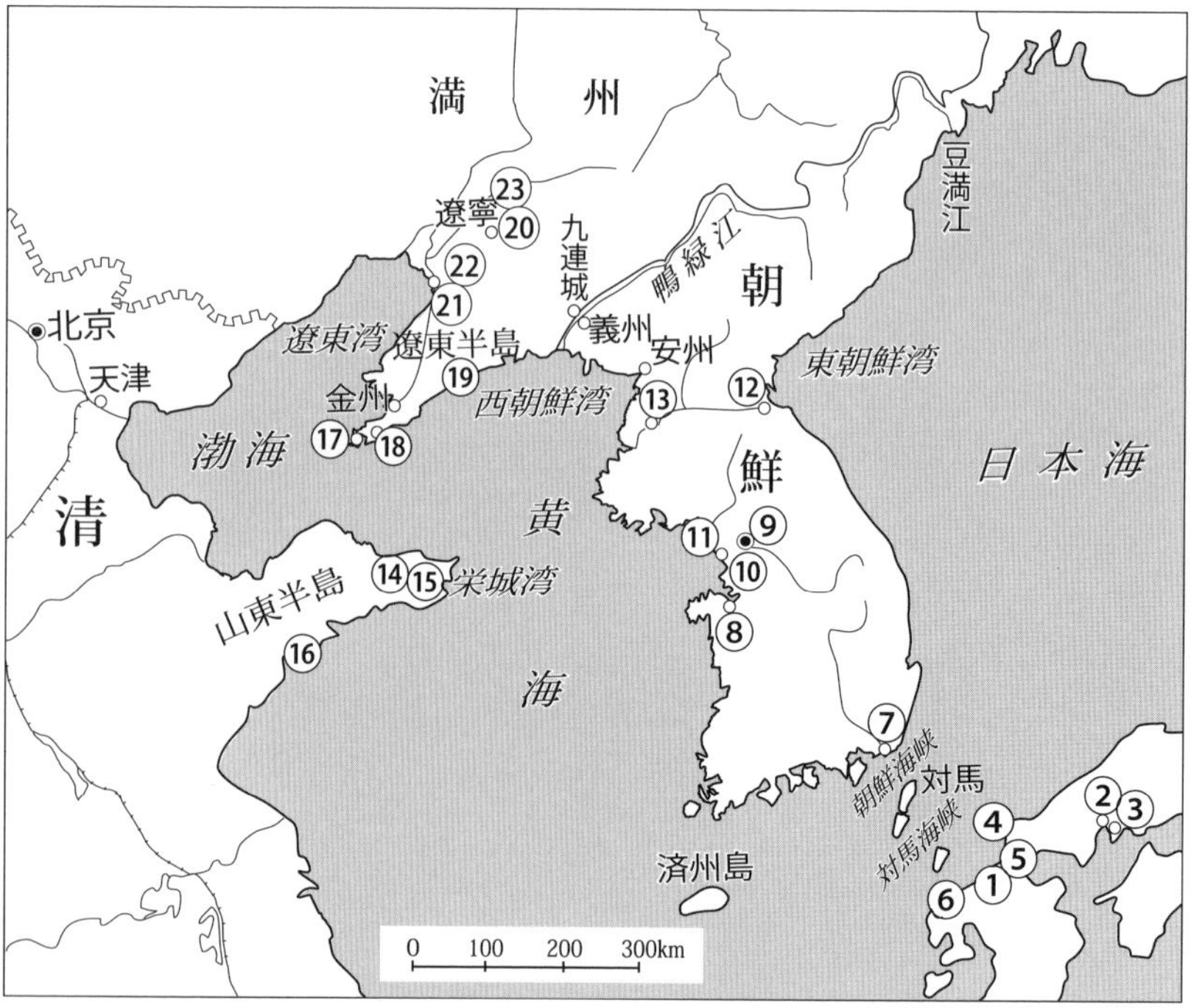

日清戦争関係地図（鐘崎三郎を中心として）

日　　本：①福岡　②広島　③宇品　④下関　⑤門司　⑥佐世保

朝鮮半島：⑦釜山　⑧牙山　⑨漢城　⑩仁川　⑪江華島　⑫元山　⑬平壌

山東半島：⑭芝罘（煙台）　⑮威海衛　⑯青島

遼東半島：⑰旅順　⑱大連　⑲花園口　⑳大孤山　㉑営口　㉒牛荘　㉓奉天

第一章　鐘崎三郎墓前祭から長崎事件を考える　史像の再検討に向けて

浦辺　登

快晴に恵まれた憲法記念日。平成二十五年（二〇一三）五月三日、久留米市城島町上青木にある青木天満宮に向かった。日清戦争に従軍し、遼東半島金州で亡くなった鐘崎三郎の墓前祭に参列するためであった。今や、神社仏閣の戦争に関する史跡は「侵略」戦争を鼓舞した遺物として忌み嫌われる。しかし、菅原道真を祭神とする青木天満宮には鐘崎三郎の墓所があり、今でも地域の方々によって大事に祀られている。それにしても、一人の青年がこれほど国民の脚光を浴びたことをどのように考えるべきだろうか。このことは、一つの側面として、日清戦争とは何か、ということについて考えねばならないことを示唆している。ここでは鐘崎三郎を含む殉節三烈士の概要を踏まえて、当時の青年に大きな影響を与えた長崎事件について検討を加え、その上で、遺物を踏まえ史像に再検討する必要性を示したい。

一、日清戦争とは

日清戦争は明治二十七年（一八九四）から翌二十八年にかけて、日本と清国（満洲族政権による中国）との間で起きた戦争である。現代、この戦争は日本による「侵略」戦争の始まりといわれる。しかしながら、国と国との争いは、ある日突然に起きるものではない。明治十七年（一八八四）の「長崎アヘン事件」、明治十九年（一八八六）の「長崎事件」、明治二十四年（一八九一）の「清国北洋艦隊来航騒動」など、清国による日本への主権侵害事件、武力による威圧行動が日本国民の清国への反発感情を高めたからである。特に、「清国北洋艦隊来航騒動」などは、日本の弱みにつけ込む清国という悪感情を惹起した。この背景には、明治二十四年四月、ロシアの皇太子が親善訪問と称して長崎、神戸に軍艦「パミイヤ」、「アゾヴァ」など七隻を率いて来訪した際、ロシア皇太子の警備にあたっていた巡査が、逆にロシア皇太子に切りつけるという前代未聞の事件がある。いわゆる「大津事件」と呼ばれるものだが、超大国のロシアが日本に宣戦布告をするのではないかと、日本中が戦々恐々とした。しかしながら、明治天皇の篤実な対応で、この事件は平穏の内に終結したのだった。

ところが、この「大津事件」の余韻も収まらない七月、「定遠」、「鎮遠」を筆頭に丁汝昌《ていじょしょう》水師率いる六隻からなる清国北洋艦隊が、やはり親善訪問という名目で長崎、呉、神戸、東京を訪問した。この「定遠」、「鎮遠」は当時、東洋最大とも世界最強ともいわれた軍艦である。西洋列強に蚕食《さんしょく》されながらも、大国の清として、その海軍力を日本にまじまじと見せつけ、軍事的挑発行為を行ったのだった。この清国北洋艦隊の来航は、日本を小国として見下した行動であっただけに、その反抗心は大きかった。

一般に、日清戦争前の東アジアの状況を表すものとして、フランス人風刺画家ビゴーのイラストが引用される。ちょんまげ姿のサムライと満洲族の衣装を身にまとった清国人が、朝鮮に見立てた魚を釣り上げようとする一枚である。橋の上からは、漁夫の利を狙うロシアが釣果《ちょうか》の行方を見ている。この風刺画からは、まるで、日本に朝鮮支配の欲望があるかのように印象付けられる。しかし、当時の日本が大国の清と正面から戦争をしたとしても、勝ち目はない。ところが、日本人を欧米の真似をする「東洋の猿」と揶揄するビゴーにとって、フランス人に受けの良い風刺画を描くのが目的であり、東アジアの状況を正確に描くという意思はない。むしろ、日本という権益をイギリスに奪われたフランスのうっぷん晴らしとして、日本や日本人を卑下することで留飲を下げるのが目的だった。

日清戦争の戦端が開かれたのは明治二十七年（一八九四）七月二十五日の早朝、豊島沖の海戦からといわれている。その同時刻には東郷平八郎大佐を艦長とする「浪速」が、清国兵や砲弾薬を満載し朝鮮の牙山《がざん》に向かう清国の傭船「高陞号《こうしょうごう》」（イギリス船籍）を撃沈している。開戦準備として清国が朝鮮に続々と兵員を送り込んでいることは、玄洋社系の偵察員によって逐次日本側に報告されていた。日清戦争の戦勝の要因は、国民皆兵によって参戦した正規兵の日本軍と、傭兵で成り立つ清国軍の軍制の違いが大きい。戦艦「定遠」、「鎮遠」もドイツやイギリスの士官によって運用されており、清国北洋艦隊来航の時、品川沖に停泊している戦艦「定遠」の砲身に清国兵が洗濯物を干しているのを見て、日本側はその規律の乱れを見てとったという。さらには、陸軍が使用する武器弾薬においても清国軍は欧米各国の様々な銃を用いることでの標準化が整わず、口径の合わない銃と弾薬で数量だけを賄っていたという。

それでも「眠れる獅子」といわれる清国を相手に戦うには用意周到な準備が必要とされ、黄海海戦における日本海軍参謀の島村速雄大尉は小艦の日本軍艦が巨艦の清国軍艦と戦う作戦を練りに練っている。それは後の日露戦争における日本海海戦にも用いられた速射砲による艦隊運動重視の単縦陣戦法だった。さらに、威海衛《いかいえい》の夜襲では水雷艇で軍港の奥に侵入し、魚雷攻撃によって停泊中の清国軍艦を攻撃するというものだった。

大東亜戦争中の『高等科国史』（復刻版）という教科書には「国威の宣揚」、「東亜の保全」として、明治以降の近隣外交、日清戦争について述べられている。この『高等科国史』はＧＨＱ（連合国軍総司令部）によって発禁処分となったが、穿《うが》った見方をすればＧＨＱに都合の悪い内容が記述されているということである。その『高等科国史』では、「日清戦争は東亜保全の聖戦」と記されている。身をもって朝鮮の危急を救い、ついで清国、韓国の保全に尽くした戦いであり、日清戦争は支那（中華民国）の東亜に対する無自覚から起きたと述べられており、朝鮮の政治改革、独立確保を目的とする戦争でもあった。更には、この日清戦争を契機として、二五〇年にわたって植民地支配を受けていた漢民族（現在の中国）が清国（満洲族政権）からの独立運動に弾みをつけたのも確かだった。中華民国を建国した孫文も日清戦争を革命闘争として評価している。

日清戦争は日本の勝利に終わったが、欧米列強によって植民地支配されたアジアの独立運動の始まりと見てよい。そのことは、続く日露戦争でのアジア、中近東、東ヨーロッパ、北欧の国々が日本の勝利を絶賛する事々に表れている。それほど、この日清戦争勝利の意味は大きかったのだ。

二、殉節三烈士について

そもそも、私がこの鐘崎三郎墓前祭に参列したのは、全くの偶然からだった。数年前のある夕刻、自宅に一本の電話が掛かってきた。事前に出版社から連絡は受けていたが、拙著の『東京の片隅からみた近代日本』の読者であるとのこと。東京都港区泉岳寺にある「殉節三烈士」の墓碑を参拝したことを記していたが、その三烈士の一人、鐘崎三郎の遺族を名乗られる。泉岳寺とは、あの赤穂浪士の墓所があり、年末には義士祭が華々しく行われることで有名な寺。この泉岳寺檀家墓地に「殉節三烈士」の墓碑があるが、その墓碑へ参拝したことへの御礼だった。

「殉節三烈士」とは、明治二十七年（一八九四）の日清戦争で戦死した軍属三人を指す。この軍属たちは、上海の日清貿易研究所で商業活動について学んでいた。日本と清との貿易を盛んにすることで、東アジアの安定を築くという理念のもと、建学されたのが日清貿易研究所だった。この日清貿易研究所は在野の志士たちが資金援助をしたが、陸軍も資金を出した。このことで日本の大陸侵略の諜報学校と見る向きも多い。実際、あの宮崎滔天も自著『三十三年の夢』でそのように見ていたと反省の意を述べている。日清貿易研究所は東亜同文書院として拡大発展し、有為な人材を輩出する学校へと変身した。いわば、「殉節三烈士」は東亜同文書院の源流になる。

日清貿易研究所の教員、学生たちは清語に長けており、日清戦争開戦と同時に通訳官、軍事探偵として徴用された。鐘崎三郎、藤崎秀、山崎羔三郎、大熊鵬、猪田正吉、向野堅一の六名は遼東半島の金州方面の敵状調査で情報を集めたが、そのうち、鐘崎三郎、藤崎秀、山崎羔三郎の三名は清国兵に捕まり処刑された。大熊鵬、猪田正吉は行方不明のままで、唯一、向野堅一だけが本来の使命である敵状報告をすることができた。日清開戦後、向野堅一の尽力で鐘崎三郎、藤崎秀、山崎羔三郎の遺骸が発見され、三人の墓が金州に建てられた。それが「殉節三烈士」という墓碑になり、それぞれの名前に「崎」の文字があることから「三崎」とも呼ばれた。

日清戦争は李鴻章全権との間で下関条約が取り交わされ、終結を見た。しかし、満洲への侵略を企図するロシアはフランス、ドイツとともに、遼東半島を清国に返還するよう、三国干渉という形で日本に圧力をかけた。そのため、金州の「殉節三烈士」の墓碑は根津一（東亜同文書院初代院長）によって東京の泉岳寺に移された。日清戦争終結後も「殉節三烈士」は国民的英雄として日本人に崇められた。

この「殉節三烈士」については、直方市にある向野堅一記念館で知ることができる。ここは文化庁登録有形文化財の指定を受けた旧讃井病院を「向野堅一記念館」として模様替えしたもの。向野堅一が日清戦争に従軍した際の従軍日記、鐘崎三郎、山崎羔三郎、藤崎秀、大熊鵬、猪田正吉など日清貿易研究所での従軍仲間の写真、経歴もある。

三、いわゆる長崎事件について

ここで、なぜ、鐘崎三郎が日清戦争に従軍したのかが大きな疑問だった。鐘崎はもともと正興山勝立寺（現在も福岡市中央区天神に残る）の修行僧だった。その最中の明治十九年（一八八六）八月、長崎で清国水兵が暴動を起こした。いわゆる「長崎事件」（清国水兵暴動事件とも）と呼ばれるが、不思議なことに、この事件は現在の日本の歴史教科書、通常の歴史年表からは抹消されている。当時十七歳の鐘崎三郎は、この「長崎事件」に強い義憤を覚えた。

ここで、鐘崎三郎が義憤を覚えた「長崎事件」だが、これは、明治十七年（一八八四）に起きた「長崎アヘン事件」のことを指している。明治十九年（一八八六）にも長崎で清国水兵による大規模な騒乱事件が起きており、後に、明治十七年を「長崎アヘン事件」、明治十九年を「長崎事件」として個別の呼び方をするようになった。このため鐘崎三郎の評伝などには単に「長崎事件」となっている。さほど、日本と清国との間には国家としての条約を締結してはいても、大小取り交ぜての事件が多発していた。今回、ここでは、明治十九年の「長崎事件」について詳述したい。

長崎事件は明治十九年（一八八六）八月に起きた。清国北洋艦隊水師提督の丁汝昌はロシアのウラジオストックから帰航の途中、「定遠」「鎮遠」「済遠」「威遠」という主力艦を率いて長崎に寄港した。

この北洋艦隊というのは、一朝になったものではなく、アヘン戦争以来の苦難の歴史の中から近代海軍の必要性を痛感して建造されるに至ったものであり、洋務運動の精華の一つとも言うべきものである。山東半島の威海衛を拠点として、一八七五年（光緒元・明治八）より整備が進められ、一九八五年（光緒十一・明治十八）には、旅順港を整備し、戦艦を配備した。おおよそ一八九〇年ごろまで急激に拡充を図っていく。長崎事件は、北洋艦隊の急成長を背景として起こった事件であった。

八月十三日の夜、上陸した清国水兵は市内の娼家で遊び、飲食泥酔のあげく店の者のみならず通行人にまで暴行を加えるという狼藉ぶりだった。さらに駆け付けた巡査にまで乱暴を働き、ようやくのことで取り押さえ清国領事館に引き渡した。当時の日本は清国と条約を締結してはいるものの、清国水兵を逮捕して裁判にかける権限は無かった。しかし、事はこれだけでは済まなかった。八月十五日の夜になって清国水兵が巡査に暴行を働き、四百余名が梅ヶ崎警察署、長崎警察署の二か所を襲撃した。大乱闘から市街戦になり、それは三時間近くも続いた。清国側死者四名、重傷六名、軽傷九名余を出し、日本の警察部隊も死者一名、重傷五名、軽傷十五名余を出した。かすり傷程度は数知れず。治外法権下とはいえ、あまりに理不尽な清国水兵の暴動に日本の世論は大いに沸いた。さらに、清国側との事件解決の談判は治外法権を楯に中止となり、解決の糸口も、謝罪もなく悠々と清国北洋艦隊は抜錨《ばつびょう》していった。長崎寄港自体が一種のデモンストレーションとしての要素を含む上に、一種の陶酔感の中で展開し、処理の仕方も稚拙に過ぎた。

この清国北洋艦隊の暴動事件に対する日本人の怒りは凄まじく、鐘崎三郎は、この長崎事件に誘発され、軍人を志望して寺を脱走したほどであった。このことは、一人鐘崎に限ったことでは無く、多くの若者達をして、日本の主権侵害に立ち向かわなければと行動に移させた。既に日清戦争はこの長崎事件から始まったと言っても過言ではないのである。

四、史像の再検討に向けて　遺物の重要性を踏まえて

福岡市博多区の東公園には巨大な亀山上皇像、日蓮上人像が立っている。これは博多の地が二度にわたる元寇の襲来の地であることを祈念する像だが、その発端も長崎事件にある。事件鎮圧の部隊を率いた福岡警察署長の湯地丈雄が発案した。元寇に侵略された博多の地に像を建立することで日本人に覚醒を求め、二度と長崎事件のような主権侵害を起こしてはならないという戒めである。鐘崎三郎の苦闘も、こうした遺跡とあわせて考えると極めて自然な営為に思われるのである。

今、日本の歴史書、年表には主権侵害事件である長崎事件は記述されていない。それどころか、学校教育の場においては歴史教科書に、日清戦争、日露戦争は「侵略」戦争と明記されている。戦後日本の近代

認識においては、占領軍、ＧＨＱの見方が大きく影を落としている。大東亜戦争の敗北から七十五年、連合国軍に都合の良い史実のみを記載した教科書でよいとは思われない。筆者は、日常何気なく眺めている墓碑、石碑、建立像の意味を再確認することで、意図的に抹消された史実があることを知るべきだと考えている。鐘崎三郎墓前祭に参列し、そのことを改めて感じた次第である。

尚、当日の墓前祭には、日清貿易研究所設立に際して資金を提供した杉山茂丸の曽孫・杉山満丸氏、向野堅一の曽孫・向野康江氏も参列された。その後、基本的に毎年参列し、その後様々な意見交換を行ってきた。こうして鐘崎三郎顕彰の活動は点から面へと拡がり、忘れかけようとしていた歴史に光を当てることに繫がった。本書刊行によって、歴史の見直しはさらに新たな一歩を踏み出そうとしているということになろう。

第二章　烈士鐘崎三郎をめぐって

鐘崎三郎顕彰会編集委員　向野正弘

納戸鹿之助編著『烈士 鐘崎三郎』は、史料を網羅した労作ではあるが、今日的に見ると、わかりづらい点、十分とは言いがたい点がある。まず、今から八十年以上前に刊行された書で、実在の鐘崎三郎を見知っている方や日清戦争の経験者も多く存命であった時代の書であり、細かな解説を必要としない前提で記されている点を指摘できる。ついで納戸氏は、青木村を拠点に活動されており、東京等国内の調査をされてはいるが、大陸に渡られた形跡がない。したがって、大陸での鐘崎の動向や顕彰について、物足りなさを感じる。三点目は、戦後長らく等閑《とうかん》に附されていた諸事象に歴史研究の方面から注目されるようになった点を指摘できる。上海の日清貿易研究所や福岡県の結社である玄洋社の研究は、今日注目されている研究分野である。ここでは、以上のような課題に応えるために、鐘崎三郎を中心とする以下の諸事象について検討を加えることとしたい。

《一、運命に抗《あらが》う近代精神と見守《みまも》る人々の物語》は、本書の核をなす納戸鹿之助編著『烈士 鐘崎三郎』の意義を考える。鐘崎三郎の生き様を現代的な視点から問い直し、彼を見守った人々やその後の顕彰活動に取り組んだ人々の思いを汲み上げようとする。

《二、日清貿易研究所研究より見た鐘崎三郎》は、鐘崎三郎の大陸への飛躍の基盤をなす日清貿易研究所を研究する視点から、彼の特殊性と卓越した人材であることを解明する。

《三、鐘崎三郎の中国旅行》は、『烈士 鐘崎三郎』未収の『殉国偉蹟 戦事大探偵』掲載書簡から、鐘崎三郎の中国旅行の概要を検討し、その意義を明らかにする。

《四、「三崎」葬儀の概要と当時の三崎山》は、向野《こうの》堅一『日清戦争従軍日記』の関連記事を中心に、遼東半島金州城郊外の三崎山で挙行された鐘崎三郎を含む「三崎」の葬儀を概観し、数奇な運命をたどる「三崎碑」の原像を確認する。

《五、「六通訳官」の交友と顕彰・慰霊》は、「六通訳官」中唯一生還した向野堅一の視点から、鐘崎三郎を含む「三崎」ならびに未発見に終わる大熊鵬《ほう》・猪田《いのだ》正吉の交友のあり方、そして顕彰活動の一翼を担った日清貿易研究所関係者・通訳官達の結びつきを考える。

一、運命に抗う近代精神と見守る人々の物語　納戸鹿之助編著『烈士 鐘崎三郎』の意義

青木天満宮では、毎年五月三日に墓前祭が挙行され、併せて少年剣道大会が開催されている。「継続は力なり」。鐘崎三郎は、地域の教育の中に溶け込み、宮崎来城氏の銘に記されるように、心安らぐ故郷で穏やかな時間《とき》を楽しんでいるよう思われる。また鐘崎三郎の慰霊顕彰事業は、戦前から戦後へと引き継がれ、風浪宮《ふうろうぐう》（大川公園）には今日も立派な銅像が維持されている。

納戸鹿之助氏の企図

本書の核をなす納戸鹿之助『烈士 鐘崎三郎』（納戸鹿之助発行、昭和十二年〔一九三七〕）は、鐘崎三郎の記録であるとともに、納戸氏自身、一連の慰霊顕彰活動に関わり、併せて関連する情報を整理し、後世に伝えようとした書としてよいであろう。納戸氏は、青木村において教育界に重きをなした方とのことで、鐘崎三郎の生き方を郷土の教育に生かそうとされた方と見受ける。剣道大会に参加する少年少女達の様子を拝見すると、納戸氏の企図はうまく今に伝わっているように感じる。

さらに原形をなす『烈士の面影《おもかげ》』（高島英発行、大正十三年〔一九二四〕）は、没後三十年近く、営々と記録を整理した成果を基に成った書である。『烈士 鐘崎三郎』は、その後の記録を加え、再度整理した書である。同書は、鐘崎三郎の人物像に迫ろうとするとともに、極めて多彩な方々が鐘崎三郎を見守り、そしてその後に慰霊顕彰活動に関わっていることを記録し、伝えようとした書ということができる。以下、鐘崎三郎の紹介も兼ね、その意義を略述したい。

壮大な葬儀

明治二十八年（一八九五）二月九日、福岡県三潴郡青木村において、田圃《たんぼ》を覆い尽くさんばかりの壮大な葬儀が営まれた。会葬者一万余名、来観者三万余名。この弱冠二十六歳で没した一青年の葬儀は、当時の三又村・青木村の人々の関心を呼んだだけではなく、福岡県は元より日本全国、さらにいえば大陸の人々までもが関心を寄せた一大盛挙であった。

鐘崎三郎、明治二年一月二日（一八六九年二月十二日）生まれ。青木天満宮の社僧の家に生まれる。父は文墨に長じた才人であったが、明治維新後の廃仏毀釈の潮流の中で、不遇の最後を遂げ、残された家族は生活の糧を失う。その後の三郎の苦闘については本書をご覧頂きたい。

鐘崎三郎の苦闘の意味

三郎は苦闘を続ける。困難な状況にあったけれども、周囲の人々は三郎に対して十分な生活基盤と将来とを保障した。そのままいけば、普通には満ち足りた人生が約束されていた。しかし三郎は、自身の運命に抗《あらが》うようにして、より高みを目指し、学び、行動する。明治維新・御一新の世相を生きる青年に宿った近代精神は、何事にも挫《くじ》けることなく理想を追い求める。挫折、挫折、挫折。三郎青年を待ち構えていたものは、常人には越えることの出来ない苦難の連続であった。一つ挫折しては立ち直り、そして新たな道を切り開く。明治の近代精神が一人の青年の内に凝縮していた。

荒尾精との出会いと渡清

三郎は挫折を繰り返しつつ、一人の人物に引き寄せられていく。荒尾精《せい》（一八五九〜九六）である。荒尾は、アジア主義の基本を構想し、上海に日清貿易研究所を設立する。この研究所は、全国から有為の人材を集めた、日本の教育史上、或いは日中交流史上において注視すべき教育機関である。しかし研究所の運営は思うようにはいかなかった。玄洋社をはじめとする諸方面からの物心両面にわたる支援をもってしても、順調とは言い難かった。三郎は、そうした困難な状況に身を投じた。三郎のこれまでの苦闘は、ここで開花する。このことも本書をご覧頂きたいが、三郎は通常の学生と異なり、一歩進んだ人物であった。

日清戦争における栄光と最期

日清戦争勃発。三郎は九死に一生を得て生還した。もたらした情報は高く評価され、その冒険的行為と共に、天皇の知るところとなり、天皇の親謁《しんえつ》を賜ることとなる。情報の重要性を理解した陸軍は、遼東半島攻略に向けて、日清貿易研究所の関係者を通訳官として採用し、特殊任務を与えて軍事探偵に派遣する。しかし三郎を含む三名は、清側に捕縛《ほばく》され、明治二十七年（一八九四）十月三十日、遼東半島金州城郊外において刑死することとなる。

三崎山ならびに郷里における埋葬

関係者の必死の探索によって、この壮絶な最期の様子が明らかとなる。遼東半島にいる関係者は、金州郊外三崎山に、所謂「三崎碑」を建てることとする。荒尾精を助けて日清貿易研究所を運営した根津一《ねづはじめ》は、この碑に「捨生取義」（生を捨て義を取る）と記す。これは別の言い方をすれば「殺身成仁」（身を殺して仁を成す）ということであり、儒者の一つの理想とする生き方を貫いたものとして称賛するのである。三郎を含む「三崎」の訃報は、日本各地に伝えられる。その感慨は、波のように様々な人々に広まっていく。こうした一つの局面が、先に掲げた青木村における三郎の葬儀であった。

鐘崎三郎顕彰活動の展開

この葬儀は、鐘崎三郎の生に対する一つの区切りであった。しかし一面では、鐘崎三郎に対する慰霊顕彰活動のきっかけとなった。『烈士 鐘崎三郎』において納戸氏は、様々な記録を可能な限り生かす形で採録した。このことが同書の価値を高からしめる。二十五回忌追悼法会や贈位奉告祭、銅像移転奉告祭の記録の他、碑文や詩歌、諸氏の所信なども丹念に採録された。加えて、鐘崎三郎について考える際に重要な、三烈士・七烈士の略伝、影響の大きかった荒尾精、そして郷土において支援した中村綱次の伝を掲げられた。

おわりに

時代は再び鐘崎三郎に光を当てようとしている。現在、敗戦後の禁忌が次第に薄らぎ、歴史に対する様々な見直しが行われようとしている。三郎の苦難が花開いた上海の日清貿易研究所の研究は活況を呈している。また福岡の人士《じんし》の動向を理解する上で不可欠な玄洋社《げんようしゃ》についても関心が高まっている。さらに日清戦争も再評価の潮流にある。こうした潮流と関わりつつ、鐘崎三郎は議論の俎上に載らざるを得ない。議論が深まれば深まるほど、鐘崎三郎の真価が発揮され、鐘崎三郎の慰霊顕彰活動も次代へと引き継がれていくことになるであろう。

二、日清貿易研究所研究より見た鐘崎三郎

予備知識なく本書をいきなりお読みになる方には、わかりづらい点があると思う。たとえば何故辮髪《べんぱつ》を結っているのか。上海《シャンハイ》にあった日清貿易研究所とは何か。研究所を設立した荒尾精《あらおせい》を「巨人」というがそれほどの人物なのか。若干の解説を兼ねて、考えの一端を述べることとする。

荒尾精の亜細亜貿易協会・亜細亜貿易研究所構想

頭山満《とうやまみつる》は荒尾精を将来の総理大臣候補と絶賛し、その早世を悼《いた》む。荒尾は、欧米の進出に備えるには、日清が互いに貿易を盛んに行なうことによって経済力をつけ（貿易富国）、日清が連携して列強に対抗すべきである（協同防禦）との考えを持っていた。荒尾は、アジアの広域を視野に入れていた亜細亜貿易協会・亜細亜貿易研究所を構想して、その第一歩として日清貿易商会・日清貿易研究所の実現を目指した。

この構想は日清貿易商会・日清貿易研究所の延長線上にあるもので、日本人だけでなく、中国、朝鮮、ベトナム、タイ、ビルマ（現ミャンマー）、インド等の青年を「研究生」として受け入れ、各港の輸出入の「取調」を行い、さらには各地の物産の「研究」等を行うとする。その上で、支店を設置し、日本人一名とその国の研究生とで経営していこうというものである。日清貿易研究所は、こうした大きな構想の中の手始めとして構想されたものといえよう。

日清戦争「六通訳官」について

鐘崎三郎は日清戦争に際し、遼東半島において軍事探偵として諜報活動に従事した「六通訳官」の一人で、清朝側に逮捕・処刑された。六名の内、生還したのは向野《こうの》堅一、唯一名のみ。鐘崎三郎、山崎羔三郎《こうざぶろう》、藤崎秀《ひいづ》の三名は、必死の探索の結果、遺体を回収し、経緯も明らかとなり、遺骨を郷里と三崎山《さんさきやま》とに葬ることができた。しかし残りの二名、大熊鵬《ほう》・猪田《いのだ》正吉の行方は不明のままとなる。

この六名の通訳官は、日清貿易商会・日清貿易研究所の関係者であるが、関わり方が微妙に異なる。山崎羔三郎を学生とすることはできない。漢口楽善堂《かんこうらくぜんどう》の関係者で、日清貿易研究所の立ち上げに際して庶務等に尽力したようである。敢えて言えば、漢口楽善堂や玄洋社《げんようしゃ》と日清貿易研究所とを橋渡しした人物、ということができよう。

また鐘崎三郎は、学生ではあるが、他の学生とは異なる。在学期間は半年。その後、実際に商店経営に従事し、研究所の資金繰り、日本との貿易の促進などにも関わる。なぜ鐘崎三郎だけが、そのようになるのかは、本書に描かれた彼の歩みを読むと理解できるが、他の研究生よりも一歩進んだ一つのモデルケースともいえる人物である。

他の四名は、研究所の正規の課程を修了して、その後、上海の商品陳列所で実習を重ね、清国における貿易の展開を企図した人々と考えられる。その志向は、唯一生還した向野堅一のその後の足跡から類推することができよう。

辮髪の意味

日清貿易研究所の卒業写真を見ると、辮髪を結えるように貯髪《ちょはつ》している人物は、帽子を被っているようである。ただその数は決して多くはない。普通の髪型の学生の中に、貯髪している学生がいるということである。

前述の荒尾精の構想は、中国を含むアジアの各港に支店を設け、ネットワーク的に網羅して、現地の人物を巻き込んで経営しようとするものであった。したがってこの構想では、必ずしも辮髪する必要は無い。しかし当時の清国の実情は、そうではなかった。そのことは、漢口楽善堂の実践から明らかである。辮髪は、中国において一種のパスポートのような役割を果たす。一例を示しておこう。

一人の人物が研究所を頼ってやってきた。わずか半月あまり勉強して、数カ月後、モンゴルへと向かう。さすがに無謀だと皆で止めるが、中国服と「弁髪の貼《は》り付けてある帽子」を買って出かけてしまう。これが日中教育交流史上著名な中島裁之《まさゆき》の第一歩である。安宿で寝ていたら、例の帽子が取れて、犯罪者と勘違いされてたたき出されたというエピソードが伝えられている。

通常の学生にとって、日清貿易商会構想のどこに自分を位置付けることができるのかは大きな課題であったろう。辮髪のために貯髪した学生は、最前線に立つことを目指した者である。その手本は、山崎・鐘崎ということになる。学力だけではない。胆力・健康面なども勘案して考えれば、辮髪の人物はごく限られた事情が見えてくるであろう。

鐘崎三郎の中国旅行

納戸鹿之助著『烈士 鐘崎三郎』は、丹念に書翰などを採録して、稀に見る労作と見る。ただ中国における動向については、物足りなく感じる点がある。鐘崎三郎には詳細な旅行記執筆の企図もあったようであるが、日清戦争のために果たされず、長田偶得『殉国偉蹟 戦事大探偵』（春陽堂、一八九五年）掲載の書簡から概要を知ることができる。

鐘崎の中国行は、大胆な構想と冒険心に富んだ旅行であり、日本人の中国旅行史に特記されるべき意義を有すと見る。結果として、そのルート上には日清戦争後半の山東半島の要地等をも含み、その情報は軍事上も大きな意義を有すこととなる。

ここで注目するのは、文中「（略）而して敢て壮を装《よそお》ひ、険を冒す、旧書生の旧態を学びたるに非ず」としている箇所で、これに先立つ先人の旅行に対して、（貯髪はしているが）日本人であることを秘しての旅行ではないという点である。日本人であることを秘さない先駆的な旅行ということになろう。この旅行は、かなりの資金と日本の関係諸機関の支援を受けた高次の経済活動を視野に置いてのものと見られる。筆者は、鐘崎を中国において日本人として対等に貿易する形を志向した先駆者と見てよいと考えている。

おわりに

鐘崎三郎の苦闘は、日清貿易研究所において花開いた。会話、健康面、商業実務においても、そして先見の明、他者より一歩先んじていた。小波乱を起こしながらも、商店経営、旅行、すべて順調であった。日清戦争に突入し、九死に一生を得て持ち帰った情報は、極めて有効なものとなる。こうして天皇から特別の拝謁を賜る恩典を与えられるに至った。しかし荒尾精の構想は、日清の平和を前提とした構想であり、鐘崎も貿易活動の最前線で一層の活躍が期待された人物であることは銘記すべきであろう。

日清貿易研究所の失った人材は、「六通訳官」中の五名に留まらず、楠内友次郎・福原林平を亡くしている。当初の構想において、現地の最前線を担うはずの人材を一挙に失った痛手は少なくなかったであろう。さらに、荒尾精自身が台湾で没することとなり、壮大な亜細亜貿易協会・亜細亜貿易研究所構想は霧散し、卒業生達はそれぞれの道に向かっていくこととなる。こうして日清・日中間の新たな経済交流のあり方が模索されることとなるのである。

三、鐘崎三郎の中国旅行　『殉国偉蹟 戦事大探偵』掲載書簡の紹介と考察

納戸鹿之助著『烈士 鐘崎三郎』は、丹念に書翰等を採録して、稀に見る労作である。ただここに紹介する史料を掲載していないのは、物足りなく感じる点である。鐘崎三郎には、詳細な旅行記執筆の企図もあったようであるが、日清戦争のために果たされず、『殉国偉蹟 戦事大探偵』（明治二十八年六月発行）掲載の以下の書簡中に、旅行の概要を伝えている。

明治廿六《にじゅうろく》年六月、君偶《たま》ま帰朝し、郷里に滞在すること三ヶ月。其間京阪の地に游び、南京地方より携ふる所の繻子《しゅす》等の試売を為し、且《かつ》大阪商業会議所、堺商業会議所等に於て、支那輸出入の商品の説明をなし、非常に同地商人の為めに優待せらる。

清国漫遊は君が素志なり。本年三月四日、其途《そのと》に就《つ》く。六月廿九日、書を一友に寄《よ》して曰《いわ》く。

拝啓　時下酷暑の候、御一統様、益《ますます》御清福の段奉賀《がしたてまつり》候。降《くだっ》て小生、無事消光罷在《まかりあり》候間、乍他事《たじながら》御放心被下度候《くだされたくそうろう》。其後は打絶《うちたえ》て、御無沙汰申上奉謝《もうしあげしやしたてまつり》候。実は上海《シャンハイ》出張の際、御一報申上《もうしあげ》候如く、去三月四日、帝国軍艦赤城へ乗組み上海発、楊子江を溯《さかのぼ》り、漢口《かんこう》に至り、所々を巡視し、帰路鎮江《ちんこう》より上陸。是より陸路旅行の途に就き候。是れ三月廿一日なり。夫より揚州《ようしゅう》・淮安《わいあん》を経て、山東省淅〔ママ〕［沂《き》］州に入り、莒《キヨ》州・諸城県を過ぎ、膠州《こうしゅう》に出で、同湾を一周し青島《チンタオ》に至り、新軍港築造の模様を一

覧し、次に即墨《そくぼく》より萊陽《らいよう》を経て、四月十六日、無事芝罘《チーフー》に到着致し、此間日を費すこと（陸行のみ）、総て三十五日、行程凡《すべ》て二千五百清里（清一里凡我六町）、領事其他の懇切なる取扱を受け、着の即日、領事より山東成山角《せいざんかく》東南に於て、日本漁船日本丸坐礁遭難の始末を聞き、且つ語《ことば》に通ぜず。事情に暗く、遭難者一同非常に困難の状を聞き、同憐《どうれん》の情、勃発して禁ずる能はず。領事に商《はか》り、終《つい》に翌日直《ただち》に之が救護に赴く。此行程三百里、二日半にして達す。遭難地は、山東栄城《〔ママ〕》〔成〕の所管にして、倭島《わじま》村（即ち日本村。古昔倭寇《わこう》の大に沿岸を荒したる際、根拠の地とせし処なり。頗る僻陬《へきすう》）と称す。此に一週間余滞在して万事を周旋《しゅうせん》し、帰途成山角を一周し、威海衛《いかいえい》の軍港を視察し、五月八日、芝罘《チーフー》着。領事に客宴して、少しく労を慰《い》す。蓋し生《（わたし）》の当地に来るは、昨年も御話申上《もうしあげ》候如く、同地及び牛荘《ニューチャン》に往来して、豆粕《まめかす》の調査を為すの考に有之《これあり》。陸路旅行は、其第一着手として、地方の事情探究にあり。而して敢て壮を装《よそお》ひ、険《けん》を冒《おか》す、旧書生の旧態を学びたるに非ず。芝罘には領事の周旋《しゅうせん》に預り、機会を見て牛荘《ニューチャン》に入る筈の処、此際、恰《あたか》も芝罘に渤海《ぼっかい》湾沿岸端艇《たんてい》旅行の企てをなす人あり。姓は堤、名は虎吉と云ふ（実名は云はず）。其〔の〕計画は、頗《すこぶ》る壮大。先《ま》づ天津より発し、陸に沿ひ牛荘《ニューチャン》に出で、更に鴨緑江に入るの予定に有之《これあり》候。領事始め、余に同行しては如何《いかん》と勧《すす》めも有之《これあり》。終に之に加はる事に決し、同月廿七日、芝罘発天津に至り、万事《ばんじ》準備を整へ、六月三日、太沽《タークー》口を出帆、遠征の途に上り候。端艇《たんてい》は芝罘製にして、長二十呎〔フィート：約六メートル〕、幅八呎〔フィート：約二・四メートル〕位の支那形小船にして、乗組は堤氏と余と二人。外に支那人ボーイ一人、船頭二人、総て五人に御座候。航海中種々の困難辛苦を嘗《な》め、本月廿三日、新濼河《しんれんか》口に入り申《もうし》候。同河は有名なる大激流にして、通常の者は小船と雖《いえど》も至る能《あた》はざる所に御座《ござ》候。首尾よく同河を探検し、流を下る際、嗚呼《ああ》、船は激流と他の障害との為めに覆没《ふくぼつ》しぬ。余等は船躰《せんたい》と共に渦巻く浪に押流され、漸《よう》やくにして遙《はるか》の岸辺に漂着し、幸にして大小の錨《いかり》を放ち、船の漂流を止め、一同船躰に上るを得たり。此遭灘の為めに、茲《ここ》に更に一日を費し、諸事を荒増整《あらましととの》へ、航海に差支《さしつかえ》なきを以て、不取敢《とりあえず》蒲河口に至り、諸準備を為すに決し、翌日、豪胆にも直《ただち》に出航して、蒲河口に向ひ候《ほか》。蓋《けだ》し覆没の際は、乗組一同、水練に熟し居るを以て、人命船体に異状なかりしは不幸中の幸なりし。同廿六日、蒲河口にて堤氏と余と上陸し、天津に還り、器械・糧食の流失、或は破損せるを修理新調する為め、陸路昌禦〔ママ〕［黎］県に至り、同所より汽車にて、天津に帰着致《いたし》候処、不測にも、留守中朝鮮事件の起りしを知り、当地は、其中心なるを以て、之が視察に忙《いそが》はしく、端艇《たんてい》行は遺憾ながらも一時中止する事と相成申《あいなりもうし》候。此間の奇聞《きぶん》異録《いろく》は、他日閑《かん》を得て日記に編録《へんろく》し、御一覧に供すべく候。

扨《さ》て、朝鮮事件に就ては、東学党の鎮圧は名のみ。早晩日清勢力の衝突は免《まぬが》る可《べか》らざる事にて、其根拠は、即ち天津に御座《ござ》候へ者《ば》、当地の探偵、周到なると否《いな》とは、大に我国の軍隊運動の機鈍《きどん》に関係するを以て、当地に在る其の筋の人及び志士の苦心は不一方《ひとかたならず》候。然《しか》し朝鮮の出師《すいし》に就《つ》き、日本の運動機敏にして、李鴻章をして一驚を喫せしめたるは、偏《ひとえ》に天津にあるもの、運動機敏にして、早くも李《り》鴻章《こうしょう》の計画を探知し得たるに由《よ》らずんばあらず。余の如き、不敏《ふびん》と雖《いえど》も、平生の万分を致す。正《まさ》に此時に在るを以て、当分牛荘行は思ひ止《とど》まり、大《おお》いに一方に運動致す積《つも》りに御座《ござ》候。

当地にては、目下出師《すいし》の準備に汲々《きゅうきゅう》たる折柄《おりがら》に候へば、今後、小生等は如何《いか》なる運動をなす乎《や》。予《あらかじ》め申述べ難く候へ共、全体の状況は、恰《あたか》も敵地に在ると同様、小生等に対する探偵頗る厳重なり。其間を潜抜《くぐりぬ》け、日夜種々の扮装《ふんそう》をなし、東西に奔走して、敵情探察《たんさつ》に忙しく候。事情斯《これ》の如く候へば、今後事件の切迫と共に、生等《せいら》の事は益々多く、随《したがい》て危険も相加はり候へば、此事件平定《へいてい》迄は寧処《ねいしょ》するの暇無之《いとまこれなく》、若《も》しも万一の事有之《これあり》候際《さい》は、夫迄《それまで》と御諦《あきら》め、有之度《これありたく》候。蓋し生等の国恩の万一を致すは、正に此秋《とき》にあり。微々たる一個の生命利益何《なに》かあらん。数年来異装を為し、清語を学び事情を探索せしは、斯《かか》る場合の御用に相立候事もかなと期してこそ候へ。豈他望あらんや。

本日も二時より軍情偵察として敵の屯営附近に出懸《でかけ》申《もうし》候。匆々《そうそう》の際万事略す。

皆々様にもよろしく。下《しも》の木屋にも幾重にも宜敷《よろしく》。又上青木《かみあおき》の方（君故郷の親戚）へも同様。御無沙汰に打過《うちす》ぎ居《おり》候間、御序《おついで》の折《おり》、小生が無事旅行を仕遂《しとげ》たることをのみ、御伝言《おつたへ》被下度《くだされたく》、而して危険を冒《おか》す事は、秘せよ。蓋し女心（君が姉君を指す）、物驚き易《やす》からんを気遣《きづかう》のみ。

天津紫竹林松昌洋行内

三　郎

［明治二十七年］六月廿九日

旅行の概要

鐘崎三郎は上海の日清貿易研究所で学んだ後、荒尾精の斡旋《あっせん》で、蕪湖《ぶこ》で商店を経営している。蕪湖は元々湖の名であるが、この場合は長江上の安徽省の都市名で、一八七六年（明治九）、清英間の芝罘《チーフー》条約により開港地となり、米市場・茶市場など盛況であった。その後鐘崎は日本において商業の講演をして注目され、上海に戻り、一層の商機を求めて旅行する。明治二十六年三月四日に帝国軍艦赤城乗船。漢口まで長江を溯る。漢口は、湖北省、長江中流、漢江との合流点に位置する中核都市で、武昌・漢陽といわゆる武漢三鎮を形成する。この地は、東西交通路と南北の交通路の合流する物流の中心で、先立って楽善堂が置かれて、日本人にも馴染みのある都市である。帰路は鎮江で下船。三月二十一日、鎮江は長江南岸、江蘇省の中核都市で、蘇州に近く、ここから陸路で大運河の拠点都市、江蘇省の揚州に至り、ここから北上して、長江・黄河間の大沃野の中心地域、水運の発達した淮安《わいあん》を経て、山東省沂州《きしゅう》へと入り、さらに膠州《こうしゅう》へと抜ける。ここで膠州湾を一周し、青島《チンタオ》の新軍港築造の模様を一覧した。こうして四月十六日に芝罘に到着した。芝罘は山東省東端の開港場で、別名を煙台《えんたい》という。渤海《ぼっかい》湾を隔てて遼東半島と相対す要地で、領事館が置かれている。鐘崎はここまでの旅行を、ひとまず「陸行のみ」で「総て三十五日、行程凡《すべ》て二千五百清里（清一里凡我六町）」と整理している。赤木乗船の三月四日から数えると四十四日。鎮江出発の三月二十一日から数えると二十七日、「陸行のみ」というので、乗船や街中で過ごした日数を減じた日数と解しておく。また「二千五百清里（清一里凡我六町）」というのは、通常清代の一里を約五七六メートル、対して一町を一〇九メートルとするので、やや誤差があるが、この「二千五百清里」というのも概数であり、ここでは一清里六〇〇メートルとして換算すると、一五〇〇キロメートルということになる。これは、新幹線で言うと東京から鹿児島の手前ぐらいまで、直線では福岡から札幌の先ぐらいに当たる。これを三十五日で除すと、一日当たり四二・九キロメートルということになる。

さて芝罘では、思わぬ事件に遭遇する。日本漁船日本丸の坐礁遭難という事件である。残念ながらこの事件の詳細はわからない。鐘崎三郎は救護に向かうこととなる。「此行程三百里、二日半にして達す」というので、先の換算に従えば、一八〇キロメートルを二日半、つまり、一日七二キロメートルで駆けつけたことになろう。なお「倭島村」のことなど興味深いが、不明である。帰途「威海衛《いかいえい》の軍港」を視察。威海衛は、山東半島東北端、要害の地にある海港で、北洋艦隊の根拠地である。このように、結果として、鐘崎の得た山東半島の情報は、軍事情報として高い価値を有することになる。ただ、威海衛をはじめから見ようとしたもののようには見えない。この遭難事件に関わったついでのことと見るべきであろう。そもそも鐘崎が芝罘に来たのは、「同地及び牛荘《ニューチャン》に往来して、豆粕《まめかす》の調査を為す」ためであると明言している。牛荘は、渤海湾を渡った遼寧《りょうねい》省の中心の港市であり、海を渡って遼東《りょうとう》半島を経由して牛荘に至る目論見《もくろみ》であったと思われる。大豆は満洲の一大産業で、油房（主に大豆油及び油粕など大豆加工を行う工場。清様式の家内工業の延長）の繁栄を見る。なお日清戦争は、満洲の大豆産業を変える転機となった。大豆から油を搾り取った残り粕を蒸気機関を利用し、中国東北部から日本に輸入されるようになった。当時の日本では、稲作の肥料として魚粕（ニシン粕）から豆粕への転換が図られている。魚粕は脂分が多く、昆虫が群がるなど欠点があり、対して豆粕は、先の欠点を克服し、さらに窒素・リン酸・カリを豊富に含むという利点を持っている。鐘崎三郎は先見の明を有していたことになろう。

ここで一人の人物が現れる。堤虎吉という偽名の人物で、本名は伏されている。彼の計画は、渤海湾沿岸を端艇《たんてい》（手漕ぎボートに類した小型船）にて旅行するというもので、天津《テンシン》から陸づたいに牛荘に行き、更に鴨緑江に入る、というものである。当初の計画通り牛荘に行くことはできる。しかし芝罘からだと、かなり遠回りとなる。結局、領事らの勧めもあって行動を共にすることとする。

ここに見える堤虎吉という人物は、滝川具和といい、当時天津領事館付武官で海軍大尉であり、後に少将にまで栄進する人物である。滝川は鐘崎に本名を語らず、偽名で押し通した。したがって、鐘崎がどこまで知っていたかは不明であるが、日清戦争に向けての情報収集が慌ただしく進められていた。五月二十七日、芝罘発。天津に至り、準備を整えて、六月三日太沽《ターク》口を出帆する。天津は、河北省（当時の直隷省）東北部の大都市で、渤海湾に面し北京の外港としての機能を果たしている。同月二十三日、新灤河《しんれんか》口（不明）というところで転覆。大過は免れて、蒲河《ほか》口（「蒲河営」のことか。河北省昌黎県の東南。蒲河の海に入る口）まで行き、天津に汽車で帰り出直すこととなった。天津に着いてみると、朝鮮の東学党鎮圧の動向が伝えられており、日清の激突を予測。奉天の動向を探偵することとし、端艇旅行計画は放棄されることとなる。

旅行の意義

日清貿易研究所関係者の中国旅行は、後の東亜同文書院生の中国旅行の先河をなすものである。そのなかでも、鐘崎三郎の中国旅行は、大胆な構想と冒険心に富んだ旅行であり、日本人の中国旅行史に特記されるべき意義を有すと見る。

注目すべきは、文中「（略）而して敢て壮を装ひ、険を冒す、旧書生の旧態を学びたるに非ず」としている箇所で、これに先立つ旅行は、漢人に偽装してのものであったのに対して、（辮髪ではあるが）日本人であることを秘しての旅行ではないという点である。日本人であることを秘さない先駆的な旅行ということになろう。さらにいうと、かなりの資金と日本の関係諸機関の支援を受けた高次の経済活動を視野に置いての旅行と見られる点である。結果として、そのルート上には、日清戦争後半の舞台となる山東半島の要地等をも含み、鐘崎のもたらした情報の意義は、軍事上も大きな意義を有することとなる。

おわりに――推測を交えて

日本側は、山東半島に関する鐘崎の情報の価値を十分認識していただろうか。日本側は後に山東半島の情報不足に悩まされたようであり、鐘崎を遼東半島に投入し、失ったことは悔やまれたことであろう。鐘崎自身も芝罘までの旅は、商業・貿易のための調査であり、渤海湾を越えて牛荘へと渡るはずであった。しかしその後、別の方向へと導かれていく。突然、堤虎吉と名乗る偽名の人物が登場する。領事の後押しのある端艇での調査というのは、諜報活動の一端であろうか。推測の域を出ないが、戦争の影が忍び寄ってきているように感じられる。天津において、鐘崎は自身の行動に迷いを感じさせない。

ここで留意すべきは、これまでの数年間の活動を回顧して「斯る場合の御用に相立候事もかなと期してこそ候へ」と述べている点で、「かな」は、疑問をこめた詠嘆を表す。「かなあ」ともなる語である。商業の道に邁進しつつ、こういう事態も想定していたということである。

日本側の日清戦争の基本戦略の一つに、直隷《ちょくれい》決戦の方針がある。鐘崎のもたらした天津の情報は、直隷決戦に確信を持たせるものであり、天皇の親謁へと導いた主要なものと推察するのである。

もちろん鐘崎は、直隷決戦をめぐって、大本営・諸将軍・政治家・外交官たちが様々な機略をめぐらすことなど知る由もない。一人の青年は、国家の行く末を左右する重い責務を背負っていたのである。

四、「三崎」葬儀の概要と当時の三崎山　向野堅一『従軍日記』の関連記事の紹介を中心に

花園口で分かれた「六通訳官」の内、一名だけ帰還した人物がいる。向野堅一である。『山洲根津先生伝』において「知人等王某を伴ひて（略）凍結せる地を割《わ》りて身首所を異にせる悲惨なる三氏の死屍《しし》を発見せ

るなり」と述べている「知人」とは向野堅一のことである。したがって最も詳しく「三烈士」の顚末を記しているのは、向野堅一『従軍日記』ということになる。

ここでは、『従軍日記』より、三崎葬儀記事と参拝記事とを紹介し、併せて「三崎山の真景」（「福岡日日新聞」掲載記事）を紹介して、大陸における「三崎」慰霊・顕彰の様子を検討しよう。

向野堅一『従軍日記』中の三崎葬儀記事

記事は以下のようである。

［明治二十八年］二月九日　金州滞在　午後零時半、金州兵站部ニ行キ、三氏葬儀ノ手続ヲナス。一時半、出棺。僧六名、各隊有志者会葬セラル。特ニ三氏ニハ、師団司令部ヨリ忠死ノ二字ヲ賜ハル。柩《ひつぎ》ノ順序ハ年ヲ以テ定メ、山崎氏ヲ第一トシ、次ニ鐘崎トナシ、次ニ藤崎トス。柩毎ニ、「故《もと》ノ陸軍通訳官某ノ柩」ト書シタル旗ヲ立テ、基票ヲ柩ノ後ニ従ヘタリ。会葬者ハ、第一師団長山地元治閣下ヲ始メ、参謀長伊瀬地好成氏、亀岡管理部長、新山少佐、岡市之助大尉、野口坤之大尉、和崎大尉、各隊ノ兵隊、憲兵、軍吏、新聞記者、判任相当官等ノ諸氏ニシテ、通訳官ハ、御幡、角田、別府、沢本、井上、中川、桑原等ニシテ、念経ノ後、弔詞《ちょうじ》ヲ読マル。其文下ニ在リ。

此ノ弔詞ヲ朗読セラルルヤ、会葬者一人トシテ涙ヲ落サザルモノナシ。余ハ尤《もっと》モ其ノ現状ヲ知リ居タレバ、愁涙潜々《ひそひそ》トシテ已《や》マザリシ。嗚呼《ああ》、思ヘバ此三志士、我ト同時敵地ニ入リ、不幸ニシテ今ヤ此ノ如ク、此ノ地ニ骨ヲ埋《う》ムトハ、天ノ命カ、実ニ残念ノ至リト、独リ心中ニ悲ンデ、胸ハ烈《やけ》ルガ如シ。吊詞終ルヤ、師団長始メ、各会葬者焼香ヲナサル。通訳官、将校ニ継ギ、完《おわり》テ招魂社《しょうこんしゃ》ノ左方ニ葬ル。通訳官一同ハ、墓票ヲ建テ、樹木ノ枝ヲ挿《さ》シ、各一拝ス。其ノ墓ニハ「故陸軍通訳官、山崎羔三郎之墓」、右面ニハ「明治廿八年二月七日忠死」、左面ニハ「金州兵站部」ト書シタリ。鐘崎氏モ、藤崎氏モ、之ニ同ジ。恨ムラクハ第二軍司令部ノ金州ヲ発シテ、威海衛ニ赴キシ留守ニアラザレバ、会葬者ノ尚多カリシナラント。然レドモ、此ノ葬儀タルヤ、師団長始メ、会葬セラレ、実ニ盛《さかん》ナリシ事ヲ悦《よろこ》ベリ。何トナレバ、故郷ノ父母聞キ喜バレンコトヲ望メバナリ。

午後三時半、全《まった》ク埋葬ヲ終リテ帰レリ。（略）三士ノ法名、左ノ如シ。

義胆殉忠居士《ぎたんじゅんちゅうこじ》　山崎羔三郎

明治廿八年二月七日忠死金州城西南角火葬

正誠忠烈居士　鐘崎　三郎

明治廿八年二月七日忠死金州城西南角火葬

正忠報国居士　藤崎　秀

明治廿八年二月七日忠死金州城西南角火葬

其吊詞左ノ如シ。

大日本帝国忠死者、故陸軍通訳官、山崎羔三郎、鐘崎三郎、藤崎秀三氏之吊詞。

恭惟《きょうい》、征清ノ師起リシヨリ、軍ニ異域ニ従フモノ、誰カ又一人ノ生還ヲ期スルアランヤ。然レドモ語ニ之アリ。慷慨難《こうがいなん》ニ赴《おもむ》クハ易《やす》ク、従容義《しょうようぎ》ニ就《つ》クハ難《かた》シト。今此三氏ハ、所謂《いわゆる》其難ニ就キシモノナリ。身ニ寸鉄ヲ帯ビズ、守ルニ尺兵《せきへい》ナク、奴服辮髪《べんぱつ》従容トシテ深ク敵地ニ入リ、普《あまね》ク虜情ヲ察シテ、我軍ノ神機如等ヲ資《たす》ケントス。不幸ニシテ其ノ功未ダ成ラザルニ一朝敵《ちょうてき》ノ覚《さと》ル処トナリ、終天《しゅうてん》ノ怨《うらみ》ヲ呑ンデ地下ニ入ル。誰カ其ノ志ヲ悲ミテ其ノ義ヲ高シトセザランヤ。壮烈忠勇凛《りん》トシテ秋霜烈日《しゅうそうれつじつ》ノ如シ。呼《ああ》、三士ハ逝《ゆ》ケリ。三士ノ囚《とら》ハレタル金州ハ陥落セリ。三士ヲ酷刑ニ処シタル敵軍ハ撃破セリ。三士ノ遺体ハ我軍ノ収ムル所トナレリ。応報ノ速《すみや》カナル、響《ひびき》ノ谷ニ応ズルガ如シ。焉《いずくん》ゾ三士ノ霊、髣髴《ほうふつ》トシテ来リ、助クルモノナキヲ知ランヤ。而《しか》モ□我皇《すめら》ノ聖徳ト、軍人ノ忠勇ニ依リ、王師燕京《エンケイ》ヲ圧シ、膺懲《ようちょう》ノ大典ヲ挙グル近キニアリ。霊《ママ》［鳴］乎、霊希《こいねがわ》クハ笑ヲ含ンデ地下ニ瞑目《めいもく》セヨ。夫《そ》レ善因アルモノ善果アリ。三士既ニ身ヲ殺シテ殉国ノ高義ヲ成セリ。漫々《まんまん》タル生死、海ヲ解脱《げだつ》シテ其深、般若《はんにゃ》ノ宝輦《ほうれん》ニ駕《が》シ、大寂定中《だいじゃくじょうちゅう》、涅槃果《ねはんか》ヲ証得《しょうとく》センコト豈《あに》疑ヒアランヤ。衲等《のうとう》本日、我ガ陸軍墓地ニ於テ、三忠士改葬ノ場ニ臨《のぞ》ミ、捻香《ねんこう》三礼、恭《うやうやし》ク祖伝《そでん》ノ妙経《みょうきょう》ヲ誦《しょう》シ、併《あわ》セテ一偈《げ》ヲ唱《とな》ヘテ其霊ヲ弔《ちょう》ス。

偈《げ》曰

同心拠虎穴　三士就犠牲　生死元無二　英名万古轟

（心を同じくして虎穴に拠り　三士犠牲に就く　生死は元より二無し　英名万古に轟《とどろ》く）

維明治二十八年二月九日

第二軍従軍

天台宗特派教師　大昭円朗

真言宗特派教師　岩堀智道

臨済宗特派教師　円山元魯

謹白

文中「御幡」とするのは、御幡雅文《おばたまさぶみ》である。御幡は鐘崎の師であり、婚姻の仲立ちをした人物である。さらに日清貿易研究所の中国語教師であったから、向野堅一にとっても師であった。「日記」においても、御幡に対しては、「氏」あるいは「先生」と記している。向野堅一は、鐘崎についての対応を、「十二月廿日」「一月十四日」に御幡と綿密に打ち合わせており、二月七日に遺骸を発掘すると、翌八日に朝から御幡のもとに向かっている。記事は次のようである。

午前九時、（略）余ハ柳樹屯ニ行キ、三氏死体発見ノ顚末《てんまつ》ヨリ、遺族ノ事等御幡氏ニ告グ。御幡氏ヨリ承《うけたまわ》ルニ、鐘崎氏ノ葬儀ハ、郷里ニ於テ、二月九日、施行スル由ヲ聞ク。暗ニ打合セシニ驚ク。又鐘崎ノ葬式ハ、県中大賛成ニテ、知事始メ、各郡長、長崎県有志者、佐賀県有志者、学校生等四千人ノ予想、僧侶ハ三百人ト称ス。費用ハ五百円ナル由、実ニ盛大ナル葬儀トノ報、中村綱次氏ヨリ報アリ。

御幡は中村綱次と連絡を取りつつ、青木村の葬儀の様子を把握していた。こうして、奇しくも青木村の葬儀と同日、二月九日に三崎山に葬儀を挙行するに至ったのである。

向野堅一『従軍日記』中の「三崎山参拝」記事

記事は以下のようである。

〔明治二十八年〕五月二十一日　晴天　滞金　午前九時、堺氏ト北門外ナル三崎山ニ参詣シ、三氏ヲ吊フ。此ノ三氏ノ碑ハ、四月中、根津大佐ノ建テラレシ所ニシテ、三氏ノ為メニ、名、千載ニ輝カサント欲セラレシモノナリ。

碑ハ三個ニシテ中央ヲ山崎羔三郎氏トナシ、右ヲ鐘崎三郎氏、左ヲ藤崎秀氏トシ、南方ニ向キ、金州城ヲ眼下ニ見下シ、金州湾ヲ右ニ望ミ、大連湾ヲ遥カニシ、大和尚山《おしょうやま》ヲ左ニシ、山水ノ風景尤《もっと》モ美ナリ。碑ノ前ニ大岩石アリ。三崎山ノ三字ヲ朱ニテ書付ケタリ。碑前ニ柳枝ヲ挿《さ》シ、東方ニ三樹ヲ植ユ。詣シテ三氏ヲ吊フ。涙下リテ去ル能ハズ。追想ス。三氏生前ノ事、今ハ此ノ碑ニ変ゼシカト哭《な》テ、天涯ヲ望メバ、天地モ為メニ愁《うれ》ヒ、草木凄悲《せいひ》ス。其碑ニハ書シテ曰ク

「大日本国志士某君捨生取義之碑」（「大日本国志士某君、生を捨て義を取るの碑」）

十二時頃帰リ、途中、郡嶋氏ヲ訪《と》ハントスルニ、道ニテ邂逅《かいこう》シ、共ニ室ニ至リ、暫時《ざんじ》話シ、司令部ニ帰ル。（略）

文中「根津大佐」とするのは、根津《ねづ》一《はじめ》のことである。予備役であったが、日清戦争に際して復帰していた。根津は荒尾精を補佐し、日清貿易研究所の運営に当たった人物で、荒尾に代わって通訳官を束ねる立場にあり、向野堅一は根津の心配する様子を伝えている。四月中、いわゆる「三崎碑」が建設された。このころ向野は、別の任務で金州を離れていた。こうして三崎山を訪れることとなる。文中「郡嶋氏」とす

るのは、郡嶋忠次郎のことである。郡嶋は養鋭学校以来の友人であり、鐘崎三郎の慰霊・顕彰に尽力する人物である。向野はそうしたことも含んで、郡嶋訪問を企図したのであろう。

当時の「三崎山」の様子伝える新聞記事

記事は以下のようである。

三崎山の真景（在金州芳賀■八郎氏の来翰に拠る）（『福岡日日新聞』明治二十八年八月七日、二頁）

三崎山と称する野山は、金州城の北に当り、纔《わず》かに一帯の川を隔て、水平より高さ二百五十米突《メートル》強より山上に、鐘崎三郎君、山崎羔三郎君、藤崎秀君の霊を祭り、碑を建てたるより、三君の姓一字を取り三崎山の称あり。三氏は曩《さき》に吾軍の貔子窩《ひしか》に上陸したる際、率先して金州城に入り、敵情の偵察を遂げ、吾軍に通信し、退きて金州城の東門を出る数歩ならざるに敵の知る所となり、終に惨刑に処せらる。豈慨嘆に耐ゆ可けんや。三氏や国家の為めに、身を犠牲に供し、死して功勲あり。今日に至るも碑前香花の絶ゆる無き、偶然にあらざるなき。余、■職を電信の業務に奉し、従軍の暇一日、三氏の碑に香花を供へて祭り、乃ち同碑前の景況を三氏の遺族に知らしめんと欲し、其の真景を撮写して貴社を煩《わずらわ》すものなり。外套《がいとう》を持したるは余にして、杖《つえ》を手にしたるは、福岡郵便電信局郵便電信書記柴田亀二郎氏なり。而《しか》して之を撮写したるは、同局詰《きょくづめ》同書記高橋郡蔵氏なり。余と柴田とは、福岡県にして、高橋は藤崎君と同県なりと云ふ。豈に奇遇《きぐう》ならずや。

（■は判読できず）

三崎《みさき》てふ山にいさほを仰くかな
手向《たむ》けの水も涙なからに　芳春

「三崎碑」は三国干渉による遼東還付に伴い、日本の東京高輪泉岳寺へと移設されることとなる。この記事ならびに絵は、三崎山の三崎碑の情景を伝える珍しい絵と思う。また、ここで「みさき」とルビを振っているのも注目点である。ただ記事の内容は正確とは言い難い。あくまでも参考に供することとしたい。

おわりに

日本の葬儀と同じ時期に、遼東半島においても慰霊のための葬儀が行われていた。鐘崎三郎に関しては、御幡雅文と向野堅一・郡嶋忠次郎や根津一といった日清貿易研究所関係者が緊密に連絡を取りつつ、また日本の中村綱二とも連絡をとって、対処していたことを示すことができたと思う。また三崎の葬儀には、日清貿易研究所の関係者を中心とする通訳官の連帯も確認できた。

五、「六通訳官」の交友と顕彰・慰霊　向野堅一の視点から

「六通訳官」の内、唯一生還した向野堅一は、三崎の遺骸発見に直接関わり、残りの二名、大熊鵬・猪田正吉の行方を探索する。残念ながらこの二名の行方は、その後も明らかになることはない。「三崎」の慰霊に際しては、行方不明の二名の存在を等閑に附すべきではない点に留意すべきであろう。向野堅一は、そ

のことを強く意識していたと見られる。ここでは向野堅一『従軍日記』を手掛かりとして、「六通訳官」の交友について考えてみたい。

小説中の六通訳官

六通訳官は、どのような交友関係にあったろうか。久村五郎著「日清戦争秘聞　軍事探偵向野堅一」（『明日の満蒙』大阪屋号書店、昭和六年〔一九三一〕十一月）は、冒頭、

世界の港――コスモポリタンの港――東洋の魔都と云われるグレート上海の夏の夕べである。揚子江に臨んだ海岸通りを声高らかに何事かを語り合ってゆく辮髪《べんぱつ》の支那青年六名組の一団、軽ろやかな夏着の肩を聳《そ》びやかして、はずむ話は確かに日本語。

「オイ諸君！　愈々吾々の働く時が来るようだ。一死以て大いに皇国に報いようぜ……」

（略）

「実際そうならなくちゃ嘘サ。吾々同志がこうして上海くんだりまで来て支那語を習ってるのも、その日あるが為サ。諸君！　こうなって来ると吾々同志が四年前から伸ばして来た此の辮髪こそ大いに役立つ事になる訳だ……」

と、これは一番其の中でも年長らしい一人、

（略）

と、いづれも意気軒昂、身は支那の上海にあり乍《なが》ら、早くも四百余州を併呑《へいどん》せん態の此の若者達こそ、

やがて来る東亜の暴風を予想して数年前から此の上海に語学と支那事情の研究に来ている日本青年山崎羔三郎《こうざぶろう》、藤崎秀《ひいず》、猪田《いのだ》正吉、大熊鵬《ほう》、鐘崎三郎、向野《こうの》堅一の六青年なのであった。

と記している。上海で六通訳官が意気高く、日本語で会話している。実はこの話はフィクションであり、ありそうな話として創作したものである。それでは改めて、この六人の交友関係について考えてみたい。

六通訳官について改めて掲げると、次のようである（長田偶得『殉国偉蹟 戦事大探偵』春陽堂、明治二十八年（一八九五）六月）。

鹿児島県加治木	藤崎　秀	（二四歳）	福岡県三潴郡青木村	鐘崎　三郎	（二六歳）
福岡県鞍手郡脇田村	山崎羔三郎	（三〇歳）	福岡県竹野郡船越村	大熊　鵬	（二五歳）
福岡県久留米市櫛原町	猪田　正吉	（二六歳）	福岡県鞍手郡新入	向野　堅一	（二七歳）

年齢は山崎がやや年長である。藤崎のみ鹿児島県出身で、他の五名は福岡県出身。実は山崎は学生とは言えず、鐘崎三郎も普通の学生とは異なる。つまりこのように六名が上海で一同に会すことはあり得ないことなのである。それでは、この六名はどのような関係を有していたのであろうか。

向野堅一は、他の五人の通訳官それぞれに対して、「友人」と記している。やや年長で、学生とは言い難い山崎羔三郎に対しても「友人」と記している。敢えて言えば、やや年下の藤崎秀に対してのみ、特に「親密」であることを記し、その行方を案じている。日清貿易研究所は、日清貿易商会に付置された特殊な学校であり、その結びつきは柔軟でより強いものを感じる。さらに日清戦争の通訳官、特に軍事探偵としての共通の任務を通じて、より一層強められていくようである。

向野堅一の「一柯ノ夢」

向野堅一は夢を見た。そしてそれを「一柯《いっか》ノ夢」と記している。「一柯ノ夢」とは、「南柯の夢」「南柯一飯の夢」ともいい、唐の李公佐《りこうさ》撰「南柯太守伝《なんかたいしゅでん》」による。ご飯が煮えるわずかな時間の睡夢の内に、一生涯の栄枯盛衰を夢見たという故事による。堅一は鐘崎の夢を、

此夜、鐘崎氏帰リ来ル。余ハ、君ハ金州ニ於テ刑セラレシニ非ズヤト怪シム。覚ムレバ一柯ノ夢ナリ。

（『従軍日記』明治二八年三月七日条）

と記している。鐘崎の件はすでに明確になっており、夢であることに気付いた。厳しいのは猪田・大熊の夢で、

（略）此夜忽然、猪田、大熊、両氏ニ逢フ。大熊氏ハ机ニ掛リ、猪田氏ハ机ノ前ニ坐セリ。余不図《はからず》、其ノ室ニ入リ、両氏ノ現然トシテ坐シタルヲ見テ驚キ、余横ニ倒レ悦《よろこん》デ声ヲ発、泣涕《きゅうてい》ス。而シテ其ノ帰リシ由来ヲ聞ク。両氏答テ曰ク、我等宗慶《そうけい》ノ元ニ在リテ、残酷ノ責モ餘リ受ケザリシガ、何時カ我軍ニ帰ラントト思ヒ居リシモ、果スコト能ハズ。是ニ於テ、密《ひそか》ニ宗慶ノ元ヲ脱シ、営口《えいこう》ヨリ汽船ニテ、天《テン》

津《シン》ヲ経テ上海《シャンハイ》ニ至リ、便船ヲ得テ日本ニ帰リ来ルコトヲ得タリト。余、両氏ニ問フテ曰ク、何ンゾ、我軍ノ蓋州城ヲ攻撃セシトキ帰ラザリシカト。両氏ノ曰ク、全ク我軍ノ蓋州ヲ陥《おとしい》レタルコトハ秘シテ我等ニ告ゲサリシト。聞キテ又驚キタリ。而シテ余両氏ニ告ゲテ曰ク、君等ノ為ニハ師団司令部亀岡管理部長ハ非常ニ心配セラレ居リシヲ以テ、早ク電報ヲ以テ通知セヨ。又根津氏ハ、毎日君等ノ事而《の》已《み》心配セラレ居ル故、是レニモ電報ヲ打タレヨト。其ノ文句迄デ告ゲタリ。其電報局ハ中門ヲ過ギ、少シク行ケバ通信局アリト云フ。此時、余等ハ蓋平ニ在リシガ如シ。又余、両氏ニ告ゲテ曰ク、余一人帰リ来リシモ、同偵察ニ出デシ人ハ別ニナク、談話ノ相手ナク、君等二人帰リ来リシヲ以テ、当時ノ困難ヲ談ゼバ、其愉快如何《いかが》ナラント、大ニ喜ビ居レリ。時、忽然《こつぜん》醒ムレバ一柯ノ夢ニシテ茫然タリ。覚メテ往時ヲ思ヘバ転夕爾然《じぜん》トシテ、独リ客窓ニ枕ヲ沾《うるお》シタリ。余、彼等ト同船以来、如斯《かくのごと》キ夢ヲ見シコト始メテニシテ、実ニ信真ノ如ク思ハレタリ。

（『従軍日記』明治二十八年三月廿一日条）

と記している。極めてリアルである。夢に現れた猪田・大熊は、何としても行方がつかめない。苛立ちのようなものを背景に有しているように感じられる。向野堅一には、唯一生き残った者の孤独と責務とが忍び寄ってきているようである。

朋友の義務

向野堅一より山崎羔三郎の実兄・白水致宛て書簡は、

此等ノ事ニ付テハ、将校始メ、吾々友人及通訳官一同、大ニ尽力被致候。何分至急ヲ要スルコトニ御座候ヘバ、早速御手続被成下度候《なしくだされたくそうろう》。去レバ朋友之義務モ、聊《いささ》カ相立チ、同氏ノ為メ心配致呉レ候諸氏之志ニモ相叫ヒ可申候。

（『従軍日記』明治二十八年一月十八日条）

と記し、友人及び通訳官が尽力して「朋友之義務」を果たそうとしていることを強調する。また、伏木誠一郎編刊『征清軍人忠死列伝』（明治二十八年三月）「通訳官大熊鵬君伝」は、向野堅一より家兄重矩《しげのり》宛て書簡を採録している。冒頭、研究所の同窓で「朋友」であることを明示し、経緯を詳述。行方不明の現状を記し、漸くにして連絡するに至った経緯を記す。末の部分に、

（略）漸く公に通知を許され候。只今戦争中にて何事も不運候得共《そうらえども》、戦止後は、十分名誉も世上に揚《あげ》らるる尽力は、師団長・参謀長始め、皆々申居られ候。戦争中、第一大任務を帯び、兵士に優りたる名誉の死に候へば、国家の為め一命を抛《なげう》ち、後世、史上に名を残さるるを以て、御愁傷《ごしゅうしょう》の心を慰められ度《たく》候。我々通訳官も五六十人有之候得《これありそうらえ》ば、屹度《きっと》名は揚げ申［す］べく候《そうろう》。是《これ》も男子の赤心《せきしん》、国民の義務を尽し、後世志士の亀鑑《きかん》となり、今後青年社会に称賛せらるるの名誉を以て、御諦《あきら》め下され度《たく》候。（略）

と記す。ここでは日清貿易研究所と記さないが、研究所の関係者を主力とする通訳官の連帯を強調し、殉《じゅん》難者顕彰《なんしゃけんしょう》の決意を表明している。

以上のように、向野堅一は、「朋友之義務」として殉難者顕彰を自身の課題として把握するに至る。この

ことは一人向野堅一だけのことではなく、日清貿易研究所の関係者にとって極めて大きな課題となって、その後に引き継がれていくこととなる。

おわりに

「三崎碑」は戦争を賛美する碑ではない。日清・日中間の友好を望む青年達の友情の表象とでもいうべきものとしてよいと思う。「三崎」を含む六通訳官は、日清貿易研究所で繋がり、清国・中国への飛躍を目指した有為の青年達で、日清・日中の架け橋となるべき人材であった。こうした有為の人材が戦争の最前線に立ち命を失ったことは、歴史の悲劇性の表出した局面であり、記憶されねばならないであろう。その際に大熊鵬・猪田正吉という二名の行方不明者を出していることもおさえるべきである。

また、日中に架橋することは、苦しくともなさねばならない課題であることを、思い起こさせてくれるものである。日本の対外関係のあるべき姿は、今日においても模索の中にある。「六通訳官」の史実の示唆するものは決して小さくないと考える。

第三章　満洲における「三崎」並びに六通訳官の顕彰　向野堅一を中心とする活動とその後

向野堅一記念館館主　向野康江

向野堅一は、六通訳官の中でただ一人生還し、その後数奇な人生を歩む。後に奉天に居を構え、大陸における「三崎」顕彰の中心人物となっていく。一方、不明の大熊鵬・猪田正吉の行方も気がかりである。実は向野堅一自身も死後には顕彰される人物だということになる。こうした一連の活動に関わった人物がいる。向野堅一の長子・晋《すすむ》である。ここでは、晋の整理した資料によりつつ、大陸における「三崎」ならびに六通訳官顕彰の足跡を検討したい。

一、祖父・向野晋の心残り

今日見ることのできる曽祖父・向野堅一の「従軍日記」は、向野晋の編である。晋は筆者の祖父で、向野堅一の長男である。晋は、実に美しい男性であった。老いてもなおその美しい容姿に、すれ違う人は振り返った。幼かった私は母に報告した。

「爺ちゃんと歩きよったら、みんな、爺ちゃんを見んしゃるとよ」

母・茂代は言った。

「それはね、爺ちゃんがハンサムやけんよ」

と。幼心にハンサムとは、このような男の人のことをいうのか、という概念が形成された。美しくやさしい祖父・晋には、何の弱点も無いように見受けられた。生まれながらの容貌、品の良さ、虚飾のない態度、優秀な子どもたちとの会話、そのすべてが私のあこがれであった。

晋は、向野堅一「従軍日記」の再編を自分の人生最後の仕事にした。コツコツとガリ版に転写している姿を、私は生涯忘れたことはない。ただ当時はその心の裡まではわからなかった。実は向野晋編『明治二十七八年戦役餘聞　向野堅一従軍日記』（以下、『従軍日記』と略す）は、以下の「子孫に詫《わ》ぶ」という文を附している。

子孫に詫《わ》ぶ

父の自筆、特に毛筆書の原本たる、大東亜終戦の時、八路軍、ロシア兵の進駐にて危険を感じ、日中友好協会組織せらるや、父の友人にして同協会の幹部たりし染谷保蔵氏に、父の遺書及弟啓助の遺品の保管を依頼しおきたるも、後染谷氏戦犯として捕らえられ、病死せらるや、其等は行方不明となり、引揚帰国後家定まるに及び、如何にしても持ち帰るべきなりしにと、自分の不甲斐なさを嘆ずるのみ。幸、二男三生、予科練入隊の時持参せし複製の一書と、従兄向野睦祐氏より返還されしものにより再び複製を思い立ち子等に贈らんとす。

我が過ちを宥《ゆる》せ

昭和四十一年十一月一日

再び複製を思い立ちて

筆者がこの文を読んだのは、晋亡き後のことである。満洲における終戦時の混乱は、想像を絶するものがあり、ともかくも命長らえて引き揚げた祖父たちの苦労は、現代人の予想をはるかに超えるものであったに違いない。父・堅一の自筆原本を人に預けたことは、混乱の中で最善の一手を考えたことでもあった。しかしそれが、かえってあだとなった。この心残りの念が晋を「従軍日記」の再編へと向かわせたのである。それにしても、子孫に詫びなければならないとは、どのようなことがこの書に記されているのか。子孫の一人である筆者は、改めて向野堅一なる人物に対峙する必要を感じるとともに、心底に堅一への思いを有した晋を誇りに思うのである。

晋は一方で「明治二十七八年戦役　六人之通訳官」というアルバムを整理していた。このアルバムには、以下に紹介する「祭文下書き」など貴重な資料を整理している。晋は、本書「向野堅一」の項に、昭和十二年（一九三七）に納戸鹿之助氏を尋ね、鐘崎の墓参ならびに風浪宮を訪れ、書簡を寄せている。書簡中に「小生としては、恰も父の墓に参りし心地致し、懐しく存候」と記している。三崎顕彰は堅一の責務であり、晋はそのことを自覚していた。奉天の向野家は大戦での敗北によって引き揚げ、晋一家は福岡に戻った。その後の苦闘は筆舌に尽くしがたい。そうしたなかで、晋は、三崎顕彰・六通訳官の顕彰へと道筋をつけようと努力したのである。

二、向野堅一の見送る最後の鐘崎三郎と猪田正吉の姿

『従軍日記』明治二十七年十月二十四日（晴天）の記事は、鐘崎三郎・猪田正吉を見送った状況を、

（略）十二時頃、友人鐘崎三郎氏モ、上陸地ニテ、夜具及ビ衣類ヲ求メ、復州熊岳城、蓋平ノ方面ニ向ヒテ出発ス。其服装ハ長掛ヲ穿チ、布風呂敷キヲ肩ニシ、白布ノ袋ヲ帯ビテ出ズ。同氏モ第二軍司令部附タリ。同司令部附ナル猪田正吉氏モ、俄カニ衣服ヲ求メ、弁髪ハ余之レヲ組ミ、肩袋ヲ掛ケ、長掛ヲ穿チ、背心ヲ着シ、夜具ナシ。殆ンド鐘崎氏ト同時刻ニ大孤山港へ向ケ、派遣セラル此等、三人ハ秘密探偵ニシテ、其任務甚ダ重ク、一旦支那人ニ視破ラセラルルニ至リテハ、一命無シトセザル可ラズ。余輩ハ各々彼等ノ往クヲ送リ、涙ヲ落サザルナシ（略）

と記している。ここで「長掛《ちょうかい》」と記すのは、長衫《ちょうさん》ともいい、女性用はいわゆるチャイナドレスへと進化していく満洲族系統の服装である。モンゴル服の影響を摂取してできたもので、さらに漢服の要素を取り入れている。男女を問わず身につける丈の長い上着で、男性用のものは膝丈まであり、ズボンを着用する。布の風呂敷を肩にかけ、白い布袋を背負っている。夜具などを入れたものであろう。一方、猪田正吉の方は肩袋を掛けた長掛姿で、さらに背心《はいしん》というチョッキ状の袖無し服を着ている。そして夜具は持参していないという。細かいことであるが、夜具の有無は重要な分かれ目であるように感じる。向野堅一は夜具を

持たずに出かけて、困る場面がある。夜具を持参した点に、鐘崎の一段手慣れた点と、長期化の予想される探索ルートの特殊性とが垣間見える。

泣きながら見送った二人の姿。これが二人を見た最後の姿であった。後に向野堅一は、鐘崎三郎の遺骸を掘り起こし、検視することとなる。その遺骸は半ば凍りついた状態であった。一方、猪田正吉は杳《よう》として行方を知ることのできない状況となる。

三、大正十三年九月二十三日慰霊祭「祭文下書き」並びに「弔詩」

四枚の写真がある。冒頭に「父ノ遺稿ノ中ニアッタ祭文ノ下書デアル」と記しており、堅一亡きあと、向野晋が整理して附記したものである。内二枚は大正十三年（一九二四）九月二十三日の没後三十年の慰霊祭「祭文下書き」並びに「弔詩」、内二枚は昭和四年（一九二九）四月三十日の贈位報告祭「祭文下書き」並びに「弔詩」である。以下、写真に基づいて紹介したい。

まず、大正十三年九月二十三日の慰霊祭「祭文下書き」並びに「弔詩」は以下の通りである。

維時、大正十三年九月廿三日、恭《うやうやし》ク三士ノ霊ニ告ス。回顧スレバ乙未ノ役［日清戦争のこと］、手ヲ携《たずさえ》テ征清ノ軍ニ従ヒ、特殊ノ重任ヲ帯ビ、深ク敵地ニ入リ、虜情ヲ探《さぐ》リ、我軍機等ヲ資《たす》ケントス。不幸ニシテ敵ノ覚《さと》ル処トナリ、終天怨《うらみ》ヲ呑《の》ンデ此地ニ瞑ス。誰カ其志ヲ悲ミ、其義ヲ高シトセザランヤ。壮烈忠勇凛トシテ、秋霜烈日ノ如シ。嗚呼《ああ》、先ニ三士ノ忠勇義烈アッテ、後ニ征露ノ役［日露戦争のこと」ニ於テ、幾多ノ志士ヲ出スニ至リシハ、是レ其根源、遠ク三士ニ発スルヲ知ル。依之［これに依り］観之［これを観れば］燦然タル其功績、牽《ひき》テ後世ニ及ブ処、真ニ偉大ナリト謂フ可シ。今ヤ国家益々多事、人心日々ニ浮薄、又此志ヲ継グ者ナルヤ否。

嗚呼、三士逝《ゆき》テ、蒼茫茲《ここ》ニ三十年、本日此祭典挙行セラルルニ当リ、往事ヲ追思シ、無限ノ感慨、洵《まこと》ニ迫ル。歔呼《ああ》、言フ処ヲ知ラズ。霊乎霊、希クハ来リ享《う》ケヲ。

吊三崎山之一首　【三崎山に吊するの一首】

欲得虎児探虎穴　【虎児を得んと欲して虎穴を探る】

千辛万苦復何辞　【千辛万苦復何ぞ辞さんや】

秋風今日掃君墓　【秋風今日君の墓を掃く】

落涙荒山欲夕時　【荒山に落涙して夕時を欲す】

大正十三年九月廿三日　奉天

向野堅一

頓首百拝

この祭典については、堅一が祭文を読んでいる写真がある。その写真には、

大正十三年九月廿三日、三崎山祭典ニ於テ弔詩ヲ読ム父

（向野晋撮影）

大正13年9月23日，三崎山祭典に於て弔詞を読む向野堅一氏（向野晋氏撮影）

と記しており、金州城外三崎山において挙行されたことがわかる。すでに第一次世界大戦は始まっており、日本も対独戦に向けて緊張した状況にあった。ここで、三崎を日露戦争の志士の先達として位置付け、「国家益々多事」である現状に対して、「人心日々ニ浮薄」であると指摘し、三士の「志ヲ継グ者」であるかを問う。

四、昭和四年四月三十日贈位報告祭「祭文下書き」並びに「弔詩」

ついで昭和四年（一九二九）四月三十日の贈位報告祭「祭文下書き」並びに「弔詩」は以下の通りである。

維時、昭和四年四月三十日、謹《つつしん》デ三士ノ霊ヲ拝ス。回顧スレバ乙未ノ役〔日清戦争のこと〕、三士ノ花園河口ニ上陸セラルルヤ、特別ノ重任ヲ負ヒ、身ニ寸鉄ヲ帯ビズ深ク敵地ニ入リ、大ニ我軍ノ誅討ヲ資《たす》ケント欲ス。不幸ニシテ敵ノ覚《さと》ル処ナリ、遂ニ毒刃ニ斃《たお》ル。嗚呼、痛哉。雖然〔然《しか》りと雖《いえど》も〕、三士ノ特命ヲ蒙ルヤ、素ヨリ期セザル処ナリ。其処刑ニ臨ンデ従容自若、男子ノ本分ヲ失ハズ。終天ノ怨《うらみ》ヲ呑《のん》

デ、地下ニ入ル。其壮烈忠勇、凜乎《りんこ》トシテ天日ヲ貫キ、懦夫《だふ》ヲシテ立タシメ、志士ヲシテ切歯扼腕《せっしやくわん》セシムルアリ。嗚呼、誰カ其義ヲ崇《たか》シトセザランヤ。

光陰流水ノ如ク、三士逝《ゆき》テ、茲《ここ》ニ三十有六年。昭和ノ御代《みよ》ニ至リ、即位ノ御大典ヲ挙行セラルルニ当リ、　聖恩ノ深キ、三士ノ誠忠ヲ憐ミ給ヒ　皇恩枯骨ニ及ビ、辱《かたじけな》クモ従五位ニ叙セラレ、洪大ノ光栄ニ浴ス。噫、三士ノ霊ヤ、欣喜感涙ニ噎《むせ》バザランヤ。是レ実ニ三士ノ赤心　天朝ニ達シ、忠烈ノ遺風ヲ万世ニ伝ヘサセ給フ　御聖慮タルニ依《よ》ルカ。誠ニ恐懼ニ堪ヘザルナリ。

本日、有志諸子相計リテ、御贈位報告ノ祭典ヲ挙ゲラル。今ヤ霊前ニ拝シ、往事ヲ追恩シテ無限ノ感慨胸ニ迫リ、流涕滂沱トシテ言フ処ヲ知ラズ。霊カ霊、希クハ来リ享ケヨ。

捨生取義真男児　【生を捨て義を取るは真男児】
深逐虎児又不還　【深く虎児を逐いて又還らず】
恩択長霑枯骨草　【恩択は長く枯骨の草を霑《うるお》し】
千秋高仰是新山　【千秋高く仰げば是れ新山なり】

昭和四年四月卅日

奉天

向野堅一

頓首百拝

昭和となり、鐘崎三郎等「三崎」は従五位を追贈され、そのことを受けて贈位報告の祭典を挙行した。従五位以上は貴族の位階であり、異例の恩典とみるべきであろう。

五、向野堅一の心残り　大熊鵬・猪田正吉の行方を追って

堅一の心残りは、大熊鵬・猪田正吉の行方である。「日清戦役の追憶」（『満州及日本』昭和四年一月一日）は、向野堅一の回顧談に基づくもので、

畏くも昨冬御大典には、聖恩故骨に及び右三氏に対し従五位を給った。地下にある三氏の霊も定めて冥することであらう。／次に猪田、大熊の両氏は、其の後依然として何等の消息がなかったから、恐らく大孤山の手前あたりで、清国官憲のために捕縛され、前述の三氏と同様何処かで斬罪に処せられたものであらうと、想像されたが、これを確かむる何等の材料もないので未だに生死不明となっている。／日露戦役の際、海城で大熊氏の使用してゐた実印を持ってゐる支那人を発見したと言ふことを耳にしたので、私はわざわざ同地に赴き、いろいろ調査して見たが少しの手がかりも得られなかった。／しかし、之に関する証拠がなくとも、両氏が無事であれば、戦後三十五年にもなるのであるから、何処からとはなく判らなければならぬのに、杳として全く消息のない処から見れば、無論当時殺されてゐるのは事実であらう。国家の為めとはいへ思へば悲惨な最後である。

と述べる。堅一は繰り返し自問してきたであろう。理屈ではわかることである。しかし気持ちのどこかに引っかかりがある。ここでは、日清戦争から十年を経過した日露戦争の時に、「海城」で「大熊氏の使用してゐた実印」という極めて不確かな情報を入手したことを記している。三国干渉から後、ロシアの影響下にあった地域であり、調査できなかったとは言え、あまりに怪しい情報である。この「海城」というのは遼陽府下の県ならびに街で、街は鞍山・牛荘・営口に隣接する。したがって行方不明となったと推定される「大孤山の手前あたり」とは、あまりに懸け離れている。加えて軍事探偵が「実印」を所持するとは考えがたい。堅一はそれでも探しに出かけている。結局、心残りの課題は、最後まで解消されることはなかった。

六、大陸における六通訳官の顕彰事業

向野堅一は、昭和六年（一九三一）九月十七日、満洲事変の勃発する前日、東京で没した。従軍日記の「附記」には、

墓ハ福岡県直方市上新入向野家ノ墓地ニ建立ス。一家ハ満洲ノ地ヲ去ル考ナカリシカバ、分骨シ奉天ニ墓地ヲ求メントセリ。

特別任務志士ノ菩提寺トシテ、平手秦［泰?］厳師ニヨリ、奉天新高町ニ開山セラレタル妙心寺別院、後日二代目住職土屋道雄師ノ時ニ大義寺ト改名セラレタル寺院ノ観音堂ノ地下納骨堂ニ、分骨ハ納メ

タルモ、大東亜戦争ノ敗戦ニヨリ、引揚グルニ及ビ、遂ニ納骨堂ニ残シタル儘引揚グ。大義寺ニハ、明治二十七八年戦争時ノ志士及三十七八年戦役ニ於ケル、沖横川志士等多クノ民間ニ於ケル諸士ノ国事ニ尽サレタル霊ヲ祭ル。沖横川氏ノ遺書モ寺宝トシテ保存セラレ居リタリ。又供養塔モ建立セラレ、春秋祭典モ行ハレ居リタリ。福岡県ニハ、二十七八年戦役ニ［ノか？］通訳官ノ名ノ下ニ、敵情偵察ノ特別任務ニ服シタル志士ハ、鐘崎三郎、山崎羔三郎、大熊鵬、猪田正吉氏及父向野堅一ノ五名アリ。

と記す。向野堅一は、郷里に葬られた。しかし一方で、一家は奉天に定住し、墓域を求めるつもりで、大義寺観音堂の納骨堂に分骨を納めた。この大義寺は建立に際して向野堅一が尽力した寺で、曹洞宗妙心寺の別院として建てられ、その後寺名を改めたもので、大義寺の刊行した「案内書」には、「日清日露両戦役／特別任務志士菩提所　大義寺」とし、主旨を、

一、当寺ハ日清日露両役ニ於テ国難ニ殉ジタル民間在野ノ志士ヲ弔フベキ菩提所トシテ建立セラレタルモノナリ。

とし、日清戦争・日露戦争の大義に殉じた民間人諸氏の慰霊を企図したものであることを明示する。晋は、父の名が、福岡県の「二十七八年戦役ノ通訳官」に加えられたことを確認している。都道府県別に位牌を配しているためか、ここに藤崎秀の名がない。ただ先の「案内書」には、「日清戦役特別任務関係者氏名」

として計十七名を列記し、藤崎を含む六通訳官の名が記されている。なお向野堅一の名は最後に記されており、追記されたものと見られる。

晋は続けて、

戦前金州三崎山ニハ、三氏ノ碑アリシモ、父死後、有志ニヨリ、大熊、猪田、父向野ノ建碑アリ。三崎ノ碑ト並ビ、近衛文麿公ノ題字ニナル尽忠三烈士、碑文ハ、岩間徳也氏ノ筆ニナル。戦前鐘崎、山崎、大熊、猪田氏ノ紀念碑墓ニ詣デシコトアルモ、已ニ三十年近キ以前ノコトニシテ、記憶薄《うすら》グ。本書ヲ再版スルニ当リ、今一度参拝ノ機アランコトヲ切望ス。

と記す。金州城外「三崎山」には、日清戦争時に所謂「三崎碑」が建てられた。しかし三国干渉を受けて、この碑は東京の泉岳寺に移築された。しかし日露戦争後、代わりに「殉節三烈士碑」が建立された。そして向野堅一が没すと、大熊・猪田・向野を顕彰するための「尽忠三烈士碑」が建立された。こうして三崎山は、六通訳官を顕彰する機能を完備することとなったのである。

七、大陸における顕彰事業の行方

残念ながら、金州郊外「三崎山」に建立された「殉節三烈士碑」「尽忠三烈士碑」ともにすでに存在しない。北京オリンピックの時期の開発によって廃棄されたようである。

晋は納戸鹿之助宛て書簡中に「小生としては、恰も父の墓に参りし心地致し、懐しく存候」と記している。三崎顕彰は堅一の責務であり、晋はそのことを自覚していた。奉天の向野家は大戦での敗北によって引き揚げ、晋一家は福岡から再起を図る。その後の苦闘は想像される通りであり、今日では堅一の子孫も各地に散っている。晋は、向野堅一の心境を、

只一人生還した父は遺族に会ふことが心苦しかったのではないかと思はれます

（『明治二十七八年戦役　六人の通訳官』後記、一九七二）

と記している。この点、やや留意すべき点があるが、ここでは晋の心境に重きを置いておきたい。晋は、六通訳官の墓所・記念碑を総て回っている。晋は引き上げの苦闘の中でも、堅一の意志を尊重し、子孫に向野堅一の苦闘を伝えようとした。

晋の次男を三生《みつお》という。向野堅一の命名である。次男なのになぜ「三」なのか。その理由は、晋の妻・マサから伝え聞いている。三生は昭和四年（一九二九）四月三十日、奇しくも先に記した贈位報告祭の行われた日に生まれたのである。堅一は三崎の生まれかわりだと喜び、三生と命名した。そして三生の長女が筆者である。筆者は諸事情を勘案して、向野堅一の故郷直方市に向野堅一記念館を開設した。向野堅一の「願い」と、向野晋が後世に伝えようとした「思い」とを残しておきたいと考えたからである。向野堅一記念館では、鐘崎三郎ら三崎の顕彰を重要な使命と位置付け、日本人の誇りと、アジアの平和とをかかげている。できることに限りはあっても、一歩ずつ前進していくことが筆者の天命であると思っている。

編集後記

令和元年秋、御遺族の森部眞由美氏は、本書の原形をなす納戸鹿之助編著『烈士 鐘崎三郎』の翻刻を決意され、ある程度準備の整った令和二年一月下旬に、鐘崎三郎顕彰に関わるメンバーにお声がけをいただいた。同年二月二十六日、福岡市の桜坂・観山荘に集まり、編集委員会を結成し、早速役割を分担し、編集作業に取りかかった。メンバーは、「朝比奈享・浦辺登・向野正弘・向野康江・杉山満丸・森部眞由美」（五十音順）の六名で、私にとりまとめるようにとのことであった。ただ、それぞれになすべきことを着実になしたのであり、委員長と言われると面映ゆい感じがする。

皆で検討するうちに、本格的な企画となっていった。きちんとした出版社から発行したほうがよいということで、浦辺登氏が花乱社の別府大悟社長と交渉して繋いでくれることとなった。さらに杉山満丸氏には大所高所からの御助言を賜った。高橋剛氏は、細部にわたり振り仮名を附し、点検の労を取ってくれた。このようにして新たな編集方針に基づく書籍として刊行するという方針を固めた。

ところが、三月中旬には、新型コロナウイルスの流行が話題になり、四月初めに予定していた編集会議を断念、個々に作業を継続していくこととなった。

七月下旬より、花乱社に会場を拝借し、点検作業に入った。議論は多岐にわたり、思わぬ見落としもしばしばで、大幅に改定することとなった。結果として、一呼吸あったことが、よい結果に繋がったと思う。その間、森部眞由美氏は、お母様の角隆惠様からの聞き取りを基に、各地に赴き確認作業を進められ、様々な史実が掘り起こされていった。

こうして、令和三年の正月を迎えた。再び猛威を振るう新型コロナウイルス。議論は尽きなかったけれども、一月十二日、桜坂・観山荘に再度集まり、全体としては最後の編集会議を開いた。本書には、鐘崎三郎青年を大事に思う人々の思いが凝縮している。そして一人の青年の生涯から、これほど豊かな歴史が紡ぎ出されたことに感慨を覚える。顧みると楽しく勉強させていただいた。本書が多くの人々の目にとまり、史像の再評価に繋がることを念じて擱筆する。

(向野正弘)

鐘崎三郎顕彰会編集委員（50音順）

朝比奈　享
浦辺　登
向野正弘
向野康江
杉山満丸
森部眞由美

威風凛々《いふうりんりん》　烈士《れっし》 鐘崎三郎《かねざきさぶろう》

❖

2021（令和 3）年 5月 3日　第 1 刷発行

❖

編　集　鐘崎三郎顕彰会編集委員会
代表：向野正弘
〒822-0017 福岡県直方市殿町 12-19
向野堅一記念館
電話 0949（22）8088

発　行　鐘崎三郎顕彰会

制作・発売　合同会社花乱社
〒810-0001 福岡市中央区天神 5-5-8-5D
電話 092（781）7550　FAX 092（781）7555

印刷・製本　有限会社九州コンピュータ印刷

［定価はカバーに表示］

ISBN978-4-910038-31-5